끌리는 컨셉 만들기

신제품
개발을 위한
완벽한
프로세스

끌리는 컨셉 만들기

신제품
개발을 위한
완벽한
프로세스

김근배 지음

중앙books

'끌리는 컨셉'을 개발하기 위해서는 무엇을 해야 할까요?

이 책은 간단히 말해 대중들에게 어필할 수 있는, 신제품을 개발하는 방법을 구체적으로 다룬 책입니다. 저의 전작인 『끌리는 컨셉의 법칙』은 해외에도 번역되어 소개되었을 정도로 국내외 독자에게 많은 사랑을 받았습니다. 독자의 평가가 가장 정확하다고 생각하기에 전작에 대한 서평을 읽거나 종종 독자들과 대면해 책에 대한 평가에 귀를 기울였습니다. 그런데 중소기업 경영자, 예비창업자와 같이 실제 현장에서 뛰는 분들은 내용은 재미있는데 어떻게 신제품이나 신사업 기획에 적용해야 할지 모르겠다고 어려움을 토로하는 경우가 많았습니다.

컨셉 개발에 도움을 주고자 전작을 썼지만 신제품이나 신사업 개발 경험이 전혀 없는 독자들에게 직접적인 도움을 주지 못했다는 반성을 했습니다. 같은 처지에서 고민하고 있을지 모를 실무자, 중소기업 경영자, 예비창업자들을 위해 전작의 후속으로 방법 편을 집필할 책임감을 느꼈습니다. 독자들이 신제품 개발이나 혹은 신사업 개발을 하는 데 길잡이 역할을 해주는 것이 바로 이 책의 목적입니다. 신제품 개발의 초기단계인 컨셉 개발부터 시제품 제작, 출시기획까지를 일관된 체계로 자세히 설명했습니다.

'컨셉빌딩(Concept Building)'이란?

이 책에서 가장 주의를 기울여야 하는 부분은 바로 '컨셉빌딩Concept Building'입니다. 컨셉빌딩이란 쉽게 말하면 컨셉concept을 정하고 제품을 설계하라는building 의미입니다. '컨셉'에 집중해 신제품을 개발하는 방법론을 '빌딩'으로 형상화해 통합했으며, 컨셉을 개발하는 체계적 방법과 도구를 설명했습니다. 개념이 왜 중요한지를 명시하고 고객과 공감한 뒤에 개념을 도출하는 방법을 컨셉빌딩을 통해 구체적으로 다루었습니다.

컨셉빌딩은 소비자가 바라는 결과와 소비자를 충족시키는 수단을 분리해서 생각하고 나중에 이 둘을 다시 결합해 '끌리는 컨셉'을 만드는 것을 목표로 합니다. 컨셉이란 'con'의 '여럿이 함께'라는 의미와 'cept'의 '붙잡다'는 의미를 합친 단어로, '여럿을 붙잡아서 하나로 만든 것'을 의미합니다. 이는 『논어』에 나오는 '일이관지一以貫之', 흐트러진 구슬을 하나의 실로 꿴다는 의미와 정확히 일치합니다. 컨셉은 기획이나 전략을 실행할 때 여러 방향으로 흩어지지 않게 만드는 것을 말합니다(컨셉의 어원에 대한 자세한 설명은『끌리는 컨셉의 법칙』, 컨셉카페 1을 참조하십시오). 컨셉에서 'con'이 꿰는 것이고 'cept'가 꿰어지는 것이라면 꿰는 것은 '바라는 결과'이고 꿰어지는 것이 '충족수단'들입니다. 결국 컨셉빌딩은 양자를 결합해 끌리는 컨셉을 만들고 이를 미래의 브랜드로 발전시킴으로써 제품을 혁신하는 과정입니다.

컨셉은 바라는 결과와 충족수단의 결합

일이관지	con-	꿰는 것	바라는 결과(문제정의)	컨셉→브랜드
	-cept	꿰어지는 것	충족수단(해결책)	

컨셉빌딩에는 어떤 사무실이 들어 있을까요?

창의적 사고 혹은 인간의 문제해결 능력은 오래전부터 철학의 핵심 주제로

컨셉빌딩

Concept Building

3 F	사업기획	Business Plan
2 F	컨셉 수익성 계량지표	Metrics
1 F	고객공감	Sympathy
B1 F	개념화	Concept
B2 F	머리로 상상	Ideation
B3 F	손으로 상상	Prototype

'끌리는 컨셉'을 개발하기 위해서는 무엇을 해야 할까요?

다루어져 왔습니다. 논리학에서 개념(컨셉)은 핵심 주제였습니다. 논리학은 인식론으로 발전되었고 인식에서는 개념과 감각, 개념과 상상력이 어떻게 협력하는지를 다룹니다. 창의적 사고를 형성하는 개념, 인식, 상상력을 심층적으로 검토하기 위해서는 고전古典을 연구하지 않을 수 없습니다. 컨셉빌딩의 창의적 사고 모형은 칸트의 인식론과 예술 창작론에서 영감을 얻었지만 이를 경험적으로 설명할 것입니다. 서두부터 생소한 개념으로 독자에게 부담을 주고 싶지 않기 때문입니다. 그러나 창의적 사고 모형은 경험적으로만 도출된 것이 아니라 고전에 근거했다는 것을 에필로그에서 설명하겠습니다.

먼저 창의적 사고를 공감, 개념화, 상상력으로 나누었고 각각의 인식능력을 촉진하는 도구들을 4개씩 선별했습니다. 즉 창의적 사고를 촉진하는 12가지 도구를 끌리는 컨셉 만들기의 도구로 선별했습니다. 2장에서는 컨셉빌딩의 12도구를 소개하고 이들 도구를 입체적으로 배열한 컨셉빌딩을 소개합니다. 컨셉빌딩의 각 층은 고객공감, 개념화, 상상력 층으로 구성되어 있고 각 층에는 4개의 도구가 배열되어 있습니다. 4개의 도구는 컨셉빌딩의 각 층을 구성하는 사무실에 비유할 수 있습니다. 이들 사무실(도구)들을 천년지식(고전)의 압축파일을 풀어 구성한 것입니다. 여기에는 공감의 기초가 되는 질문과 관찰, 아리스토텔레스의 문제정의 방법, 베이컨의 귀납법, 칸트의 유비추론과 변증추론에 의한 모순해결 등이 있습니다.

책의 구성과 보충자료

이 책은 모두 3부 12장으로 구성되어 있습니다. 1부에서는 컨셉빌딩을 소개합니다. 컨셉빌딩의 특징을 다른 제품혁신 방법들과 비교해 설명하고, 이 책의 토대가 되는 창의적 사고 모형을 소개합니다. 2장에서는 컨셉빌딩의 12가지 도구를 소개하고 이 도구들을 입체적으로 배열한 컨셉빌딩을 알아봅니다. 2부에서는 컨셉빌딩의 도구와 방법 중에서 시제품 제작 이전에 사용되는 도구와 적용 방법을 설명합니다. 3부는 컨셉이 시제품으로 구체화되고 이어 고객 피드백을 받아서 사업기획으로 발전시키는 단계입니다. 사례는 '사례' 와 「사례」로 구분해서 표기했습니다. '사례'는 저의 주장을 뒷받침하기 위해 다른 문헌에서 인용한 사례를 의미합니다. 「사례」는 이 책에서 제시한 방법에 따라 컨셉을 개발한 예시를 말합니다. 즉 「사례」는 이 책에만 나오는 고유한 사례입니다.

자칫 어렵다고 생각될 수 있는 고전과 관련된 부분은 각 장 후반부의 '컨셉 카페'에서 별도로 보충설명을 해놓았습니다. 컨셉카페가 어렵게 느껴지는 독자는 컨셉카페를 생략하고 읽어도 됩니다. 다만 다시 읽을 기회가 있다면 컨셉카페를 함께 읽기를 권합니다.

이 책의 이론과 방법을 고전에 기초해서 설명한 것은 현재의 마케팅 지식 체계로는 '컨셉이 중심이 된 방법론'을 쓰는 것이 불가능하다고 판단했기 때문입니다. 마케팅 지식 체계를 대표하는 현재의 마케팅 교과서에는 '컨셉'이 라는 용어가 등장하지 않습니다. 저도 오랫동안 마케팅을 배웠지만 컨셉이 중요하다는 것을 말해준 스승은 없었습니다. 왜 그럴까요? 마케팅 지식 체계가 하나의 관점에서만 연구되고 기술되었기 때문입니다.

인간의 인식을 다룬 인식론에는 실재론과 관념론이 있습니다. 오늘날의 마케팅 지식 체계는 주로 실재론의 관점에서 연구되고 설명되고 있는데, 실재론에서는 제품이나 서비스는 있어도 '컨셉'이라는 것은 아예 없습니다. 그래서 마케팅 교과서에는 '컨셉'이 등장하지 않습니다.

그렇다면 인간의 인식을 설명하는 데 실재론과 관념론은 어떻게 다를까요?

실재론은 외부의 객관적 사물(마케팅에서 제품이나 서비스에 해당함)이 인간의 마음에 반영된 것을 인식(마케팅에서 소비자 인식)이라고 설명합니다. 반면에 관념론은 마음속에 갖고 있는 사물에 대한 컨셉이나 이미지가 외부의 객관적 사물에 투영된 것을 인식이라고 설명합니다.

　예를 들어볼까요? 요강에 막걸리를 가득 부어 외국인과 한국인에게 마시게 하고 맛을 묻습니다. 반응이 다를 것이라는 것은 누구나 예상할 수 있습니다. 요강이 무엇인지(개념을) 모르는 외국인은 "한국에서는 술도 자기에 따라 마신다"고 하겠지만, 요강이 무엇인지(개념을) 아는 한국인은 찜찜해할 것입니다. 이처럼 막걸리 맛(외부)이 인식으로 반영되는 것(실재론)과 머릿속 개념(내부)이 막걸리의 맛(외부)에 투영되어 인식이 형성되는 것(관념론) 중 어떤 설명이 타당할까요? 당연히 후자입니다. 머릿속의 컨셉(개념)이 외부 사물에 대한 인식에 영향을 준다는 것이 관념론의 핵심입니다. 이처럼 실재론에선 컨셉이라는 개념이 없는데 마케팅 교과서는 암묵적으로 실재론을 따르고 있습니다.

　마케팅에서 어떤 현상을 설명할 때 실재론으로도 충분한 경우가 많지만 그렇지 못한 경우도 있습니다. 인간의 '정신현상'은 실재론으로 설명하면 모순에 빠지게 됩니다. 전작의 주제인 '소비자 인식'이나 이 책의 주제인 '인간의 창의적 인식능력'이 바로 그것입니다. 대표적 관념론자인 칸트는 개념과 감각적 경험이 결합해서 인식이 일어난다고 했고, 더 나아가 개념이 감각적 경험을 구성해서 인식이 일어난다고 설명했습니다. 이 책은 전작처럼 칸트의 인식론에 기초해 창의력을 규정했습니다. 컨셉에 의한 이해능력은 창의력을 형성하는 핵심능력입니다. 컨셉이나 인간의 인식은 오래전부터 철학(주로 논리학과 인식론)의 주제였습니다. 그리고 창의력의 또 다른 요소인 공감이나 상상도 인간의 정신현상으로 철학에서 많이 다루고 있습니다. 과거의 인문고전에 의존하면 인간 정신현상에 대해 보편적인 이해와 통찰을 할 수 있습니다. 이 책의 컨셉카페에서는 바로 그런 보편적이고 통찰력 있는 설명을 제공합니다.

17세기에 일어난 과학혁명 이후 학문은 과학화되고 세분화되었습니다. 과학자들은 주관보다 객관을 중시하기 때문에 실재론자라고 할 수 있습니다. 과학은 현상의 질적 차이는 무시하고 양적으로 측정할 수 있는 속성에만 집중해서 설명하려 합니다. 정신현상은 자연현상과 달리 수량적 문제로 환원해서 접근하면 본질에 접근하기 어렵습니다. 제가 한 평생을 공부해온 경영학이나 경제학에서도 인간의 '정신현상'마저 과학이라는 이름을 빌어 양적 속성으로 설명하려 합니다. 이것이 바로 현실 문제를 이해하고 해결하는 데 장애물로 작용하고 있다고 저는 믿고 있습니다. 마케팅의 핵심 주제인 '소비자 인식,' '욕구와 만족' '창의성'은 정신현상으로 이해해야 합니다. 그리고 이를 근본적으로 이해하려면 과학이 아닌 인문고전에서 답을 찾아야 합니다.

이 책의 출간에 앞서 「DBR(동아비즈니스리뷰)」 2018년 2월호(242호)에 '지성, 공감, 상상력의 팀플레이'란 제목으로 이 책을 요약한 기사를 실었습니다. 기사를 읽으면 이 책을 이해하기가 더 쉬울 것입니다(그림 1의 화살표는 개발자 인식에서 물리적 제품으로 방향이 수정되어야 합니다). 아울러 독자들이나 신제품 개발에 관심 있는 분들과의 대화를 위해 네이버 블로그와 페이스북 페이지에 '끌리는 컨셉연구소'를 만들었습니다. 이 책에도 언급은 했지만 자세하게 싣지 못한 〈보충자료〉는 네이버 블로그 '끌리는 컨셉 연구소kunbaekim.blog. me'에 올렸습니다. 이 책이나 〈보충자료〉에 실린 컨셉개발 「사례」는 중소기업을 경영하거나 창업 중인 제자와 지인의 의뢰로 컨셉빌딩을 적용한 것입니다. 제 수업을 들은 학생들이 미완성이었던 이 책의 원고를 읽고 작업한 결과물인 것이지요. 이 책을 다 읽고 충분히 이해한 독자들은 더 좋은 결과를 얻을 수 있으리라 생각합니다. 참고로 일부 컨셉개발 사례 중에는 시간이 지나 지금은 컨셉이 제품화된 것도 있지만 작업 당시에는 제품이 시장에 나오지 않은 컨셉이었습니다.

    이 책을 집필하는 데 많은 제자가 도움을 주었습니다. 김찬솔, 육현주, 이민영, 이상진, 정문선, 조송연, 최훈주, 황근호와 그 외에도 많은 제자에게 고마운 마음을 전합니다. 제자들의 도움이 없었다면 이 책을 완성할 수 없었을 것입니다. 마지막으로 출판 기회를 준 중앙북스 관계자, 특히 좋은 편집으로 책을 빛나게 해준 조한별 님께 감사드립니다. 아무쪼록 이 책이 이 시대의 과제인 '기업의 혁신성장'을 견인하는 데 도움이 되었으면 하는 바람입니다.

2018년 김근배

"천천히 서둘러라(Festina Lente)"

– 아우구스투스 로마 황제

신제품 개발을 위한 '끌리는 컨셉 만들기'

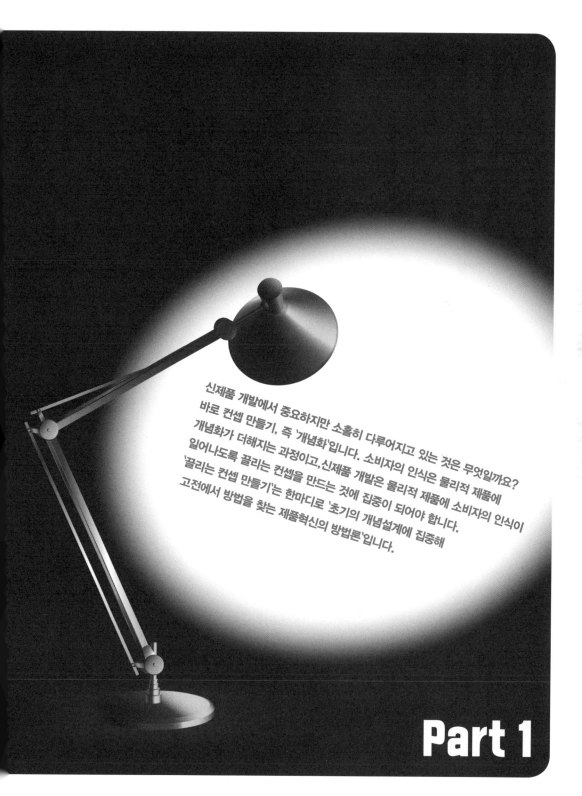

신제품 개발에서 중요하지만 소홀히 다루어지고 있는 것은 무엇일까요?
바로 컨셉 만들기, 즉 '개념화'입니다. 소비자의 인식은 물리적 제품에
개념화가 더해지는 과정이고, 신제품 개발은 물리적 제품에 소비자의 인식이
일어나도록 끌리는 컨셉을 만드는 것에 집중이 되어야 합니다.
'끌리는 컨셉 만들기'는 한마디로 '초기의 개념설계에 집중해
고전에서 방법을 찾는 제품혁신의 방법론'입니다.

Part 1

왜
끌리는
컨셉인가

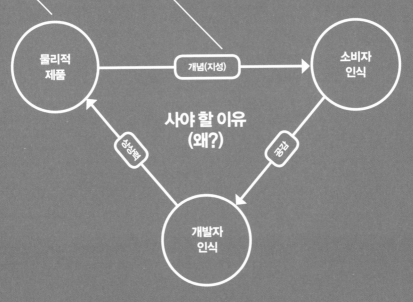

물리적
제품

개념(지성)

소비자
인식

사야 할 이유
(왜?)

상상력

공감

개발자
인식

Chapter 1

이스라엘은 인구가 850만밖에 되지 않지만 창업으로는 세계 최고입니다. 이스라엘의 나스닥 상장기업 수는 유럽 전체 국가의 나스닥 상장기업 수보다 많고 1인당 벤처펀드 규모는 세계 1위입니다. 우리나라도 이스라엘을 벤치마킹하여 한때 '창조경제' 실현을 국정목표로 설정하였지만 뚜렷한 성과를 내지 못했습니다. '자본축적'에서 '혁신축적'으로 경제성장의 패러다임을 바꾸어야 합니다.

신제품 개발 전 컨셉이 결과를 좌우한다

2015년 우리나라의 GDP 대비 연구개발 비중은 4.23%로 이스라엘, 일본을 제치고 세계 1위였습니다. 하지만 그에 비해 생산성은 세계 32위에 그쳤습니다. 왜 이런 괴리가 생길까요? 그 이유는 연구개발 투자를 기술혁신에만 집중하고 기술을 활용한 제품혁신이나 사업화는 등한시했기 때문입니다. 정부의 연구개발 예산 중 95%가 기술개발에 쓰이고 이를 활용한 사업화에는 5%만 투입되는 것으로 나타났습니다.[1] 결국 우리나라가 혁신적 신제품을 개발하지 못하는 이유는 기술이 부족해서가 아닙니다. 문제는 사업화 능력이 부족하다는 데 있습니다. 사업화란 기술혁신이 아닌 제품혁신이고, 그 핵심은 개념설계 역량, 즉 컨셉을 만드는 능력입니다.

세상엔 이미 많은 제품혁신 방법론이 제안되었고 관련 책도 많이 나왔습니다. 크게 마케팅, 품질경영, 산업디자인, IT의 4가지로 나뉩니다. 이 책도 마케팅의 신제품 개발, 디자인적 사고, IT 업계의 린스타트업 방법이 가진 장점을 적극 활용합니다. 그러면서도 다른 방법론이나 책에서 상대적으로 소홀히 다

---

1 2017년 1월 27일 중앙일보 기사, "기술만 개발하고 사업화 지지부진 … 한국, 실속 없는 R&D 강국"

루는 신제품 개발의 앞단front end 작업인 컨셉 만들기, 즉 개념설계에 집중하고자 합니다.

컨셉이 왜 그렇게 중요할까요? 한마디로 첫발을 제대로 디뎌야 하기 때문입니다. 초기에 개념에 집중하지 않고 해결책이나 충족수단에만 매달리면 혁신적 제품을 효율적으로 만들 수 없습니다. 신제품 개발의 핵심은 초기 단계인 앞단에서 얼마나 잘해내느냐에 있습니다. 앞단에서 잘하면 신제품 개발의 뒷단에서 재작업이 줄어들어 전체 비용과 시간이 줄어듭니다.

린스타트업에서는 만들기-측정-학습build-measure-learn 순으로 프로젝트를 진행해야 한다고 주장합니다. 여기서는 빨리 시제품을 만들어 테스트하는 것을 강조합니다. 계획대로 신제품 개발을 추진하다 출시했을 때 시장에서 반응이 기대 이하인 경우 피벗pivot, 즉 방향을 전환해야 한다고 합니다. 그리고 방향전환을 시도하는 일을 적어도 3번에서 많게는 7번은 해야 원하는 반응이 나온다고 했습니다.[2] 하지만 의문이 듭니다. 신제품을 출시한 후에 계획대로 안 된다면 당연히 방향전환을 모색해야 하지만 처음부터 이를 당연시하는 것이 과연 타당한 일일까요? 초기에 개념설계에 시간을 들이면 출시 후 방향전환을 해야 하는 상황을 피하거나 횟수를 줄일 수 있을 것입니다.

링컨은 "나에게 8시간을 주고 나무를 자르라고 한다면 나는 도끼를 가는 데 6시간을 쓸 것이다"라고 말했습니다. 신제품 개발에 8시간이 주어졌다면 6시간은 앞단인 컨셉 개발에 집중해야 합니다.

---

2 네이선 퍼 · 제프 다이어 저, 송영학 · 장미자 역(2015), 『이노베이터 메소드』, 세종서적, p.262.

욕구는 '바라는 결과'와 '충족수단'으로 나뉜다

가장 먼저 아리스토텔레스에 대해 얘기하고 싶습니다. 제가 알기로 아리스토텔레스는 욕구를 바라는 결과와 충족수단을 나누어 설명한 최초의 철학자입니다. 컨셉빌딩에서 충족수단이란 고객이 바라는 것을 해결해주는 기술적특성을 말합니다. 그는 『니코마코스 윤리학』에서 욕구충족 과정을 설명하면서 '바라는 것-수단-선택'의 3단계를 언급합니다. 그리고 바라는 것을 이루는 데 도움이 되는 것을 찾는 게 바로 '합리적 선택'이라고 했습니다.

"필요는 발명의 어머니다"라는 말이 있습니다. 발명은 충족수단을 발견하는 것이지만 이전에 무엇이 필요한지, 즉 '바라는 결과'를 명확히 해야 합니다. 제품혁신이 잘되지 않는 이유는 양자를 분리해서 생각하지 않고 충족수단만을 찾으려고 하기 때문입니다. 그래서 새롭지만 아무도 사려 하지 않는제품을 개발하게 됩니다. 충족수단은 반드시 바라는 결과에 의존한다는 점에유념하기 바랍니다. 따라서 바라는 결과를 먼저 명확히 한 뒤에 충족수단을생각해야 합니다.

'마케팅의 구루'로 불리는 테오도르 레빗 교수는 "소비자는 4분의 1인치드릴drill를 바라는 게 아니라 4분의 1인치 구멍hole을 원한다"고 말했습니다. '드릴'은 '충족수단'이고 '구멍'은 '바라는 결과'입니다. 바라는 결과는 제품을 사용하는 목적이라고 할 수 있습니다. 바라는 결과는 시간이나 장소가바뀌어도 크게 변하지 않습니다. 그러나 충족수단은 시간과 장소에 따라 크게 변합니다. 이전에는 구멍을 뚫기 위해 송곳을 사용했지만 지금은 전동드릴을 쓰고, 앞으로는 레이저를 사용할 것입니다. 우리가 레이저를 쓸 때도 지구의 다른 어느 곳에서는 여전히 송곳을 사용하겠지요.

고전에서 혁신의 방법을 찾다

아리스토텔레스의 이야기를 듣고 "혁신에 웬 고전?" 하고 반문하는 독자도 있을 것입니다. 혁신의 방법론을 개발하기 위해서는 새로운 방법을 생각해내야 한다고 생각할 수 있습니다. 하지만 혁신은 역설적으로 고전에서 찾는 것이 더 혁신적입니다. '고전古典'이란 오래된 책이지만 당시에는 세상을 바꾼 혁신적 작품입니다. 고전 속 사상가들은 전제나 권위, 상식에 의존하지 않고 자신만의 생각을 전개하여 기존의 패러다임을 뒤집었습니다. 위대한 발견과 발명은 기본 전제에 도전해 당연하다고 생각하는 상식을 뒤집으며 이루어집니다. 그러니 그들에게서 오늘날 필요한 혁신정신을 찾는 것은 어쩌면 당연한 것이지요. 이것은 이 책의 또 다른 차별점이라고 할 수 있습니다.

성경에 "이미 있던 것이 후에 다시 있겠고 이미 한 일을 다시 할지라. 해 아래 새것은 없다"는 구절이 있습니다(전도서 1장 9절). 혁신은 오래된 것을 새로운 관점으로 바라보아 새롭게 하는 것이기도 합니다. 아리스토텔레스는 학문의 예비학 혹은 도구로 논리학을 수립했습니다. 논리학은 이 책의 주제인 '컨셉(개념)'을 사용하여 합리적으로 사고하고 분석하는 방법을 논합니다. 학문은 개념의 체계라 할 수 있습니다.

17세기에 데카르트와 베이컨은 아리스토텔레스의 논리학을 비판하면서 진리를 발견하는 새로운 방법을 제시하여 과학혁명을 불러일으켰습니다. 18세기에 들어와서 칸트는 아리스토텔레스의 논리학을 비판하여 학문의 도구, 즉 진리를 인식하는 도구로 인간의 선천적 인식능력을 탐구하여 논리학을 인식론(혹은 인식 논리학)으로 발전시켰습니다. 헤겔은 모순을 부정하는 아리스토텔레스의 논리학을 비판하여 자신의 고유한 논리학으로 발전시켰습니다. 이 책에서는 아리스토텔레스의 논리학과 이를 비판한 다른 철학자들(칸트나 베이컨)의 '학문의 방법론'을 창의적 사고와 도구에 적용했습니다. 이는 고전에서 논의된 학문의 방법론을 좁게는 혁신을 위한 방법론의 관점에서, 넓게는 문제해결의 관점에서 새롭게 한 것입니다. 데카르트, 베이컨, 칸트가 오늘날 살아 있다면 학문의 방법론을 넘어 이 시대가 요구하는 '혁신의 방법론'을 썼을 것입니다.

창의적 사고 = 지성(개념)×공감×상상력

인도에서 오래 산 한 교포가 나무에 석양이 걸린 광경을 보고 저 나무가 무엇이냐고 물어보았답니다. 현지인이 보리수라고 대답하더랍니다. 그런데 희한하게도 그다음부터 보리수가 자주 시야에 나타났습니다. 그전에도 보았지만 보리수라는 개념으로 보니 더 확실하게 인식이 되었던 것이지요. 이처럼 보리수라는 사물에 대한 감각적 경험과 더불어 개념(이름)이 추가되어야 인간은 확실히 인식을 합니다. 김춘수 시인의 「꽃」이라는 시에 '내가 이름을 불러주기 전에는 그는 다만 하나의 몸짓에 지나지 않았다. 내가 그의 이름을 불러주었을 때 그는 내게로 와서 꽃이 되었다'는 구절과 일맥상통합니다. 개념(이름)을 부여했을 때 사물(꽃)이 제대로 인식되는 것입니다. 이것이 인간이 무언가를 인식하는 과정입니다.

소비자가 인식하는 과정도 이와 다르지 않습니다. 소비자의 인식은 물리적 제품에 대한 감각적 경험이 개념과 결합하여 일어납니다. 〈그림 1-1〉 상단의 화살표는 이를 나타내고 있습니다. 개념을 이해하고 추출하는 인간의 능력을

'지성understanding'이라고 합니다. 지성이 감각으로 경험한 것을 언어로 표현하는 것을 '개념화'라고 합니다.

〈그림 1-1〉 창의적 사고 모형

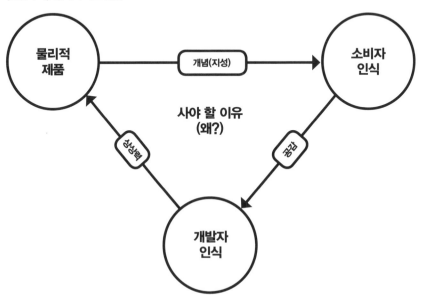

창의적 사고 = 지성(개념화)×공감×상상×[왜?]

　여기서 하나 짚고 넘어가야 할 것이 있습니다. 상상력의 실체에 대해 생각해 봅시다. 오늘날 창의성을 다룬 책이 많지만 거의 상상력과 창의성을 동일시하는 경향이 있습니다. 상상력은 창의적 사고의 한 부분이지 전부는 아닙니다. 상상력은 다른 요인들의 도움을 받아야만 피어오릅니다. 좀 더 구체적으로 말하자면 상상력은 개념이 인도해야 합니다.

　개념이 상상력을 어떻게 이끄는지 소설 창작을 예로 들어볼까요? 소설에서 개념(컨셉)에 해당하는 것이 플롯입니다. 소설가가 사전에 플롯을 면밀히 구성하고 상상력을 발휘해서 특정 시간과 공간에서 이야기를 배열하여 소설을 완성합니다. 만약 소설가가 사전 플롯을 짜지 않고 오로지 자유로운 상상력에만 의지해서 이야기를 써 내려간다면 그 소설은 뒤죽박죽이 되어 독자의 흥미조차 끌지 못할 것입니다.

저도 이 책을 쓰기 전에 '삼각 창의적 사고'라는 개념을 먼저 잡았습니다. 마찬가지로 신제품 개발자는 개념을 잡은 뒤에 상상력을 이용하여 물리적 제품으로 구현해야 합니다. 그래서 칸트는 『실용적 관점에서의 인간학』에서 "상상력의 독창성은, 만약 그것이 개념들과 합치한다면 천재라고 일컬어진다. 그러나 만약 그것들이 개념들과 합치하지 않는다면, 광신狂信이라 일컬어진다"라고 말했습니다.[3] 〈그림 1-1〉에서 하단 왼쪽 화살표는 이를 나타냅니다.

그럼 공감은 어떤 역할을 할까요? 공감은 〈그림 1-1〉에서 보듯이 개념(지성)과 상상력 사이에 위치하여 이 둘을 통합합니다. 앞에서 설명한 것처럼 개념과 물리적 제품(감각)이 결합하여 인식이 일어나는데요. 안타깝게도 개발자의 인식과 소비자의 인식은 거의 일치하지 않습니다. 왜 다를까요? 소비자가 처한 환경과 개발자가 처한 환경이 다르기 때문입니다. 이를 인식의 비대칭이라고 합니다. 마케팅이란 인식의 비대칭을 극복하기 위해 존재한다고 할 수 있지요. 공감은 이런 상황에서 서로 다른 양쪽의 인식을 하나로 만들어줍니다. 우리는 공감을 통해 타인의 인식으로 들어가고, 그렇게 해서 인식의 비대칭을 극복할 수 있습니다. 소비자 인식은 공감을 통해 개발자 인식으로 옮

---

3 칸트 저, 백종현 역(2014), 『실용적 관점에서의 인간학』, 아카넷, p. 189.

겨가고, 개발자 인식은 상상력을 통해 물리적 제품으로 구체화됩니다.

　다음으로 삼각 창의 모형 안에 들어 있는 사야 할 이유, '왜?'에 대해 설명하겠습니다. 전설의 할리우드 배우 제임스 딘이 출연한 「이유없는 반항」이라는 영화를 다들 알 것입니다. 그런데 쇼펜하우어의 말에 따르면 이유가 없는 반항(행동)은 있을 수 없습니다. 쇼펜하우어는 "인간의 행동에는 이유(동기)가 있다. 이유(동기)와 행동을 '인식'이 매개한다"고 말했습니다. 이것을 마케팅 상황에 적용해보면 '구매동기(이유) → 소비자 인식 → 구매행동'의 인과사슬이 됩니다.

　소비자는 사야 할 이유가 있으면 사고, 이유가 없으면 사지 않습니다. 그래서 컨셉은 "다른 제품이 아닌 이 제품을 사야 할 이유를 제시하는 것"입니다. 소비자 인식은 컨셉과 물리적 제품으로 구성되고, 컨셉은 소비자 인식에 관여해 사도록 만드는 역할을 합니다. 그래서 컨셉에는 고객이 사야 할 이유를 반드시 담아야 합니다. 사야 할 이유는 바로 고객에게 제공하는 가치가 됩니다. 고객가치란 제품이나 서비스가 고객이 바라는 결과를 제공하는 것입니다.

　이처럼 창의적 사고는 상상력의 개인플레이가 아니라 개념, 공감 그리고 상상력의 팀플레이입니다. 요약하면 창의적 사고는 다음과 같이 정의할 수 있습니다. "창의적 사고란 고객과 공감에 기초하여 사야 할 이유를 개념화하고, 상상력을 통해 그 개념을 이질적인 것을 결합하여 구체화하는 것이다." 삼각 창의 모형의 핵심은 우리 내면에서 지성, 공감 그리고 상상력이 협력하여 뭔가를 창조한다는 것입니다. 결국 모든 혁신의 씨앗은 외부의 자원이 아니라 우리 모두에게 주어진 내부의 인식능력에 있습니다. 독일어로 '창조하다 create'는 'schöpfen'인데 이 단어의 어원은 '퍼 올리다scoop'입니다. 창조란

우리 깊은 내면에서 퍼 올려scoop 세상을 바꾸는 것이라고 할 수 있습니다.[4]

데카르트의 분해와 합성으로 만든 12도구

이 책에서는 창의적 사고를 3개로 나누고, 각각에 대해 다시 4개의 도구를 선별했습니다. 이는 데카르트의 분해와 합성의 법칙을 따른 것입니다. 『축적의 시간』에서는 창의적 개념설계에 필요한 지식은 명시적으로 표현되지 않아 시행착오를 통해서만 얻을 수 있고, 축적하는 데 오랜 시간이 걸리며 전수가 어렵다고 했습니다.[5] 하지만 저의 생각은 다릅니다. 창의적 개념설계도 이론과 방법이 있다면 쉽게 가르치고 배울 수 있다고 생각합니다. 데카르트는 학문의 방법론으로 분해와 합성을 제안하기도 했습니다(컨셉카페 2 참조). 배우기 어려운 것도 작게 나누어 하나씩 습득하면 가능합니다.

신제품 개발을 할 때 각 도구는 서로 유기적으로 연결됩니다. 마치 권투 선수가 공격과 방어를 나누어 연습하지만 실전에서는 공격과 방어를 서로 연결해야 힘을 발휘할 수 있는 것처럼 말이지요. 실제로 3개의 요소는 독립적인 것이 아니라 서로 협력하여 창조에 관여합니다. 분업은 협업을 전제로 한다는 점을 명심해야 합니다. 이들 간의 팀플레이를 잘 이해하면 도구들이 서로 어떻게 연결되는지 이해할 수 있습니다.

이 책도 신제품 개발 과정을 장별로 나누어 서술하지만 각 장은 유기적으

---

4 Arthur Koestler(1964), 『The Act of Creation』, Macmillan, p. 658.
5 서울대 공과대학(2015), 『축적의 시간』, 지식노마드, pp. 42–45.

로 연결되어 있습니다. 그래서 어떤 내용이 다른 장과 관련된 경우에는 해당 내용을 서술한 뒤에 괄호 안에 관련 장을 표시했습니다. 전작인『끌리는 컨셉의 법칙』의 관련 내용도 표시해서 필요한 경우 관련 내용을 대조할 수 있도록 했습니다. 사마천은 사건이 발생한 시점별로 기록되는 기존의 편년체를 바꿔 역사를 왕조사本紀, 제왕편世家, 신하편列傳, 연대기表, 경제·문화·사회書로 분해해서 기술하여 사건의 본말을 파악할 수 있도록 했습니다. 이를 '기전체'라 합니다. 사마천도 분해와 합성의 원칙을 역사 서술에 적용했다고 볼 수 있습니다. 그런데 이렇게 분해하면 분해한 편들 간에 모순이 발생할 수 있습니다. 「제왕편」의 기록과 「신하편」의 기록이 상충될 수 있습니다. 그래서 사마천은 각 편들 간에 상충되는 부분을 찾아 일치시키고 한 인물의 생애를 여러 편에 배치하여 서술했습니다. 이를 호견법互見法이라 합니다. 이 책은 관련 장들을 대조하면서, 즉 호견하면서 읽으면 좋습니다. 다만 처음 읽을 때 대조하며 읽으면 속도가 잘 나지 않으니 가능하다면 우선 이 책만 읽은 뒤에 다시 읽을 때 관련 장들을 대조해가며 읽기를 권합니다.

이 책에서 제안하는 컨셉개발 방법은 개념, 공감, 상상력이 조화를 이루는 창의적 사고 모형에 입각하고, 고전에서 얻은 학문의 방법론에 기초하여 12가지 도구를 제시합니다. 이런 제품혁신의 방법론을 컨셉빌딩이라 명명했습니다. 컨셉빌딩의 장점은 바라는 결과와 충족수단을 분리하고, 초기단계에서 문제정의에 해당하는, 바라는 결과에 시간을 더 투자한다는 데 있습니다. 그래서 컨셉빌딩은 '천천히 서두르는 방법'입니다. 데카르트는『방법서설』에서 "천천히 걷되 곧은 길을 따라가는 사람은 뛰어가되 곧은 길에서 벗어나는 사람들보다 훨씬 더 먼저 갈 수 있다"고 했습니다. 신제품 개발 앞단에서 컨셉에 집중하는 것은 천천히 곧은 길로 가는 것처럼 보이지만 결국 훨씬 더 먼저 갈 수 있는 방법입니다. 얼마나 많은 신사업이나 신제품 아이디어가 고객이 원하지 않는 것으로 판명되어 실패로 끝났는지 생각해본다면 이점에 크게 공감할 것입니다. 초기에 한 박자만 늦추고 개념설계에 집중해도 최종적으로는 더 빨리 도착할 수 있습니다.

이 책에서는 컨셉빌딩에서 제안한 방법이 신제품 개발에서 효율적이라는 점을 실증연구로 제시할 것입니다. 컨셉빌딩에서 제안한 브레인스토밍 방법과 유비추론을 결합해서 사용하면 그렇지 않은 경우에 비해 33% 높은 가격의 컨셉을 창출할 수 있습니다. 그리고 가격을 33% 개선하면 이익이 111% 증가합니다(7장).

높은 가치의 컨셉을 개발해야 많은 이익을 낼 수 있고 종업원들을 제대로 대우해줄 수 있습니다. 애덤 스미스는 『국부론』에서 종업원에게 후한 임금을 주고 잘 대우해주는 나라가 잘사는 나라이고 선진국이라 말했습니다. 종업원을 잘 대우해야 혁신에 몰입하고 고부가가치를 창출할 수 있습니다. 그리고 다시 후한 임금을 주는 선순환 구조를 만드는 것이야말로 명실상부한 선진국이 되는 길입니다.

컨 / 셉 / 카 / 페 / 1

아리스토텔레스의
욕구충족 과정

　　　　　　아리스토텔레스는 『니코마코스 윤리학』에서 인생의
최종 목적은 행복이고 '행복은 탁월성arete에 따르는 영혼의 활동'이라고 했
습니다. 그는 탁월성을 이성적 사유를 통한 '선택'을 도출하는 품성상태(마음
가짐)로 정의하고 있습니다. 아리스토텔레스는 행복한 삶을 위해서는 올바르
게 형성된 욕구와 합리적 선택이 필요하다고 본 것입니다. 그는 합리적 선택
을 '욕구에 관련된 지성'으로 봅니다. 즉 욕구도 이성이 긍정하는 것을 추구
해야 한다는 것입니다.[1] 또한 그는 욕구를 '바라는 것-숙고-선택'으로 이어
지는 과정으로 설명합니다.[2] 그리고 그는 바라는 것은 목적에 관련되고, 숙고
는 수단에 관련된다는 것입니다.

　　'바라는 것은 목적에 더 관련되고, 선택은 수단에 관련된다. 이를테면 우리는 건
　　강하기를 바라지만 (그것을 통해서 우리를) 건강하게 하는 행위(수단)들을 합리적
　　으로 선택한다. (…) 우리의 숙고의 대상은 목적이 아니라 수단이다. 의사는 환자
　　를 치료할 것인지 숙고하지 않고, 연설가는 청중을 설득할 것인지 숙고하지 않으
　　며, 정치가는 법과 질서를 바로 잡을 것인지 숙고하지 않는다. 오히려 그들은 먼

1　아리스토텔레스 저, 천병희 역(2013), 『니코마코스 윤리학』, 도서출판 숲, pp. 222-223.
2　이진남(2009), "지성과의 화해: 아리스토텔레스와 아퀴나스의 욕구 개념", 범한철학 제54집, pp. 169-194.

저 목적을 설정한 후에 그 목적을 달성할 수 있을 것인지를 생각한다. 그리고 목적이 여러 가지 수단에 의해 달성될 수 있을 것 같아 보이면, 어느 수단을 써야 목적이 가장 쉽고 고상하게 달성될 수 있을지 생각한다.'[3]

아리스토텔레스는 바라는 것은 불가능해도 괜찮지만, 숙고는 행위로 성취할 수 있는 것에 한정된다고 했습니다. 숙고된 수단들 중에서 목적에 비추어 최적의 수단을 선택하면 이것이 합리적 선택이 됩니다. 이런 욕구충족 과정을 정리하면 다음과 같습니다.

- 욕구충족 : 바라는 것→숙고→합리적 선택(합목적적 선택)
- 대상 : 목적(결과)→수단→수단이 목적에 이바지(합목적적)
- 컨셉빌딩 : 바라는 결과→충족수단→끌리는 컨셉

이 책에서 말하는 욕구는 아리스토텔레스의 말처럼 '과정으로서의 욕구'입니다. 그래서 욕구에는 바라는 것과 수단의 숙고도 포함되어 있습니다. 또한 바라는 것은 아리스토텔레스가 말한 그리스어 블레시스boulēsis에 해당하고 영어로는 'desire'를 뜻합니다. 숙고의 대상인 수단은 '충족수단'이라고 이름 붙였습니다. 욕구는 이처럼 3단계로 이루어지기 때문에 욕구라고 말할 때는 그것이 '바라는 것(혹은 목적)'인지 아니면 '충족수단'인지 구분해야 합니다. 이 책에서도 욕구(혹은 니즈)를 '바라는 결과'와 '충족수단'으로 구분해서 사용할 것입니다.

---

3 아리스토텔레스 저, 천병희 역(2013), 『니코마코스 윤리학』, 도서출판 숲, pp. 98–99, pp. 102–103. 소망으로 번역된 것을 '바라는 것'으로 고쳐 번역하였고 괄호 안은 필자가 보충한 것임.

소비자 행위의 탁월성arete은 이성에 따라 얼마나 합리적으로 선택하느냐에 달려 있습니다. 욕구의 최종 목적은 합리적 선택이고, 이것의 탁월성이 행복을 가져다주는 것이지요. 마케팅 상황에서 행복이란 소비자 만족이라 할 수 있습니다. 컨셉은 충족수단이 얼마나 소비자가 바라는 결과를 만족시키는지에 달려 있습니다.

즉 끌리는 컨셉은 소비자가 합리적으로 선택할 수 있도록 마케터가 소비자 바람에 맞는 최적의 수단과 컨셉을 결합하는 것입니다. 이것이 바로 마케터가 신제품 컨셉을 개발할 때 고려해야 할 '합목적성'입니다(컨셉카페 9). 아리스토텔레스는 탁월성에 따른 행위가 행복이라고 했습니다. 마케터가 탁월성을 발휘하여 합목적적 컨셉을 만드는 행위가 행복한 삶과 연결되는 것입니다. 동시에 소비자는 탁월한 선택으로 만족(행복)을 얻게 됩니다.

'인간은 노력하는 한 방황한다.'

-괴테, 『파우스트』

컨셉빌딩과 12도구

Business Plan

Metrics

Sympathy

Concept

Ideation

Prototype

Chapter 2

총 6개 층으로 구성된 컨셉빌딩(Concept Building)에는 공감, 개념화, 상상을 촉진하는 12개의 사무실(도구)이 있습니다. 승강기로 각 층을 오르내리면서 사무실의 도구들로 신제품 개발 프로세스를 유연하게 진행합니다. 이 모형은 평가를 거쳐야만 다음 단계로 넘어가는 순차적 스테이지게이트(단계별 차단기) 모형에 비해 유연하여 단계를 자유롭게 이동할 수 있습니다.

프로세스가 중요한 이유

인간은 노력하는 한 방황하기 마련인데, 혁신을 목표로 노력하는 상황이라면 더 크게 방황할 수밖에 없겠지요. 그래서 신제품 개발에서는 길을 잃지 않고 목적을 달성할 수 있는 정형화된 프로세스와 도구가 필요합니다. 창의적 사고와 정형화는 어울리지 않는다고 생각하는 분이 많을 것입니다. 자유를 제약하면 창의적 사고를 못 할 것이라는 통념이 있기 때문입니다.

그러나 제품혁신과 관련한 여러 연구를 살펴보면 문제해결에 필요한 수단과 형식을 제약할 때 오히려 창의적 사고가 더 촉진되는 것을 알 수 있습니다.[1] 어느 정도의 제약은 개발자들의 집중력을 높여 창의적 사고를 촉진하기 때문입니다. '컨셉빌딩'은 창의력을 저해하지 않고 촉진할 수 있는 '정형화'의 좋은 예라고 할 수 있습니다.

정형화된 프로세스를 따르면 좋은 점이 또 하나 있습니다. 여러분이 어느 회사의 신상품 개발 담당자라고 생각해보세요. 신상품 개발은 1회에 그치는

---

1 C.P. Moreau and D. W. Dahl(2005), "Designing the Solution: The Impact of Constraints on Consumers' Creativity," Journal of Consumer Research, June, 13–22, A. Sellier and D. W. Dahl(2011), "Focus! Creative Success is Enjoyed Through Restricted Choice," Journal of Marketing Research, December, pp. 996–1007.

것이 아니라 지속적으로 해야 하는 업무입니다. 우연히 혁신의 성공은 얻었다고 해도 이것을 지속하기는 어렵습니다. 그래서 베이컨은 "소 뒷걸음으로 이루어진 발견이 한둘이 아니더라도, 이런 일이 앞으로도 계속 일어나주길 바랄 수는 없지 않은가?"라면서 우연한 발견보다 정형화된 방법에 의한 발견을 강조했습니다.[2] 이와 관련해 품질경영학에는 프로세스의 품질이 그 결과물인 제품 품질과 비례한다는 말이 있습니다. 무형자산인 지식을 창출하는 산업에서는 더더욱 그럴 것입니다. 기업은 혁신 프로세스를 정형화하고, 어느 시점에는 그것을 기업 내에 안착시켜야 합니다. 그리고 그 프로세스를 부단히 반복 개선해서 혁신 프로세스의 품질을 높여야 합니다.

베이컨은 『신기관』 서두에서 "맨손으로는, 또는 그냥 방치된 지성만으로는 할 수 있는 일이 별로 없다. 손도 도구가 있어야 일을 할 수 있듯이, 지성도 도구가 있어야 무슨 일이든 할 수 있다"고 했습니다. 『신기관』이란 책 제목은 라틴어로 '노붐 오르가눔Novum Organum'이라고 하는데, 이것은 '새로운 도구'라는 뜻입니다. 베이컨은 『신기관』에서 '지성의 도구'만 언급했지만 이 책에서는 지성뿐 아니라 공감과 상상력의 도구들도 포함할 것입니다. 이 책에서 제안한 컨셉빌딩, 그리고 12도구는 아직 경험이 부족한 중소기업이나 스타트업 기업에게 아까운 시간을 허비하지 않고, 신제품 개발 프로세스를 확립하고 개선하는 데 큰 도움을 줄 거라 확신합니다.

---

2 베이컨 저, 진석용 역(2001), 『신기관』, 한길사, pp. 116.

컨셉빌딩이란

컨셉빌딩은 중의적 의미를 갖습니다. 컨셉개발의 정형화된 프로세스와 도구라는 의미도 있지만, 단어 그대로 빌딩(건물)을 뜻하기도 합니다. 신제품 개발 과정이란 신제품 개발자가 컨셉빌딩이란 건물을 자유롭게 위아래로 오르내리며 필요한 도구를 사용하여 신제품 개발 프로세스를 진행할 수 있다는 의미입니다. 컨셉빌딩을 소개하기에 앞서 기존의 '스테이지게이트 모형 Stage-Gate Model'을 먼저 짚어보고 가겠습니다.

기존 신제품 개발 프로세스 : 스테이지게이트 모형

신제품 개발 프로세스란 '반복되는 신제품 개발 업무의 성과를 개선할 수 있도록 하는 순서와 절차'를 말합니다. 가장 보편적인 프로세스로 '스테이지게이트 모델Stage-Gate Model'이 있습니다. 우리말로는 '단계별 차단기 모형'이라고 번역할 수 있는데 미국에서 '스테이지게이트'라고 상표등록이 되어 있어 그대로 사용하겠습니다. 이 모형은 쿠퍼Cooper가 개발하여 보급하였는데 기존 기업의 60%가 이 모형을 사용하여 신제품 개발을 진행하는 것으로 알려져 있습니다. 이 모형은 신제품 개발을 몇 개의 단계로 나누고, 한 단계에서 다음 단계로 넘어갈 때 평가를 거치는 의사결정 게이트decision gate를 설정해놓았습니다. 쿠퍼는 이를 5단계로 나누었는데 저는 4단계로 줄여 그려보았습니다.[3]

---

3 Robert G. Cooper(2005), 『Leadership: Pathways to Profitable Innovation』, 2nd ed. New York: Basic Books.

〈그림 2-1〉 스테이지게이트 모형

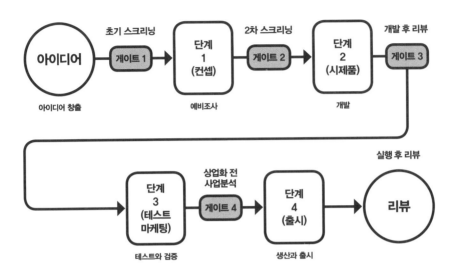

스테이지게이트 모형에서는 각 단계별 평가에서 평가 기준이 수치로 설정되어 있고 기준치를 넘어야 다음 단계로 진입할 수 있습니다. 예를 들어 '컨셉개발 단계에서 시제품 개발 단계로 넘어가려면 컨셉 테스트에서 응답한 소비자의 70% 이상이 구매의향을 보여야 한다'와 같은 것입니다(11장 참조). 각 단계의 기준치들은 다음 단계로 넘어가는 것을 결정하는 차단기gate의 역할을 합니다. 평가 기준치를 넘으면 차단기가 열려 다음 단계로 넘어가고 기준치를 넘지 못하면 차단기가 닫혀 다음 단계로 진행할 수 없습니다. 만약 계속해도 다음 단계로 가지 못하면 신제품 개발은 그 단계에서 포기하게 됩니다. 그렇게 해서 신제품 실패 위험을 줄일 수 있는 것입니다.

스테이지게이트 모형은 순차적이고 직선적이어서 이해하고 관리하기 쉽다는 장점이 있습니다. 반면 참여자의 학습을 저해한다는 단점이 있지요. 세디와 이크바Sethi and Iqbar는 스테이지게이트 모형을 사용한 120개 프로젝트를 분석한 결과, 이 모형이 신제품의 성과에 부정적 영향을 준다는 사실을 밝혀 냈습니다. 이 모형이 프로젝트 진행상 유연성이 떨어져 참여자의 학습능력을 저해하여 신제품의 성공 가능성을 낮춘다는 것입니다. 특히 기술의 부침이 심한 환경이나 혁신적 신제품에서는 학습이 중요한데 이런 상황에서 그 단점은 더욱 두드러졌습니다. 또한 단계별로 평가를 거치게 되어 신제품 개발 기간이 길어지는 것도 단점이라고 할 수 있습니다.[4] 과연 수많은 평가항목을 통과하면서 혁신적이기까지 한 신제품을 개발할 수 있을까 하는 생각이 듭니다.

한편, 창업 10년 이하의 중소기업의 신제품 개발 과정을 사례로 심층 연구한 마리온Tucker J Marion 교수 등은 중소기업은 대기업처럼 스테이지게이트 모형이나 교차기능팀cross functional team을 구성하지 않고 소비자 조사도 수행하지 않는다고 했습니다. 교차기능팀이란 마케팅, R&D, 디자인과 같은 각 분야에서 전문적 지식을 가진 부서를 말하는데 대기업에서는 이들이 서로 협조하여 신제품을 개발하게 됩니다. 그런데 중소기업은 이런 조직이나 절차 없이 유연하게 신제품 개발을 진행하기 때문에 오히려 좋은 성과를 거둔다고 합니다.[5] 컨셉빌딩은 바로 이런 상황을 고려해 초보자도 신제품 개발 프로세스를 따라 할 수 있도록 정형화면서도 유연성이 저해되지 않도록 만들었습니다.

기존 방법의 도구들

신제품 개발을 위한 도구로는 주로 소비자 조사를 활용하게 되는데요. 엘런

---

4 Sethi, Rajesh and Z. Iqbar(2008), "Stage-Gate Controls, Learning Failure, and Adverse Effect on Novel New Products," January, Journal of Marketing, pp. 118-134.
5 Tucker J. Marion, John H. Friar, and T. W. Simpson(2012), "New Product Development Practices and Early-Stage Firms: Two In-Depth Case Studies," Journal of Innovation Management, 29(4), pp. 639-654.

반 클리프Ellen van Kleef 교수 등은 신제품 개발 초기단계에서 자주 사용하는 10개의 소비자 조사 도구들을 열거하고 비교했습니다. 그런데 흥미로운 사실은, 신제품 개발 초기단계에서는 소비자의 미충족 니즈를 찾는 것이 중요한데 10개의 도구 중 어떤 것도 미충족 니즈를 직접 찾아내는 것은 없다는 점이었습니다. 10개 도구 중에서 대기업에서 주로 사용하는 것은 소비자 지각도perceptual map나 컨조인트 분석Conjoint Analysis인데요. 이 도구들은 조사결과가 수치화되어 실행가능성actionability은 높아지지만 기껏해야 개선 아이디어를 찾는 데 도움이 될 뿐입니다.[6]

신제품 개발의 1차적 목표가 무엇인가요? 바로 시장에 존재하지 않는 혁신적 제품을 찾아내는 것입니다. 아직 어둠 속에 있는 무언가를 탐색하고 더듬거리며 찾아내야 합니다. 그런데 조사결과가 객관화되고 정량화되려면 조사과정에서 제품 범주도 미리 정해져야 하고, 소비자들에게 이미 잘 알려진 객관적 속성들을 사용해야 합니다. 앞뒤가 맞지 않지요? 마치 어두운 곳에서 잃어버린 열쇠를 밝은 가로등 밑에서 찾고 있는 것과 같습니다. 혁신적 신제품은 어두운 곳에서 더듬거리며 찾아야 합니다. 컨셉빌딩은 이런 문제점을 고려하여 탐색적 방법으로 미충족 니즈를 직접 도출할 수 있는 도구들을 사용합니다.

컨셉빌딩의 내부 들여다보기

컨셉빌딩은 정형화를 염두에 두면서도 기존에 사용하는 프로세스와 도구

---

6 Ellen van Kleef, H.C.M. van Trijp and P. Luning(2005), "Consumer Research in the Early Stage of New Product Development: A Critical Review of Methods and Techniques," Food Quality and Preference, Vol.16, pp. 181–201. 이 논문에서 열거된 10가지 도구는 지각도, 컨조인트 분석, 관찰, 포커스그룹 인터뷰, 자유연상, Kelly의 repertory grid, Laddering, 정보가속화 방법, Zaltman의 은유연상 기법이다.

〈그림 2-2〉 컨셉빌딩

| 3 F | 사업기획 | Business Plan |
| B2 F | | |

3 F	사업기획	Business Plan
2 F	컨셉 수익성 계량지표	Metrics
1 F	고객공감	Sympathy
B1 F	개념화	Concept
B2 F	머리로 상상	Ideation
B3 F	손으로 상상	Prototype

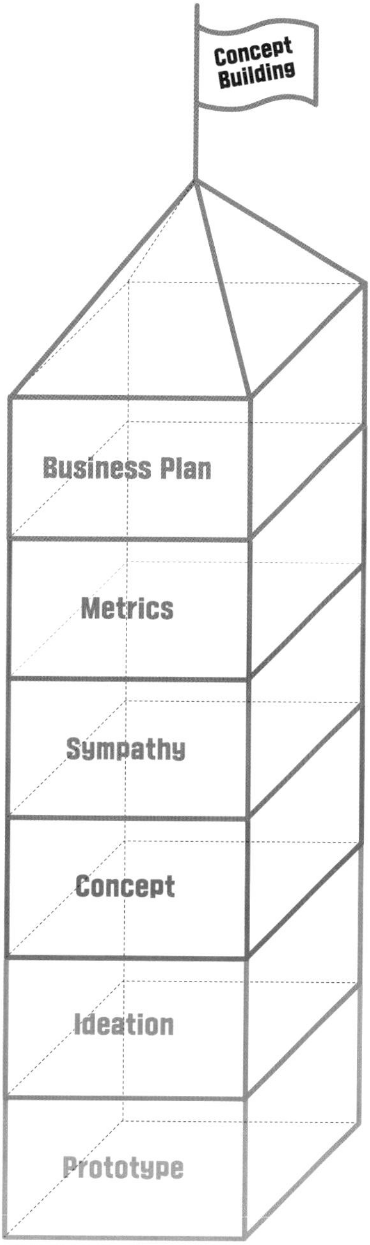

들의 문제점을 고려하여 개발되었습니다. 또한 1장에서 설명한 창의적 사고 모형에 기초해 건물의 바탕을 다졌지요. 컨셉빌딩은 〈그림 2-2〉처럼 지하 3 층에 지상 3층으로 되어 있습니다. 각 층은 '삼각 창의사고 모형'의 공감, 지 성, 상상력과 일치하며 각 층에 창의적 사고를 촉진하는 4개의 도구(사무실)를 배열했습니다. 이는 데카르트의 '분해와 합성'을 적용한 것입니다. '분해와 합성'은 데카르트가 제안한 문제해결 방법으로, 큰 문제를 작은 문제들로 일 단 분해하고, 각각의 작은 문제에서 해결책을 구해 이들을 합성하는 방법입 니다(컨셉카페 2 참조). 또한 컨셉빌딩에서 공감과 지성(개념화)의 도구들은 미 충족 니즈를 직접 도출하도록 구성했습니다.

컨셉빌딩 전체를 살펴보기 전에 내부로 들어가봅시다. 개발자는 신제품 개 발 프로세스를 진행하면서 각 층에 들러 네 귀퉁이에 위치한 사무실에 구비

〈표 2-1〉 컨셉빌딩을 구성하는 12도구(사무실)

삼각 창의사고 (이론)	12도구(방법)	컨셉빌딩 내 이동(프로세스)
고객공감	1 질문(3장)	1층
	2 관찰(4장)	
	3 추체험(4장)	
	4 고객 피드백(10장)	
개념화(지성)	5 미충족 니즈 발견표(6장)	지하 1층
	6 컨셉 재정의표(6장)	
	7 핵심편익 정의와 컨셉 서술문(5장)	
	8 컨셉보드(5장)	
상상력	9 유추(유비추론)(7장)	지하 2층
	10 가추(가정추론)(8장)	
	11 변증추론으로 모순해결(9장)	
	12 공감적 상상(7장)	

한 도구를 하나 혹은 둘 이상 사용할 수 있습니다. 컨셉빌딩 안에는 승강기가 설치되어 개발자가 오르내릴 수 있다고 생각하면 됩니다. 컨셉빌딩을 지하층과 지상층으로 구분한 것에는 이유가 있습니다. 지하층은 신제품 개발이 회사 내부에서 진행되는 것을 나타내고 지상층은 시제품을 만들어서 출시한 뒤 신제품 개발이 회사 외부에 점차 드러나는 것을 나타냅니다.

지상 1층

1층부터 지하 2층까지, 각 층의 사무실에는 12가지 도구들이 구비되어 있습니다. 우선 1층에 위치한 고객공감 층으로 가보겠습니다. 이곳에는 '질문'과 '관찰', '추체험(따라 경험하기)' 그리고 '고객 피드백'이 구비되어 있습니다. 고객이 바라는 결과(니즈)가 무엇인지 정확히 파악하기 위한 도구들이 구비되어 있는 셈입니다. 미충족 니즈를 직접 도출하기 위해 질문, 관찰, 추체험을 통해 고객을 이해하고 공감합니다.

고객 피드백은 컨셉이나 시제품을 개선하거나 선별하여 발전시킵니다. 그리고 다음 단계로 진행할지 여부도 고객 피드백으로 결정합니다. 따라서 컨셉빌딩의 고객 피드백은 스테이지게이트의 차단기gate 역할도 하게 됩니다(11장). 고객 피드백에는 대표적으로 컨셉 테스트와 제품 테스트가 있습니다. 이는 개념화 단계에서 얻은 컨셉이나(컨셉 테스트) 상상 단계에서 얻은 시제품을 잠재적 소비자에게 보여주고 수용성 여부를 묻는 것입니다(제품 테스트). 이에 대한 고객 피드백에 따라 다음 단계로 진행할지 혹은 더 개선할지 결정합니다(11장).

〈그림 2-3〉 고객공감의 층(1층)

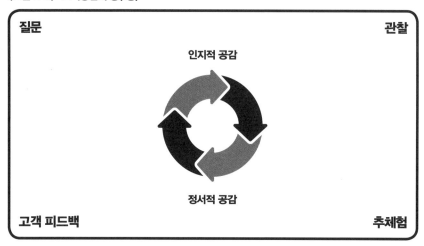

1층 고객공감에 구비된 도구들을 좀 더 자세히 살펴보겠습니다. 인간의 공감은 인지적 공감과 정서적 공감으로 구분할 수 있는데 질문, 관찰, 추체험은 공감을 위한 도구입니다. 여기서 더 세분화하면 질문과 관찰은 상대방과 거리를 두고 언어나 행동을 통해 마음을 추측하는 것이고 추체험은 상대방과 같은 체험을 해보아 정서적으로 공감하기 위한 것입니다. 정서적 공감은 고객의 기쁨과 고통을 자신의 기쁨과 고통으로 느끼는 것입니다.

정서적 공감은 창조에 임하는 자세나 태도, 즉 몰입을 결정하기도 합니다 (컨셉카페 4). 또한 질문이나 관찰이 주로 바라는 결과를 도출하기 위한 도구라면 고객 피드백은 컨셉 개발 후나 시제품 완성 후에 사용하는 도구입니다.

지하 1층

이번에는 지하 1층에 위치한 개념화입니다. 컨셉빌딩을 한마디로 설명한다면 바라는 결과와 충족수단의 결합이라고 할 수 있는데요. 컨셉개발 프로세스는 크게 두 가지로 나뉩니다. 하나는 문제가 발생하는 상황에서 출발하는 경우입니다. 시장에 제품이 아직 존재하지 않은 상태에서 욕구가 발생하는 상황이 생기는 거지요. 이런 상황에서 시작해 '바라는 결과-충족수단'을 규정합니다. 이를 개념규정 프로세스라고 정의했습니다. 다른 하나는 기존 제품에서 출발하는 경우입니다. 이미 제품이 나와 있긴 하지만 소비자가 이에 불만을 가진 데서 시작하는 거지요. '바라는 결과-충족수단'을 반성하는 것, 이를 개념반성이라고 정의했습니다.

개념규정의 경우에는 주로 바라는 결과를 먼저 고려해 충족수단을 개발하게 됩니다. 개념반성의 경우에는 이미 시장에 존재하는 충족수단의 문제점을

〈그림 2-4〉 개념화의 층(지하 1층)

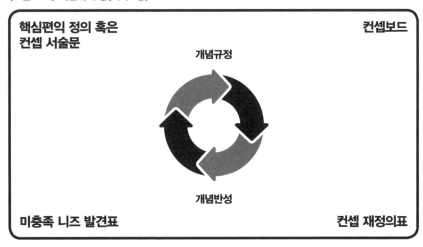

〈표 2-2〉 개념규정과 개념반성의 신제품 개발

컨셉빌딩	신제품 개발 전략
개념규정	욕구가 일어나는 상황에서 출발하여 '바라는 결과-충족수단'을 규정
개념반성 (개념부여)	기존 브랜드에 대한 불만에서 출발하여 '바라는 결과-충족수단'을 반성 상용화되지 않은 기술에 표적고객과 사용목적을 정립(컨셉부여)

우선 파악하고 이를 개선한 충족수단을 만들어냅니다. 이미 존재하는 바라는 결과와 결합할 수도 있고 새로운 바라는 결과를 가져올 수도 있습니다.

어느 쪽에도 속하지 않는 경우도 있습니다. 새로운 기술이 주어졌지만 아직 상용화되지 않은 경우가 이에 해당합니다. 이 경우는 바라는 결과도 존재하지 않고, 충족수단이 주어졌지만 사용목적과 표적고객이 정해지지 않은 상황입니다. 이럴 땐 기술의 상용화를 위해 사용목적과 표적고객을 정해서 충족수단에 개념을 부여해야 합니다. 이 장의 뒷부분에 소개할 포스트잇 개발사례가 바로 이런 '개념부여'의 사례입니다. 이 책에서는 '개념부여는 충족수단이 먼저 존재한다는 점에서 개념반성의 특별한 경우'라고 간주하겠습니다.

개념규정 프로세스 사례를 통해 좀 더 살펴볼까요? 2000년대 중반만 해도 지금처럼 어디서든 인터넷을 사용할 수 있는 환경이 아니었습니다. 스마트폰이 없었으니까요. 이때 바라는 결과와 충족수단을 결합하여 '인터넷이 가능한 휴대폰'이라는 개념을 규정해 나온 것이 애플의 아이폰입니다. 애플은 새로운 범주를 창출하는 브랜드를 개발한 것이지요. 물론 시장에 유사한 브랜드들이 존재하는 경우에도 개념규정 프로세스로 컨셉을 만들 수 있습니다. 끌리는 컨셉의 법칙의 첫 번째 법칙에서 소개한 혼다의 엘리먼트 사례가 이에 해당합니다. 혼다의 미국 개발 담당자는 미국의 젊은이들이 어떻게 차량을 사용하는지

관찰하던 중에 '친구들과 활발하게 몸을 움직이며 놀고 난 다음에는 파티를
할 수 있을 만한 대형 왜건에서 기분을 내고 싶어 하는 젊은이들의 욕구'를 간
파합니다. 그리고 이 새로운 차를 '바퀴 달린 대학생 기숙사'라는 키워드(핵심
편익)로 정의했습니다. 이 정의에 기초해서 좌우 여닫이인 사이드 액세스 도어
라든가, 의자를 좌우로 접어서 침대로도 쓸 수 있는 뒷좌석, 물세탁이 가능하
고 방수성이 뛰어난 고무재 바닥 등과 같은 충족수단을 개발했지요.

   그렇다면 시장에 존재하는 기존 브랜드를 반성하여 브랜드의 표적고객, 제
품범주, 속성을 바꾸고 이에 따라 컨셉을 재정의하는 개념반성 프로세스는 어
떨까요? 이 사례는 『끌리는 컨셉의 법칙』 4번째 법칙에서 소개한 스웨덴 에그
팩으로 설명할 수 있습니다. 처음에 '팩처럼 쓸 수 있는 비누'라는 컨셉으로 소
개한 뒤 고객의 반응이 신통치 않자 '비누처럼 쓸 수 있는 팩'으로 바꾸면서 히
트상품이 되었습니다. 비누에서 팩으로 제품범주를 바꾸어 성공한 사례지요.

   비록 개념을 먼저 규정하느냐 혹은 기존 제품을 반성하느냐에 따라 개념규
정 프로세스와 개념반성 프로세스로 구분했지만 두 구분이 아주 분명한 것은
아닙니다. 여기에는 두 가지 이유가 있습니다. 첫째는 의도와 결과는 항상 일
치하지 않기 때문입니다. 시작할 때는 개념규정을 의도했지만 이후 충족수단
을 개발하면서 기존 브랜드의 문제를 개선하는 충족수단으로 끝날 수도 있습
니다. 즉 개념규정으로 시작했다가 개념반성으로 귀결되는 것이지요. 반대의
경우도 가능합니다. 기존 브랜드의 불만, 즉 충족수단을 개선하려는 의도였지
만 충족수단을 개발하는 과정에서 이제까지 시장에 없던 새로운 컨셉이 나오
기도 합니다.

   발명이나 발견의 역사에서 보면 의도대로 되지 않고, 의도하지 않은 결과를
얻는 경우가 비일비재합니다. 두 프로세스에서는 도구 또한 서로 배타적이

아니라 보완적으로 사용하게 됩니다. 개념규정으로 프로젝트를 시작했지만 이미 인접한 제품의 범주에 유사한 충족수단이 있다면 그것을 반성하는 방법으로 보완할 수 있습니다. 반대로 개념반성으로 시작한 프로젝트에서도 욕구가 일어나는 상황에서 바라는 결과를 도출하는 방법을 사용할 수 있습니다.

개념을 규정할 때 필요한 '핵심편익 정의'

개념규정 프로세스로 시작하는 경우에는 고객에게 다가가 질문과 관찰로 바라는 결과들을 도출하고, 그것들을 현재의 충족수단들과 대응해 미충족 니즈를 추출합니다. 이를 위해서는 미충족 니즈 발견표를 사용하고 이를 기반으로 개념을 정의합니다(6장). 미충족 니즈 발견표에서 개념을 규정할 때는 한두 개의 핵심단어로 컨셉의 골격을 서술합니다. 이를 핵심편익 정의라고 합니다. 핵심편익을 정의한 뒤에는 충족수단을 개발하여 컨셉보드로 발전시킵니다(5장).

개념을 반성할 때 필요한 '컨셉 재정의표'

개념반성 프로세스로 시작하는 경우에는 기존 제품(경쟁제품 포함)들의 개념을 반성하여 컨셉을 재정의합니다. 혹은 개발된 충족수단에 개념을 부여합니다. 이를 위해서는 컨셉 재정의표를 사용합니다(6장). 컨셉 재정의표를 보완하기 위해 미충족 니즈 발견표를 사용하기도 합니다. 이때 미충족 니즈 발견표는 기존 브랜드에 대한 불만에서 바라는 결과를 도출하는 데 활용합니다. 핵심편익 정의는 발전된 컨셉보드의 제목(헤드라인)으로 사용합니다. 이 층에서는 미충족 니즈 발견표나 컨셉 재정의표에서 핵심편익 정의 혹은 컨셉 서술문으로 발전하고, 이것이 다시 컨셉보드로 발전하면서 컨셉이 더 정교해지고 구체화됩니다(5장).

지하 2, 3층

다음으로 지하 2, 3층에 위치한 상상력 층을 살펴보겠습니다. 상상력은 머리로 하는 상상력과 실제 시제품들을 만들어보는, 손으로 하는 상상력의 장으로 구분되어 있습니다. 머리로 하는 상상력 층은 아이디어 창출ideation 층으로 볼 수 있습니다. 이는 핵심편익 정의를 만족하는 충족수단 혹은 해결책을 찾아내는 것입니다.

일상에서 우리는 아이디어와 컨셉이란 말을 혼용하는 경우가 많습니다. 이 책에서는 컨셉을 아이디어와 구분하기 위해 아이디어 대신 '충족수단'이라는 용어를 사용하겠습니다. 상상력을 촉진하여 충족수단을 찾아내는 방법에는 유비추론(7장), 공감적 상상(7장), 가정추론(8장), 변증추론(모순해결)(9장)이 있습니다. '공감적 상상'은 고객의 입장에서 상상하여 충족수단을 찾아내는 것입니다. 이것은 컨셉 개발 이후에 활용할 수 있는 도구로 공감에 배치할 수

〈그림 2-5〉 머리로 상상 층(지하 2층)

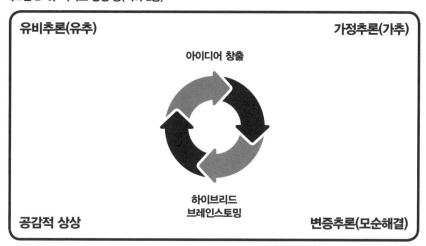

도 있고 상상력에 배치할 수도 있습니다. 공감도 타인의 입장에서 상상하는 것이니 상상력으로 구분할 수 있거든요. 변증추론은 양자가 모순되는 것을 명확히 해서 모순을 해결하는 사고방식입니다. 이 방법은 충족수단 사이의 모순을 해결하는 데 적용할 수 있습니다.

이제 한 층 더 내려가보겠습니다. 지하 3층은 머리로 한 상상을 직접 손으로 구현하는 층입니다. 여기에는 일상소재 시제품, 가상 시제품, 기능 시제품, 그리고 실물 혹은 출시용 시제품이 있습니다. 일상소재 시제품은 고객공감이나 개념화에서 얻은 통찰을 바탕으로 주변에서 얻은 생활소재를 사용하여 제품의 형태를 우선 만들어보는 것입니다.

우리 두뇌는 신기하게도 손으로 모형을 만들면 더 좋은 충족수단을 생각해낼 수 있습니다. 가상 시제품은 실물처럼 보이는 3D 렌더링이나 동영상 혹은 가상현실 기술로 제품 사용상황을 만든 것입니다. 기능 시제품은 형태에서 더 나아가 기능을 구현한 시제품을 말합니다. 기능 시제품 중에서 가장 핵심

〈그림 2-6〉 손으로 상상 층(지하 3층)

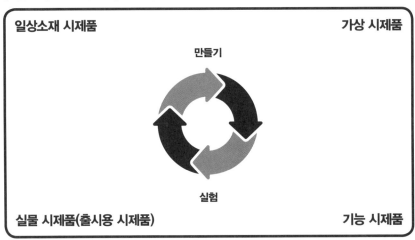

이 되는 최소 기능만 구현한 시제품이 최소기능 시제품이며, 가상 시제품, 기능 시제품, 출시용 시제품 순으로 발전하면서 시제품의 완성도를 점점 높이게 됩니다(10장). 그리고 개발자가 판단하여 어느 정도의 완성도를 갖추면 1층의 고객공감 층으로 올라가 고객 피드백을 받게 됩니다. 고객 피드백에 따라 부족한 경우 제품을 개선하는 작업을 거치고, 만족할 만한 수준에 이르면 지상 2층과 3층으로 올라가 브랜드 출시 준비를 합니다. 출시 준비에 대해서는 12장에서 설명하겠습니다. 출시 준비를 위한 기획 단계에서는 마케팅 비용과 목표 이익 등의 내용을 포함해야 합니다. 이것은 이전 단계들에서 느슨하게 만든 사업기획을 수정하면서 확정합니다(12장).

이상 컨셉빌딩의 내부구조였습니다. 1층(고객공감 층)과 지하 2층(머리로 상상 층)은 도구 중에서도 기법에 해당하고, 지하 1층(개념화 층)과 지하 3층(손으로 상상)은 앞서 작업한 결과를 정리하는 도구로 볼 수 있습니다. 예를 들면 1층에서 고객과 공감하여 질문하고 관찰한 것은 지하 1층의 컨셉보드나 핵심편익 정의와 같은 도구들로 정리합니다. 또한 지하 2층에서 유추로 충족수단을 만든 것은 지하 3층의 가상 시제품이나 기능 시제품이라는 산출물로 정리할 수 있습니다.

컨셉빌딩에서 진행되는 신제품 개발 프로세스

컨셉빌딩은 창의적 사고에 필요한 도구들을 입체적으로 보여줄 뿐 아니라 신제품 개발 프로세스를 보여주기도 합니다. 컨셉빌딩 프로세스는 개발자가 승강기를 타고 컨셉빌딩 내부를 이동하는 것에 비유할 수 있습니다. 개발자는 컨셉빌딩의 여러 층을 오르내리며 각 층의 사무실들에 구비된 도구를 하나 혹은 둘 이상 사용하여 신제품 개발을 진행할 수 있습니다. 컨셉빌딩에서 층간의 이동은 공감, 개념화 그리고 상상력이 유기적으로 결합하는 것을 나타냅니다. 데카르트가 말한 분해와 합성에 따라 전 과정을 여러 단계로 나누어 순차적으로 해결하며 신제품을 완성하는 것입니다. 사실 모든 단계는 원래 연동되어 있는 것을 편의상 나눈 것일 뿐입니다. 따라서 층별로 나누어 작업하더라도 그 작업들이 유기적으로 결합되어야 합니다(1장).

컨셉빌딩의 장점 1. 어디서든 출발

스테이지게이트(단계별 차단기) 모형은 개발의 시작점이 고정되어 있는 반면 컨셉빌딩에서는 개발의 시작점이 고정되지 않아서 어느 층에서나 시작할 수 있습니다. 창의적 사고 모형에서는 신제품 개발 과정을 고객공감, 개념화, 상상력의 3단계로 나누었지만 반드시 특정 단계에서 시작해야 하는 것은 아닙니다. 예를 들어 공감·개념화·상상력 순으로 진행할 수도 있습니다. 고객이 바라는 결과에서 시작하여 개념을 규정하고 충족수단을 개발하는 것이지요.

물론 충족수단에서 시작하여 개념을 부여하고 고객의 공감을 거칠 수도 있습니다. 그러면 상상력·개념화·공감 순으로 진행하게 되겠지요. 때로는 기존 제품의 충족수단을 변형해서 시제품을 만들어보는 것으로 시작할 수도 있습니다. 기존 브랜드의 개념을 반성하는 단계에서 시작하여 공감이나 상상력 단계로 이동하는 개념화·상상력·공감 순으로도 진행합니다. 현재 부상하는 시장의 매출규모나 성장률에 대한 통계자료를 보고 시작하는 경우도 있습니다. 이 경우는 컨셉 수익성 계량지표를 나타내는 2층에서 시작하겠지요? 시작점이 국한되지 않고 어떤 단계에서도 신제품 개발이 시작될 수 있다는 것,

그것이 컨셉빌딩의 첫 번째 강점입니다.

컨셉빌딩의 장점 2. 자유로운 이동

컨셉빌딩의 두 번째 강점은 단계를 자유롭게 이동할 수 있다는 점입니다. 스테이지게이트 모형에서는 특정 단계에서 차단기가 열리지 않으면 그 단계에서 문제를 해결해야 합니다. 또 몇 단계를 되돌아가서 문제의 원인이 시작된 지점에서부터 검토해야 합니다. 예를 들면 테스트마케팅 단계에서 문제점이 발견되었는데 이것이 컨셉과 관련되었다면 컨셉 단계로 되돌아가 문제점을 시정한 후 테스트마케팅 단계로 돌아와야 합니다. 그에 반해 컨셉빌딩에서는 각 층을 오르내리는 경우에도 바로 위층이나 아래층으로 이동하는 것이 아니고 몇 개 층을 건너뛰어 이동할 수 있습니다. 신제품 개발 중에 어떤 층에서 문제점이 발견되면 문제의 원인이 시작되었다고 추정되는 층이 몇 층 떨어져 있어도 바로 이동해서 작업할 수 있는 것이지요.

컨셉빌딩의 장점 3. 유연하고 신속한 진행

컨셉빌딩의 세 번째 강점은 신제품 개발을 신속하게 진행할 수 있다는 점입니다. 스테이지게이트 모형에서는 단계별로 평가를 거쳐야 하므로 신제품 개발 기간이 길어질 수 있습니다. 반면 컨셉빌딩에서는 여러 단계를 연속적으로 진행하다 개발자가 필요하다고 판단할 때 고객 피드백을 받습니다. 보통 신제품 개발 과정에서 하나의 아이디어를 구체화하여 컨셉이나 시제품을 만든 뒤에 고객 피드백을 받는 과정을 '반복iteration'이라고 합니다. 컨셉빌딩에서는 차단기gate가 매 단계 설치되어 있는 것이 아니라 필요한 단계에만 설치되어 있다고 할 수 있습니다. 한마디로 스테이지게이트 모형은 직선적이고 순차적이기 때문에 유연성이 떨어지지만, 컨셉빌딩 내의 이동은 순환 반복적이면서도 유연합니다.

　자, 이제 당신의 혁신을 위한 컨셉빌딩과 12가지 도구가 준비되었습니다.

2가지 진행 형태로 보는 컨셉빌딩

　앞서 개념규정 프로세스와 개념반성(개념부여) 프로세스를 알아봤는데요. 두 가지 프로세스의 진행 형태를 알아보겠습니다. 프로세스 진행도는 개발자가 컨셉빌딩 안에서 위층, 아래층으로 이동하면서 어떻게 도구들을 사용하여 신제품 개발 과정을 진행하는지를 그림으로 나타낸 것입니다. 프로세스 진행도는 프로젝트 관리에서 사용하는 공정 진행도와 유사합니다. 가로축에는 컨셉빌딩의 각 층이 나열되어 있어 각 층에서 어떤 작업을 수행한 뒤에 다음 층이나 다음 단계로 넘어가는 것을 보여줍니다. 세로축에는 날짜를 표시하여 어느 정도의 기간에 어떤 작업이 완성될 수 있는지 보여줍니다.

바라는 결과와 충족수단의 결합 프로세스

　신제품 개발 프로세스는 바라는 결과와 충족수단이 어떻게 결합하는가에 따라서도 구분할 수 있습니다. '바라는 결과'를 영어의 대문자(A 혹은 B)로 표기하고 각각의 바라는 결과를 충족하는 최적수단을 소문자(a 혹은 b)로 표시하겠습니다. 만약 바라는 결과 A와 결합된 충족수단이 최적이 아닌 경우에는 다른 소문자(b)로 표시하겠습니다. 세 가지 경우를 기호를 사용해 표시해봅시다. 우선 바라는 결과 A를 먼저 도출하고 충족수단 a를 결합하면 개념규정이 됩니다(A→a). 이는 기존 브랜드가 존재하지 않는 경우입니다. 브랜드가 이미 시장에 존재하는 경우, 즉 개념반성의 경우에도 바라는 결과를 먼저 도출하고 충족수단을 결합할 수 있습니다. 경쟁 브랜드가 내세우는 '바라는 결과 A'와는 다른 '바라는 결과 B'를 찾아내 이에 맞는 충족수단(b)을 개발하는 경우입니다(B→b).

바라는 결과를 먼저 규정하지 않고 충족수단을 바꾼 뒤 개념을 재정의하는 경우는 둘로 나뉩니다. 첫 번째 경우는 시장에 존재하는 기존 브랜드의 바라는 결과 A를 충족하는 수단 b가 최적이 아니라고 판단될 때(Ab), 이를 충족수단이 최적화된 컨셉(Aa)으로 대체할 수 있습니다. 이때는 컨셉에서 바라는 결과 A를 최적화된 충족수단으로 결합합니다(A→b→a). 두 번째 경우는 기존 컨셉에서 충족수단 b에 맞추어 바라는 결과를 A에서 B로 바꾸는 것입니다(A→b→B). 충족수단은 그대로 두고 바라는 결과를 바꾸는 것이지요.

후자의 경우(A→b→B)를 영어로 세렌디피티serendipity라 합니다. 세렌디피티란 어떤 일을 수행하다가 원래 목적과는 다른 결과를 얻었지만 이것이 더 나은 목적을 위해 사용되는 현상을 말합니다. 콜럼버스가 인도로 가는 항로를 찾다가 미국 대륙을 발견한 것이 대표적인 예입니다. 신제품 개발에서 충족수단은 그대로 둔 채 처음에 설정한 바라는 결과를 바꾸는 개념반성(세렌디피티)은 자주 일어납니다. 원래는 바라는 결과 A를 목표로 충족수단 a를 개발할 의도였지만 덜 최적화된 충족수단 b를 개발하게 됩니다. 이 경우에 a를 찾기 위한 노력에서 방향을 바꾸어 충족수단 b에 맞는 바라는 결과 B로 컨셉을 완성할 수 있습니다. 비아그라는 원래 고혈압을 치료할 목적으로 개발되었습니다. 그러나 임상시험 과정에서 자발적 발기빈도를 증가시키는 데 관련이 있음이 밝혀졌죠. 그러자 컨셉을 발기부전 치료제로 재정의해서 세계적 히트상품이 되었습니다.

『린스타트업』의 저자 에릭 리스는 신제품 출시 후에 시장에서 반응이 기대 이하인 경우 방향전환pivot을 하기를 권유합니다. 여기서 말하는 방향전환은 이전에 만든 모든 것을 버리고 다시 시작하는 것이 아니라 지금까지 만든 것과 시장에서 학습한 것을 다른 목적에 맞게 긍정적으로 발전시키는 것입니다. 이 역시 충족수단은 대체로 유지한 채 표적고객을 바꾸거나 표적고객이 바라는 결과를 바꿔 컨셉을 재정의하는 것입니다. 방향전환pivot도 개념반성이고 성공한다면 일종의 '세렌디피티'라 할 수 있습니다.

마지막으로 개념부여의 경우는 새로운 기술을 활용한 충족수단 a를 먼저 찾아내고 여기에 바라는 결과 A를 결합시키는 것입니다(a→A). 개념부여는 결과에 따라 개념규정과 개념반성의 경우로 귀결됩니다. 아직 시장에 브랜드가 존재하지 않는 경우에 새로운 제품범주를 창출할 수도 있고, 시장에 브랜드가 존재하는 경우도 있어 개념반성에 그칠 수도 있습니다. 이 책에서는 개념부여는 편의상 개념반성에 속한 것으로 취급했습니다.

프로세스 진행도

컨셉빌딩 내의 이동으로 개발이 진행되는 예를 살펴보겠습니다. 하나는 바라는 결과에서 출발한 프로세스 진행 사례이고, 다른 하나는 충족수단에서 출발한 사례입니다. 컨셉빌딩 1층의 고객 피드백은 개발 진행도에서는 컨셉 테스트와 제품 테스트로 세분화했습니다.

상황에서 '바라는 결과'로 출발한 경우

첫 번째 사례는 욕구가 일어나는 상황에서 시작한 개념규정 진행의 예입니

〈그림 2-7〉 바라는 결과에서 출발한 개발 진행도

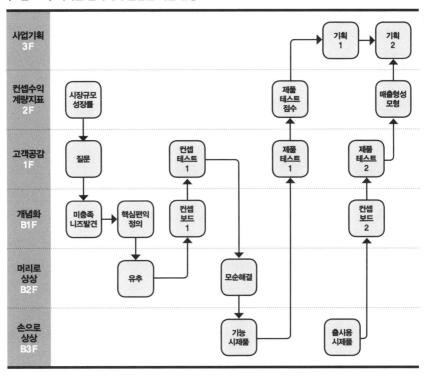

다. 어번Urban과 하우저Hauser가 공저한 『신제품의 디자인과 마케팅Design and Marketing of New Products』에 나온 합성세제 신제품 개발 사례를 활용하되, 이 책에서 제안하는 방법으로 수정하여 재구성했습니다.[7] 합성세제는 기존 브랜드들이 시장에 이미 존재하기 때문에 앞에서 설명한 B→b 형태의 진행 사례입니다. 개발 진행도의 작업들은 괄호로 표시했습니다.

S사는 비누, 샴푸, 치약 등의 제품을 생산·판매하는 대기업입니다. S사는 신

---

7 Urban Glen L. and John R. Hauser(1993), 『Design and Marketing of New Product』, Second ed. Prentice Hall, pp. 385-396.

시장에 대한 진입여부를 결정할 때 일정한 매출액과 성장률을 기준으로 진입여부를 판단했습니다. S사는 먼저 표적시장을 선정하기 위해서 설문조사로 소비자들이 어떤 합성세제를 사용하고 있는지 조사했습니다. 설문조사 결과, S사는 매출 잠재력이 높다고 판단된 더운물용 가루 합성세제를 신제품으로 내놓기로 했습니다. 이 시장은 합성세제 시장에서 가장 큰 시장이었고 연간 약 9%의 성장률을 보이고 있었습니다(시장규모, 시장성장률).

S사는 표적시장을 명확히 정의한 다음 소비자들을 찾아 면접을 실시하여 합성세제에 대한 고객이 바라는 결과를 물었습니다(질문). 어떤 상황에서 합성세제를 사용하는지, 어떻게 사용하는지, 상황별로 '바라는 결과'가 무엇인지를 물었습니다. 이런 질문에 대한 대답을 기초로 미충족 니즈 발견표를 작성한 결과 "때를 잘 빼고 싶다", "합성섬유를 손상시키지 않았으면 좋겠다", "박스를 다루기가 쉽고 넘어지지 않았으면 좋겠다"라는 미충족 니즈가 나왔습니다. 이런 미충족 니즈에 기초하여 신제품 개발팀에서는 '세탁력이 강하지만 섬유를 보호해주는 가루세제'라는 핵심편익 정의와 '가루세제지만 액체세제의 편리함을 제공하는 세제'라는 2개의 핵심편익 정의를 도출했습니다(핵심편익 정의).

그다음에는 핵심편익과 충족수단을 구체화하는 두 개의 컨셉보드를 작성하고(컨셉보드 1) 이어서 신제품의 컨셉에 대한 반응을 알아보기 위해 설문조사를 실시했습니다(컨셉 테스트 1). 첫 번째 컨셉인 '강한 세탁력과 섬유 보호'에 대한 구매의향 점수는 50%였습니다. '확실히 구매하겠다'에 표시한 소비자가 35%였고, '아마 구매할 것이다'에 표시한 소비자가 15%였습니다. 두 번째 컨셉인 '액체세제 용기 사용'에 대한 구매의향 점수는 30%였습니다. '확실히 구매하겠다'에 표시한 소비자가 10%였고, '아마 구매할 것이다'에 표시한 소비자가 20%였습니다. S사는 컨셉 점수가 좋은 첫 번째 컨셉으로 신제품 개발을 진행하기로 했습니다.

컨셉 테스트를 바탕으로 S사의 연구부서에서는 신제품을 만드는 작업에 착수했습니다. 고객이 바라는 결과를 구체적인 제품 속성으로 바꾸는 것이지요. 그런데 문제가 발생했습니다. 연구개발 부서는 세탁력은 목표한 대로 구현할 수 있겠지만, 섬유 보호능력은 목표대로 달성하기 어려울 것으로 판단했습니다. 현재 기술로는 세탁력을 향상시키면서 섬유 보호능력이 감소되는 것을 막을 수 없었습니다. 마케팅 부서에서도 세탁력을 부각시키면 섬유 보호에 대한 인식이 약화될 것을 우려했습니다. 한 제품이 세탁력도 강하고 동시에 섬유도 보호해준다는 것을 강조하면 소비자도 그것을 모순이라 여겨 회의를 품을 것이라는 생각이 들었습니다. 그래서 TRIZ(트리즈)를 활용하여 모순을 해결했습니다(모순해결).

그로부터 4개월 후, 연구개발 부서에서는 기술을 향상시켜 시제품을 개발하는 데 성공했고, 집에서 시제품을 테스트할 수 있게 되었습니다(기능 시제품). 시제품이 준비되자 마케팅 부서에서는 가정을 방문하여 테스트를 시행했지요(제품 테스트 1). 그런데 시제품에 대한 소비자 반응을 보니 구매의향 점수가 30%로 예상보다 낮았습니다. 이유를 분석해보니 시제품이 섬유 보호 측면에서는 목표를 달성했으나 세탁력 측면에서는 당초의 목표에 미달했기 때문이었습니다(제품 테스트 점수). 이처럼 컨셉 테스트와 제품 테스트를 기반으로 표적고객과 핵심편익을 정하고 예상 매출액을 포함하여 사업기획의 초안을 마련했습니다(기획 1).

그렇다면 이제 고객 피드백 과정에서 발견된 문제를 해결해야겠지요. 실험실에서 테스트를 할 때는 시제품이 세탁력에 대한 목표도 달성한 것으로 나타났지만 소비자들은 그렇게 느끼지 못했습니다. 소비자가 세탁력이 강해진 것을 체감할 수 없었다는 게 문제였습니다. 이에 연구개발 부서와 마케팅 부서는 소비자가 감각적으로 느끼게 할 수 있는 방법, 즉 유형성을 높일 수 있는 방법을 찾아보았습니다. 소비자 눈에 보이는 세제의 색깔이나 질감 그리고 입자의 첨가 여부가 유형성에 영향을 줄 수 있는지 실험하기로 했지요. 실제로 소비자들은 시제품의 외관을 보고 세탁력과 섬유 보호능력을 주관적으로 평가했습니다. 그래서 분말의 색과 질감을 달리하고 특별한 색깔을 띤 입자를 다르게 첨가해보면서 여러 시제품들을 만들어 테스트했습니다. 그 결과, 굵고 하얀 분말에 파란색 입자가 더해지면 세탁력이 가장 뛰어나 보인다는 사실을 알게 되었습니다. 하지만 굵은 분말을 사용하면 섬유 보호능력이 높아 보이지 않는다는 문제점이 또 발생합니다. 반면 고운 분말을 사용하면 섬유 보호능력이 높아 보이고, 하얀색 분말 또한 섬유 보호능력이 높아 보이게 하는 것으로 나타났습니다.

이러한 실험 결과를 바탕으로 개발팀은 이전의 시제품에 매우 고운 하얀색 분말과 파란색 입자를 첨가하는 것으로 결정했습니다(출시용 시제품). 이는 '세탁력이 매우 강하면서도 섬유를 손상시키지 않는다'는 핵심편익 제안과도 일치하는 것이었습니다. 이렇게 개선된 시제품이 만들어지자 세제의 형상을 강조한 새로운 컨셉보드를 만들었고(컨셉보드 2), 새로운 컨셉보드와 함께 개선된 시제품으로 제품 테스트를 실시했습니다(제품 테스트 2). 그 결과 제품 테스트 점수도 이전보다 높아졌습니다. 소비자가 느끼는 세탁력이 실험실에서 측정된 수준까지 높아질 것으로 예측되었습니다.

이처럼 시제품을 한 차례 더 개선해 컨셉을 충족시키자 S사는 출시를 위해 매출 잠재력을 예측하는 작업을 했습니다(매출형성 모형). 컨셉 테스트와 가정에서의 제품 테스트 결과를 바탕으로 시제품에 대한 시용률과 반복구매율을 직접 측정했습니다. 시용률이란 시험적으로 구매하는 소비자의 비율을 말합니다. 결과는 만족스러웠습니다. 시제품에 대한 시용률(41%)은 예측된 선호도(45%)에 거의 근접했습니다. 시제품은 더운물용 가루 합성세제 시장(총 규모 4,000억)의 8.3%를 차지하여 322억의 매출을 올릴 것으로 예상되었고 개발과 출시에 소요되는 320억의 투자액에 대해서도 만족스러운 수익률을 거둘수 있을 것으로 예측되었습니다. 신제품으로 출시해도 괜찮은 수치라고 판단했습니다.

S사는 출시 전에 컨셉 서술문과 광고, 마케팅 전략기획을 작성했습니다(기획 2). 컨셉 서술문은 다음과 같이 정했습니다. '클린소프트(신제품 브랜드명)는 가루 합성세제(제품범주)로 더운물 빨래를 하는 소비자들에게 매우 고운 하얀 분말에 파란 입자와 섬유유연제 첨가하여(속성) 세탁력이 뛰어나지만 섬유를 보호해준다(편익).' 핵심편익 정의는 '세탁력이 뛰어나지만 섬유를 보호해주는 세제'로 확정했습니다. 컨셉 서술문을 작성하는 형식과 방법은 5장에서 자세히 설명하겠습니다.

충족수단에서 출발한 경우

새로운 기술개발에 기초해 충족수단에서 시작하는 경우도 있습니다. 3M에서 포스트잇을 개발한 것이 좋은 사례인데요. 프랭크 파트노이의 『속도의 배신』에 소개된 3M의 포스트잇 개발과정에 관한 내용을 이 책에 맞게 재구성해 소개합니다.[8] 〈그림 2-8〉의 개발 진행도는 전체 진행 과정을 보여줍니다.

1968년 3M의 스펜서 실버는 2년간의 실험 끝에 종래의 접착제와 다른 새로운 접착제를 개발했습니다. 그것은 아크릴계 접착제로, 필름과는 달리 구형球形이었습니다. 그는 마침내 새로운 기술을 개발한 것에 환호했지만 마땅히 활용할 방법은 찾지 못하고 있었습니다. 같은 회사의 아트 프라이 역시 이 접

---

8 프랭크 파트노이 저, 강수희 역(2013), 『속도의 배신』, 추수밭, pp. 259–282.

착제에 흥미를 갖게 되었지만 마찬가지로 활용방법을 떠올리지 못했습니다. 그러던 1973년의 어느 일요일, 프라이가 주일 성가대에서 노래를 하려고 일어섰을 때였습니다. 이전 연습 때 책갈피로 끼워두었던 종잇조각이 악보에서 떨어졌습니다. 다들 노래를 부르고 있는데 그는 그것을 찾지 못해 허둥댔습니다. 그때 스펜서의 기술이 번쩍 떠올랐습니다. 프라이는 이 새로운 접착 기술을 책갈피에 적용하면 어떨까 하는 가정을 하게 됩니다(가정추론). 접착제의 구형을 느슨하게 배치하면 접착력이 떨어질 것이고, 종이에 부착했다 떼기에 좋은 비율을 찾으면 책갈피로 사용하기 좋을 것이라고 생각했습니다. 그렇게

〈그림 2-8〉 충족수단에서 출발한 개발 진행도

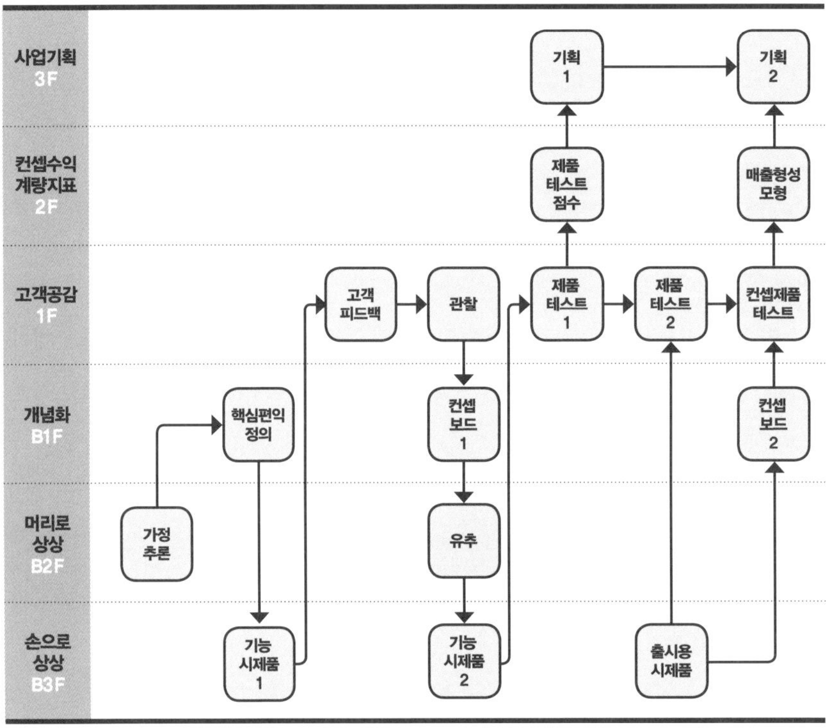

해서 '떼었다 붙일 수 있는 책갈피'라는 핵심편익 정의가 만들어집니다(핵심편익 정의).

프라이는 스펜서 실버를 찾아가 실험을 시작했습니다. 두 사람은 곧 두 장의 종이만 겨우 붙을 정도의 접착력을 가진 접착제를 개발했습니다. 두 장의 종이는 찢어지지 않고 수월하게 떨어졌습니다. 종이 띠의 일부에 접착제를 코팅해서, 달라붙는 부분이 책 안에 붙게 하고 책 밖으로 삐져나오는 부분은 끈적이지 않게 만들었습니다(기능 시제품 1). 이 시제품을 사람들에게 사용하게 해서 문제점이 있는지 알아보고(고객 피드백) 사용 현장도 관찰했습니다(관찰).

프라이는 회사에 이 제품을 사업화하자고 제안했으나 상사는 승낙하지 않았습니다. 그 사이에 3M 동료 직원들은 이 끈적대는 종이를 일상생활에 사용하기 시작했습니다. 일부는 책갈피 용도로 썼지만 다른 한편에서는 이 끈적대는 종이를 메모지로도 썼습니다. 상사에게 보낼 메시지를 여기에 써서 보내면, 상사도 거기에 답신을 메모해서 보냈습니다. 프라이는 사무실마다 책상이고 달력이고 이 작은 종이가 나붙기 시작하는 것을 보았습니다. 그는 이를 보고 처음 설정한 책갈피를 메모지로 바꿔야겠다고 판단했습니다. 그래서 그는 컨셉을 '떼었다 붙일 수 있는 책갈피'에서 '떼었다 붙일 수 있는 메모지'로 바꾸고 이를 컨셉보드로 정리했습니다(컨셉보드 1). 그리고 이 컨셉에 맞게 시제품인 메모지를 만들기로 했습니다. 스펜서와 함께 메모지로 성능을 개선하는 방법을 타 영역에서 유추했고(유추) 이를 시제품으로 만들었습니다(기능 시제품 2). 그리고 다시 주변 직원들에게 시제품을 나누어주어 다시 제품의 성능을 테스트했습니다(제품 테스트 1). 사용한 직원들에게 구매의향을 물어 제품 수용도를 점수로 매겨보니 사업화가 가능하다는 판단을 할 수 있었습니다(제품 테스트 점수).

그는 컨셉보드와 제품 테스트 결과를 바탕으로 사업기획을 했습니다(기획

1). 1977년 마침내 프라이는 접착 메모지가 시장조사를 해볼 만큼 충분한 잠재력이 있다고 상사를 설득하는 데 성공했습니다. 브랜드명을 프레스 앤 필 Press 'n' Peel로 정하고, 4대 도시에서 잠재 고객을 대상으로 실험을 실시했습니다(제품 테스트 2). 그러나 뜻밖에도 반응은 미온적이었고, 또다시 이런저런 말이 오갔습니다. 경영진은 여전히 이 시제품을 책갈피로 보았고, 프라이는 메모지라고 주장하는 형국이었습니다. 그러는 사이 3M 직원들은 이미 떼었다 붙이는 메모지에 중독되어 있었습니다. 사내 사용량 조사를 했더니 사내에서 평균적으로 한 사람이 1년에 7~20묶음을 사용하는 것으로 나타났습니다. 그런데도 직원들은 부족하다며 샘플을 더 달라고 아우성이었습니다. 당시 인기 상품이었던 '매직테이프'의 연간 사용량이 1인당 1롤 정도인 것에 비하면 굉장한 소비량이었습니다.

접착 메모지의 잠재력

프라이는 여기서 접착 메모지의 잠재력을 보았고 포기하지 않았습니다. 당시 프라이와 스펜서는 제품을 많이 개선한 상태였습니다. 접착 메모지는 작은 노란색으로, 크기나 느낌이 사용하기에 딱 좋았습니다. 접착제도 메모지에 안정적으로 도포되어 있었습니다(출시용 시제품). 1978년에 프라이는 마지막으로 한 번만 더 시장 조사를 해보자고 상사를 설득했습니다. 그들은 한 지역에 샘플을 배포하고 사내에서처럼 인기를 끌 수 있을지 알아보기로 했습니다. 아이다호 주의 주도인 보이시가 조사지역으로 결정되었고, 그들은 접착 메모지를 도시 전체에 무상으로 살포하는 '보이시 대공격'을 감행했습니다. 이번에는 이전 컨셉을 수정하면서 분명히 '접착 메모지'라고 고객에게 알려주었습니다(컨셉보드 2). 며칠 만에 메모지는 대박을 냈습니다. 메모지를 써본 시민들의 90% 이상이 사겠다고 답했습니다(매출형성 모형). 그래서 새로운 컨셉과 제품 테스트를 바탕으로 이전의 사업기획을 수정해 사업기획서를 작성했습니다(컨셉·제품 테스트, 기획 2).

오늘날의 포스트잇은 새로운 접착 기술에서 시작해 점차적으로 컨셉이 결정되었습니다. 초기의 컨셉은 '떼었다 붙일 수 있는 책갈피'였지만 제품 테스트 후에 이를 반성해 '떼었다 붙일 수 있는 메모지'로 바꿨습니다. 앞서 설명한 기호로 표시하면 b→A→B로 진행된 것입니다. 개념부여와 개념반성이 결합된 것이지요. 여기서 흥미로운 사실은 포스트잇이 제대로 탄생하는 데는 무려 10년에 걸친 노력이 있었다는 것입니다.

마케팅은 워낙 다양한 상황에서 일어나기 때문에 모든 산업에 맞는 보편적 프로세스나 도구는 존재하지 않습니다.『끌리는 컨셉의 법칙』법칙 17에서는 '모든 법칙을 무시하고 자신의 법칙을 만들라'고 했는데요. 신제품 개발 프로세스나 도구들도 자기 회사에 맞는 것을 찾아서 부단히 개선해야 합니다. 컨셉빌딩의 내부 구조는 기업과 산업에 따라 수정하고 변형하여 사용할 수 있습니다.

창업과정은 한 번의 신제품 개발과 출시로 이루어집니다. 창업에 성공하고 나면 성장에 따라 반복적으로 이루어지는 신제품 개발 프로세스를 회사 내에 안착시키면서도 부단히 개선해야 합니다. 직원이 50~60명 정도일 때만 해도 암묵적 이해 아래 상황에 맞추어 일하면서 개인 역량으로 개발을 진행해도 큰 문제가 발생하지 않지만 150명 이상으로 늘어나면 기능부서 간 협조cross functional coordination와 R&R 문제가 발생하게 됩니다. R&R이란 역할과 책임 Role & Responsibility의 약자로 신제품 개발 프로세스를 진행하면서 어느 단계에 어떤 부서가 어느 직무를 수행할지 명확히 하는 것을 말합니다. 이를 위해서는 신제품 개발 프로세스를 안착시키고 개선하는 임무를 맡은 프로세스 품질책임자Process Quality Assurance를 둘 필요가 있습니다. 이들은 신제품 개발 프로세스 개선을 연구하고 개선된 프로세스를 직원에게 교육하는 역할을 맡게 됩니다. [9]

---

9 이용훈 · 휴맥스 혁신실(2013), 『강소기업, 성장통을 넘다』, 메디치, pp. 47–54.

컨 / 셉 / 카 / 페 / 2

데카르트의 분해와 합성에 기초한 방법론

"나는 생각한다, 고로 존재한다"라는 명언으로 유명한 철학자 데카르트, 그는 『방법서설』에서 새로운 학문방법을 제안합니다. 그는 아리스토텔레스의 논리학을 비판하면서 논리학의 많은 규칙을 4가지로 단순화할 수 있다고 했습니다.

① 명증적으로 참이라고 인식한 것 이외에는 그 어떤 것도 참으로 받아들이지 않는다.

② 검토할 문제들을 각각 잘 해결할 수 있도록 최대한 작은 부분으로 나눈다(분해의 규칙).

③ 자신의 생각을 순서에 따라 이끌어나간다. 즉 가장 단순하고 알기 쉬운 대상에서 출발하여 마치 계단을 올라가듯이 조금씩 올라가 가장 복잡한 것의 인식에 이른다(합성의 규칙).

④ 아무것도 빠트리지 않았다는 확신이 들 정도로 완벽한 열거와 전반적인 검사를 어디서나 행한다(열거의 규칙).

데카르트가 말하는 논리적 분석은 『방법서설』에서 제안한 분해와 합성에 기초합니다. 분해와 합성은 오늘날 경영학에서는 문제해결 방법으로 사용되고 있습니다. 미국의 경영컨설팅업체 맥킨지는 문제해결을 위해서는 큰 문제를 우선 작은 문제로 나누어 해결하라고 제안하면서 이 방법을 MECE라고 명명했습니다. MECE란 '상호 중복되는 일이 없고, 전체집합으로 누락 없이 mutually exclusive and collectively exhaustive'라는 의미인데 큰 문제를 작은 문제로 나눌 때 문제 간에 중복되지 않으면서도 빠뜨리는 것 없이 하라는 것입니다. 맥킨지의 컨설턴트 에단 라지엘은 『맥킨지는 일하는 마인드가 다르다』에서 맥킨지의 사고과정을 'MECE, MECE, MECE'로 요약했습니다. MECE를 3번 반복한 것은 이것이 맥킨지의 핵심 방법이라는 뜻입니다. 맥킨지의 MECE는 앞서 소개한 4가지 법칙 중 두 번째부터 네 번째 규칙까지를 하나로 묶은 것임을 알 수 있습니다. 데카르트의 문제해결 방법은 이 책에서 계속 등장할 것입니다. 창조도 일종의 문제해결이고 문제해결에서는 분해와 합성이 보편적인 방법이기 때문입니다.

그런데 분해와 합성으로 모든 문제를 해결할 수 있을까요? 문제를 작게 나누어 부분별로 해결책을 구해 합성하면 합성된 해결책은 원래 문제를 해결할 수 있을까요? 데카르트의 방법은 문제를 해결하기도 하지만 한편으로는 다른 문제를 낳기도 합니다. 그것은 분해해서 합성한 해법을 적용해도 원래의 문제가 갖고 있는 유기성까지는 복원할 수 없다는 점입니다. 분해와 합성의 법칙은 부분이 모여서 전체가 된다는 전제를 갖고 있지만 부분을 다 결합해도 겉모습만 전체가 되지 실제론 전체로 기능하지 않을 수 있다는 문제점이 있습니다. 서양 학문에서는 여러 분야로 나누어 문제에 접근합니다. 경영학은 마케팅, 인사관리, 재무관리, 생산관리 등으로 나뉘고 각 분과에서 또다시 세부전공이 갈립니다. 경영학을 배우는 학생들은 이렇게 나누어서 배우고 자신이 스스로 이를 합성해 이해해야 합니다. 하지만 이렇게 나누어 배우면 실전에서 응용하기 어렵습니다. 왜냐하면 실전에서 문제는 나누어 주어지는 것이 아니고 서로 유기적으로 연결된 하나의 문제로 주어지기 때문입니다. 이는 창의적 사고를 이해할 때도 마찬가지입니다. 창의적 사고를 공감, 지성, 상상력으로 나누었지만 이들 사이의 상호작용, 즉 유기적 팀플레이를 이해해야 합니다(1장).

사물 중에서 생명을 가진 유기체는 나눌 수가 없습니다. 생명을 가진 유기체를 분해하면 그 결과는 죽음입니다. 그런데 생명이나 자연도 기계처럼 분해가 가능하다고 생각한 사람이 데카르트입니다. 그는 『방법서설』에서 시계처럼 자동기계를 만들 줄 아는 인간은 신神의 손으로 만들어진 동물의 신체도 부품으로 이루어진 기계로 간주할 것이라고 했습니다. 또한 그는 『정념론』에서 살아 있는 인간의 몸과 죽은 몸의 차이는 시계나 움직이는 기계가 물리적 원리에 의해 작동하느냐 그렇지 못하느냐와 같다고 설명했습니다. 생명을 포함한 자연은 부품들이 결합된 조직체이고, 이 조직체는 기계적 법칙으로 움직인다는 것입니다. 서양에서는 생명도 분해가 가능한 기계로 보아서인지 모르겠지만 생명을 다루는 의학도 내과, 비뇨기과, 흉부외과 등으로 나뉩니다. 스티브 잡스의 전기 『스티브 잡스』에는 암에 걸린 스티브 잡스를 간호하는 부인이 애플에서는 신제품 개발이 통합적으로 운영되는 데 반해 남편의 치료는 제각기 다른 전문의들이 나누어서 단편적으로 치료하는 것에 불만을 느껴 좀 더 통합적 접근법을 갖는 외부 의사들에게 도움을 청하는 내용이 나옵니다.

데카르트의 기계론적 자연관은 자연현상을 인과법칙으로 설명할 수 있다고 여겨 오늘날의 자연과학의 토대가 되었습니다. 그리고 기계론적 자연관은 산업현장에 침투하여 분업으로 발전하고 인류 번영에 기여합니다. 그러나 산업현장의 분업도 많은 문제를 낳습니다. 현대의 많은 제품은 복잡한 시스템으로 진화하여 부품들 간에 유기적으로 결합되어야 제 기능을 발휘합니다. 그런데 데카르트의 분해와 합성에 따라 부품별로 나누어서 제작한 뒤 조립하면 제대로 기능이 작동하지 않습니다. 신제품 개발에서도 모든 요소가 유기적으로 결합하는 것이 중요합니다. 데카르트의 분해와 합성은 문제해결의 가장 보편적 도구이긴 하지만 다른 도구(9장의 변증추론으로 모순해결)를 통해 그 결함을 보완해야 합니다. 분해와 합성이 낳은 부작용은 유기적 분리와 통합으로 해결해야 합니다. 이에 대해서는 컨셉카페 9에서 자세히 설명하겠습니다.

'아니 물으면 모르되,
묻는다면 모르는 것이 남지 않도록 묻는다'
(有弗問, 問之弗知弗措也)'

－『중용』

시제품 제작 전 컨셉빌딩

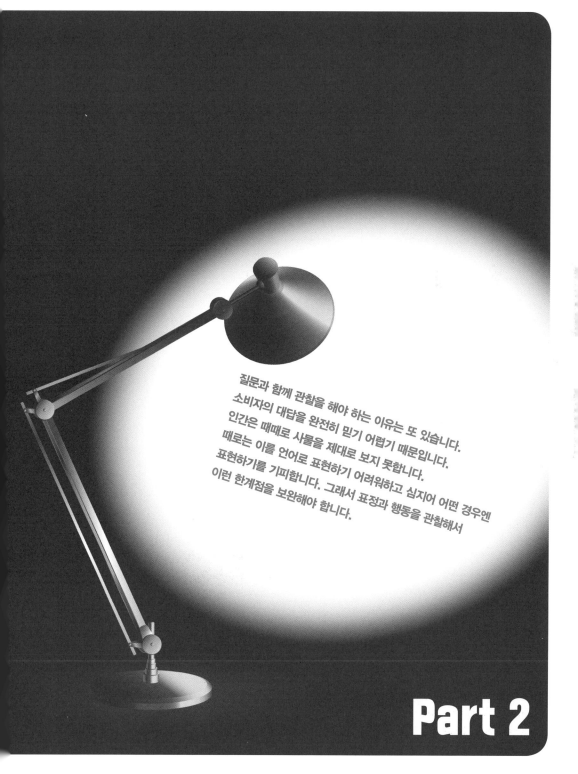

질문과 함께 관찰을 해야 하는 이유는 또 있습니다.
소비자의 대답을 완전히 믿기 어렵기 때문입니다.
인간은 때때로 사물을 제대로 보지 못합니다.
때로는 이를 언어로 표현하기 어려워하고 심지어 어떤 경우엔
표현하기를 기피합니다. 그래서 표정과 행동을 관찰해서
이런 한계점을 보완해야 합니다.

Part 2

질문

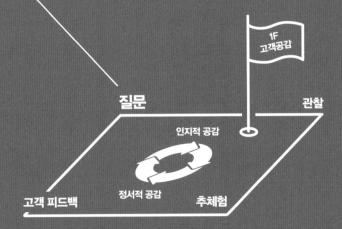

질문

고객 피드백

인지적 공감

정서적 공감

추체험

관찰

1F
고객공감

신제품을 개발할 때 고객이 자신의 니즈를 아직 알지 못하기에 고객에게 물을 필요가 없다고 생각하는 경향이 있습니다. 아직 세상에 나오지 않은 제품을 만드는데 소비자가 뭘 알 수 있을까 하는 생각 때문입니다. 그러나 이 것은 큰 착각입니다. 질문을 통해 고객에게 얻는 것은 충족수단이 아니라 바라는 결과입니다. 컨셉빌딩은 고객에 게 물어 바라는 결과를 얻고 스스로 생각하여 충족수단을 결합하는 프로세스를 가지고 있습니다.

마케터는 어떤 실수를 하는가?

모파상의 단편소설 「목걸이」에서 주인공 마틸드는 친구에게 다이아몬드 목걸이를 빌려 파티에 갔다가 돌아오는 길에 잃어버린 것을 알게 됩니다. 그녀는 빚을 내서 분실한 목걸이와 똑같은 목걸이를 사서 친구에게 돌려줍니다. 이후 마틸드는 10년 동안 고생해서 이 빚을 갚습니다. 그러던 어느 날 친구를 길에서 만나 자기가 분실했던 목걸이가 몇만 원 하는 모조품이었다는 것을 알게 됩니다. 무엇이 잘못된 것일까요? 마틸드는 목걸이를 분실한 직후에 친구에게 가격이 얼마인지 묻지 않았습니다. 처음에 질문했으면 빚 갚느라고 10년 동안 고생을 안 해도 될 일이었지요. 그런데 마틸드는 왜 친구에게 목걸이 가격을 묻지 않았을까요? 스스로 목걸이가 진품이라고 믿었기 때문입니다.

마케터도 똑같은 실수를 합니다. 고객이 바라는 바를 잘 안다고 믿어 묻지 않는 경향이 있습니다. 하지만 처음부터 고객에게 물어 고객이 무엇을 바라는지 알게 되면 잘못된 방법으로 고객을 만족시키려는 헛수고를 하지 않아도 됩니다. 고객에게 묻는 것은 너무나 당연하고 쉬운 일이지만 이 쉬운 일을 하는 사람이 드문 게 마케팅의 세계입니다. 고객에게 묻고 또한 스스로에게도 물어야 합니다. 자신에게 던지는 질문은 생각을 자극하고 업무에 대한 태도를 바꿉니다. 우리 뇌는 반복적으로 질문을 하면 답을 찾도록 구조화되어 있습니다. 심리학자 칙센트미하이는 노벨상 수상자들의 경우 자신이 고민하는 문제를 재구성할 올바른 질문을 찾게 되면 획기적인 아이디어를 훨씬 잘 도출할 수 있다는 사실을 밝혀내기도 했습니다.[1] 컨셉빌딩에서는 고객에게 묻고 스스로에게 질문하여 답을 얻은 뒤 개념으로 정리하는 방법을 구체화합니다.

고객에게 질문하지 말라고? 스티브 잡스가 틀렸다

혁신의 아이콘 스티브 잡스는 "신제품 개발을 위해 고객에게 니즈를 물어보는 것이 도움이 되지 않는다"고 말했습니다. "고객이 원하는 것을 제공해야 한다고 말하는 사람들이 있다. 하지만 그것은 내 방식이 아니다. 우리 일은 고객이 욕구를 느끼기 전에 그들이 무엇을 바라는지를 파악하는 것이다. 헨리 포드는 '내가 고객에게 무엇을 원하느냐고 물었다면 그들은 더 빠른 말이라고 대답했을 것이다.'라고 말하기도 했다. 사람들에게 직접 보여주기 전에는 사람들은 자신이 무엇을 원하는지 모른다. 내가 절대 시장조사에 의존하지 않는 것은 바로 이 때문이다. 아직 쓰이지도 않은 것을 읽어내는 것이 우리 임무다." 우리는 이 말을 어떻게 받아들여야 할까요?

스티브 잡스의 말은 절반만 진실입니다. 욕구는 어떤 때는 '고객이 바라는 결과'를 지칭하기도 하고 어떤 때는 '충족수단'을 지칭하기도 합니다(9장). 여기서 스티브 잡스가 이야기하는 고객이 원하는 것은 충족수단을 말합니다. 스티브 잡스의 말처럼 질문을 통해 고객에게 충족수단을 얻으려 한다면 대부분 실패합니다. 왜냐하면 고객도 모르기 때문입니다. 질문을 통해 고

---

1 Mihaly Csikzentmihalyi (1996), 『The Practice of Management』, New York: Harper Perennial.

객에게 얻는 것은 충족수단이 아니고 바라는 결과입니다. 이 2가지 단어를
구분할 줄 아는 것이 이 책에서 가장 중요한 의미를 지닙니다.

그런데 충족수단은 고객에게 물어도 알 수 없지만 바라는 결과는 물어보면
알 수 있습니다. 지금부터 100년 전, 라이트 형제가 비행기라는 하늘을 나는
충족수단(동력 비행기)을 발명하기 전부터 사람들은 하늘을 날고 싶다는 바람
이 있었습니다(10장). 다만 방법을 몰랐지요. 필요는 발명의 어머니이듯 고객
이 바라는 바는 충족수단에 선행합니다. 마케팅에서는 흔히 '소비자의 잠재
된 욕구latent need'라는 용어를 사용합니다. 이 말을 뜯어보면 욕구가 잠재되
어 고객은 이를 알 수 없다는 것을 함축하고 있지요. 그런데 '잠재된 욕구'를
더 정확히 표현하면 '잠재된 충족수단'입니다. 그러므로 마케터가 고객에게
원하는 것을 얻기 위해서는 먼저 '바라는 결과'와 '충족수단'의 의미를 이해
하고 이것을 확실히 분리해서 사용해야 합니다(1장).

'바라는 결과'는 고객에게 물어라

일부 산업(고객의 주문으로 제품이나 서비스가 개발되는 산업)의 경우 프로젝
트 시작 전에 반드시 고객에게 바라는 결과를 물어보고 진행합니다. 예를 들
어 소프트웨어 개발회사가 고객 주문과 배송을 돕는 소프트웨어 개발을 수
주했다고 합시다. 이 회사는 작업에 들어가기 전에 '고객 요구사항Customer
Requirement'을 파악하기 위해 사전에 여러 번 발주회사(고객)와 회의를 거친
뒤 작업에 착수합니다. '고객의 요구사항'이 이 책에서 말하는 '바라는 결과'
입니다. 그런데 주문생산이 아닌 기획생산을 하는 회사의 경우에는 요구사항

을 정확히 이야기해줄 고객이 사전에 정해져 있지 않습니다. 그래서 스티브 잡스의 말처럼 고객에게 바라는 결과를 묻지 않고 진행하는 경향이 있습니다. 그러나 기획생산의 경우에도 잠재 고객들에게 요구사항, 즉 바라는 결과를 자세히 물은 뒤 충족수단을 개발해야 합니다.

한마디로 바라는 결과와 충족수단을 구분하고 '바라는 결과'는 고객에게 물어서 얻으며, 충족수단은 개발자 스스로 찾는다는 것입니다. 제품혁신 컨설턴트 앤서니 얼윅Anthony Ulwick은 "제품혁신을 위해서는 고객에게 '수행과제job to be done'를 물어야 성공할 수 있다"라고 했습니다.[2] 컨셉빌딩의 '바라는 결과'는 얼윅의 '수행과제'와 같은 것으로 보면 됩니다.

많은 경우 고객에게 바라는 결과를 묻지 않습니다. 간혹 묻는 경우에도 헛되이 충족수단을 얻으려고 합니다. 고객은 과학자도 아니고 엔지니어도 아니고 디자이너도 아닙니다. 과학자, 엔지니어, 디자이너가 해야 할 일을 고객에게 묻지 마십시오.

내부 전문가의 창의성은 고객보다 떨어질 수 있다

이쯤에서 이런 질문이 생길 수 있습니다. 회사가 이미 보유한 내부 전문가들이 있는데 이들이 고객의 '바라는 결과'를 대신할 수 있지 않을까? 그것도 전문가의 시선으로 고객을 대신하니 일석이조가 될 수 있다고 생각하지요. 그런데 주목할 것은, 일반적으로 내부 전문가가 만든 컨셉의 창의성이 외부 고객보다 떨어진다는 사실입니다. 이유는 간단합니다. 내부 전문가는 자신의 회사가 보유한 현재 기술로 가능한 컨셉만을 만드는 경향이 있기 때문입니

---

2 Clayton M. Christenson et al (2016), "Know Your Customers' Jobs to Be Done," Harvard Business Review, September, pp. 54–62

〈표 3-1〉 내부 전문가와 외부 고객이 낸 아이디어의 점수(5점 만점)

아이디어	내부 전문가 아이디어 (51개)	외부 고객 아이디어 (52개)
참신성(novelty)	2.12	2.60
고객편익(customer benefit)	1.86	2.44
실행가능성(feasibility)	4.33	3.91

다. 내부 신제품 개발 전문가와 외부 고객 중에서 어떤 쪽이 더 좋은 아이디어를 내는지에 대한 실험이 있습니다.[3] 오스트리아 아기용품을 생산하는 회사의 내부 전문가와 외부 고객에게 동일한 신제품 개발 아이디어 과제를 주고 두 집단이 낸 아이디어를 제3자가 평가하게 하여 〈표 3-1〉과 같은 결과를 얻었습니다.

이 표를 살펴보면 내부 전문가는 외부 고객에 비해 실행가능성이 높지만 참신성과 고객편익에서는 낮은 점수를 받았습니다. 이 연구에서 참신성은 컨셉의 차별성에 해당하고, 고객편익은 컨셉의 필요성에 해당합니다. 유사한 실험을 스웨덴 이동통신 서비스 회사에서도 했었는데 그 결과 역시 앞의 실험과 유사했습니다.[4] 내부 전문가는 고객편익을 알아내는 능력이 외부 고객보다 떨어집니다. 그 이유는 내부 전문가는 실행가능성 중심으로 생각하기 때문입니다. 내부 전문가는 고객이 바라는 결과를 생각하지 않고 충족수단만으로 컨셉을 만들거나 자신들의 충족수단(기술)에 바라는 결과를 맞추려고 합니

---

3 Poetrz Marion K, and Martin Schreier(2012), "The Value of Crowdsourcing: Can Users Really Compete with Professionals in Generating New Product Ideas?" Journal of Product and Innovation Management, pp. 245–256.

4 Per Kristensson, A. Gustafsson and T. Archer(2004), "Harnessing the Creative Potential among Users," Journal of Product Innovation Management, Vol. 21, pp. 4–14.

다. 이를 '기능적 고착화functional fixedness'라고 합니다. 다시 말하자면 무의식적 검열이 작용하면서 자신의 기술로 현재 실행 가능한 아이디어(충족수단)만을 고집하는 경향이 있습니다. 반대로 고객이 만든 아이디어는 실행가능성보다 고객편익에 집중하기 때문에 실현가능성은 낮아도 더 창의적입니다.

관련해서 장우정과 테일러 교수는 신제품 개발에서 고객 참여가 주는 영향을 종합적으로 연구했습니다. 39개의 자료를 종합했는데, 이 연구에서 초기 컨셉개발(아이디어 개발) 단계나 출시 전 시제품 테스트에서 고객을 참여시킨 프로젝트는 성공으로 이어졌지만, 제품설계 단계에서 고객을 참여시킨 프로젝트는 성공에 부정적 영향을 미쳤다는 점을 알 수 있었습니다.[5]

요컨대 초기에 '바라는 결과'는 외부 고객에게 물어야 하고, 제품개발 단계에서 '충족수단'은 내부 전문가가 찾아내야 합니다. 고객에게 바라는 결과를 묻지 않고 컨셉개발을 내부에서 진행하면 바라는 결과와 충족수단이 유기적으로 결합된 컨셉을 만들 수 없다는 사실에 유념하기 바랍니다.

고객뿐 아니라 자신에게도 물어보라

2장에서는 컨셉개발을 개념규정과 개념반성으로 구분했습니다. 질문 역시 이에 따라 2가지로 구분해서 설명할 수 있습니다. 시장에 기존 브랜드가 존재하면 브랜드의 문제점이나 불만요인을 물어 이를 바라는 결과로 바꾸어야 합니다(개념반성). 브랜드가 존재하지 않으면 불만요인을 물을 수가 없습니다. 이 경우에는 욕구가 발생하는 상황을 묻고, 각 상황에서 바라는 결과가 나오

---

5 Woojung Chang and S. A. Taylor(2016), "The Effectiveness of Customer Participation in New Product Development: A Meta-Analysis," Journal of Marketing, Vol. 80, January, pp. 47–64.

〈표 3-2〉 개념규정과 개념반성에서 질문과 귀결

진행방향	주요 질문	누구에게	대답의 귀결
개념규정	어떤 결과를 바라나? (기존 브랜드가 시장에 없는 상황)	잠재 고객에게	바라는 결과
개념반성	어떤 문제(불만)가 있나? (기존 브랜드가 시장에 있는 상황)	기존 고객에게	바라는 결과
	Why와 How, What if	스스로에게	개념반성은 컨셉 재정의 개념부여는 컨셉 정립

도록 질문해야 합니다(개념규정). 컨셉빌딩에서 질문은 그냥 묻는 것이 아니고 답을 얻을 때까지 캐묻는 질문입니다.

질문은 주로 고객에게 하지만 스스로에게도 할 수 있습니다. 특히 개념반성의 경우에는 기존 컨셉이나 충족수단에 "왜?" 혹은 "이렇게 해보면 어떨까 what if?" 하는 질문을 스스로에게 던져 컨셉 재정의나 컨셉 정립(개념부여의 경우)의 출발점으로 삼을 필요가 있습니다. 고객에게 하는 질문과 스스로에게 하는 질문은 분리해서 사용하기도 하지만 결합해서 사용되면 더욱 효과적입니다. 고객에게 물은 뒤에 왜 그런 답을 했을까를 스스로에게도 물어보아야 합니다. 또한 이렇게 해보면 어떨까what if를 스스로에게 물어본 뒤 고객에게 수용여부를 물어보아야 합니다.

『관점을 디자인하라』에서 저자 박용후는 "창의란 당연함에 던지는 왜?"라고 정의했습니다. 제품이나 서비스 사용 상황에서 당연시하는 것에 "왜 이런 것은 없을까?" 혹은 "이렇게 하면 어떨까?" 하고 스스로에게 던지는 질문은 개념반성의 방아쇠 역할을 합니다. 우선 사용 상황에서 당연함에 왜why를 묻고 이어서 어떻게how, 혹은 어떨까what if 물어 컨셉의 단서를 얻습니다.

릭 크리거Rick Krieger는 어느 날 아들의 후두염 때문에 병원 응급실을 찾았습니다. 그리고 그곳에서 진료를 받는 데만 2시간이 걸리는 경험을 하게 됩니다. 급해서 응급실을 찾았고 빨리 진료를 받고 싶은데 기다릴 수밖에 없었습니다. 그는 스스로에게 '왜 빠르게 진료받을 수 없을까?'라고 질문을 하고 이를 해결할 방법을 찾기 시작했습니다. 결국 그는 2000년에 예약 없이 방문하면 간호사가 즉시 약을 처방해주는 건강관리 서비스를 만들어냅니다. 이 서비스는 미국의 최대 약국인 CVS와 제휴하여 CVS 상점 내부에서 서비스를 제공하면서 전국으로 확대되었고, 서비스의 공동창업자가 이 컨셉을 온라인으로 발전시켜 집노시스Zipnosis를 만들게 됩니다. 집노시스는 간단한 질병에 대해 환자가 웹사이트에 5분 동안 정해진 질문에 답하면 3분 이내에 처방전이 발행되고 처방비를 지불하는 서비스입니다. 병원에서 당연시하는 오랜 대기시간에 "왜?"라고 질문하고 방법을 생각해 혁신을 이룬 것입니다.

도요타의 '5 Why'와 애플의 '5 What if'

컨셉빌딩에서의 질문은 캐묻는 질문이라고 했습니다. 고객이나 스스로에게 물을 때 답이 나오지 않으면 다시 '왜'에 대한 답에 '왜'를 묻습니다. 이런 방식으로 다섯 번 '왜'를 물어 답을 찾는 것이 바로 도요타의 '5 Why'입니다. 5 Why는 문제해결 방법에 많이 쓰는 도구로, 이유에 이유를 물으면서 피상적 원인에서 본질적 원인을 발견해 문제를 해결하는 것입니다.

5 Why는 컨셉 재정의에도 사용할 수 있습니다. 창조 과정과 문제해결 과정이 동일하기에 동일한 도구를 사용할 수 있는 것이지요. 마케팅 컨설턴트 강민호는 헬스케어 업체의 컨셉개발에 5 Why를 활용했습니다. 그는 잠재고객에

게 다가가 "왜 운동을 하나요?"를 물었습니다. 처음에는 "살을 빼기 위해서" 라는 당연한 대답이 나왔습니다. "왜 살을 빼고 싶은가요?"라고 묻자 대부분 이 "건강을 위해서, 멋진 몸을 만들기 위해서"라고 대답합니다. 다시 "왜 건강 해지고 싶죠? 왜 멋진 몸을 가지고 싶은가요?"라고 질문을 했습니다. 그런데 이 질문에는 선뜻 대답하는 사람이 없었습니다. 너무나 당연한 질문이었기에 생각해본 적이 없는 것 같았습니다. 그는 사람들이 왜 멋진 몸을 갖고 싶어 하 는지를 스스로 곰곰이 생각해보았습니다. 그 답은 "다른 사람의 주목을 받고 싶어서"였습니다. 다시 "왜 주목을 받고 싶을까?" 생각하다가 결국 한 가지 결론을 내릴 수 있었습니다. 그것은 '자신에 대한 사랑' 때문이었습니다. 사 람들은 결국 자신이 얼마나 사랑스러운 존재인지 확인하고 싶어 운동을 하는 것이었습니다. 그래서 헬스케어 업체의 최종 컨셉을 'Love Yourself'로 정했 습니다.

이유에 이유를 묻는 방법을 변형하면 본질에 본질을 물어 컨셉을 재정의 할 수 있습니다. 김범수 대표는 카카오톡을 구상할 때 "스마트폰의 본질이 뭘 까?"라는 질문을 했다고 합니다. 그랬더니 "전화기"라는 대답이 나오고 "전 화기의 본질은 뭘까?"라는 질문을 했더니 "커뮤니케이션"이라는 대답이 나 왔습니다. 스마트폰이 전화기이고 전화기의 본질은 커뮤니케이션이라면 그 핵심은 뭘까? 당연히 아는 사람들과 이야기를 나누고 싶은 것이었습니다. 즉 '수다'입니다. 친구든 모르는 사람이든, 사람들과의 수다가 핵심입니다.[6] 결 국 스마트폰에서 아는 사람들과 수다 떨고 싶은 바람을 구현한 충족수단이 카카오톡입니다.

---

6 박용후(2013), 『관점을 디자인하라』, 프롬북스, p. 107.

　이유에 이유를 묻는 방법을 사용할 때는 그 대답으로 얻는 결과가 본질적이어서 좋은 점도 있지만 바라는 결과(목적)의 범위가 너무 넓어 컨셉의 구체성(컨셉빌딩에서는 유형성)이 떨어진다는 단점이 있습니다. 그러면 컨셉의 충족수단이 잘 그려지지 않아 소비자의 신뢰를 얻을 수 없을지도 모릅니다. 반면에 너무 구체적이어도 바라는 결과의 범위가 좁아 고객의 바람에서 벗어날 수 있습니다. 따라서 너무 넓어도(추상적), 너무 좁아도(구체적) 문제입니다. 그래서 적절한 수준에서　조절할 필요가 있습니다. 이유why를 묻다가 필요하면 어느 단계에선　어떻게how로 구체적 방법을 물어야 합니다. 예를 들면 대통령에 출마하는 후보에게 "왜 대통령이 되려고 합니까?"라고 물었는데 "국가를 개혁하려고 한다"고 대답하면 다시 어떻게how 개혁하려고 하는지를 물어야 합니다. 이 물음에 "경제민주화를 통해서"라고 대답했는데 아직까지 구체적이지 않는다고 판단되면 "어떻게how 경제민주화를 이루겠습니까?"로 되묻습니다. 캐묻는 질문에서는 '이유why와 방법how', '이유의 이유why of why', '방법의 방법how of how'을 묻는 것을 적절하게 결합해야 합니다. 그러면 질문의 대답으로 핵심편익을 정의하거나 컨셉을 재정의할 수 있습니다.

　현재 애플의 모태가 된 애플Ⅱ는 '컴퓨터는 조용해야 한다'는 스티브 잡스

〈그림 3-1〉 why와 how로 캐묻기

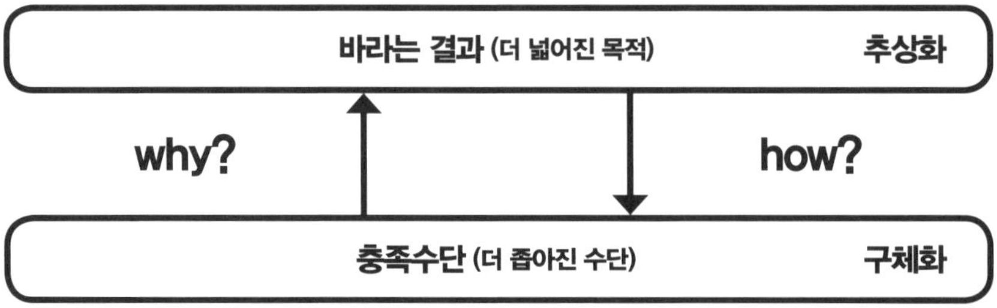

의 혁신적인 생각이 낳은 산물입니다. 과열을 막기 위해 컴퓨터 안에 팬이 있는 것은 당시 당연한 일이었습니다. 하지만 잡스는 전력 공급장치 전문가를 찾아 나섰고 이 분야 전문가인 로드 홀트를 끈질긴 구애 끝에 애플에 합류시켰습니다. 결국 홀트가 팬이 필요 없는 스위칭 전력 공급기를 발명해내면서 스티브 잡스가 바라는 컴퓨터를 실현할 수 있었습니다. 팬을 제거하면서 컴퓨터 크기도 줄어들어 더 작은 컴퓨터 제작도 가능해졌습니다. 스티브 잡스가 '왜 컴퓨터에 팬이 있어야 하지?', '어떻게 하면 팬 없이도 열을 식힐 수 있지?'와 같은 질문을 스스로에게 던지지 않았다면 우리가 아는 애플 컴퓨터는 존재하지 않았을 것입니다.[7]

도요타에 5 Why가 있다면 애플에는 5 What if가 있습니다. 애플은 브레인스토밍을 할 때 다섯 번의 '~하면 어떨까?(5 What ifs)'를 사용한다고 합니다. 스티브 잡스는 "왜 노트북과 스마트폰의 중간, 즉 제3의 카테고리에 해당하는 제품은 없을까?"라고 물은 뒤에 "우리가 만들어보면 어떨까?"라는 질문을 던졌다고 합니다.[8] '~하면 어떨까?' 질문을 지속적으로 던지는 것은 제품 혁신을 촉진하는 역할을 합니다. 또한 '~하면 어떨까?'라는 질문에 이어서 "왜 고객은 00을 좋아할까?"라고 물어 고객의 입장에서 충족수단을 평가하도록 해야 합니다. 5 Why는 주로 고객에게 묻는 데 반해, 5 What if는 주로 스스로 질문하기에 사용된다고 할 수 있습니다.

6장에서 다시 개념반성을 위한 질문에 대한 대답으로 컨셉 재정의와 그 방법을 살펴보겠습니다. 9장에서는 '~하면 어떨까?' 하는 가정 질문을 통해 새

---

7 제프 다이어 외 2인 저, 송영학 외 2인 역(2012), 『이노베이터 DNA』, 세종서적, pp. 29-30.
8 앞의 책, p. 269.

로운 핵심편익을 도출하고 이를 컨셉으로 발전시키는 방법에 대해 자세히 설명하겠습니다.

컨셉빌딩에서의 '질문'

컨셉빌딩에서는 컨셉개발의 핵심 단서가 되는 미충족 니즈를 직접 도출해 낼 수 있다고 했습니다(2장). 그것이 어떻게 가능할까요? 답은 바라는 결과와 충족수단을 분리했기 때문입니다. 컨셉빌딩에서는 고객에게 바라는 결과를 물었을 때 고객이 충족수단으로 대답해도 다시 왜 그런 충족수단을 원하는지를 물어서 바라는 결과를 유도합니다. 이 단계에서 간혹 고객이 획기적인 충족수단을 얘기할 수도 있습니다. 그랬다 하더라도 참고만 하고 제품을 구현하는 단계에서 다시 고려해봅니다. 앞에서 언급한 것처럼 충족수단은 바라는 결과가 정리될 때까지 생각하지 않습니다. 충족수단이나 해결책을 제시하는 것은 고객의 책임이 아니고 기업 혹은 개발자의 책임이라고 했습니다. 이렇게 질문으로 도출된 여러 바라는 결과 중에서 현재 시장에서 충족수단이 없는 것을 찾아내면 이것이 바로 미충족 니즈가 되는 것입니다.

그런데 왜 지금까지 신제품 개발에서는 이런 질문을 사용하지 않고 간접적 방법으로만 미충족 니즈를 도출하려 했을까요? 이상하지 않나요? 그것은 바로 질문에서 시작해서 미충족 니즈를 걸쳐 컨셉으로 정리되는 일련의 과정과 방법이 정형화되어 있지 않았기 때문입니다. 컨셉빌딩에서는 이런 문제점을 잘 인식해 고객에게 질문을 던져 바라는 결과를 도출하고 이를 정리하는 표준화된 절차와 방법을 개발했습니다. 따라서 '그냥 질문'이 아닌 '표준화된 질문 방식'으로 바라는 결과를 도출하는 것이 컨셉빌딩의 '질문'입니다. 고객에게 질문하는 절차를 표준화하는 것에는 여러 장점이 있습니다. 기존의 소비자 조사 방식에서는 미충족 니즈가 직접적 방식으로 도출이 되지 않아 조사 결과를 해석하여 추론하는 과정을 거쳤습니다. 컨셉빌딩에서는 질문에서 얻은 결과들을 주관적 해석을 거치지 않고 다음 단계의 작업에 그대로 사용할 수 있습니다. 또 동일한 절차를 사용하기 때문에 면접을 여러 사람이 나눠서 하고 결과들을 하나로 합칠 수 있습니다.

자, 이제 질문을 시작하겠습니다.

몇 명에게 질문해야 할까

막상 소비자에게 질문하라고 하면 엄두가 나지 않습니다. 대체 누구를 대상으로 몇 명이나 해야 하고, 어떤 방식으로 물어야 할지 감을 잡을 수 없지요. 하지만 크게 고민하지 않아도 됩니다. 이런 문제를 연구한 학자들이 이미 있습니다. 그리핀과 하우저Griffin and Hauser에 따르면 20명의 표적고객을 인터뷰하면 모든 니즈의 80%를 파악할 수 있고, 30명의 표적고객을 인터뷰하면 모든 가능한 니즈의 90%가량을 파악할 수 있다고 합니다.[9]

바라는 결과에 집중해서 질문하면 이보다 더 적은 수의 고객으로도 가능합니다. 앤서니 얼윅Anthony Ulwick은 '수행과제'를 중심으로 질문하면 소비자를 2시간 인터뷰할 경우 75%의 바라는 결과를 얻을 수 있고, 다른 소비자를 인터뷰해서 추가로 15~20%까지 수행과제를 추가로 얻게 된다고 했습니다. 그리고 2번의 인터뷰를 통하면 90~95%까지 수행과제(이 책에서는 바라는 결

---

9 Abbie Griffin and J. Hauser(1993), "The Voice of the Customer," Marketing Science, Vol. 12(1), pp. 1–27.

과)를 얻게 된다고 합니다.[10] 필자도 얼윅의 방법을 사용해본 결과, 10명 정도에게 질문하면 나오는 답들이 대체로 수렴되는 것을 확인했습니다. 그리핀과 하우저는 바라는 결과와 충족수단을 구분하지 않았는데 얼윅처럼 구분했다면 훨씬 적은 수의 고객으로 바라는 결과를 파악할 수 있었을 것입니다. 하나의 바라는 결과에도 수많은 충족수단이 존재하기 때문이지요.

그럼 다음으로 면접 방식은 어떨까요? 결론부터 말하면 집단면접보다 개인면접이 유리합니다. 여기서 말하는 집단면접이란 마케팅 조사에서 많이 사용하는 표적 집단면접을 말합니다. 표적 집단면접이란 6~8명의 소비자를 한 장소에 모아놓고 사회자의 안내에 따라 특정한 주제에 대한 면접과 토론을 통해 소비자들의 생각이나 느낌을 파악하는 방법입니다.

한편 개인면접은 면접자와 응답자가 1:1로 대면하여 생각이나 느낌을 파악하는 방법입니다. 그리핀과 하우저는 연구에서 개인면접과 포커스 그룹 인터뷰(표적 집단면접)를 비교했습니다. 두 명을 각각 1시간씩 2회 면접하면 51%의 니즈가 나왔고, 표적 집단면접에서는 1회 2시간을 했을 때 50%가 나왔습니다. 또 4명을 1시간씩 개인면접을 해보니 72%의 니즈가 나왔고 표적 집단면접에서는 2회를 진행하자 67%가 나왔습니다. 2명을 1시간 개인면접하는 것과 6~8명을 한 장소에서 모아놓고 2시간 집단면접하는 것 중 어떤 것이 비용과 시간 면에서 이익일까요? 담당자라면 당연히 전자를 선택할 것입니다.

이런 이유로 컨셉빌딩에서는 바라는 결과를 중심으로 묻고 5명에서 10명 사이의 고객을 개인면접하는 것을 제안합니다. 참고로 구글벤처스에서 사용

---

10 Anthony W. Ulwick(2002), "Turn Customer Input into Innovation" Harvard Business Review, January, pp. 91–97.

하는 신제품 개발 방법인 스프린트SPRINT에서는 5명의 고객에게 시제품에 대한 피드백을 받도록 제안합니다. 그 근거로 사용자 테스트에서 얻은 실험 결과를 들고 있습니다(11장)[11]. 이렇게 적은 수의 고객에게서 어떻게 대부분의 바라는 결과를 알아낼 수 있을까요? 이것을 가능하게 하는 것은 인간이 갖고 있는 공통 감각, 즉 공감입니다. 내가 바라는 결과는 다른 사람들과도 공유하기 때문입니다. 이 연구결과는 인력이 부족해서 초기에 고객면접을 생략하는 중소기업에게도 좋은 참고자료가 될 것입니다.

누구에게 질문해야 할까: 표적고객

제품을 혁신하기 위해서는 모든 소비자가 바라고 있지만 그 누구도 해주지 않은 것을 찾아내야 합니다. 하지만 현실적으로 모두 고객의 바라는 결과를 찾아내기란 어렵습니다. 그래서 차선책으로 '소수의 고객이 강렬히 바라지만 누구도 먼저 하지 않는 것'을 찾아내야 합니다. 이런 소수의 소비자를 찾아 컨셉을 만들고, 이것을 모든 사람이 원하도록 발전시켜야 합니다. 특히 중소기업의 경우 고객을 잘게 세분화하여 특정 소수의 표적고객에 집중하는 틈새전략을 구사해야 합니다.

그렇다면 다시 질문해보겠습니다. "그 소수의 고객은 누구일까요?" 이 질문은 질문의 대상자를 선정하는 데 필요하기도 하지만 컨셉의 표적고객을 정하는 데도 사용됩니다. 질문 대상자인 표적고객이 누군지 알아야 그들의 구매동기(사야 할 이유)를 알아내 끌리는 컨셉을 개발할 수 있습니다. 표적고객을 명확히 하지 않아도 컨셉이 성공하기도 합니다. 하지만 조만간 경쟁사가 표

---

11 제이크 냅 외 2인 저, 박우정 역(2017), 『스프린트』, 김영사, pp. 244-245. Jacob Nielsen and Thomas K. L, "A Mathematical Model of the Finding of Usability Problem," Proceedings of ACM INTERCHI'93 Conference(Amsterdam, 24~29 April 1993), pp. 206-213.

적고객을 명확히 하고 더 나은 충족수단을 만들어내면 경쟁에서 밀려나게 됩니다.

누구를 표적고객으로 해야 하는가에 대한 질문은 개념규정과 개념반성으로 나누어 생각해볼 수 있습니다. 바라는 결과가 일어나는 상황을 중심적으로 생각해서 표적고객을 정해야 하는 개념규정의 경우를 살펴볼까요? 만약 집안정리를 도와주는 제품이나 서비스를 개발한다면 고객이 전업주부냐 취업주부냐에 따라 바라는 결과가 도출되는 상황이 다르겠지요. 전업주부인 경우에는 가족이 다 출근하거나 등교한 뒤에 상황이 발생하지만 취업주부인 경우에는 직장에서 돌아왔을 때 상황이 발생하기 때문입니다. 육아여부에 따라서도 상황이 달라질 것입니다. 따라서 똑같은 바라는 결과가 일어나는 상황에 있는 사람들을 세분화하고 묶어 질문 대상자를 찾아야 합니다. 한편 기존 컨셉을 개선하거나 반성하는 컨셉개발에서는 다음의 분류에 따라 질문 대상자를 선정할 수 있습니다. ① 우리(경쟁) 제품을 쓰고 있지만 불만이 많은 사람들 ② 사용법을 이해하지 못해 우리(경쟁) 제품을 사용하지 않는 사람들 ③ 구매능력이 없어 우리(경쟁) 제품을 구매하지 않는 사람들 ④ 우리(경쟁) 제품을 원래와 다른 용도로 사용하는 사람들입니다.[12] 이 네 부류의 소비자들은 특히 기존 개념을 반성하여 컨셉 재정의를 시도할 때 표적고객의 정의에 유용하게 적용할 수 있습니다(6장).

질문 대상자인 표적고객은 다시 소비자 고객인가B2C와 기업 고객B2B인가에 따라 마케팅 활동이 크게 달라집니다. 또한 표적고객이 구매사슬에서 맡은 역할은 무엇인지도 고려해야 합니다. 구매사슬은 소비자가 제품의 필요성을 인식하고 구매에 이르기까지 일련의 과정process을 순서대로 나열한 것을

---

[12] 필 매키니 저, 김지현 역(2013), 『질문을 디자인하라』, 한국경제신문, pp. 127-140.

말합니다. 보통 '범주욕구 → 정보수집 → 인지 →구매 → 사용 → 폐기처분'
으로 나타낼 수 있습니다. 기업 고객인 경우에는 특히 이런 역할 구분에 따라
어떤 단계에 있는 사람을 대상으로 할지를 정합니다. 각 단계의 의사결정자
를 모두 접촉하기가 현실적으로 어렵기 때문에 다수의 의사결정자의 욕구(바
라는 것)를 아울러 파악할 수 있는 자가 누구인지를 파악하여 이들을 면접해
야 합니다. 조직에서 이런 위치에 있는 사람들을 '주요 정보 제공자key infor-
mant'라고 합니다.

　개인 소비자인 경우에는 한 사람이 이 역할을 모두 하거나 일부를 다른 사
람이 대신하게 됩니다. 크게 구분하면 구매자와 사용자로 역할을 구분할 수
있는데 사용자를 대상으로 할지 구매자를 대상으로 할지를 정해야 합니다.
둘 중에 구매에 영향력이 큰 집단을 주로 면접하고 영향력이 작은 집단은 보
조로 면접합니다. 예를 들어 어린이 장난감을 개발하는 경우 사용자는 어린
이지만 구매에 큰 영향력을 행사하는 사람은 부모님이지요. 그런 경우 부모
님을 주로 면접하는 것과 같다고 볼 수 있습니다.

바라는 결과 도출을 위한 6가지 원칙

상황별로 나누어 묻기

　자, 이제 질문 대상자가 정해졌습니다. 그들을 앉혀놓고 어떤 절차와 방법
으로 바라는 결과를 도출할 수 있을까요? 여기서 핵심은 상황별로 나누어
질문하고 각 상황별로 캐묻는 질문으로 바라는 결과를 유도하는 것입니다.
　왜 상황을 묻는 것이 첫 번째일까요? 소비자가 바라는 결과는 저마다 다른
데 이는 욕구가 일어나는 상황이 결정합니다. 그래서 상황은 고객의 개인적

특성, 제품 속성, 기술, 트렌드보다 중요합니다. 예를 들면 같은 주택 구매자라도 최초 구매자냐 아니면 은퇴로 집의 크기를 줄여가려는 소비자냐에 따라 바라는 결과가 다릅니다. 또 같은 소비자라도 매순간 어떤 상황에 처해 있는가에 따라 바라는 결과도 달라집니다. 예를 들면 소비자가 스마트폰에 바라는 결과는 출근할 때, 직장에서 일할 때, 집에 돌아왔을 때가 모두 다릅니다. 그래서 전체 니즈를 다양한 상황으로 나누어 각 상황에서 바라는 결과가 무엇인지 물어본 뒤 그것들을 다 합쳐서 파악합니다. 이것도 데카르트의 '분해와 합성'을 적용한 것입니다. 상황별로 나누지 않고 그냥 바라는 결과를 질문하면 추상적으로 대답하기 마련입니다. 집 안을 정리정돈하는데 어떤 결과를 원하느냐고 물으면 "깨끗해지길 원한다"는 답이 나올 게 뻔합니다. 그래서 정리정돈할 상황을 여러 가지로 나누어 질문을 해야 다양한 바라는 결과를 도출할 수 있습니다.

  상황1(바라는 결과1)+상황 2(바라는 결과2)+상황 3(바라는 결과3)+ ⋯

  그럼 질문을 계속해보겠습니다. 질문은 문제가 발생하거나 욕구가 일어나는 상황을 묻는 언제when와 어디서where로 시작합니다. "언제 집 안을 정리해야겠다는 생각이 듭니까?"를 묻거나 "집 안을 정리정돈할 때 어려운 점이 무엇인가요?"를 묻습니다. '언제'와 '어디서' 질문에서 집 안을 정리할 때 어려운 상황들에 대한 대답이 모두 나왔는지 확인한 뒤에 다음 단계로 넘어갑니다. 퇴근 후에 돌아와서 집 안을 정리하고, 집에 손님이 찾아올 때 정리하고, 계절이 바뀌면 정리한다고 했다면, 또 다른 경우(상황)는 없는지 물어 추가로 상황을 도출하고 더 이상 다른 상황이 나오지 않으면 각 상황에 대해 바라는 결과를 유도하는 질문으로 넘어갑니다.

왜(why)와 어떻게(how)를 연결하여 캐묻기

이제는 상황별로 바라는 결과를 유도합니다. 각 상황에서 "그런 경우에 어떻게how ~합니까?"를 묻습니다. "계절이 바뀌면 집 안을 정리한다고 하셨는데 어떻게 정리하나요?" 이 경우에 4가지 답이 나올 수 있습니다.

① 어떻게how에 대한 대답에 이어 바로 바라는 결과로 말이 이어질 경우
　→ "00한 상황에서 ~게 되기를 바라는군요" 하고 바라는 결과를 확인하고 다음 상황으로 넘어갑니다.
② "그런 경우에 어떻게how 하십니까?"에 대한 대답에서 바라는 결과로 이어지는 경우는 흔치 않습니다. 그 대답이 바라는 결과가 아니라고 판단되면 다시 "~을 하면 어떤 상태what outcome가 되었으면 좋겠습니까?"를 묻습니다. 이 질문을 통해 결과를 얻은 경우에는 다시 "왜why 그렇습니까?"를 묻습니다.
③ "그런 경우에 어떻게how ~합니까?"에 대한 대답에서 고객이 특정 서비스나 제품을 언급할 수가 있습니다. 그러면 "~을 사용해서 얻으려는 결과가 무엇입니까?"를 물어봅니다. 고객은 현재의 충족수단을 중심으로 바라는 결과를 답하는 경향이 있습니다. 그래서 구체적 충족수단으로 답하면 다시 '왜'를 물어 바라는 결과를 유도해야 합니다.
④ "그런 경우에 어떻게how ~합니까?"에 대한 대답에서 추상적인 대답을 얻을 수 있습니다. 예를 들어 "깨끗하게 정리한다"라는 대답을 얻었다면 다시 "어떻게how 깨끗하게 정리합니까?"라고 물어 바라는 결과를 구체화하도록 유도합니다.

각 상황에서 바라는 결과를 물을 때는 앞서 설명한 왜why와 어떻게how를 적절히 사용하면서 캐묻기 질문으로 바라는 결과를 유도해야 합니다. 대답이

너무 구체적이어서 바라는 결과보다는 충족수단에 가깝다고 판단되면 '왜?' 라고 다시 물어야 합니다. 그래도 구체적이면 다시 '왜의 왜why of why'를 물어야 합니다. 반대로 대답이 바라는 결과이지만 너무 추상적이라 판단되면 '어떻게how'를 묻습니다. 그래도 대답이 추상적이면 다시 '어떻게의 어떻게 how of how'를 묻습니다. 바라는 결과가 너무 추상적이면 어떤 충족수단에 집중해야 할지 방향을 잡기 어렵습니다. 반면 바라는 결과가 너무 구체적이면 충족수단이 제한적일 수 있습니다. 따라서 바라는 결과가 너무 추상적이지 않고, 그렇다고 너무 구체적이지도 않은 대답을 얻도록 캐물어야 합니다.

확인질문으로 끝내기

4가지 질문으로 이제는 바라는 결과를 얻었다고 판단되면 대답을 정리하여 "~한 결과를 원하는 것이죠?"하고 확인질문을 합니다. 확인질문을 하면 추가 정보를 얻을 수도 있고 면접자가 잘못 이해한 것도 바로잡을 수 있습니다. 확인질문에 "맞다"고 대답하면 다음 상황으로 넘어갑니다. 하나의 상황이 끝나면 반복해서 다른 상황에서 바라는 결과들을 유도합니다. 또한 바라는 결과에 대해 더 본질적인 구매동기를 알아내기 위해 간혹 바라는 결과의 확인 질문을 한 후에 이유를 묻기도 합니다.

예시를 통해 어떻게 면접하는지 더 자세히 알아봅시다. 집 안에서 정리정돈 하는 것을 해결해주는 제품이나 서비스를 개발하기 위한 개인면접의 「사례」입니다. 실제 질문과 대답 사례를 통해 바라는 결과 서술이 어떻게 도출되는지 살펴보겠습니다. 상황에 대한 질문에 앞서 정리정돈할 때 어려운 일이 무엇이냐고 물은 뒤에 상황별로 바라는 결과를 도출하는 방식으로 진행했습니다.

면접자 : "집 안 정리정돈을 할 때 어떤 일들이 어려우세요?"

소비자 : "냉장고 정리, 계절이 바뀔 때 옷 정리, 장난감 정리입니다."

면접자 : "그것들 말고 다른 것은 없으세요?"

소비자 : "그 외에는 음 (…) 주방 정리할 때 (…) 신발장 정리할 때 어렵습니다."

면접자 : "냉장고 정리, 계절이 바뀔 때 옷 정리, 장난감 정리, 주방 정리, 그리고 신발장 정리가 어려우시군요. 그것들 말고는 또 없으세요?"

이 질문에 없다고 대답하면 상황별로 하나씩 묻습니다.

면접자 : "냉장고 정리는 언제하세요?"→when/where

소비자 : "시장에서 물건을 구매했을 때, 식사 후 남은 음식을 보관할 때 정리합니다."

면접자 : "냉장고 정리는 어떻게 하세요?"→how

소비자 : "냉동식품은 냉동고에, 냉장식품은 냉장고에 넣고, 채소는 채소 칸에 넣습니다."

면접자 : "냉장고가 정리정돈이 다 되면 어떤 상태가 되길 원하세요?→ what outcome

소비자 : "빨리 조리해야 하는 음식은 앞으로 나오고 유통기한별로 한눈에 보이게 정리된다면 좋겠네요."

면접자 : "왜 유통기한별로 정리되기를 원하세요?"→why

소비자 : "냉장고 뒤쪽에 음식이 있었는데 뒤늦게 발견해 못 먹고 버리게 된 적이 있습니다."

면접자 : "그러니까 유통기한이 지난 것을 뒤늦게 발견하지 않도록 유통기한별로 한눈에 보이도록 정리하시는군요?→ 확인질문

소비자 : "맞습니다."

'냉장고 정리'에 대한 질문이 끝났으면 '계절이 바뀔 때 옷 정리'에 대해서

도 같은 방법으로 질문을 반복합니다.

바라는 결과 정리하기

질문으로 여러 가지 바라는 결과를 도출한 뒤에는 이들을 '상황특정 + 목적어 + 동사'의 형식으로 정리할 수 있습니다. 앞의 냉장고 정리와 관련한 면접에서는 '냉장고를 정리할 때(상황특정) 유통기한 내에 사용할 수 있도록 식품의 유통기간을(목적어) 볼 수 있게 만든다(동사)'로 서술할 수 있습니다. '계절이 바뀔 때 옷 정리'에서 나온 바라는 결과를 서술하면 다음과 같습니다. '계절이 바뀔 때(상황특정), 계절에 맞는 옷을(목적어) 앞쪽으로 나오게 한다(동사).'

〈표 3-3〉 바라는 결과 정리

바라는 결과 서술	질문	when/where	how → what outcome과 why
	서술형식	상황	목적어+동사
예		냉장고를 정리할 때	유통기한 내에 사용할 수 있도록 식품의 유통기한을(목적어) 볼 수 있도록 한다(동사)

좀 더 이해를 돕기 위해 다른 예를 들어보겠습니다. 수술에 필요한 기구를 개발하려고 의사를 대상으로 개인면접을 했습니다. "심장수술 시 기구가 무엇을 해주기를 원하십니까?"를 물었습니다. 의사가 "기구가 쉽게 작동하기를 원합니다"라고 대답하면 그것이 "왜 그렇게 되기를 원하십니까?"라고 물어보아야 합니다. 그러면 "꼬인 혈관 사이에서 빨리 움직이려면 그래야 한다"고 이유를 말합니다.[13] 그러면 이를 정리하여 바라는 결과를 '심장수술 시(상황)

---

[13] Anthony W. Ulwick(2002), "Turn Customer Input into Innovation" Harvard Business Review, January, pp. 91-97.

구부러진 혈관에서 작동하는 시간을(목적어) 최소화해야(동사)'로 정리할 수 있습니다. 그런데 기구가 무엇을 해주기를 원하느냐는 질문에 "혈관에 집어 넣는 풍선baloon이 부드러웠으면 좋겠다"고 대답합니다. 그렇다면 이에 "왜 풍선이 부드러워야 합니까?" 하고 다시 물어보아야 합니다. 면접자가 풍선이라는 충족수단을 말했기 때문에 '왜'를 물어서 바라는 결과를 유도하려는 것입니다. 이 질문에 의사가 "잘못하여 혈관을 절단하지 않기 위해서입니다"라고 이유를 말합니다. 그러면 '심장수술 시(상황) 혈관 절단을(목적어) 막아준다(동사)'라고 바라는 결과를 정리할 수 있습니다.

흔히 저지르는 실수 피하기

질문을 통해 바라는 결과를 도출하는 것은 컨셉빌딩에서 가장 중요하지만 가장 어려운 부분입니다. 질문을 하다 보면 실수하여 바라는 결과를 얻지 못할 수도 있습니다. 다음 4가지를 유념하여 연습하면 실수하지 않는 방법을 터득할 수 있을 것입니다.

① 다양한 상황을 도출하지 않은 채 바라는 결과를 물어서는 안 됩니다. 어떤 경우가 어려운지 상황에 대한 질문으로 시작해야 합니다. 모든 어려운 상황을 다 말했는지 확인한 뒤에 상황별 질문으로 넘어갑니다. "개를 키우면서 어떨 때 어려운가요?"란 질문에 "A 경우, B 경우가 어렵다"라고 대답했다면, "A 경우와 B 경우 외에도 어떨 때 어려운가요?" 하고 추가로 질문합니다. 이 경우에 기억을 되살릴 시간을 주면서 대답을 유도합니다.

② 상황별 질문에서 대상자가 곧장 바라는 결과를 답하는 경우 캐묻는 질문은 생략하고 다음 상황의 질문으로 넘어갑니다.

③ 상황별 질문에서 특정 질문에 동문서답하거나 제대로 대답하지 않았다고 판

단되면 다음 질문으로 넘어가지 않고 질문을 변형해서 다시 물어야 합니다. "~상황에서 하고 싶은데 할 수 없는 것은 무엇인가?"를 묻고 다시 "왜 할 수 없는가?"로 캐물을 수 있습니다. 간혹 "~상황에서 돈을 주고 누구에게 대신 시키고 싶은데, 할 수 없는 것은 무엇인가? 왜 할 수 없는가?"로 바꾸어 물을 수도 있습니다. 제품의 구매이유(동기)에는 어떤 상황에서 문제를 해결하려는 동기problem removal motivation와 어떤 상황에서 문제가 안 일어나도록 하려는 문제회피 동기problem avoidance motivation가 있습니다. 문제회피 동기를 파악하려면 "~상황에서 무슨 결과를 피하고 싶은가?"를 묻습니다. 그리고 "왜 피할 수 없는가?"로 캐물을 수 있습니다.

④ 친분이 없는 사람들을 대상으로 질문한다면 질문에 앞서 친밀한 분위기, 즉 라포rapport를 형성해야 합니다. 이것은 컨셉빌딩의 질문방법에만 적용되는 것이 아니라 일반적 질문기법입니다. 특히 바라는 결과를 도출하기 위한 질문은 캐묻는 방식이기 때문에 응답자가 공격적으로 느낄 가능성이 높습니다. 그렇게 되면 성의 있는 답을 얻을 수 없겠지요? 초반에 응답자의 소지품 등에 대해 묻거나 칭찬(공감)해주거나, 가족이나 취미에 대해 묻고 공감을 표현하는 방식을 사용할 수 있습니다.

어떤 대상자에게 바라는 결과를 얻지 못한 경우에는 그 인터뷰 결과를 버리고 새로운 대상자를 찾아야 합니다.

기존 제품에 대한 불만에서 바라는 결과 도출하기
시장에 브랜드가 존재하지 않는 경우에는 질문이 '상황→바라는 결과'로 진행됩니다. 이는 개념규정 프로세스입니다. 앞의 5가지 원칙은 주로 이 경우에 적용됩니다. 그렇다면 이미 시장에서 많은 브랜드가 존재하는 경우에는 개념을 반성하여 컨셉을 재정의하는 경우에도 바라는 결과를 도출할 수 있습니다. 이 경우에는 기존 제품에 무슨 문제(불만)가 있는지를 물어 바라는 결과를 도출합니다. 이 경우는 개념반성 프로세스입니다. 그런데 기존 제품의 문제나 불만은 충족수단 중심으로 대답이 나오게 됩니다. 이때 충족수단에 얽매이지 말고 그런 불만이 어떤 상황에서 발생하는가를 묻고 그 상황에서 어떤 상태what outcome가 되기를 바라는지를 물어 바라는 결과를 유도해야 합니다. 이 경우는 질문을 '기존 제품(충족수단)에 대한 불만→상황→바라는 결과'로 진행합니다. 기존 제품들의 샘플들이 있다면 샘플들을 보여주고 좋은 제품과 나쁜 제품을 분류하게 합니다. 그런 후에 나쁜 제품들은 어떤 점이 나쁜지, 어떤 상황에서 문제가 되는지를 묻고 다시 그 상황에서 어떤 결과를 바라는지 묻습니다(〈보충자료: 기존 브랜드 불만에서 바라는 결과 도출〉 참조).

고객 질문을 통해 컨셉을 개발한 사례

고객에게 질문하여 컨셉을 개발한 사례가 있습니다. 이 사례들은 100% 이 책에서 제시하는 표준화된 방법으로 진행하지는 않았지만 바라는 결과가 도출되면 이후 컨셉개발이 어떻게 진행되는지를 보여주는 사례라고 할 수 있습니다.

사례 1 : 마스다 무네아키는 1400여 개의 가맹점을 낸 일본 대형 대여점 '츠타야 서점'을 운영하는 문화기획사 회장입니다. 츠타야 서점은 라이프스타일을 제안하고 취향을 설계하는 공간 컨셉으로 도서관과 서점에 혁신을 가져왔지요(6장). 그는 우리나라의 삼청동 격인 다이칸야마 지역의 공간을 활용하기 위해 사전조사를 벌였습니다. 소비자에게 "다이칸야마에 더 생겼으면 하는 공간은 무엇입니까?"라고 질문했습니다. 이에 압도적으로 많은 사람들이 '카페'를 선택했습니다. 다이칸야마에는 이미 수없이 많은 카페가 있는데 왜 사람들은 카페를 말했을까요? 고객의 대답을 파악해본 결과 "여유로운 시간을 보낼 수 있는 공간이 있었으면 좋겠다"라는 고객이 바라는 결과를 추론했습니다. 이를 바탕으로 츠타야는 다이칸야마에 서로 대화를 나누고 정보를 주고받는 라이프스타일 공간을 생각하게 되었습니다.14 이런 목적의 일환으로 반려동물을 산책시키다가 찾은 손님을 위해 반려동물을 맡기는 시설도 구비했습니다. 컨셉빌딩의 방법과 다른 점은 무네아키는 고객과 대면하여 조사하지 않고 설문지 형식으로 조사하고 바라는 결과를 간접적으로 추론한 것입니다.

사례 2 : 싱가포르에서 9년간 일하다가 인도에 돌아온 아크샷 메흐라Akshat Mehra는 2009년 뭄바이에서 도비(Dhobi, 세탁을 직업으로 삼는 계급)들이 일하는 세탁장을 보고 깜짝 놀랐습니다. 인도에서는 대부분 집에서 손빨래를 하거나 도비에게 돈을 주고 세탁을 맡기는데 도비들은 세탁물을 가장 가까운 강으로 가져가 바위에 대고 쳐서 세탁한 뒤에 널어 말립니다. 세탁물은 그다지 깨끗하지도 않고 옷을 돌려받는 데까지 열흘 정도가 걸립니다. 아크샷은 소비자 면접을 통해서 도시 노동자들이 이런 도비 세탁을 어쩔 수 없이 이용하고 있다는 사실을 알게 됩니다. 동네 세탁소는 비싸고 자신들이 직접 세탁할 시간도 없기 때문이었습니다. 면접 후 아크샷은 도시 노동자들에게 값싸고 위생적인 세탁 서비스가 필요하다고 추론했습니다. 사업 가능성을 알아보기 위해 우선 세탁기를 트럭에 실고 다니면서 테스트를 했습니다. 그 후 테스트에 기초하여 '값싸고 위생적이며, 24

---

14 마스다 무네아키 저, 백인수 역(2014), 『라이프 스타일을 팔아라』, 베가북스 pp. 55-57.

시간 내 배달하는 세탁 서비스'라는 핵심편익을 개발했습니다. 그리고 핵심편익의 충족수단으로 가로세로 0.9m×1.2m짜리 간이 매대(키오스크)를 만들었지요. 이것을 사람들의 왕래가 많은 공간에 설치하여 세탁 서비스를 했습니다. 이 매대 안에는 세탁기, 건조기, 다리미와 다리미대를 구비했고 한두 명의 직원을 두어 운영했습니다. 간이 세탁 서비스는 깨끗한 물, 신뢰할 만한 세제(P&G세제)를 사용했고, 세탁이 끝난 옷들은 잘 다려서 깨끗한 포장지에 담아 전달했습니다(10장). 이후 이 서비스는 급성장해 인도 전역으로 확산되었고 '동네 세탁 서비스Village Laundry Service'라는 프랜차이즈 기업으로 발전했습니다.[15]

사례 3 : 요코야 유지는 2004년 도요타 시에나 미니밴 모델 개발 책임을 맡은 수석 엔지니어였습니다. 당시 그는 시에나의 표적시장인 북미에서의 경험이 거의 없었습니다. 그래서 아이디어를 찾기 위해 당시 판매되고 있는 시에나 모델을 빌려 타고 북미 전역을 장거리 여행하며 실제 고객과 대화를 나누고 그들의 행동을 관찰했습니다. 질문을 통해 고객이 바라는 결과들을 발견할 수 있었는데요. 흥미로운 사실은, 바라는 결과에 대한 이유why가 모두 어린이와 관련되었다는 것이었습니다. 미니밴을 소유하는 것은 어른이지만 뒷좌석의 대부분을 차지하는 고객은 어린이였습니다. 즉 미니밴은 어린이 고객의 마음에 들어야 한다는 것을 알게 되었습니다. 유지는 이에 기초하여 내부 편의 설비를 설계했고 장거리 가족여행에 만족도가 높은 미니밴을 개발합니다. 시에나의 2004년 시장 점유율은 2003년 대비 60% 이상 증가했습니다.[16]

---

15 M. J. Eyring, M. W. Johnson, and Hari Nari(2011), "New Business Models in Emerging Markets," in Thriving in Emerging Markets, Harvard Business School Publishing Corporations.
16 에릭 리스 저, 이창수&송우일 역(2012), 『린스타트업』, 인사이트, pp. 82-83.

컨 / 셉 / 카 / 페 / 3

『중용』의 학문방법을 컨셉빌딩에 적용하다

　　『중용』은 유학의 4대 고전 중 하나로 공자의 손자인 자사子思가 공자님의 말씀을 전하면서 지은 책입니다. 이 책의 20장에는 '널리 배우고, 자세히 묻고, 신중히 생각하고, 분명히 판단하고, 독실하게 행하라博學之 審問之,愼思之 明辯之 篤行之'는 구절이 있습니다. 다섯 글자로 요약하면 학문사변행學問思辨行이 됩니다. '학문學問'이라는 단어가 바로 이 구절에서 유래했는데 학문사변행을 줄인 것이지요. 저는 학문의 방법을 창조나 문제해결에도 적용할 수 있다고 보고 있습니다. 따라서 학문사변행은 공자의 문제해결 방법이라고도 볼 수 있습니다. 학문사변행을 데카르트의 분해와 합성과 결합하면 동서양이 통합된 문제해결 방법으로 발전시킬 수 있습니다. 학문사변행의 순서를 밟되 각 단계는 나누어서 합치는 것입니다. 질문도 나누어 물어서 합쳐 결론을 내고, 생각이나 실행도 나누어서 합칩니다. 『중용』의 구절과 분해와 합성을 통합한 문제해결 방법으로 컨셉빌딩을 요약하면 다음 표와 같습니다.

　　학문사변행은 질문의 역할에 대해서는 어떻게 설명할까요? 학學과 사思 사이에는 질문問이 들어 있습니다. 학과 사를 질문이 매개한다는 뜻이겠지요. 학문이란 남에게 배우고 질문을 통해 그것을 내 것으로 만드는 것입니다. 『논어』에는 '남에게 배우되 스스로 생각하지 않으면 어둡고, 스스로 생각만 하고

학문사변행을 컨셉빌딩에 적용

중용	컨셉빌딩		관련장
학(學)	경쟁자, 인접산업, 선행기술에서 널리 배우고	분해와 합성	6~7장
문(問)	고객이 바라는 결과를 빠짐없이 묻고	분해와 합성	3~4장
사(思)	충족수단을 스스로 생각하되, 가까운 곳에서 찾고(近思)	분해와 합성	7~9장
변(辯)	컨셉력과 제품력을 고객 피드백으로 분명히 판단하고	분해와 합성	11장
행(行)	기업과 고객의 이익을 위해 성실히 실행한다.	분해와 합성	12장

남에게 배우지 않으면 위태롭다學而不思則罔, 思而不學則殆'는 구절이 있습니다. 공자는 배움을 좋아했지만, 자신의 생각 없이 남의 생각만 배우는 것은 배척했습니다. 이런 학문의 자세는 베이컨의 그것과 일맥상통합니다. 베이컨은 『신기관』에서 학문하는 자세를 개미, 거미, 꿀벌에 비유했습니다. 개미는 남의 것만 갖다가 쌓아놓는 사람에 비유됩니다. 거미는 온통 자기 것만 풀어놓는 사람에 비유됩니다. 그래서 그는 개미와 거미 사이의 중용을 취하는 꿀벌이 이상적인 자세라고 했습니다. '꿀벌은 중용을 취해 뜰이나 들에 핀 꽃에서 재료를 구해다 자신의 힘으로 소화합니다.' 이처럼 학문이란 남에게 배우고 질문을 통해 이를 내 것으로 만드는 것입니다.

고객은 바라는 결과는 알려줄 수 있어도 충족수단을 알려줄 수는 없습니다(3장). 그래서 고객이 바라는 결과를 묻되 충족수단은 스스로 생각해내야 합니다(주로 개념규정인 경우). 그리고 『중용』에서는 질문을 하는 자세에 대해 '물으려면 빠짐없이 물으라'고 했습니다. '묻는다면, 모르는 것이 남지 않도록 묻는다有弗問, 問之弗知弗措也.' 컨셉빌딩에서의 질문 역시 답을 얻을 때까지 캐묻는 질문이라 했습니다. 많은 신제품 개발 사례를 보면 초기에 고객과 면접을 하고는 왜 고객이 그런 대답을 했는지 이유를 모르는 경우가 있습니다. 그러다가 시간이 한참 흘러 '아! 그래서 그랬구나' 하고 통찰을 얻은 것을 자주 봅니다. 이런 사례를 접하면 왜 처음부터 고객에게 철저히 캐묻지 않았을까 하는 생각이 드는 것도 사실입니다. 『논어』에도 질문의 자세에 대한 내용이 있습니다. '간절히 물어 가까운 것부터 답을 생각한다切問而近思'는 구절이 나오지요. 가까운 것에서 생각한다는 의미는 컨셉빌딩에서는 '유추'와 관련해 생각해볼 수 있습니다. 충족수단을 생각할 때는 멀리서 찾지 말고 가까운 인접산업에서, 혹은 유사한 것에서 찾을 수 있습니다(7장).

서양에서도 질문이 학문의 핵심이라고 외친 철학자가 있습니다. 바로 쇼펜하우어입니다. 그는 존재하는 모든 것에는 이유가 있다고 했습니다. 그는 이유의 종류를 4가지로 제시합니다. 행위의 이유, 생성의 이유, 존재의 이유, 인식의 이유가 그것입니다. "모든 것이 하나의 이유를 갖는다는 사실은 우리에게 언제나 선천적인 것으로 되어 있는 전제다. 따라서 이 전제는 어디에서나 '왜?'라고 물을 권리를 우리에게 부여한다"라고 했습니다. 사물의 생성과 존재의 이유를 규명한 것이 자연과학을 낳았고, 인간의 인식의 이유와 행위의 이유에 대한 규명이 인문학을 낳았습니다. 그래서 쇼펜하우어는 "모든 학문은 이유율에 근거한다. 그것은 예외 없이 이유와 그 대답(귀결)들의 결합이기 때문이다. '왜'를 모든 '학문의 어머니'라 불러도 될 것이다"라고 했습니다.[1] 쇼펜하우어 말을 컨셉빌딩에 적용해보면 '왜'라고 스스로에게, 또 고객에게 묻는 것이 '끌리는 컨셉의 어머니'라 할 수 있겠습니다.

---

1 쇼펜하우어 저, 김영미 역(2010), 『충족이유율의 네 겹의 뿌리에 관하여』, 나남, p.19.

'사람의 행동을 보고(視)
그 이유를 주의 깊게 보고(觀)
만족한 바를 살펴보면(察)
사람이 그 마음을 숨길 수 없다
(視其所以, 觀其所由, 察其所安, 人焉廋哉!)'

–「논어」

관찰과 추체험

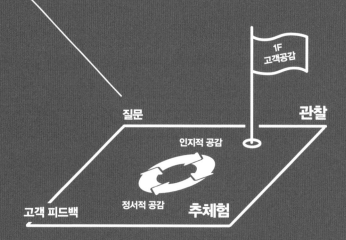

4장에서는 신제품 개발에서 '관찰'과 '추체험'의 중요성과 방법에 대해 구체적으로 설명합니다. 관찰에는 표정관찰(행동관찰)과 사물관찰이 있습니다. 관찰자와 관찰 대상자의 인식의 한계를 고려해 상황별로 관찰 방법이 달라져야 합니다. '질문'과 마찬가지로 관찰과 추체험을 통해 상황별로 바라는 결과를 도출해야 합니다.

『논어』와 베이컨이 말하는 '관찰'

관찰觀察은 '주의 깊게 보는 관觀'과 '살펴보는 찰察'이 합쳐진 말입니다. 앞에서 인용한 『논어』 구절을 보면 인간의 마음을 헤아리기 위한 행동관찰임을 알 수 있습니다. 한편 베이컨은 자연과학을 연구하는 핵심적 도구로 관찰을 꼽았습니다. 베이컨이 말한 관찰은 사물에 대한 관찰이었습니다. 그런데 19세기 후반 서양에서는 문화과학(넓게 보면 정신과학, 좁게 보면 심리학)이 발전하면서 인간의 심리나 행동을 연구하는 데 자연과학의 방법론인 관찰을 그대로 사용하게 됩니다. 정리하면, 관찰이란 말은 그 유래를 따지면 자연과학을 위한 사물관찰이지만 인간 행동의 관찰에도 적용됩니다. 이렇게 보면 관찰은 자연과학에서 사용되는 사물관찰과 문화과학에서 사용되는 행동관찰로 구분할 수 있습니다.

인간은 '공감'의 대상

『논어』를 일관되게 관통하는 주제를 말하라면 단연 '공감'입니다. 이는 '서恕'라는 구절에서 알 수 있습니다. 서恕의 한자를 보면 '같을 여如'와 '마음 심心'이 합쳐진 것으로 '같은 마음'으로 풀이할 수 있는데요. 이것을 현대어로 바꾸면 공감입니다.

이 책에서 말하는 행동관찰은 인간이 자신의 마음을 드러내는 얼굴 표정 읽기, 즉 표정관찰까지 포함합니다. 표정관찰은 인간이 사용하는 비언어적 소통 nonverbal communication 방법을 관찰하는 것이라 할 수 있습니다. 에른스트 카시러는 『문화과학의 논리』에서 현대에 들어 학문이 과학주의나 실증주의를 중시하면서 인간의 감정이 드러나는 표정관찰은 경시하고 사물관찰을 중시하는 문제점을 지적했습니다. 인간은 공감으로 이해할 수 있는 존재이지 분석으로 이해할 수 있는 존재가 아닙니다. 인간에게는 표정을 읽어 공감하는 능력이 있는데 이를 간과하고 있습니다. 이 책에서는 행동관찰을 애덤 스미스나 카시러의 주장에 기초해 '표정관찰'이라 부르겠습니다.

표정에 숨어 있는 '바라는 결과'

컨셉빌딩에서는 표정관찰과 사물관찰 모두를 활용합니다. 표정관찰은 소비자가 제품이나 서비스를 사용하는 상황에서 표정과 행동을 관찰하여 바라는 결과를 추론하는 데 활용합니다. 종래 소비자 조사에서는 행동을 중심으로 관찰했지만 행동과 더불어 감정을 드러내는 얼굴 표정도 관찰해야 합니다. 또한 사물관찰은 인접산업의 기술이나 제품 혹은 자연의 사물을 관찰하여 충족수단을 개발하는 데 활용해야 합니다.

〈표 4-1〉 표정관찰과 사물관찰

학문도구로 관찰		컨셉빌딩에서 공감도구로 관찰	
문화과학	표정관찰	사용(구매) 상황에서 소비자 표정과 행동 (질문과 보완해서 사용) 일상생활에서 예상치 못한 기쁨·불만·슬픔	바라는 결과
자연과학	사물관찰	인접산업의 충족수단 관찰 일상생활에서 예상치 못한 사물의 생성과 변화	충족수단 도출

2004년 '미래파 마스크팩'은 수분이 부족한 남성들의 피부에 충분한 수분을 공급해 건강한 피부로 바꿔준다는 컨셉으로 출시됐습니다. 하지만 시작부터 난항이었습니다. 유사한 마스크팩이 실패한 경험 때문이었지요. 부서에서는 제품개발을 만류했지만 담당 마케터는 신제품 개발을 위한 소비자 면접을 실시했습니다. 여성이 주로 사용하는 마스크팩을 남성이 사용하는 것에 대하여 물었는데 그다지 긍정적이지 않았습니다. 하지만 면접이 끝나갈 때쯤, 참석한 남자들이 마스크팩을 사용하며 서로 마주 보고 웃는 표정을 보게 되었습니다. 질문에 대답할 때와는 다른 관심과 흥미의 표현이었습니다. 담당자는 이에 직감적으로 제품이 성공할 수 있다는 확신을 가졌습니다. 이후 부서의 지원 없이 혼자 신제품 개발을 추진했는데 제품은 크게 성공하여 남성용 마스크팩 시장을 열었습니다.

소비자 면접을 진행할 때 질문에만 의존하면 응답자의 이성의 뇌가 활성화되어 속마음을 들여다볼 수 없습니다. 이런 경우 면접을 하면서 제품을 사용하게 한 뒤 소비자의 표정을 관찰하면 속마음을 파악할 수 있습니다. 소비자가 제품이나 서비스를 사용하는 현장에서 행동을 살피고 표정을 관찰하여 소비자가 만족(불만)하는지, 안심(불안)하는지, 혹은 의심(불신)하는지, 긴장(안도)하는지 등 감정을 살펴보는 것입니다.

관찰과 질문을 연동하라

『논어』에 '세상일에 통달한 사람은 남의 말을 살피고察言 표정을 헤아린다觀色'는 말이 있습니다. 정약용 선생은 '서恕는 남의 말을 살피고 표정을 헤아리는 것'이라고 풀이했습니다. 인간은 언어를 통해 남들과 공감하지만, 타인의 얼굴 표정과 행동을 살펴 공감하기도 합니다. 남의 말을 살피는 공감도구가 '질문'이라면 표정(행동을 포함)을 살피는 공감도구는 '관찰'입니다. 질문은 다양한 상황에 대해 물어볼 수 있지만 소비자의 기억에 의존하게 되고 경우에 따라서는 사실과 다르게 이야기할 수도 있습니다. 관찰에는 그런 왜곡은 없지만 특정 상황에 한정되고 현장에서 직접 봐야 한다는 단점이 있습니다. 결국 질문과 관찰은 장단점을 갖고 있고 상호 보완할 수 있습니다.

하나은행은 2009년에 점포 레이아웃을 포함한 점포 이미지 혁신 작업을 시작해 2012년 상반기에 완성했습니다. 이 작업을 위해 3418명의 이용객을 관찰하고, 관찰에서 얻은 고객의 점포 내 행동을 정리했습니다. '고객이 은행에 들어오면 직원의 안내를 받아 순번표를 뽑고 기다린다. 고객은 순번표를 손에 넣은 뒤 안도감을 보인다(표정관찰). 이후 안도감도 잠시, 휴대폰이나 잡지 혹은 TV를 보기도 하지만 혹시라도 차례가 지날까 싫어 연신 호출창구를 쳐다본다. 마침내 상담창구에 착석을 하고 은행 직원이 업무를 처리하기 시작하면 긴장이 풀린다(표정관찰). 홍보물을 만지작거리기도 하고 주위를 두리번거리는 여유도 생긴다. 업무가 완료되면 서둘러 은행을 빠져나간다.' 프로젝트 팀은 이처럼 고객들의 행동과 표정을 관찰한 결과에 기초해 바라는 결과를 '지체 없는 문제해결'이라는 하나의 문장으로 정리했습니다.[1]

마케팅을 연구하는 사람으로서 이 작업을 위해 3년에 걸쳐 3418명의 이용객을 관찰한 노력은 대단하다고 생각하지만, 질문을 병행했더라면 훨씬 적은 수의 이용객으로 짧은 기간에 마칠 수 있었지 않았을까 하는 생각이 듭니다. 이용객을 관찰한 뒤에 다가가서 '왜why'라고 이유를 물어보면 고객의 마음을

---

1 신우정(2012), "왜 고객은 은행에서 불안해할까? 3400명 관찰하고 답을 찾았다" DBR 2012년 8월호, pp. 76~79.

더 잘 이해할 수 있었을 것입니다. 만약 피관찰자에게 다가가 질문을 할 상황이 아니었다면 스스로에게 왜why라고 물어보아야 합니다.

관찰과 질문을 독립된 도구로 취급하는 경향이 있는데 둘을 병행하는 것이 더 효율적입니다. 소비재인 경우에도 소비자가 매장 내 진열대에서 특정 브랜드를 선택하는 과정을 지켜본 뒤에 다가가서 이유를 묻는 방법은 질문과 관찰을 따로 사용하는 방법보다 훨씬 효율적입니다. '컨셉빌딩의 도구를 연동해서 활용하라'는 것은 바로 이를 두고 한 말입니다(1장, 2장). 도구를 사용할 때는 층간 이동뿐 아니라 층 내 이동도 고려해야 합니다.

관찰 대상자의 문제 : 인식의 한계

질문과 함께 관찰을 해야 하는 이유는 또 있습니다. 소비자의 대답을 완전히 믿기 어렵기 때문입니다. 인간은 때때로 사물을 제대로 보지 못합니다. 때로는 이를 언어로 표현하기 어려워하고 심지어 어떤 경우엔 표현하기를 기피합니다. 그래서 표정과 행동을 관찰해서 이런 한계점을 보완해야 합니다. 질문과 관찰이 어떤 형태로 서로 보완할 수 있는지를 살펴볼까요? 소비자가 사물을 제대로 인식할 수 있는지, 인식한 것을 소비자가 언어로 표현가능한지 혹은 표현하려는 동기가 있는지에 따라 4가지 경우로 나눌 수 있습니다. 4가

〈표 4-2〉 인식 가능성과 표현 동기에 따른 4가지 경우

			외부 사물을 제대로 인식할 수 있는가?	
			예	아니요
내부 인식을 표현하려는 동기가 있는가?	예	언어	① 문제해결	③ 사회적 규범
		표정과 행동		④ 무의식적 습관
	아니요		② 인정과 체면	–

지 경우를 〈표 4-2〉에 핵심단어로 정리했습니다.

① 제품을 통해 문제를 제거하거나 회피하려는 동기가 있는 경우로, 이런 제품의 컨셉개발에는 질문을 주로 사용하게 됩니다. 예를 들어 소비자가 통증을 인식하고 진통제를 사서 통증을 제거하려는 표현 동기가 있는 경우를 떠올리면 됩니다.

② 인정과 체면에 관련된 경우를 살펴봅시다. 소비자가 인식했어도 언어로 표현하기 꺼리는 예입니다. 대표적으로 명품 구매처럼 체면 유지나 과시적 소비가 이 경우에 해당합니다. 집에서는 저가 화장품을 사용하지만 외출 시에는 명품 화장품을 갖고 나가는 경우입니다. 노키아는 인도의 문맹 소비자들을 위한 휴대폰 개발을 시작했다가 취소했습니다. 대신 기존 사용자용 휴대폰 인터페이스를 살짝 바꾸고 기존의 모델로 출시했지요. 문맹자를 위한 모델을 구매한 사용자들은 주위 사람들에게 문맹자로 낙인찍히는 것이 두려워 외면할 거라는 사실을 알게 되었기 때문입니다.[2] 『끌리는 컨셉의 법칙』 '법칙 16 숨어 있는 사회적 욕구를 헤아려라'에서 구매동기를 기능적 동기, 감성적 동기, 사회적 동기로 구분했습니다. 그중 사회적 동기는 바라는 결과가 타인의 인정을 추구하거나 비난을 피하려는 경우입니다. 이 경우에는 남에게 보여주고 싶은 점은 과장해 이야기하지만 감추고 싶은 점은 이야기하지 않으려고 합니다.

③ 자신은 사실대로 말했다고 생각하는데 사실이 아닌 경우입니다. 예를 들어 가전제품을 쓸 때 이런 경우가 많이 발생합니다. 가전업체의 소비자 면접에서는 소비자들이 대부분 전기나 물을 절약하는 데 신경 쓴다고 말합니다. 하지만 관찰해보면 이유 없이 냉장고를 열어보거나 쓰지도 않으면서 물을 미리 틀어놓기 일쑤지요. 이처럼 앞뒤가 맞지 않는 현상은 왜 일어날까요? 이는 소비

---

2 얀 칩체이스·사이먼 슈타인하트 저, 야나 마키에이라 역(2013), 『관찰의 힘』, 위너스북, pp. 83–85, pp. 252–262.

자가 면접할 때 사실보다는 사회규범상 바람직한 쪽으로 대답하려는 경향이 있기 때문입니다. 전기와 물을 절약해야 한다는 사회적 규범을 자신도 충실히 따르고 있다고 착각하는 것입니다. 당위를 사실로 착각하는 것이지요.

④ 무의식적인 습관과 관련된 경우를 생각해봅시다. 『주역』의 「계사전」에는 '백성은 매일 쓰면서도日用 알지 못한다不知'는 말이 있습니다. 왜 매일 사용해도 알지 못할까요? 그것이 '무의식적' 습관으로 굳어졌기 때문입니다. 대부분의 소비자는 불편한 상황에 너무나도 잘 적응해서 스스로 불편한 점을 의식하지 못합니다.[3] 의식하지 못하면 언어로도 표현하기 어렵습니다. 하지만 언어로 표현 못해도 표정이나 몸짓에는 나타나게 됩니다. 동선이 꼬이고 자세가 영 불편하지요. 의식은 모르지만 몸은 알고 있다고 할 수 있습니다.

4가지 경우의 관찰 방법

앞에서 살펴본 4가지 경우 각각에 대해 컨셉빌딩에서는 소비자와 공감하는 방법을 제안합니다. ①의 경우에는 주로 질문을 사용합니다. ②의 경우처럼 사회적 구매동기를 갖는 경우에는 제품이 인생에 주는 의미에 대해 묻거나 이 제품을 의인화해서 표현하도록 질문합니다. 질문하면서 주의 깊게 표정과 행동을 관찰해야 합니다. 이와 관련하여 '제품이 주는 상징적 의미(125쪽)'를 참조하기 바랍니다. 아울러 『끌리는 컨셉의 법칙』에서 '법칙 9 상징으로 브랜드에 의미를 부여하라' 부분도 참조하면 좋습니다.

③의 경우는 제품의 사용현장을 장기간 관찰해야 하기 때문에 관찰 카메라로 조사합니다. 가전업체는 소비자의 동의를 얻어 그들의 부엌이나 거실에 카메라를 설치하고 소비자가 어떤 상황에서 어떻게 제품을 사용하는지 관

---

3 팀 브라운 저, 고성연 역(2010), 『디자인에 집중하라』, 김영사, p. 66.

찰합니다. 이렇게 얻은 자료를 비디오 일기라고 합니다. 이 방법을 이용하면 면접에서 밝히기 어려운 타인과의 상호작용 과정을 잘 파악할 수 있습니다. 과학자들이 어떻게 새로운 발견을 하는가를 집중 연구해온 케빈 던바Kevin Dunbar 교수는 새로운 발견은 흔히 연구소 실험실에서 일어나는 게 아니라 여러 명의 학자들이 형식에 구애받지 않고 연구결과에 대해 논의하는 주간 실험실 모임에서 나온다고 주장했습니다. 그는 이런 사실을 연구소 현장에 비디오카메라를 설치해 면밀히 관찰한 결과로 알아냈습니다.[4] 과학자와 면접을 통해 연구했을 때는 타인과의 상호작용은 잊어버리고 자신이 쏟은 노력만 이야기할 가능성이 높습니다. 또 새로운 발견에 대해 독창성을 중시하는 사회규범이 작용한다고 볼 수 있습니다. 아울러 이 연구는 고객과의 상호작용을 이해하는 서비스 개발에 관찰카메라가 효율적이라는 것을 알려줍니다.

　④의 경우에는 사용현장으로 가서 우선 소비자를 관찰하고 가능하면 질문으로 보완해야 합니다. 이유를 물어야 합니다. 소비자에게 질문하기 어려운상황이면 "왜 그렇게 행동할까?" 하고 스스로에게 물어야 합니다. 사용현장을 관찰하기 어려우면 소비자에게 제품을 사용하는 방법을 보여달라고 요청하고 시연 후에 질문합니다. 이와 관련해서는 '사용자가 인식 못하는 충족수단의 문제점(123쪽)'을 참조하기 바랍니다. 다음에 설명할 추체험 방법 중에서 바디스토밍을 사용할 수도 있습니다.

관찰자의 문제 : 인식의 한계

이번에는 관찰자가 갖는 인식의 한계에 대해 생각해보겠습니다. 혹시 '무

---

4 Kevin Dunbar(1999), "How Scientists Build Models InVivo Science as a Window on the Scientific Mind," in Model-Based Reasoning in Scientific Discovery eds. L. Magnani et al. Kluwer Academic/Plenum Publisher, New York.

주의 맹시盲視 현상'이라는 말을 들어봤나요? 이 실험에서는 피실험자들에게 농구공을 패스하는 학생들이 나오는 비디오를 보여주고 패스가 몇 번 일어나는지를 세어보게 합니다. 비디오에는 학생들 사이로 고릴라 복장을 한 사람들이 지나갑니다. 그런데 이 실험에서 피실험자 절반이 고릴라 복장한 사람이 지나가는 것을 보지 못했다고 합니다. 관찰할 때는 무언가에 집중하고 주의를 기울이게 됩니다. 인간은 보고 싶은 것만 보기 때문에 다른 많은 것을 놓치게 됩니다. "사슴을 쫓는 자는 산을 보지 못하고, 돈을 움켜쥐려는 자는 사람을 보지 못한다"는 옛말도 있지요(『허당록虛堂錄』). 컨셉개발에서도 관찰자가 갖는 배경지식이나 전제하는 개념 때문에 무주의 맹시에 빠질 수 있습니다. 무주의 맹시에 빠지지 않으려면 '내가 제품을 기존의 제품범주라는 틀에 사로잡혀 바라보지는 않나?' 하고 반성해야 합니다.

  1963년 드웨인 피어설Duane Pearsall은 이른바 '정전기 중화장치'라는 기계를 개발하고 있었습니다. 공장에서 정전기가 발생하면 화재로 이어질 수 있고 위험하기 때문에 정전기를 약화시키는 장치를 만들려고 했던 것입니다. 어느 날 피어설의 작업실에서 누군가 담배에 불을 붙였고 연기가 공중으로 퍼져나갔습니다. 그런데 그 순간 정전기 중화장치의 미터기가 미친 듯이 돌아가기 시작했습니다. 담배 연기에 장치가 반응한 것입니다. 신기했던 피어설은 친구에게 이 현상을 보여주었습니다. 그러자 친구는 "정전기 따위는 집어치우고 연기탐지기를 만들어보게나" 하고 말했습니다. 이를 계기로 그는 연구 방향을 화재감지기로 돌려 가정용 화재경보기를 개발해 화재경보기 산업을 개척하게 되었습니다.[5]

---

5 페이건 케네디 저, 강유라 역(2016), 『인벤톨로지: 새로운 것을 도래케하는 생각의 힘』, 클레마지크, pp. 88–90.

관찰과 추체험

인지심리학자인 알렉산드라 호로비츠는 뉴욕의 같은 길을 11명의 각계 전문가(지질학자, 타이포그래퍼, 물리치료사, 도시사회학자, 음향 엔지니어 등)와 동행하며 관찰한 내용을 『관찰의 인문학』이라는 책에 담았습니다.[6] 11명의 전문가 한 명 한 명과 같은 길을 11번 걸었지만 동반자의 전공 분야에 따라 매번 다른 세상을 보게 되었습니다. 지질학자는 건물의 벽을 보고 어느 지역에서 온 암석인지 이야기했고, 물리치료사는 사람들의 걷는 모습을 보고 건강 상태를 이야기했습니다. 그는 전문 분야가 다른 사람들과 같은 길을 걸으면서 일상에서 나만의 좁은 관점으로 세상을 보고 있다는 사실을 새삼 깨닫습니다.

컨셉빌딩에서 관찰을 할 때도 하나의 관점이나 개념에 사로잡히지 말고 다양한 관점에서 관찰해야 합니다. 일본의 무인양품은 2003년부터 직원들이 지인이나 일반 소비자의 집을 찾아 사용현장을 관찰하여 신제품 수요를 발굴했습니다. 이때 동행하는 직원 2명은 반드시 서로 다른 팀 출신으로 구성했습니다. 같은 현상도 다양한 관점에서 바라보고 해석하기 위해서입니다.[7] 관찰의 결과를 해석할 때도 관찰 직후에 여러 사람을 참여시켜 의견을 공유해야 합니다. 이를 사후회의debriefing라고 하는데요. 이를 통해 다양한 관점에서 더 좋은 통찰을 얻을 수 있습니다.

관찰한 내용의 정리

누구를 대상으로, 몇 명을 관찰한 결과를 어떻게 정리하는가는 3장의 '질문' 부분에서 설명한 내용을 그대로 적용합니다. 표적고객을 직접 관찰하기 어려운 경우도 있습니다. 예를 들어 주방용기를 만드는 신제품 프로젝트를

---

6 알렉산드라 호로비츠 저, 박다솜 역(2015), 『관찰의 인문학』, 시드페이퍼.
7 매경 이코노미 2017년 1914호 기사, "세계인의 홈퍼니싱 필수템 '무인양품' 본질빼고 껍데기 다 버려…'디자인 경영' 정수"

진행하는 경우 일반 가정집을 방문해서 주부가 요리하는 것을 관찰하기는 쉽지 않지요. 이런 경우에는 식당의 전문 요리사가 요리하는 것을 관찰하는 편이 더 쉽습니다. 비슷한 문제를 갖고 있는 다른 산업에서는 소비자가 어떻게 행동하고 반응하는지도 관찰할 수 있습니다.

관찰 후 결과를 정리하는 것도 질문할 때와 같습니다. 개념규정의 경우에는 바라는 결과인 것이 개념반성의 경우에는 충족수단의 문제점이 됩니다. 예를 들면 당신이 상품개발자인데 점심식사 후 화장실에서 누군가 양치질하고 세면대 위에서 칫솔을 세게 터는 행동을 하는 것을 보게 되었습니다. 피관찰자에게 왜 그러는지 물어보니why "칫솔의 세균을 빨리 제거하고 싶다고 대답했습니다. 그러면 '식사 후 양치질할 때(상황) 칫솔(목적어)을 빨리 말리고 싶다(동사)'로 정리할 수 있습니다. 그런 다음 관찰과 질문에 대한 대답을 기초로 '칫솔이 빨리 건조되는 휴대용 칫솔', '세균이 빨리 제거되는 휴대용 칫솔' 혹은 '휴대용 급속 건조기'와 같은 핵심편익 정의로 연결할 수 있습니다.

개념반성의 경우에는 현재의 충족수단을 관찰해서 이를 문제점으로 정리합니다. 모티브 커뮤니케이션Motive Communication의 창업자 마이크 메이플스 주니어는 통신회사 중역을 그만두고 업무지원 센터를 신속히 확장하는 서비스를 개발하고자 했습니다. 이를 위해 콜센터로 가서 직원들을 관찰하면서 스톱워치로 통화시간을 재고 그 내용을 기록했습니다. 그 결과 콜센터 직원의 전화시간 중에서 25%만 고객의 문제해결에 사용되고 나머지 75%는 고객정보 수집 등 반복적이며 간단한 문제해결에 사용된다는 사실을 알게 되었습니다. 다시 말하면 콜센터 직원은 지식데이터 베이스를 충분히 활용하지 못하고 일상적이고 반복적 업무에 시간을 빼앗기고 있었던 셈입니다.[8] 이 관찰을 바탕으로 '콜센터 직원이 고객의 문제해결에 너무 적은 시간을 사용한다'로 정리할 수 있습니다. 그는 간단하고 반복적 업무를 자동화해서 콜센터 직원들을 지원하는 시스템을 개발해서 성공할 수 있었습니다.

관찰 상황과 관찰 내용

관찰을 상황적 탐구contextual inquiry라고 하는데요, 그럼 어떤 상황을 지켜봐야 하는 것일까요? 소비자가 처한 상황을 있는 그대로 연구하려면 언제 어디서 관찰할지를 확정하는 게 중요합니다. 언제와 어디서는 일반적으로는 사용현장과 구매현장으로 구분할 수 있습니다. 구매현장보다 사용현장이 중요하지만 서비스의 경우에는 구매와 사용이 한 장소에서 일어나기에 구매현장이 바로 사용현장이 됩니다. 사용현장에 접근하기 어려운 경우에는 유사한 사용상황을 찾아 관찰해야 합니다. 실제 사용상황과 접근 용이성은 상황에 따라 절충해야 할 때도 있습니다. 어떤 경우에는 소비자 동의를 얻어 그들의 부엌이나 거실에 관찰카메라를 설치해 소비자가 어떻게 제품을 사용하는지를 관찰하기도 합니다.

스마트폰처럼 사용현장이 특정 상황에 국한되지 않고 여러 상황에서 두루 사용되는 경우에는 피관찰자를 그림자처럼 쫓아다녀야 하는 경우도 생깁니다. 이것을 섀도잉shadowing 관찰이라고 합니다. 물론 사용자의 허락을 받고 쫓아야겠지요. 『관찰의 힘』의 저자 얀 칩체이스는 노키아 같은 큰 기업의 의

---

8 네이선 퍼·제프 다이어 저, 송영학·장미자 역(2015), 『이노베이터 메소드』, 세종서적, pp. 131-133.

〈표 4-3〉 관찰 상황과 관찰 내용 정리

관찰 상황	관찰하려는 내용	관찰 목적	관련 장
일상생활	1) 예상 못한 기쁨·불만·고통	바라는 결과 혹은 충족수단의 문제점 (표정관찰)	8장 가정추론
사용현장	2) 사용자가 인식 못하는 충족수단의 문제점 3) 제품(서비스)이 주는 상징적 의미 4) 더 나은 사용목적 5) 비사용자의 일상		6장 미충족 니즈 발견 6장 컨셉 재정의 6장 컨셉 재정의 6장 컨셉 재정의 6장 컨셉 재정의
구매현장	6) 구매 장애요인		
일상생활	7) 예상 못한 사물의 생성과 변화	새로운 충족수단 개발 (사물관찰)	8장 가정추론
인접산업	8) 인접산업에서 제품 사용방법 9) 유추에 의한 충족수단 발견		7장 유추 7장 유추
실험실이나 사용현장	10) 시제품의 사용성 확인		11장 고객 피드백

뢰를 받아 세계 각국을 다니면서 섀도잉 관찰을 하고 있었는데요. 상하이에서 활동하던 중 특이한 점을 목격합니다. 피관찰자였던 여성이 하루 종일 한 순간도 핸드백을 옆에 내려놓지 않았던 것이지요. 심지어 고급 신발 매장에서 롱부츠를 신어볼 때도 불편을 감수하면서까지 핸드백을 쥐고 있었습니다. 그저 손을 뻗으면 닿을 곳에 두는 정도가 아니라 지퍼까지 꼭꼭 잠그고 손에 꽉 움켜쥐고 있었습니다. 잠시 가방을 연 채 통화한 것을 깨닫자 방심한 자신에게 무척 화를 내기도 했습니다. 얀 칩체이스는 섀도잉 관찰을 통해 상하이에서는 절도에 대한 걱정 없이 휴대폰을 사용하려는 소비자의 바람이 무척 크다는 것을 파악할 수 있었습니다.

관찰이 컨셉개발로 이어진 사례들을 〈표 4-3〉과 같이 관찰 상황과 관찰 내용으로 세분화해보았습니다.[9] 관찰은 크게 일상생활에서 계획되지 않은 관찰과 사용자 환경에서 이루어지는 관찰로 구분됩니다. 사용자 환경에서 이루어지는 관찰은 관찰 장소에 따라 사용현장, 구매현장, 인접산업 그리고 실험실로 분류됩니다. 관찰하려는 내용이 10개가 있고, 이는 다시 크게 바라는 결과나 기존 충족수단의 문제점을 찾기 위한 목적과 새로운 충족수단 개발을 위한 것으로 구분할 수 있습니다. 그럼 관찰 목적에 따라 좀 더 상세히 설명해보겠습니다.

예상치 못한 주변 사람들의 기쁨·불만·고통

관찰은 목적을 가지고 사용현장을 방문해 수행하기도 하지만 계획하지 않은 상태의 일상생활에서도 우연히 일어납니다. 사실 모든 발견은 일상에서 '예상 못한 놀라움unexpected surprise'에서 시작하는 경우가 많지요. 일상생활에서 주변 사람들이 겪은 예기치 못한 불평·불만·불안·즐거움이 혁신을 촉발하는 단서가 되어 질문이나 관찰로 이어지기도 합니다. 사람들은 색다른 경험을 하게 되면 이것을 주변 사람들과 나누고 싶어 하는데 그런 마음이 혁신으로 이어지는 것입니다.

존슨앤존슨에서 일하던 얼 딕슨Earl Dickson은 고민에 빠졌습니다. 아내가 부엌일에 익숙하지 않아 툭하면 칼에 손을 베이고, 뜨거운 냄비에 손을 데곤 했거든요. 딕슨은 그때마다 거즈를 붙이고 외과용 테이프를 발라주며 보살폈습니다. 그는 자신이 집에 없을 때 아내가 다치면 어떡하나 하는 마음에 방법

---

9 Dorothy Leonard and Jeffrey Rayport(1997), "Spark Innovation through Emphatic Design" Harvard Business Review, November-December, pp. 102–113. 레오너드(Dorothy Leonard)와 레이포트(Jeffrey Rayport)는 사용자 관찰을 통해 네 가지를 알 수 있다고 했습니다. ① interaction with the user's environment ② user customization ③ intangible attributes of the product ④ unarticulated user need. 필자는 여기에 내용을 추가하여 9가지로 만들었습니다.

을 찾아야겠다고 생각했습니다. 여러 시도 끝에 외과용 테이프를 붙일 필요 없는 일회용 반창고를 만들었고 다시 오랜 연구를 거쳐 나일론과 비슷한 직물 종류인 '크리놀린'을 찾아냈습니다. 이 헝겊은 표면이 매끄러워서 테이프가 깨끗이 떨어지고 빳빳해서 보전 상태도 좋았습니다. 아내는 크게 만족했고 우연히 딕슨이 붙인 일회용 반창고를 본 제임스 존슨 회장은 이를 상품화했습니다. 여러분도 자주 사용하는 '밴드에이드Band Aid'의 탄생 스토리입니다. 이 제품의 성공으로 얼 딕슨은 큰 보상을 받았고 부회장 자리에까지 올랐습니다.[10]

2003년 비가 억수같이 내리는 날, 인도 최대의 자동차 기업 '타타'의 5대 회장 라탄 타타는 뭄바이 거리에서 한 남자가 스쿠터를 타고 가는 모습을 보게 됩니다. 핸들을 잡고 있는 이 남자 앞에는 큰아이가 타고 있었으며, 뒤에는 부인이 무릎에 작은아이를 앉힌 채 매달려 있었습니다. 네 사람 모두 폭우를 그대로 맞으며 가고 있었습니다. 이 모습을 지켜본 타타는 "왜 이 가족은 비를 피할 차 한 대가 없을까?" 하고 자기도 모르게 혼잣말을 했습니다. 동시에 무언가를 해야 한다는 생각이 들었습니다. 그 무언가란 바로 차를 구입할 형편이 안 되는 가족이 안전하게 이용할 교통수단을 만드는 것이었습니다. 타타의 '누구나 구입할 수 있는 국민차'라는 컨셉은 이렇게 만들어졌습니다.

사용자가 인식 못하는 충족수단의 문제점

어린이용 오랄비 칫솔을 디자인하면서 아이데오IDEO는 어린이가 양치질하는 모습을 직접 관찰했습니다. 당시 어린이 칫솔은 성인 칫솔을 그저 작게

---

10 창조경제타운 홈페이지, 창의력 쉼터 fun 아이디어, www.creativekorea.or.kr/funidea/view/20161018000004

만 만든 것이라서 어른만큼 손동작 능력이 없는 아이가 칫솔을 잡거나 조작하는 게 어려웠습니다. 그래서 아이가 쉽게 잡아서 사용할 수 있도록 칫솔 손잡이를 크고 두툼하면서 물렁물렁하게 만들었지요. 결과는 어땠을까요? 이 제품은 출시 후 18개월 동안 전 세계에서 가장 많이 팔린 어린이용 칫솔이 되었습니다.[11]

미국 식품회사 제너럴 밀General Mill은 요구르트 신제품 개발을 위해 주 고객인 아이들을 관찰했습니다. 물론 아이들의 관심사는 노는 것이었습니다. 운동장에서 놀 때에도 한 손에 음료수를 들고 마시면서 뛰어놀고 있었습니다. 이를 포착한 회사는 뚜껑을 따고 숟가락으로 먹는 기존의 제품 대신 한 손으로도 쥐고 먹을 수 있는 튜브형 요쿠르트를 개발했습니다. 이렇게 탄생한 '고-거트Go-Gurt'는 미국에서 히트 상품이 되었습니다.

한때 맥도날드는 밀크셰이크 판매를 늘리기 위해 갖은 시도를 해봤지만 판매량이 늘지 않았습니다. 그러던 중 마케팅 전문가 제럴드 버스텔은 흥미로운 사실을 발견합니다. 밀크셰이크 하루 판매량의 40%가 아침 출근시간에 드라이브 스루Drive Thru를 통해 판매된다는 것이었습니다. 그는 매장에 앉아 출근시간대의 고객들을 관찰했습니다. 그리고 밀크셰이크를 구입한 고객들은 한 손으로 운전을 하며 다른 한 손으로는 밀크셰이크를 틈틈이 마신다는 사실을 알아냈지요. 밀크셰이크의 핵심은 아침 대용이었던 것입니다. 그는 밀크셰이크에 곡물을 첨가하여 빨대를 더디게 통과하도록 걸쭉하게 만드는 방식을 제안했고 이후 밀크셰이크 판매량은 급속하게 증가했습니다.[12]

---

11 제프 다이어 외 2인 저, 송영학 외 2인 역(2012), 『이노베이터 DNA』, 세종서적, pp. 141-143.
12 권도균(2015), 『권도균의 스타트업 경영수업』, 로고폴리스, pp. 208-209.

제품이 주는 상징적 의미

이미 『끌리는 컨셉의 법칙』에서 저는 유한킴벌리의 입는 기저귀의 사례를 소개했습니다. 간단히 설명하면 유한킴벌리에서 '배변훈련용' 컨셉으로 기저귀를 두 번이나 출시했으나 실패했다가 '걷는 아기용'이라는 컨셉으로 바꾸어 성공한 사례입니다. 만약에 마케터가 시제품을 사용하는 현장을 관찰했다면 처음부터 걷는 아기용으로 출시했을 것입니다. 미국의 어머니는 육아에서 독립성을 중요시합니다. 그래서 아이를 빨리 어른으로 성장시키는 것이 목적이라고 합니다. 하지만 한국의 어머니는 좀 더 아이와의 정서적 교감을 중요시하지요. 제품을 개발할 때, 사용상황에서 우리나라 엄마와 아기가 상호작용하는 모습을 관찰했다면 좀 더 일찍 기능적 측면(배변훈련)보다는 상징적 의미에 더 초점을 맞추었을 것입니다.

더 나은 사용목적

소비자는 제품개발자가 원래 의도한 것보다 더 나은 용도로 변형해서 사용하는 경우가 많습니다. 신제품을 개발하다가 처음에 의도한 컨셉을 수정해 용도를 변경한 새로운 컨셉을 만들 수 있습니다. 2장에서 이를 세렌디피티 Serendipity라는 용어로 설명했지요. 한마디로 충족수단을 그대로 두고 더 나은 사용목적에 맞추는 것입니다(A→b→B). 예를 들어 에어컨은 처음에는 인쇄공장의 잉크가 번지지 않도록 습기를 제거하는 용도로 개발되었습니다. 1902년 윌리스 캐리어Willis Carrier는 무더운 여름날 직원들이 모두 습기 제거장치가 있는 인쇄기 옆에서 모여 점심을 먹는 것을 보고 깊은 인상을 받았습니다. 무더운 날 그곳이 가장 쾌적한 공간이었던 것이지요. 그래서 공장의 온도를 조절할 수 있는 기계를 만들기로 결심하고 수년 후에 산업용 에어컨 제조회사를 만들었습니다. 이후 그는 가정까지 에어컨의 혜택이 돌아가게 만들겠다고 생각했습니다. 이런 캐리어의 꿈은 1940년대 말 가정용 에어컨이 창문형으로 시장에 모습을 드러내면서 실현되었습니다.[13]

비사용자의 일상

어떤 제품을 사용하지 않는 소비자를 대상으로 컨셉을 개발하는 것은 무에서 유를 창조하는 제품혁신의 난제입니다. 콜롬비아의 방코 다비비엔다는 콜롬비아 인구의 반 이상이 은행계좌를 갖지 않은 것을 보고 은행계좌 없는 소비자가 계좌를 보다 쉽게 개설할 수 있고 수수료도 대폭 낮춘 서비스를 개설했지만 실패했습니다. 의문을 품은 방코 다비비엔다는 은행계좌가 없는 가난한 이웃을 찾아다니며 면접하고 그들의 일상을 관찰했습니다. 그랬더니 예상과는 전혀 다른 전개가 보였습니다. 사람들은 생계보조비를 수령하기 위해 새벽에 기상했습니다. 은행에 가서 대여섯 시간 줄을 섰다가 보조금을 수령하여 10% 수수료를 내고 현금화합니다. 그다음 또 공과금을 내기 위해 수납처로 가서 줄을 섭니다. 지루하고 힘든 줄서기 끝에 돈을 내고 남은 돈은 가져와 침대 매트리스에 넣어두고 사용합니다. 그렇다면 이들에게 필요한 것은 무엇일까요? 은행계좌가 아니라 단순히 돈을 받고 공과금을 지불하는 수단이었습니다. 이런 관찰에 기초하여 방코 다비비엔다는 종전과 다른 충족수단을 생각해냈는데, 그것이 바로 휴대폰으로 제공되는 계좌를 이용해 돈을 직접 수령하는 모바일 지갑이었습니다. 이 서비스는 콜롬비아에서 크게 성공해 다른 나라에도 출시되었습니다.[14]

---

13 앞의 책, pp. 97–104.
14 네이선 퍼 · 제프 다이어 저, 송영학 · 장미자 역(2015), 『이노베이터 메소드』, 세종서적, pp. 147–149.

구매현장에서 구매 장애요인 발견

LG생활건강 김재영 상무는 대형상점 매대 앞에서 한참 동안 울샴푸를 들여다보는 한 소비자를 발견했습니다. 그 사람은 제품을 들고 앞뒤를 한참 들여다보다가 결국 울샴푸를 구매했습니다. 그는 소비자에게 다가가 왜 구매를 망설였는지 물었습니다. 소비자는 "속옷 세탁을 위한 세제를 구매하려는데, 이게 속옷용 세제인지를 확인하는 데 시간이 좀 걸렸다"고 말했습니다. 제품 후면에 깨알 같은 글씨로 용도가 설명되어 있어서 이를 찾는 데 한참이 걸렸던 것이지요. LG는 이후 라벨의 전면에 용도를 그림으로 크게 표시해서 소비자들이 금방 알아볼 수 있게 리뉴얼했습니다.[15] 『질문을 디자인하라』의 저자 필 매키니는 제품혁신에 가장 도움이 되었던 질문으로 "잠재고객의 마음에 들지 않았던 자사 제품의 구매 경험은 무엇인가?"를 들었습니다. 그리고 이런 정보를 가장 잘 제공해줄 소비자는 구매현장에서 자사 제품을 집어 들었다가 내려놓고 경쟁사 제품을 들고 나가는 사람이라고 했습니다. 구매현장에서 이런 사람을 붙들고 이유를 물어보면 사용현장에서 얻을 수 없는 자사 제품의 여러 문제점을 발견할 수 있습니다.[16]

라탄 타타는 2200달러짜리 나노자동차를 개발한 뒤 인도의 시골 마을에서 스쿠터가 잘 팔린다는 사실을 알게 되었습니다. 그래서 직원들을 보내 시골 사람들이 스쿠터를 어떻게 구입하는지 관찰해보게 했습니다. 시골 사람들은 대부분 일요일에 생산자 직거래 장터나 벼룩시장을 이용해 스쿠터를 구입하고 있었습니다. 스쿠터 판매상은 스쿠터를 가득 실은 대형 트럭을 몰고 와서 시장의 정해진 장소에 잔뜩 쌓아놓았습니다. 그러면 사람들이 와서 스쿠터를

15 김재영(2014), 『히트상품은 어떻게 만들어지는가』, 한스미디어, pp. 210-211.
16 필 매키니 저, 김지현 역(2013), 『질문을 디자인 하라』, 한국경제신문. p. 41, p.115.

구입한 뒤 면허를 취득하고 조작법을 배운 다음 그날로 스쿠터를 몰고 집으로 돌아갔습니다. 타타의 팀도 나노자동차 40대를 싣고 와서 야외 시장에 내려놓았습니다. 사람들이 차량을 구입한 뒤 집으로 차를 몰고 갈 줄 알았던 것이지요. 하지만 아무도 그렇게 하지 않았습니다. 그 이유는 자동차는 자금 융자가 필요하고, 보험도 필요하고, 운전면허도 필요했기 때문이었습니다. 이에 타타 팀은 자금 융자와 보험도 제공해주었고 현장에서 운전교육을 시켜서 면허증을 취득하도록 하는 등 모든 서비스를 그 자리에서 제공했습니다. 결국 현장의 치밀한 관찰로 잠재 구매자의 구매를 확실히 도울 방법을 알아낼 수 있었던 것입니다.[17]

예상 못한 사물의 생성과 변화

플레밍의 박테리아 접시에 푸른곰팡이가 떨어질 확률은 과연 얼마였을까요? 이 기막힌 우연으로 인해 인류는 최초로 페니실린이란 항생제를 갖게 되었고 수많은 사람이 박테리아의 공포에서 목숨을 구할 수 있었습니다. 이처럼 과학적 발견에서 우연이 차지하는 역할을 연구해보니 과학 발견의 33%에서 50%는 과학자가 전혀 예상하지 못한 것에 주의를 기울여서 이루어졌다고 합니다.[18] 훌륭한 과학자가 되려면 일상에서 예상하지 못한 것을 관찰하게 되었을 때 우연한 일로 치부하지 않고 이유를 찾아야 합니다. 프랑스 생화학자 루이 파스퇴르는 "행운은 준비된 사람에게 찾아온다"라고 했습니다.

이스라엘 관개기술자 심카 블라스는 우연히 이웃집 마당에 물을 주지 않는

---

17 제프 다이어 외 2인 저, 송영학 외 2인 역(2012), 『이노베이터 DNA』, 세종서적, pp. 130–131.

18 Dunbar, Kevin and Fugelsang, J. (2005), "Causal Thinking in Science: How Scientists and Students Interpret the Unexpected." In M. E. Gorman, R. D. Tweney, D. Gooding & A. Kincannon (Eds.), Scientific and Technological Thinking, pp. 57 – 79. Mahwah, NJ: Lawrence Erlbaum Associates.

데도 나무가 크게 자란 사실을 알게 되었습니다. 그는 "물이 없는데 왜 나무가 잘 자랐지?"라는 질문을 했지요. 그리고 이내 이웃집 마당 지하에 매설된 용수 공급 파이프에 문제가 생겨 물이 새어 나왔고, 땅속에서 넓게 퍼지면서 주변 나무들에 공급된 것을 알게 되었습니다. 그는 1978년에 이 아이디어를 현실에 적용해 '세류 관개사업'이란 개념의 기술을 개발합니다. 이 기술은 파이프를 땅에 묻고 일정 간격으로 구멍을 뚫어 물이 방울방울 새어나오게 한 뒤, 그 자리에 나무의 뿌리를 심는 것입니다. 하지만 문제가 있었습니다. 수도꼭지와 가까운 구멍에선 물이 많이 새어나오고, 멀어질수록 수압이 떨어져 물이 나오지 않았던 것입니다. 그는 고민 끝에 특별한 반투막 섬유를 고안해 수압과 무관하게 일정한 양의 물이 퍼져나가는 기술을 개발합니다. 이 기술은 무인농업까지 가능하게 만듭니다. 이스라엘은 이 기술로 세계시장에 진출했고, 세계 수자원 기술력 1위를 기록하게 됩니다.[19]

농부 이성호 씨는 3~4년밖에 자라지 않는 도라지를 20년 이상 기를 수 있는 방법을 개발해낸 사람입니다. 20년 이상 된 도라지에는 사포닌이 인삼보다 4종이나 많은 17종이 들어 있어 큰 부가가치를 가지지요. 이성호 씨는 26세부터 15년간 밭을 빌려 도라지를 심기 시작해 온갖 정성을 쏟았지만 실패만 돌아왔습니다. 3~4년만 지나면 어김없이 뿌리가 썩어버렸던 것이지요. 지리산에 들어가 도라지를 재배했지만 결과는 마찬가지였습니다. 입산한 지 5년째가 되던 어느 날, 그는 도라지 밭을 살펴보다 깜짝 놀랐습니다. 한 달 전 거름기 없는 황토밭에 옮겨 심은 도라지에서 새순이 무성하게 돋아나는 것을 발견했기 때문입니다. 반면 거름을 뿌린 곳에 옮겨 심은 도라지는 말라죽어가고

---

19 2016년 3월 8일 SERI CEO 동영상 강의, "창업국가, 이스라엘의 저력"의 3편 '사막에서 농업강국으로 일어서다'

있었습니다. 거름기 없는 땅에 3~4년 주기로 옮겨주면 도라지는 죽지 않고 수십 년 동안 자란다는 사실을 깨닫는 순간이었습니다. 그는 1991년에 다년생 도라지 재배법으로 특허를 획득했고 1996년 말에 도라지 가공제품 생산에 성공했습니다.[20]

인접산업에서의 제품 사용방법

『블루오션』의 저자 김위찬과 르네 마보안은 차별화된 컨셉을 만들기 위해 '대안산업의 관찰을 통한 시장 경계선 재구축'을 주장했습니다.[21] 이는 인접산업을 찾아 그곳의 고객들이 왜 우리 산업의 고객이 될 수 있는지(없는지)를 파악하고 양쪽 산업의 장점을 결합하여 새로운 개념을 창출하는 것입니다. 카셀라 와인은 맥주 시장이나 칵테일 시장의 고객을 관찰하여 맥주나 칵테일처럼 마시기 쉬운 새로운 와인을 출시해 성공했습니다. 사우스웨스트 항공은 자동차로 여행하는 사람들을 관찰한 뒤 몇 가지 요소를 뽑아내서 저비용 항공사로 성공할 수 있었습니다. '태양의 서커스'는 연극을 보러 온 관객들을 관찰해서 서커스에 스토리를 도입하면서 신개념의 서커스로 성공할 수 있었습니다 (7장).

유추에 의한 충족수단 발견

핵심편익을 생각한 뒤에 이를 구현하는 충족수단을 얻는 데는 숙고기간이 필요합니다. 이 경우에는 다른 산업이나 다른 영역에서 적용되는 문제해결 방법을 관찰해서 해법을 찾을 수 있습니다(7장).

우리나라에서 시장점유율 1~2위를 다투는 다이슨 청소기를 살펴볼까요?

---

20 1999년 11월 20일자 중앙일보 기사, "20년생 도라지 인삼 버금가요… '자랑스런 농어업인' 선정 이성호 씨"
21 김위찬·르네 마보안 저, 강혜구 역(2005), 『블루오션 전략』, 교보문고, p. 67.

제임스 다이슨이 청소기를 개발할 때 흡입력이 떨어지는 이유를 분석해보니 빨아들인 먼지가 봉투의 작은 구멍을 막기 때문이란 것을 알게 됐습니다. 그래서 우선 '먼지봉투 없는 진공청소기'라는 핵심편익을 정의했습니다. 그는 방법을 연구하던 중 동네 제재소 지붕 위 사이클론cyclone이 원심력을 이용해 톱밥을 분리한 깨끗한 공기를 밖으로 밀어내는 것을 보게 되었습니다. 그는 제재소의 꼭대기까지 기어올라가 작동 원리와 구체적인 크기, 재료 등을 관찰했습니다. 결국 다이슨은 제재소의 사이클론 원리를 적용해 먼지봉투 없는 청소기를 만들어내는 데 성공했습니다(10장).[22]

시제품의 사용성 확인

신제품 개발 중에 시제품의 사용성을 관찰하는 것을 제품 테스트 혹은 사용성 테스트usability test라고 합니다(11장). 실험실이나 통제된 환경에서 하는 경우도 있지만 사용현장에서 실시하는 경우도 있습니다. 개인용 금융소프트웨어 패키지인 퀴큰Quicken을 만드는 인튜이트Intuit 사가 그런 예입니다. 이 회사는 제품개발자가 자사의 소프트웨어를 처음 구입한 사람의 동의를 구해 집에 찾아가서 관찰하는 가정방문Follow Me Home 프로그램을 실시하고 있는데요. 이런 관찰을 통해 고객이 어떤 응용 소프트웨어를 사용하는지, 퀴큰을 실행할 때 충돌하거나 보완해주는 소프트웨어는 없는지, 고객이 어떤 데이터 파일에 주목하는지, 그 데이터에 어떻게 접근하는지를 알 수 있습니다. 물론 이런 정보는 제품을 신속하게 개선하거나 신제품을 개발하는 데 큰 도움을 줍니다.[23] 우리 회사는 규모가 작아서 서베이는 꿈도 못 꾼다는 이야기를 종종 듣

---

22 2014년 4월 25일 매일경제 기사, "먼지봉투 없는 청소기도 5000번 쓴맛의 결과"
23 Dorothy Leonard and Jeffrey Rayport(1997), "Spark Innovation through Emphatic Design" Harvard Business Review, November–December, pp. 102–113.

습니다. 하지만 한 명의 고객을 관찰하는 것에는 그다지 큰 비용이 들지 않습니다. 퀴큰의 사례가 중소 개발업체에게 참고가 되었으면 합니다.

추체험: 적극적 공감방법

배우 다니엘 데이루이스Daniel Day-Lewis는 아카데미 주연상을 3번이나 수상할 정도로 최고의 배우로 평가받습니다. 그는 항상 연기해야 할 주인공의 삶을 따라 해보고 연기를 하는 것으로 유명합니다. 1989년에 제작된 「나의 왼발」에서는 왼발 하나만 쓰는 뇌성마비 화가를 연기하기 위해 병원에서 뇌성마비 환자들과 친구가 되어 그들의 일거수일투족을 관찰했고, 영화 촬영이 시작된 뒤부터 주인공과 똑같은 모습으로 생활했다고 합니다. 영화가 끝날 때까지 휠체어에 앉아서 생활했을 뿐만 아니라 출퇴근할 때는 스태프들이 그를 차에 실어서 집에 데려다주었습니다. 당시 식사도 아내와 스태프들이 먹여주었다고 하니 진짜로 그 인물이 되어 살았습니다.[24]

다니엘 데이루이스가 사용한 방법을 추체험追體驗이라고 합니다. 추체험이란 타인의 체험을 그대로 따라 해본다는 의미입니다. 독일 철학자 빌헬름 딜타이는 인간 정신을 연구하는 학문, 즉 문화과학(좁게는 심리학, 넓게는 정신과학이라 부를 수 있음)을 자연과학에서 명료하게 분리해 과학적 토대를 정립하는 것을 자신의 주제로 삼았습니다. 그에 따르면 추체험은 '인간의 정신을 이해하기 위한 고차원적 방법'이라고 합니다.[25] 컨셉빌딩에서는 공감 층에 질문, 관찰, 추체험을 배치했는데요. 질문과 관찰이 고객을 이해하기 위한 소극적

---

24 이병주 (2016), sericeo 동영상 강의 "창조가들—나를 벗어 던져라, 다니엘 데이 루이스"
25 빌헬름 딜타이 저, 이한우 역(2002), 「체험·표현·이해」, 책세상, pp. 39–58.

공감의 방법이라면, 몸으로 체험하는 추체험은 적극적 방법이라고 할 수 있습니다. 우스운 소리로 홀아비 사정은 과부가 잘 안다는 말이 있듯이, 인간은 같은 처지나 같은 경험을 공유하는 사람에게 더 생생한 공감을 느끼게 됩니다. 공감하려는 대상과 같은 체험을 해본다는 것은 타인을 깊이 이해해보려는 시도입니다. 그럼 이제부터 추체험을 공감적 체험, 바디스토밍, 공감적 관찰로 나누어 설명하겠습니다.

공감적 체험

고객을 이해하는 가장 좋은 방법은 그들과 같은 체험을 해보는 것입니다. 타타대우상용차의 CEO로 발탁된 김종식 대표는 2개월에 걸쳐 대형면허를 딴 뒤에 트럭을 타고 직접 운전을 해보았습니다. 고속도로 휴게소에서 운전자를 만나 이런저런 이야기를 듣고 도로 한쪽에서 쪽잠도 자보았습니다. 직업 트럭 운전사의 체험을 좇아 해보니 자사 제품의 장단점이 한눈에 들어왔습니다. 대표가 이렇게 하니 다른 임직원들도 대형면허를 따고 고객을 좀 더 이해하기 위해 직접 트럭을 몰아보는 현상이 생기기도 했습니다.[26]

공감적 체험은 특히 신제품 개발, 특히 서비스 개발에서 자주 사용됩니다. 세계적인 디자인 회사 아이데오IDEO는 병원의 새로운 부속건물을 짓는 일을 맡았을 때, 직원 중 하나를 실제 환자로 만들어 병원 서비스를 체험하게 했습니다. 그 직원은 발에 부상을 입은 환자가 되어 응급실 환자용 신발을 신어보고 환자 수송용 들것에 몸을 실었습니다. 이런 체험 덕분에 입원 수속을 하는 일이 환자 입장에서 얼마나 혼란스러운지 깨달을 수 있었습니다. 특히 무엇을 기다리는지, 왜 기다려야 하는지에 대한 설명을 전혀 듣지 못한 채 단지 '기다

---

26 김종식(2011), 『타타그룹의 신뢰경영』, 랜덤하우스코리아, pp. 31–34.

릴 것'을 요구받는 환자의 좌절감을 알게 되었습니다. 또 참을 수 없는 분노도 경험했습니다. 신원을 알 수 없는 병원 스태프가 자신을 끌고 위협적인 이중문을 통과해 정체불명의 복도를 지나 소음으로 가득한 응급실로 옮겨지는 순간이었습니다. 그는 환자복 속에 비디오카메라를 숨겨 환자가 겪는 경험을 모두 담았습니다. 그가 비밀리에 촬영한 비디오에서 입원한 환자가 겪어야 하는 혼란과 고통을 수없이 발견할 수 있었습니다.[27]

클린큐브 대표 권순범 씨는 대학 3학년이던 2010년에 친구들과 홍대 거리에서 놀다가 넘치는 쓰레기통을 보고 사업 아이디어를 구상했습니다. 쓰레기통에 쓰레기가 넘치는 것은 익숙한 광경이었지만 그날은 '이건 좀 심하다'는 생각이 들었고 '쓰레기 부피를 압축해주는 장치가 있다면 저 정도로 넘치지 않을 텐데' 하는 생각을 하게 되었습니다. 이후 아이디어를 구체화하기 위해 현장을 경험해보기로 했습니다. 환경미화원을 도우며 쓰레기 수거의 업무 강도와 불편한 점을 직접 느껴보았습니다. 그 결과 쓰레기를 자동 압축하는 쓰레기통 '클린큐브'를 개발했는데요. 태양광 배터리로 모터를 돌려 정해진 시간마다 쓰레기를 압축시키는 방식이었습니다. 이후 한화케미칼에 접촉해 회사 로고를 붙인 클린큐브를 대학가에 배치하는 사업을 제안하여 60개 대학에 1억 원의 제품을 공급하게 되었습니다.[28] 권순범 대표는 환경미화원과 같은 체험을 해봄으로써 문제를 더 잘 이해하고 해결할 수 있었습니다.

---

27 팀 브라운 저, 고성연 역(2010), 『디자인에 집중하라』, pp. 82–84.
28 2016년 10월 21일 조선일보 기사, "홍대 앞 쓰레기 보고 아이디어 얻었다.… 60억 버는 20대 청년"

바디스토밍(bodystorming)

추체험을 활용한 아이디어 창출법으로 바디스토밍이라는 것이 있습니다.[29] 바디스토밍은 브레인스토밍과 비교되는 방법으로 어찌 보면 몸을 활용한 브레인스토밍brainstorming이라고 할 수 있습니다. 바디스토밍은 제품이나 서비스의 사용자가 어떤 심리상태로 사용하는지, 어떻게 사용하는지 직접 경험해보기 위해 현실 공간에서 여러 역할 수행을 통해 사용해보며 아이디어를 도출하는 방법을 말합니다.[30] 바디스토밍을 진행하면서 사용자가 당면한 환경 속에서 사용자 경험을 온몸으로 경험하고 거기에 동화되면서 기존에는 알 수 없었던 창조적인 아이디어를 탐색하게 됩니다. 바디스토밍은 신제품 개발, 디자인 기획, 제품 UXuser experience 구현 등 사용자 경험을 중시하는 컨셉개발에 주로 사용됩니다. 대표적인 예가 스마트폰이 되겠지요. 스마트폰을 사용할 때 경험하는 불편을 파악하기 위해 바디스토밍을 한다면 이런 식입니다. 열 손가락 모두에 인공손톱을 붙인 집단, 책을 한쪽 옆구리에 낀 채 사용하는 집단, 애플의 음성인식 서비스를 사람이 직접 흉내 내는 집단 등으로 나눠서 바디스토밍에 들어갑니다. 각 집단은 자신이 맡은 역할에서 느낀 불편함을 카드로 요약해서 총 600여 장의 불편카드를 도출합니다.[31] 이들 카드를 같은 종류로 묶어서 바라는 결과를 도출할 수 있습니다.

공감적 관찰

추체험은 고객 입장이 되어 온몸으로 느끼는 것이지만 관찰 역시 추체험 수

---

29 바디스토밍과 유사한 개념으로 사용되는 용어로 정보(Information)와 공연(Performance)의 합성어인 인포먼스 (Informance)도 있습니다. 배동훈, 김원택(2011), "제품 서비스 시스템 디자인을 위한 인포먼스 디자인 모델링 방법", Vol. 11, No. 1, pp. 833–842.

30 Schleicher, D., Jones, P., and Kachur, O.(2010), "Bodystorming as Embodied Designing" Interactions, Vol. 17, No. 6, pp. 47–51.

31 박지수(2013), "창의적 생각도구를 활용한 UX 디자인" 한국디자인학회, Vol. 26, No. 3, pp. 73–95.

준으로 진행할 수 있습니다. 관찰자가 피관찰자를 자신과 분리시켜 관찰하는 것이 아니고 한 몸이 되어 관찰하는 것인데요. 물론 물리적으로 같이 움직이는 것이 아니고 마음으로 한 몸이 되는 것입니다. 불교의 핵심사상으로 동체대비同體大悲라는 말이 있는데 한 몸이 되어 타인에게 연민을 가진다는 말입니다. 이처럼 관찰을 하면서 고객을 관찰의 대상이 아니라 나 자신이라고 생각하고 그 사람의 기분을 느끼면서 관찰하는 것을 쉽게 공감적 관찰이라고 할 수 있습니다. 공감적 관찰은 컨셉빌딩의 지하 2층에 있는 공감적 상상과 밀접하게 연결되어 있기도 합니다. 즉 고객의 입장에서 상상만 해도 핵심편익을 충족시키는 좋은 아이디어가 나온다는 말입니다. 이것에 관해서는 7장에서 다시 설명하겠습니다.

이 장에서는 컨셉빌딩의 공감도구인 관찰과 추체험에 대해 살펴보았습니다. 정리하면, 관찰은 표정관찰과 사물관찰로 나뉘고 바라는 결과와 충족수단을 개발하는 데 활용됩니다. 추체험은 고객과 같은 체험을 하면서 고객을 더 깊이 이해하는 방법입니다. 관찰도 질문과 마찬가지로 마음만 먹으면 누구나 쉽게 할 수 있지만 시도하는 사람은 많지 않습니다. 그래서 셜록 홈즈는 "세상은 명백한 사실들로 가득하건만 아무도 관찰할 생각을 하지 않는다"라고 말했는지도 모르겠습니다.

정서적 공감은 창조에 몰입하게 한다

『국부론』의 저자이기도 한 애덤 스미스는 공감을 자신의 철학 주제로 삼았습니다. 애덤 스미스는 『도덕감정론』에서 인간은 선천적으로 공감능력을 타고 태어났다고 했습니다. 밧줄 위에 서서 묘기를 펼치는 사람을 밑에서 바라보면 자기도 모르게 손에 땀을 쥐고 몸을 꼬게 됩니다. 어떤 이들은 걸인들의 상처를 보고 자신도 같은 신체 부위에 가려움이나 불쾌감을 느낍니다. 현대 뇌과학에서는 이러한 공감능력의 근거를 뇌 속의 신경세포인 '거울 뉴런mirror neuron'에서 찾습니다.

1992년 이탈리아 신경과학자 지코모 리촐라티 교수와 동료들은 원숭이 뇌에서 특별한 뉴런을 발견했는데 자신이 행동할 때나 동료 원숭이가 행동하는 것을 볼 때 똑같은 신경세포가 활성화된다고 했습니다. 영국 런던에서도 비슷한 실험이 진행됐습니다. 16쌍의 부부에게 배우자의 손에 바늘을 찌르고 이를 지켜보라고 하자 부부의 뇌에서 비슷한 뇌 fMRI(기능적 자기 공명현상)이 관찰됐다고 합니다. '거울 뉴런'의 발견은 생물학에서 DNA의 발견에 비견되는 신경과학의 발견으로 평가됩니다.[1]

애덤 스미스는 인간은 공감하려는 본성 때문에 자신의 행복을 위해 타인의

---

1 Ramachandran, V.S.(2000), "Mirror Neurons and Imitation Learning as the Driving Force Behind 'the Great Leap Forward' in Human Evolution," Edge 69, June 29,

행복을 필요로 한다고 했습니다. 이 말이 조금 의아할지도 모르겠습니다.『국부론』에서 애덤 스미스는 인간의 이기심을 옹호한 것으로 널리 알려져 있습니다. 하지만 이것은 큰 오해입니다. 저는 이전에 출간한『애덤 스미스의 따뜻한 손』에서 애덤 스미스의 철학을 제대로 이해하지 못한 경제학자들이 자신들의 이론에 꿰어맞춰서『국부론』을 해석했고, 이것이 오늘날 자본주의 위기를 초래했다고 주장했습니다. 애덤 스미스는 원래 윤리학자였고 공자와 비슷한 철학을 가지고 있었습니다. 이런 이유로 애덤 스미스의『도덕감정론』을 중국에 소개한 출판사에서는 이를 '서양의『논어』'라고 소개합니다. 자공이 공자에게 평생을 간직해야 할 도道가 있느냐고 묻자, 공자는 "그것은 서恕이다. 자신이 싫어하는 바를 남에게 하지 말라"라고 했습니다. 애덤 스미스나 공자나 인간은 서로 공감하며 살아야 한다고 말했습니다.

그런데 애덤 스미스가 언급한 공감은 이 장에서 말한 공감과는 다소 차이가 있습니다. 공감에는 인지적 공감과 정서적 공감이 있다고 했습니다. 인지적 공감이란 타인의 마음을 이성적으로 이해하는 능력을 말합니다. 정서적 공감이란 친구가 애인과 이별로 고통받는 것을 그대로 느끼는 능력입니다. 애덤 스미스는『도덕감정론』에서 '인간은 타인의 고통을 목격하거나 상상할 때 함께 고통을 느끼고, 타인의 슬픔에서 슬픔을 느끼는 것이 너무나 명백하다'고 했는데 이는 정서적 공감이고 이것이 도덕의 출발점이 됩니다. 인지적 공감은 의도적이고 추론이 개입되지만 정서적 공감은 의도하지 않아도 자동으로 나타납니다. 정서적 공감은 능력의 문제라기보다 태도나 성품의 문제입니다.

그런데 창의성에는 인지적 공감과 정서적 공감이 모두 작용합니다. 인지적 공감은 소비자의 마음을 제대로 읽어 개념을 규정하거나 반성하는 경우에 필요한 능력입니다. 정서적 공감은 창의적 사고를 발휘하는 데 필요한 몰입이나 열정을 낳습니다.

하버드대 교수 아마빌은 내적 동기재미나 성취감가 창의적 사고를 증진시킨다고 했습니다. 금전적 보상이나 승진과 같은 외적 동기extrinsic motivation는 오히려 창의적 사고를 촉진하기보다는 억제시키는 것으로 나타났습니다.[2] 자신의 창작물이 사랑하는 사람들에게 도움을 준다는 믿음이 열정을 불러일으킵니다. 그런데 이런 내적 동기는 지성개념에 의해 촉진될 수 있습니다. 컨셉이 분명하면 몰입은 더 커집니다. 컨셉은 뇌에게 명령하여 컨셉이 제시한 문제를 해결하도록 끊임없이 생각할 것을 주문합니다. 세계적 몰입이론의 대가인 심리학자 칙센트미하이는 "우리의 뇌를 창의적으로 만드는 몰입의 첫 번째 조건은 명확한 목표다"라고 했습니다. 우리는 목표가 분명할 때 자신이 하는 일에 몰입할 수 있습니다. 컨셉은 바로 이런 분명한 목표를 제시합니다. 그런데 몰입을 위해서는 정서적 공감이 결합되어야 합니다. 창조적 작업에서는 '정서적 공감×개념의 명료성'에 비례해 몰입도가 커집니다.

세종대왕은 천재일 뿐 아니라 최고의 성군이기도 합니다. 그는 백성과 슬픔과 고통을 함께했기 때문이지요. 우리 역사에서 가장 창조적 업적인 한글 창제도 그런 공감의 토대에서 이루어졌습니다. 세종은 해 뜨기 전에 기상해서 늦은 밤 9시에 왕실 어르신들을 일일이 찾아뵙고 인사를 드리는 것으로 하루 일과를 마쳤는데 가끔은 9시 이후 사정전에서 신하들과 윤대를 했다고 합니

---

2 Teresa Amabile and Steve Kramer(2012), "What doesn't Motivate Creativity Can Kill It," Harvard Business Review, April 25.

다. 윤대는 고위 관료가 아닌 행정 실무자들을 직접 만나 실무에서 나타나는 문제들을 왕이 직접 듣는 자리입니다. 9시에서 추가로 2시간 정도 더 일한 것으로 보입니다. 그렇다면 이렇게 빽빽한 일정 속에서 어떻게 훈민정음 창제에 몰입할 수 있었을까요? 훈민정음 반포 서문에 나타난 창제 동기(이유)를 살펴보면 추론이 가능합니다. "나랏말이 중국과 달라 서로 통하지 않고 어린 백성이 말하고 싶은 것이 있어도 그 뜻을 잘 표현하지 못한다. 내가 이를 불쌍히 여겨 새로 28자를 만들었으니, 사람들이 쉬이 익혀 일상생활에 편하게 사용하게 한다." 윤석철 교수는 "세종대왕은 백성을 나라의 고객으로 생각하고, 고객의 아픔과 걱정이 무엇이지 파악하여 훈민정음을 개발했다"라고 했습니다. 그리고 '백성들이 배우기 쉽고 편하게 사용할 수 있는 문자'라는 컨셉, 즉 목표가 뚜렷했기 때문에 바쁜 일과에도 한글 창제에 몰입할 수 있었던 것입니다.

'우리는 먼저 분할의 방법에 의거한
정의들에 대해 살펴보아야 한다.
왜냐하면 정의 안에는 일차적으로 언급된 유(類)와
그것과 함께 결합된 종차(種差)들 이외에는
아무것도 없기 때문이다.
예를 들면 '인간은 두 발 가진 동물이다'에서
동물은 일차적으로 언급된 유(類)이고
"두 발 가진"은 종차(種差)이다.'

– 아리스토텔레스 『형이상학』

핵심편익 정의와 컨셉보드

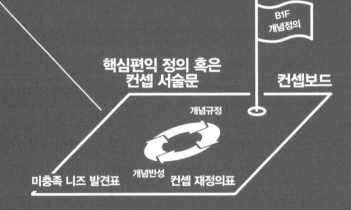

핵심편익 정의 혹은
컨셉 서술문

B1F
개념정의

컨셉보드

개념규정

미충족 니즈 발견표　개념반성　컨셉 재정의표

Chapter 5

5장에서는 핵심편익(컨셉 서술문)을 정의하는 방법과 컨셉보드 형식을 소개하겠습니다. 핵심편익 정의는 컨셉빌딩의 개념화 도구 중 하나이며, 핵심편익 정의에 충족수단들을 추가한 것이 컨셉보드입니다. 사실 미충족 니즈 발견과 컨셉 재정의를 먼저 소개하는 것이 순서입니다. 그러나 미충족 니즈 발견표를 정리할 때나 컨셉을 재정의하고자 할 때 이번 장을 먼저 이해해야 합니다. 실제 컨셉개발 프로세스에서는 5장은 6장 다음으로 생각하면 좋습니다.

컨셉개발은 적는 것에서부터 시작한다

노벨 물리학상을 수상한 괴짜 물리학자 리처드 파인만Richard Feynman은 기발하고 독특한 발상, 날카로운 분석력으로 유명한 인물이었습니다. 그는 항상 다음과 같이 문제를 해결했다고 하지요. 파인만의 알고리즘으로 알려진 이 방법은 '① 문제를 적는다 ② 아주 골똘히 생각한다 ③ 답을 적는다'입니다. 이렇게 보면 문제해결이 정말 쉬워 보이지요? 이 방법은 단순해 보이지만 실은 매우 중요한 시사점을 가지고 있습니다. 여기서 주목할 것이 '종이에 적는다'는 점입니다. 적을 수 있다는 것은 머리에 맴도는 생각이 정리되었다는 것이고 주변 사람들과 의사소통도 가능하다는 의미가 됩니다.

지방의 중소기업 사장들을 위한 강의를 한 적이 있습니다. 강의 끝에 한 사장님이 질문했습니다. "컨셉을 정해도 한참 지나면 이게 맞는지 확신이 가지 않고 나중에는 컨셉대로 하고 있는지 혼란이 일어나는데 왜 그런가요?" 저는 그분에게 처음에 생각한 컨셉을 종이에 적어본 적이 있느냐고 물었습니다. 그분은 "없다"고 대답했습니다. 저는 다시 컨셉을 어떻게 적을지 생각해본 적이 있느냐고 물었습니다. 또 "없다"는 답이 나왔습니다. 머릿속 생각을 아이디어라 하고 그것을 글로 적은 것이 컨셉입니다. 그래서 컨셉 개발은 머릿속 아이디어를 적는 것에서 시작합니다.

머릿속 아이디어를 적는 것에도 방법이 있습니다. 이미 2500년 전에 아리스토텔레스는 이 문제를 자신의 논리학의 주제로 다루기도 했지요. 논리학에서 한자 논論은 '말씀 언言'에 '생각할 륜侖'을 합쳐 만들었습니다. 논리학이란 말 자체가 머릿속 생각을 말로 적는 이치를 다룬 학문이라는 의미입니다. 논리학은 학문의 예비학이고 도구입니다. 서양에서는 학문을 탐구하기 위해서는 논리학을 먼저 공부해야 했습니다. 저는 마케팅에서 가장 먼저 가르쳐야 할 내용은 개념을 정확하게 서술하는 방법이라고 생각합니다. 기업에 자문을 하다 보면 마케팅 실패사례 중 70%는 브랜드 개념을 정확하게 정의하지 못해 발생한다는 것을 알게 됩니다. 소비자가 쉽게 이해할 수 있도록 정확하게 정의를 내려야 하는데 그러지 못해서 문제가 발생하는 것이지요(『끌리는 컨셉의 법칙』, 법칙 13).

이 책은 학문의 도구들을 창의적 사고와 도구에 적용했습니다. 또한 아리스토텔레스의 논리학을 개념정의 혹은 문제정의에 활용했습니다. 논리학은 개념-판단-추론으로 구성되어 있습니다. 아리스토텔레스의 논리학 책 『오르가논』은 『범주론』, 『명제론』, 『분석론 전서』, 『분석론 후서』와 『변증론』으로 되어 있습니다. 개념을 『범주론』에서 다루고, 개념들이 결합된 진술(이를 '명제'라 합니다)에 대한 판단을 『명제론』에서 다루며, 판단들이 결합되어 나오는 추론을 『분석론』에서 다룹니다. 학문은 개념의 체계라고 말할 수 있는데 학문의 도구인 논리학을 개념에서 시작하는 것은 너무나도 당연합니다. 마케팅에서 "이 브랜드는 무엇이냐?"고 묻는 것은, 논리학에서 "이것의 실체란 무엇인가?"라고 묻는 것과 같습니다. 실체는 다른 존재에 의존하지 않고 자체적으로 존재하는 것입니다. 마케팅에서 대표적 실체는 '이 브랜드' 혹은 '저 브랜드'로 지칭할 수 있는 개별 브랜드입니다. 마케팅에서는 브랜드를 설명할 때 '속성'으로 설명합니다. 여기서 속성이란 사물의 개별적 성질을 나타내는 논리학 용어입니다. 아리스토텔레스는 "실체란 무엇인가?"라고 묻고 이 실체substance를 서술하는 방법을 자신의 논리학에서 설명했습니다.[1]

핵심편익 정의

컨셉빌딩에서 질문방법을 정형화했듯이 아이디어를 컨셉으로 정리하는 방법도 아리스토텔레스 논리학에 기초해 정형화했습니다. 컨셉은 어떤 제품을 사야 할 이유를 간결하면서도 핵심을 놓치지 않도록 서술한 것입니다. 두세 개의 키워드로 핵심을 담은 서술을 컨셉빌딩에서는 '핵심편익 정의'라고 부릅니다. 핵심편익 정의에 충족수단을 추가해서 더 자세한 컨셉으로 발전시킵니다. 이렇게 발전된 컨셉은 이 장의 후반부에서 설명할 컨셉보드로 정리됩니다. 핵심편익 정의와 컨셉보드의 중간에 컨셉을 하나의 문장으로 서술한 것을 컨셉 서술문이라고 합니다. 핵심편익 정의나 새로운 컨셉 서술문을 도출할 때 6장에서 설명할 미충족 니즈표나 컨셉 재정의표를 자료로 사용합니다.

오늘의 브랜드는 어제의 컨셉이었고, 오늘의 컨셉은 내일의 브랜드가 됩니다. 신제품 개발 과정은 컨셉(혹은 아이디어)이 브랜드로 진화, 발전하는 과정입니다. 따라서 신제품 개발 프로세스에서 컨셉의 정의와 서술은 비록 계속 수정되더라도 완성될 브랜드를 지향합니다(컨셉카페 5). 이 장에서는 브랜드와 컨셉을 정의하는 형식을 중심으로 설명하겠습니다. 이 장에서 다루는 컨셉 정의의 예는 독자들의 이해를 돕기 위해 이미 시장에 출시된 브랜드에 적용했지

---

1 Lewis, Frank A.(1991), 『Substance and Predication in Aristotle』, Cambridge University Press, New York.

만 신제품의 컨셉을 정의하는 데 적용됩니다. 컨셉과 브랜드를 정의하는 방법은 동일한 형식을 따르고 신제품 개발을 하면서 얻는 정보에 따라 형식에 담기는 내용이 바뀐다고 생각하면 됩니다.

핵심편익은 어떻게 정의하는가

마케팅에서는 브랜드를 설명할 때 '속성'으로 설명합니다. 앞서 말했다시피 속성과 실체는 서양철학(구체적으로 형이상학)을 뒷받침하는 2개의 범주로 아리스토텔레스 철학에서 왔습니다. 유럽의 언어에서 문장은 주어(S)와 술어(P)로 구성되는데 주어의 위치에 오는 것은 실체이고 술어의 위치에 오는 것은 속성입니다. 따라서 여러 속성을 사용해서 실체를 설명할 수 있습니다. 『범주론』에서는 서술어의 종류로 성질, 수량, 관계, 시간, 장소, 상태, 소유, 능동, 수동을 들고 있습니다. 주어가 되는 실체와 9가지 서술어를 아리스토텔레스의 10가지 범주라고 합니다. 그런데 아리스토텔레스는 『변증론』에서 9종류의 술어가 실체인 주어를 서술할 때 주로 4가지 형식으로 나타난다고 했습니다. 4가지 서술형식predication이란 ① 종류種類 ② 고유 속성 ③ 부수 속성(부수성) ④ 정의를 말합니다.[2]

'이것은 무엇이다'를 설명하는 서술형식

지금부터 아리스토텔레스의 『변증론』에 기초해, 브랜드를 설명하는 데 4가지 서술형식을 어떻게 적용할 수 있는지 설명하겠습니다. 『변증론』에서 실체를 서술하는 방법을 마케팅 용어로 바꾸어 설명해도 무방하지만 원래 용어와 함께 사용하겠습니다. 학문의 이론개발이나 예술창작 같은 문제정의를 위해

---

2 아리스토텔레스 저, 김재홍 역, 『변증론』, 도서출판 길, pp. 38-44

서는 원래 용어로 이해하는 것이 유리하기 때문입니다.

유(類) 혹은 종류(種類) → 제품범주(마케팅): 이것은 책이다

"마케팅 혹은 경영의 본질은 무엇이냐?"는 질문을 가끔 받습니다. 오늘날 본질은 '핵심이 되는 내용'으로 많이 사용하지만 이를 처음으로 사용한 아리스토텔레스는 다른 의미로 사용했습니다. 그는 "어떤 사물의 실체가 무엇인가?"라고 물었을 때 실체를 한마디로 서술하는 것을 본질적 서술essential predication이라고 했습니다. "이것이 무엇이냐?"고 물으면 "이것은 책이다"라고 대답할 수 있습니다. 이 대답은 이것의 성질을 여러 개 나열해 설명하는 대신 한마디로 설명한 것으로 이를 '본질적 서술'이라 합니다. 본질적 서술이란 속성이 아닌 사물의 종류種類로 설명하는 것입니다.

여기서 종류는 다시 종과 유로 나누어 설명할 수 있습니다. 종과 유는 모두 사물이 속한 분류상의 범주를 말합니다. 그런데 종은 사물의 분류상 하위범주가 되고 유는 상위범주가 됩니다. 책이라는 대답에 "어떤 책이냐?"고 다시 물었을 때 "그것은 교과서다"라고 대답한다고 해봅시다. 교과서는 종이 되고 책은 유가 되는 것이지요. 실체에 대한 물음에 종이 되든 유가 되든 한마디로 답하면 그것은 본질적 서술입니다. 물론 오늘날에는 아리스토텔레스가 쓰는 의미와는 다소 다르게 사용하고 있습니다.

마케팅에서 제품범주는 개별 브랜드를 본질적으로 서술하는 종류種類로 볼 수 있습니다. "이 브랜드는 비누이고, 비누는 세정용품이다"라고 말하면 비누는 개별 브랜드의 유類이자 세정용품에 대해서는 종種이 됩니다. 마케팅에서는 종과 유를 각각 하위범주와 상위범주로 칭합니다. 비누는 개별 브랜드의 유이면서 세정용품의 종이 되는 '종류種類'이지만 종種과 유類가 나뉘면 종은

유에 의해 서술되는 위계 관계가 형성됩니다.

고유 속성 → 차별화 속성(마케팅): 이 책은 고전 환원주의로 접근했다

실체에 대한 물음에 본질적 서술(즉 종류)로 답하는 대신 여러 속성을 나열해서 답할 수도 있습니다. 이때 그 사물에 속한 고유 속성peculiar attribute들로 대답해야 실체를 파악할 수 있습니다. 사물의 성질에는 그 사물에만 고유한 것도 있지만 다른 사물들과 공유하는 속성들도 있습니다. 전자를 고유 속성이라고 한다면 후자를 고유 속성과 대립되는 말로 부수 속성accidental attribute이라고 합니다. 독자가 "이 책은 무엇이냐?"고 물으면 저는 이 책만이 갖고 있는 고유 속성들로 답할 것입니다. 이 책의 속성으로 혁신의 방법과 근거를 고전에서 찾았다는 의미로 '고전 환원주의'를 들 수 있습니다. '개념설계에 집중했다'는 것을 들 수도 있겠지요. 아울러 창의적 사고 방법에 기초했다는 의미로 '창의적 사고'를 들 수 있습니다. 이런 것들이 모두 이 책의 고유 속성입니다.

부수 속성 → 비차별화 속성 혹은 동등 속성(마케팅): 이 책은 관찰을 다루었다

제가 이 책의 특징을 나열하면서 "관찰을 다루었다"라고 하면 독자들은 이 책에 흥미를 갖지 않을 수도 있습니다. 왜냐하면 신제품 개발에서 이미 관찰을 다룬 책은 많기 때문입니다. 예를 들면 『린스타트업』에서도 관찰을 설명하고 있습니다. 따라서 관찰은 이 책의 고유 속성이 아니고 부수 속성이 됩니다. 실체를 서술할 때 부수 속성만 열거하면 실체를 파악하기 어렵습니다.

아리스토텔레스는 고유 속성과 부수 속성을 구별하는 방법으로 주어와 술어의 위치를 바꾸어도 문장이 참이 되면 술어로 사용된 것은 주어의 고유 속성이라고 했습니다. "이 책은 고전 환원주의로 접근했다"라는 문장에서 주어와 술어를 바꾸어도 문장이 성립하지만 "이 책은 관찰을 다루었다"는 주어와 술어를 바꾸면 참이 아닙니다. 그래서 관찰은 이 책의 부수 속성이 되는 것이지요.

마케팅에서는 브랜드의 고유 속성을 차별화 속성이라고 부릅니다. 즉 "이 브랜드가 무엇인가"라고 물었을 때 '이 브랜드'와 '저 브랜드'를 구분해주는 고유 속성이 바로 차별화 속성이 됩니다. 브랜드의 고유 속성이란 특정 브랜드만 갖고 있으며 비교되는, 다른 브랜드들은 갖고 있지 않은 성질을 말합니다. 브랜드의 부수 속성은 그 브랜드가 어떤 제품범주에 들어가기 위해 갖추어야 할 공통 속성입니다. 특정 제품범주에서 다른 브랜드들과 동등하게 갖추고 있는 성질이라는 의미로 '동등 속성'이라고도 합니다.

정의 → 핵심편익 정의(마케팅) : 고전 환원주의로 접근한 신제품 개발서

자, 종류와 고유 속성을 설명했으니 드디어 아리스토텔레스가 말한 정의를 설명할 때입니다. 마케팅에서 종차와 종류에 의한 정의는 브랜드(실체)를 간결하게 표현하면서도 다른 브랜드와의 차이를 알려주는 서술입니다. 실체를 종류로만 서술하면 간결하기는 하지만 다른 유사한 실체들과 구분되지 않습니다. 만약 "이 책은 신제품 개발서다"라고 정의하면 간결하기는 하지만 다른 신제품 개발서나 브랜드 개발서와 구분되지 않습니다. 여기에 이 책의 고유 속성을 추가해야 합니다. "이 책은 고전 환원주의로 접근한 신제품 개발서다"로 정의하면 한마디로 서술하면서도 다른 유사한 책과의 차이점을 알릴 수 있습니다. 아리스토텔레스는 정의를 종차와 유(類)가 결합한 것으로 설명했지만 이 책에서는 유를 종을 포함한 종류(種類)로 사용하겠습니다.

서술이론은 다양한 문제정의(학문이나 예술창작 등)에 활용할 수 있는 보편적 방법입니다. 그리고 마케팅의 브랜드 정의는 특수한 경우가 됩니다. 다른 문제정의에서는 차별화 속성이나 제품범주 대신에 보편적 용어인 종차와 유로 생각하는 것이 좋습니다. 예를 들어볼까요? 아리스토텔레스는 "행복한 삶은 탁월성에 따르는 삶"이라고 했습니다(컨셉카페 1), 그는 자신의 윤리학의 핵심 개념이기도 한 탁월성arete에 대해 종차와 유를 사용해 간결하게 정의했습니다. 그는 탁월성이란 "중용의(종차) 품성상태(유)"라고 했습니다. 예를 들어 용기는 탁월성의 일종으로 소심함과 만용의 양극단에서 중간인 품성상태입니다. 품성상태란 정신적 성향, 태도 혹은 마음가짐으로 설명할 수 있지요. 쉽게 말하면 '극단에 치우치지 않은 마음가짐'이 됩니다. 이처럼 종차와 유를 사용한 정의는 후대의 학자들도 자주 사용한 방법입니다. 베이컨은 아리스토텔레스의 논리학을 비판하면서 귀납법을 제시했습니다. 그런데 재미있는 것은, 귀납법에서도 종차와 유를 활용했다는 것입니다(6장). 올바른 정의 방법에 대해서는『변증론』의 6권을 참조하기 바랍니다.[3] 〈보충자료: 명확하고 간결한 정의 방법〉에서는『변증론』의 올바른 정의 방법을 발췌하고 이를 마케팅에 적용해 설명했습니다.

핵심편익 정의의 마케팅적 의미

피죤은 2005년 분말세제가 독주하던 세제 시장에 최초의 액체세제인 '액츠Actz'라는 브랜드를 출시합니다. 여기서 브랜드 정의는 '액츠는 액체세제다'로 서술할 수 있습니다. 액체는 액츠라는 브랜드와 다른 브랜드들 사이에 차이를 만드는 차별화 속성이면서 동시에 서술이론에서는 종차입니다. 이 책

---

3 아리스토텔레스 저, 김재홍 역, 『변증론』, 도서출판 길, pp. 251–311.

에서는 종차와 종류를 결합한 정의 방법을 브랜드(컨셉)의 핵심편익 정의로 사용하겠습니다. 비유하자면, 핵심편익 정의는 컨셉이 브랜드로 완성되었을 때 그 브랜드를 소개할 책자의 제목과 같습니다.

〈표 5-1〉 종차와 종류에 의한 핵심편익 정의

서술이론의 정의	인간은 (종)	이성적 (종차)	동물이다. (유)
컨셉빌딩의 핵심편익 정의	액츠는 (브랜드명)	액체 (차별화 속성)	세제이다. (제품범주)

종차와 종류에 의한 정의는 무척 다양하게 사용됩니다. 새로운 개념을 소비자에게 이해시키는 데 아주 유용합니다. 예를 들어 이번 주 개봉하는 영화가 있는데 무시무시한 괴물이 나오는 SF물입니다. 그럴 때 영화 홍보 담당자는 "이 영화는 우주선 버전의 죠스"라고 말합니다. 여기서 우주선 버전이 종차에 해당하고 죠스가 종류에 해당합니다(죠스는 고유명사로 서술이론에 따르면 종류로 사용할 수 없습니다. 여기서는 '영화 「죠스」 같은 공포영화'라는 종류를 지칭하는 비유적 의미로 사용되었습니다). 이처럼 소비자에게 새로운 것을 소개할 때는 소비자에게 친숙한 개념을 사용하면 훨씬 흡수가 빠릅니다. 『변증론』에서는 잘된 정의인지 검사하는 방법 중에 '정의에 사용된 명사는 보다 앞선 것이고 보다 잘 알 수 있는 것이어야 한다'는 규칙이 있습니다.[4] 새 브랜드를 소개할 때 친숙한 개념이 바로 제품범주입니다. 따라서 새로운 브랜드를 기획할 때 새로운 제품범주로 정의하기보다는 익히 알고 있는 제품범주를 사용해 정의하는 것이 보다 효율적입니다. 그래야 개발자들도 머릿속에서 그 컨셉을 잘 그릴 수

---

4 아리스토텔레스 저, 김재홍 역, 『변증론』, 도서출판 길, p. 260.

있기 때문입니다.

제품범주가 분화되면 핵심편익 정의에 종차가 추가된다

제품범주의 분화에 따라 종차(차별화 속성)에 다시 다른 종차를 더하기도 합니다. '인간은 두 발 달린 동물이다'라고 정의했다고 해봅시다. 그런데 두 발 달린 동물은 인간 외에 새도 있습니다. 그래서 이를 구분하게 위해 '날개 없는'이라는 2차 종차를 사용하기로 합니다. 즉 '인간은 날개 없는 두 발 달린 동물이다'라고 정의하는 것이지요. 마케팅에서도 마찬가지입니다. 1차 종차로 다른 브랜드와 차별화되지 않을 경우 2차 종차를 사용해 새로운 브랜드를 정의할 수 있습니다. 이는 제품범주가 분화에 분화를 거듭하는 과정에서 발생합니다. 항상 시장이라는 것은 선도 브랜드가 소비자 니즈를 만족시키는 브랜드를 개발하면서 시작됩니다. 이때는 하나의 브랜드만 존재합니다. 그러다가 여타 브랜드들이 선도 브랜드를 모방해 시장에 뛰어듭니다. 이런 식으로 여러 속성을 공유한 것들이 무리를 이루고, 이런 공통 속성을 기준으로 제품범주가 만들어집니다. 그리고 다시 새로운 브랜드가 시장에 진입하면서 차별화를 일으키고 제품범주(세제)의 분화가 일어납니다. 예를 들어 앞의 액츠

〈사진 5-1〉 액체세제 테크와 리큐

의 경우 분말세제 시장에 액츠가 액체세제로 종차가 됩니다. 그러다 여러 회사에서 액체세제가 출시되면 액체세제라는 제품범주가 분화되는 것입니다.

〈그림 5-1〉은 세제 시장의 제품범주가 분화되는 모습을 나타낸 것입니다. 이전의 분말세제 브랜드들과 차별화된 성질을 나타내던 차에 2008년에는 LG생활건강에서 '테크 액체세제'를 내놓고 2010년에는 애경에서 '리큐'라는 액체세제를 내놓습니다(테크 액체세제는 LG생활건강의 분말세제 브랜드였던 테크의 명칭을 새로운 브랜드로 확장한 것임). 이제까지 액츠의 브랜드 정의에서 종차(차별화 속성)였던 액체는 테크 액체세제와 리큐의 등장으로 더 이상 종차가 되지 못합니다. 새롭게 시장에 진입하는 테크 액체세제와 리큐도 액체라는 것을 차별화된 성질로 내세울 수 없었습니다.

그래서 그들은 2차 종차를 개발합니다. 테크 액체세제의 2차 종차는 '베이킹소다+구연산'이었고 리큐의 2차 종차는 '2배 진한 겔'이었습니다. 베이킹

〈그림 5-1〉 세제 시장의 제품범주의 계층구조

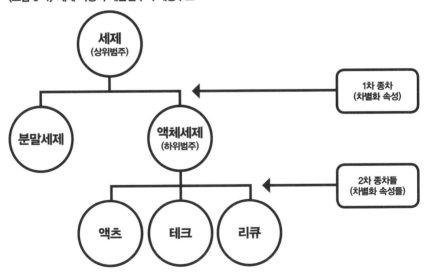

소다와 구연산은 세탁력을 강하게 하고 냄새를 제거해준다는 것이었습니다. 리큐는 고농축 겔 타입으로 만들어, 짜서 계량해 사용할 수 있게 했고 소량에 집중했습니다. 각각의 핵심편익 정의를 살펴보면 LG는 '테크 베이킹소다+구연산 액체세제'를 사용했고 리큐는 '반만 사용해도 되는 액체세제'를 내세웠습니다(포장에 명시함).

핵심편익 정의의 다양한 사례

핵심편익 정의를 한번 써봅시다! 비록 핵심편익 정의가 종차와 종류를 결합한 것으로 정형화되었지만 브랜드가 처한 경쟁상황 혹은 시장상황에 따라 유연하게 사용할 수 있습니다. 다양한 브랜드(컨셉)들의 핵심편익 정의를 다음과 같이 정리했습니다. 더 많은 사례는 다음 장(6~10장)에 계속 소개될 것입니다.

〈표 5-2〉 종차와 종류에 의한 핵심편익 정의

서술이론	종차	종류	인간은 '이성적' 동물이다
컨셉빌딩의 핵심편익 정의	차별화 속성 차별화 편익 사용 후 감정	제품범주	'양문형 냉장고' '소음 없는 청소기' '역동적' 스포츠 음료
	새로운 표적 고객	제품범주	어른용 게임기
	A 제품범주와 같은 A 제품범주와 다른	B 제품범주 B 제품범주	연극 같은 서커스 유원지와는 다른 동화나라 러닝화와는 다른 워킹화

종차로 편익을 사용할 것인가, 객관적 속성을 사용할 것인가?

브랜드를 서술하는 속성들은 재료, 형태, 기능, 목적의 4가지로 구분할 수 있습니다. 이 4가지 구분은 아리스토텔레스가 말한 실체를 존재하게 하는 4가지 근거(원인)에 기초를 두고 있는데요. 이 장 말미의 컨셉카페 5에서 더 자세히 설명하겠습니다. 이 책에서는 컨셉을 '바라는 결과'와 '충족수단'으로 구분했지요. 브랜드의 4가지 속성 중에서 재료, 형태, 기능처럼 충족수단과 관련 있는 객관적 성질은 속성이라고 하겠습니다. 또 사용목적과 같이 바라는 결과에 더 관련이 있는 것은 편익이라고 하겠습니다. 마케팅에서는 사용목적 대신 편익이라는 말을 사용하기 때문입니다. 브랜드의 속성과 편익은 충족수단과 바라는 결과처럼 인과관계(혹은 수단-목적 관계)에 있다고 할 수 있습니다.

요즘 세계 시장에서 K-코스메틱이 인기인데요. 여러분이 직접 제품을 개발한다고 생각해볼까요? 제품을 출시할 때 편익과 속성 중에 하나를 선택해 브랜드의 핵심편익 정의로 사용한다고 했습니다. 예를 들면 '주름을 없애주는 에센스 크림'이라는 핵심편익 정의를 도출한 뒤에 충족수단을 개발하는 과정에서 코엔자임 성분이란 것을 찾아냈습니다. 그리고 시장에 출시할 때 광고 슬로건으로 핵심편익 정의를 사용한다면 '주름을 없애주는(편익) 에센스 크림'과 '코엔자임(속성)이 들어 있는 에센스 크림' 중 어느 것이 좋을지 결정해야 합니다. 만약에 코엔자임이 무엇인지 소비자가 감을 잡지 못한다면 편익을 종차로 사용한 '주름을 없애주는 에센스 크림'을 선택하는 게 좋습니다. 하지만 많은 소비자가 코엔자임 성분(속성)과 피부 주름을 없애준다는 것(편익)의 인과관계를 알고 있다면 후자가 더 좋을 것입니다. 왜냐하면 사야 할 이유가 구체적으로 제시되어야 더 신뢰가 가기 때문입니다. '인삼이 들어 있는 막걸리'가 '건강에 좋은 막걸리'보다 더 좋은 핵심편익 정의가 되는 것도 같은 이유입니다.

이번에는 개념을 반성해서 컨셉 재정의를 하는 경우를 볼까요? 이 경우에도 큰 틀은 마찬가지입니다. 핵심편익 정의에서 편익이나 속성 중에 하나를 종차로 선택하는 경우에도 앞의 경우에 준해서 결정할 수 있지요. 예를 들어 분말세제를 액체세제로 바꾼다고 했을 때 분말을 액체(형태)로 바꾸면 어떤 새로운 편익이 도출되는지를 파악해봅니다. '물에 빨리 용해된다' 혹은 '세제 찌꺼기가 남지 않는다'와 같은 편익이 도출되겠지요. 그러면 핵심편익을 '빨래 후 찌꺼기가 남지 않는 세제'로 정의할 수 있습니다. 이처럼 제품의 형태(속성)를 바꾸어 새로운 편익을 도출하는 경우에는 속성을 종차로 사용하는 것이 좋습니다. 기존 브랜드들의 공통 속성이나 특정 브랜드의 차별화 속성을 고려해보고 이런 속성들을 바꾸면 편익이 새롭게 도출됩니다.

감정적 편익을 종차로 사용하는 경우

고객이 바라는 결과에는 사용 후 바라는 경험이나 사용 후 느끼는 감정적 편익emotional benefit이 있습니다. 예를 들면 자유, 활력, 열정, 도전, 고향 등과 같은 것은 감정적 서술입니다. 게토레이는 "역동적 스포츠 음료"를 핵심편익 정의로 내세웠는데 이는 바라는 경험을 강조한 것이죠.

오래된 브랜드의 경우 초창기에는 속성을 편익과 연결시킨 컨셉을 내세우지만 시간이 오래되면 소비자가 익히 잘 알고 있어 굳이 사용할 필요가 없게 됩니다. 그래서 어느 시점에 이르면 브랜드를 확장하기 위해서 감정적 편익으로 정의하게 됩니다. 1975년 출시된 다시다는 '소고기 국물 맛'에서 '고향의 맛' 그리고 '어머니의 맛'으로 바뀌었습니다. 1961년에 출시된 박카스는 '타우린 성분의 피로회복제'에서 '젊은 활력'으로 바뀌었습니다. 1974년에 출시된 초코파이는 처음에 고단백 고칼로리 영양식을 강조했지만 지금은 그 유명한 '정情'으로 바뀌었습니다. 무엇보다 무형상품인 서비스 브랜드는 유형적이고 구체적 속성을 종차로 사용하는 것이 좋습니다. 마케팅 학자 레빗은 무형상품은 유형화하고 유형상품은 무형화하라고 했습니다. 이처럼 오래된 브랜드나 브랜드가 확장된 모母 브랜드는 사용 후 느끼는 감정적 편익을 종차로 사용할 수 있습니다. 물론 예외도 있습니다. 확장된 모 브랜드라도 특정 속성에 의해 통일성을 갖는 경우입니다. 예를 들어, 보령메디앙스의 닥터아토는 '아토피'라는 특성 속성을 가집니다. 처음에는 유아용에 국한되어 있는 시장을 아토피 때문에 고민하는 성인까지 타깃을 확장했습니다. 스킨케어뿐 아니라 세탁세제, 야외 활동의 청결을 위한 물티슈, 푸드 등까지 확장한 모 브랜드로 출시하여 큰 성공을 거뒀죠.

비유적 표현을 종차로 사용하는 경우

브랜드가 감정적 편익을 제공하려는 경우에는 표현에도 감성을 건드리는 종차를 사용해야겠지요. 『끌리는 컨셉의 법칙』의 법칙 1에서도 소개한 혼다의 SUV인 엘리먼트는 은유적 종차를 사용한 예입니다. 젊은이들이 차를 사용하는 현장을 관찰한 후에 '바퀴 달린 대학생 기숙사dormitory on the wheel'로 개발 방향을 정리했습니다. 이 차의 핵심편익은 '대학생 기숙사와 같은 자동차'로 바꾸어 표현할 수 있습니다. 비유적 표현인 '대학생 기숙사와 같은'이 종차가 되는 것이지요. 스티브 잡스는 휴대용 음악기기를 구상할 때 '주머니 속의 1000곡'이라는 핵심편익 정의를 개발팀에 주었습니다.[5] 이 정의에서 1000곡은 '1000곡이 들어가는 음악기기'를 비유한 것입니다. 이 핵심편익은

---

5 네이선 퍼 · 제프 다이어 저, 송영학 · 장미자 역(2015), 『이노베이터 메소드』, 세종서적, p. 84.

나중에 아이팟iPod으로 실현되었습니다(이런 표현방식을 환유법이라고 합니다. 환유법은 표현하려는 실체와 관련된 속성을 들어서 그 실체를 나타내는 비유법입니다).

　그럼 기업들이 고객의 감성을 어떻게 비유적으로 사로잡았는지 살펴볼까요? 마쯔다의 '유노스 로드스터'는 1989년에 출시된 2인승 오픈 스포츠카입니다. 당시 마쯔다는 미국의 중년세대를 대상으로 소비자 조사를 시행한 결과 1960년대의 경량 스포츠카에 향수를 느끼고 있음을 알게 되었습니다. 그래서 '탄 순간부터 차와 즐거운 대화가 시작되어 시간을 잊고 몸과 마음이 합쳐져 스포츠를 즐길 수 있는 차'로 바라는 경험을 도출했습니다. 그리고 이를 '인마일체人馬一體'라는 은유로 표현했습니다. 즉 차를 말馬로, 운전자를 기수騎手로 비유해 운전자에게 '말 탄 느낌'이 나도록 한 것입니다. 이 핵심편익을 충족하기 위해 운전자가 노면 상황이나 차 성능의 밸런스를 차에 문의하면서 운전할 수 있도록 설계했고, 모든 조작에 대한 반응은 두들기면 소리가 나거나 감촉이 전해지도록 했습니다. 이 모델은 일본과 미국에서 성공적으로 판매되었고 미국에서는 자동차기자협회상도 수상했습니다.

　아모레태평양의 '라네즈'는 '눈'이라는 은유로 브랜드를 상징화했습니다. 라네즈는 불어로 '자연에서 온 눈'이라는 뜻입니다. 겨울날 눈얼음 결정은 마치 반짝이는 밤하늘의 별과 같이 신비하지요. 눈이 흩날리는 모습은 꽃잎이 떨어지는 모습을 연상시킵니다. 얼굴 위에 내려앉은 눈은 한없이 순수하고 깨끗한 모습으로 눈 녹듯 물로 돌아갑니다. 한편 눈은 자신의 아름다움을 가꾸는, 자아를 개척하는 여성상이기도 합니다. 그래서 '라네즈는 눈 결정과 같이 사용자 자신의 고유성, 개성을 아름답게 표현하고 가꾸어나가는 깨끗하고 세련된 여성을 위한 브랜드'라고 정의했습니다. 이 책의 시각으로 보면 이것

은 '하얀 눈같이 순수한 화장품'이라는 종차와 제품범주가 결합한 핵심편익
으로 바꾸어 표현할 수 있습니다. LG생활건강의 화장품 '후'는 기존 아모레
의 한방화장품인 설화수와의 차별화를 위해 중국 문헌을 찾아냈습니다. 옛날
황제와 황후에게 진상되었던 공진단 처방에 착안해 '왕후가 사용하는 궁중화
장품'이라는 '후'로 개발해 성공했습니다. '왕후가 사용하는'이란 종차는 은
유적 종차로 우아하고 사치스러운 표적고객의 이미지를 상징하는 것입니다.

표적고객이나 제품범주를 종차로 사용하는 경우

종차는 속성이나 편익 말고도 컨셉 서술의 다른 요소들로도 구성할 수 있습
니다. 새로운 표적고객을 종차로 사용해 브랜드를 정의할 수도 있고 기존 제
품범주와 다른 제품범주를 종차로 사용할 수도 있습니다.

새로운 표적고객을 종차로 사용하는 경우를 살펴보겠습니다. 닌텐도 DS는
출시 당시 '어른들이 즐기는 게임'이라는 컨셉을 내놓았습니다. 경쟁사인 소
니 PS3가 10~20대 게임 이용자들을 표적고객으로 하는 반면에 닌텐도 DS는
게임에 익숙하지 않은 어른을 표적고객으로 해서 게임을 쉽게 할 수 있도록
기능을 단순화했고 이로 인해 시장에서 대성공할 수 있었습니다.

다른 제품범주를 종차로 사용하는 경우를 살펴보겠습니다. 이런 경우 시장
이 계속 축소되고 있는 상황에서 개념을 새롭게 정의해서 성공한 사례가 있
는데 바로 태양의 서커스입니다. 태양의 서커스단을 설립한 사람들은 전통적
인 서커스가 어린이에게 초점을 맞추고 있다는 점, 큰 야생동물의 운반 및 보
호 비용 때문에 서커스의 경제적 측면이 왜곡된다는 사실을 정확히 파악했습
니다. 그래서 다른 서커스단이 동물 묘기, 스타 곡예사 고용, 스리 링three ring
등에 주력할 때, 그들은 이런 요소를 아예 없앴습니다. 대신 서커스에 연극적
요소를 도입했지요. 신비로운 스토리 라인과 풍부한 지적 감성, 음악과 무용,

복합적 공연 작품이 한데 어우러진 새로운 개념의 서커스를 만들었습니다. 고객이 흥미로워하는 '연극 같은 서커스'를 창출해낸 것이지요.⁶

　제품범주를 종차로 사용하는 경우에 'A 제품범주와 다른'을 종차로 사용할 수 있습니다. 『끌리는 컨셉의 법칙』의 '왜 컨셉인가' 부분에 이 경우의 사례를 소개하기도 했습니다. 드라마 「겨울연가」로 명소가 된 남이섬은 2006년 삼일절에 '나미나라 공화국'으로 독립을 선언했습니다. 독립선언문에는 "우리는 동화를 그리며 동화처럼 살아가는 동화세계를 남이섬에 만든다"라고 밝혔습니다.⁷ 나미나라 공화국(브랜드)의 경우에는 '유원지와 다른 동화세계'로 핵심편익을 정의할 수 있습니다. 워킹화를 표방했던 프로스펙스 W의 경우에는 '러닝화와 다른 워킹화'라는 핵심편익 정의가 되었습니다. 이런 정의는 새로운 제품범주를 창출하는 경우나 기존의 제품범주를 새로운 범주로 대체하려는 경우에 사용할 수 있습니다. 이 사례들에서 B 범주는 기존의 A 범주를 대체하고자 하는 우월한 제품범주명이고 이를 자기 브랜드의 핵심편익 정의와 연결하면 경쟁자보다 우월한 위치에 설 수 있게 됩니다.

컨셉 서술문

　논리학은 올바르게 판단하고 추론하는 규칙을 가르치는 학문입니다. 그래서 개념-판단(명제)-추론으로 구성되어 있습니다. 이제 그 개념을 확장해 논리학에서 명제에 해당하는 컨셉 서술문을 작성하는 방법을 살펴보겠습니다. 여타 책에서 간혹 컨셉 서술문을 밸류 프로포지션value proposition이라고 부

6　김위찬 · 르네 마보안 저, 강혜구 역, 『블루오션 전략』, 교보문고, pp. 17-20.
7　2006년 4월 28일 조선일보기사, "나미나라 공화국에 가볼까"

르기도 합니다. 여기서 프로포지션proposition은 논리학에서는 명제라고 부릅니다. '소크라테스는 인간이다', '액츠는 세제다'처럼 판단을 요하는 하나의 문장을 명제라고 합니다. 따라서 '밸류 프로포지션'이라고 하면 '가치명제'라고 번역할 수 있습니다. 논리학에서 명제는 참과 거짓인지를 판단할 수 있도록 서술되어야 합니다. 같은 논리로 컨셉 서술문은 고객에게 제공하는 가치, 혹은 사야 할 이유를 판단할 수 있게 서술되어야 합니다.

명제proposition에 해당하는 컨셉 서술문에는 우선 주어가 필요합니다. 당연히 주어는 브랜드입니다. 신제품 개발 프로세스에서 브랜드명은 출시 전후에 상표등록을 할 때 확정되지만 컨셉개발 과정에서는 잠정적 브랜드명을 만들어 사용합니다. 컨셉 서술문에는 주어와 술어 외에 목적어가 필요합니다. 브랜드의 목적은 바로 표적고객입니다. 브랜드는 표적고객을 위해 만든 것이니까요. 그리고 앞에서 설명한 속성도 이제는 속성-편익으로 발전합니다. 브랜드에 내재하는 재료, 형태, 기능은 속성으로, 소비자가 얻는 혜택은 편익으로 구분했지요. 쉽게 속성은 내부에서, 편익은 외부에서 온다고 생각하면 어떨까요? 한마디로 편익은 소비자가 브랜드에 부여하는 성질이라고 할 수 있습니다. 그래서 속성은 주어인 브랜드를 설명하는 데 사용되는 반면 편익은 소비자의 바라는 결과를 설명하는 데 사용됩니다.

핵심편익 정의에서는 간결성을 위해 속성과 편익 중 하나를 사용했습니다. 하지만 컨셉 서술문에서는 속성과 편익이 모두 등장합니다. 그래서 컨셉 서술문은 사야 할 이유를 핵심편익 정의보다 더 자세히 기술하고 있습니다. 컨셉은 그것이 얼마나 자세한지에 따라 4가지 수준으로 나뉩니다. 그것은 브랜드명, 핵심편익 정의, 컨셉 서술문 그리고 컨셉보드입니다.

컨셉 서술문의 요소

컨셉 서술문에서는 주어에 해당하는 브랜드명과 목적어인 표적고객이 추가되어 컨셉을 하나의 문장으로 서술합니다. 컨셉 서술문은 '주어(브랜드명)→목적어(표적고객)→서술어'의 형식을 갖게 됩니다. 서술어는 핵심편익 정의에 사용되었던 제품범주類와 차별화 속성種差을 모두 사용합니다. 그리고 종차를 속성과 편익의 인과관계로 연결해 서술하게 됩니다. 예를 들면 '코엔자임 성분(속성)이 있어 주름을 제거해준다(편익)'와 같이 서술할 수 있습니다. 컨셉 서술문에서는 속성과 편익이 연결되기에 속성-편익으로 표시하겠습니다. 〈그림 5-2〉는 컨셉 서술문을 서술할 때 필요한 요소를 나타난 삼각형입니다. 브랜드명, 제품범주, 표적고객, 속성-편익이 그것입니다.

〈그림 5-2〉 컨셉 서술문 요소

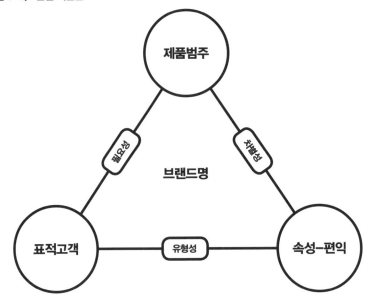

컨셉 서술문 형식

컨셉 서술문은 브랜드명을 주어로 해서 다음의 형식으로 서술할 수 있습니다. (1) N(브랜드명)은 C(제품범주명)로 어떤 A(속성)를 갖고 있어 T(표적고객)를 B(편익)로 만족시킨다(N-C-A-T-B). 그리고 상황에 따라 다음과 같이 변형해 사용할 수도 있습니다. (2) N(브랜드명)은 A(속성)를 갖고 있는 C(제품범주명)로 T(표적고객)가 B(편익)할 수 있도록 도와준다(N-A-C-T-B). 그 서술 방식은 자유롭게 변형할 수 있습니다. 컨셉 서술문은 제품이나 서비스의 정의에만 국한되지 않습니다. 책이나 영화 같은 콘텐츠에 그대로 적용할 수 있습니다. 참고로 이 책의 컨셉 서술문을 한번 적어보겠습니다.

'끌리는 컨셉 만들기(브랜드명)는 브랜드 개발서(제품범주)로 초기의 개념설계에 집중하고(속성 1), 고전의 이론과 방법으로 접근해(속성 2), 중소기업 경영자(1차 표적고객)나 창업을 준비하는 사람들(2차 표적고객)이 혁신적 신제품을 개발하도록 도와준다(편익).'

여기서 유의할 점은 이들 4가지 요소가 서로 의존하고 연결되어 있다는 점입니다. 따라서 4가지 중 하나가 바뀌면 다른 요소도 같이 바뀔 수 있다는 점을 염두에 두어야 합니다. 예를 들면 표적고객이 중소기업 경영자나 창업을 준비하는 사람들에서 대학생으로 바뀌면 새로운 표적고객(대학생)이 선호하는 속성-편익은 이전의 표적고객과 달라지겠지요? 경우에 따라서는 표적고객이 바뀌면 이전의 제품범주와는 다른 제품범주(마케팅 교과서)로 서술하는 경우도 생길 수 있습니다. 따라서 이전의 표적고객과 다른 표적고객으로 바꾸어 컨셉을 재정의할 때 단지 표적고객만 바뀌는 것으로 생각해서는 안 됩니다. 새롭게 바뀐 표적고객으로 인해 제품범주와 속성-편익도 바뀔 수 있다는 점을 고려하기 바랍니다.

개념규정의 경우에는 먼저 핵심편익 정의를 도출하고 컨셉 서술문으로 발전시키고, 여기에 구체적 충족수단을 추가하여 더 자세한 컨셉보드로 발전시킵니다. 개념반성의 경우에는 기존 브랜드의 컨셉 서술문을 작성하고 새롭게 컨셉을 재정의한 뒤에 이를 축약하여 핵심편익 정의로 사용합니다. 앞서 핵심편익 정의를 종차와 유를 결합한 것으로 설명했는데 속성만이 아니라 편익도 종차로 사용할 수 있고, 심지어는 표적고객도 종차로 사용할 수 있습니다. 따라서 핵심편익 정의를 더 잘 작성하는 방법은 표적고객도 포함된 한 문장의 컨셉 서술문을 작성한 뒤에 이를 2~3개 단어로 축약된 핵심편익 정의로 만드는 것입니다. 이렇게 하는 이유는 컨셉 서술문 중 어떤 부분을 강조할지를 생각해봐야 하기 때문입니다. 앞의 컨셉 서술문을 핵심편익 정의로 축약하면 '고전의 방법에 기초하고, 초기 개념설계에 집중한 신제품 개발서'가 됩니다. 혹은 표적고객을 강조해 '중소기업 경영자와 창업 준비자를 위한 신제품 개발서'로 축약할 수도 있습니다.

컨셉 서술문의 마케팅적 의미

컨셉 서술문은 브랜드명을 주어로 하고 제품범주와 속성을 술어로 사용합니다. 그런데 제품범주는 술어로 사용되기도 하지만 주어로도 사용됩니다. '액츠는 세제이고, 세제는 생활용품이다'에서 세제는 술어로도, 주어로도 사용할 수 있습니다. 주어로 사용되는 것이 실체라고 했는데, 그러면 제품범주도 실체가 될 수 있나요? 그렇습니다. 아리스토텔레스는 실체를 제1실체와 제2실체로 나누었습니다. 아리스토텔레스는 특정 브랜드처럼 개별 실체를 제1실체로 봤습니다. 그리고 제품범주처럼 주어로 사용될 수 있되 독립하지 못하고 개별 실체들에게 의존하는 것을 제2실체로 구분했지요.[8] 제1실체인 개별 브랜드는 문법적으로는 고유명사에 해당하고 제2실체인 제품범주는 보통명사에 해당합니다.

특정 브랜드는 개별적 실체이고, 따라서 고유한 이름을 갖고 있습니다. 상표 등록을 할 때 상표는 고유명사로만 등록이 가능하고 보통명사를 사용하는 경우에는 상표법상 등록이 불가능합니다. 예를 들면 '천연 조미료'와 같은 핵심 편익 정의는 광고나 제품설명에는 사용할 수 있지만 상표로 등록은 불가능합니다. 그래서 이 브랜드를 나타내는 '다시다'라는 고유명사를 만들어 등록해야 합니다. 고유 브랜드명만이 실체인 개별 브랜드를 대표하기 때문입니다.

〈표 5-3〉 실체와 속성, 주어와 술어의 관계

『범주론』	실체(제1실체, 제2실체) … 속성
『변증론』 서술이론	주어(고유명사, 보통명사) … 술어(고유 속성, 부수 속성, 제2실체=종류)

브랜드 인지율

많은 광고 슬로건을 자세히 살펴보면 브랜드명과 제품범주를 연결해서 서술하는 형식으로 되어 있습니다. 예를 들어 '소화제는 베나치오', '두통엔 펜잘', '관절엔 케펜택' 등이 있지요. 광고 슬로건은 소비자가 쉽게 기억할 수 있도록 한두 단어로 브랜드를 설명해야 합니다. 브랜드명과 제품범주를 연결한 문장을 반복하면 소위 말하는 인지율이 증가하게 됩니다. 참고로 브랜드

---

8 반면에 플라톤은 보편적 실체만이 진정한 실체이고 개별적 실체는 이것의 모상이라고 보았습니다.

인지율을 측정할 때는 "샴푸 하면 생각나는 브랜드는 무엇입니까?"라는 질문을 던집니다. 소비자에게 제품범주를 물어보고 브랜드명을 상기시키는 방법을 사용하는 것이지요.

컨셉의 필요성×차별성

세제, 치약, 소화제와 같이 제품범주를 사용한 서술은 이 브랜드가 어디에 필요한지, 필요성을 함축하고 있습니다. 또한 제품범주는 그 제품과 유사한 제품이 무엇이고 경쟁하는 제품이 무엇인지를 함축하고 있습니다. 여기에 차별화 속성(종차)을 추가하면 같은 제품범주에 속한 유사한 브랜드와 어떻게 차별화되는지를 함축하게 됩니다. 컨셉력은 필요성과 차별성의 곱이라고 했습니다(『끌리는 컨셉의 법칙』의 법칙 2). 아울러 컨셉이 사야 할 이유를 제시하는 것이라면 이는 필요성과 차별성의 곱으로 설득할 수 있습니다. 이처럼 마케팅에서 특정 브랜드를 정의할 때 제품범주를 정하고 여기에 종차에 해당하는 차별화 속성을 추가하면 다른 유사한 브랜드와 간결하게 비교되면서 차이점이 부각됩니다.

고유 속성과 부수 속성의 조화

개별 브랜드의 속성들은 차별화 속성과 비차별화 속성으로 나눌 수 있습니다. 고객들은 제품의 차별화 속성에 주목하지만 비차별화 속성이 만족스럽지 않으면 외면합니다. 비누를 쓰기 쉽게 액체로 개발했는데 정작 세정력이 떨어지면 누가 사려고 할까요? 부수 속성은 차별화에 기여하지는 않지만 나름대로 중요합니다. 차별화가 힘을 발휘하려면 경쟁 브랜드들과 비차별화 속성에서 동등한 평가를 받아야 합니다. 이런 점에서 비차별화 속성, 즉 부수 속성을 동등 속성이라고 말할 수 있습니다. 차별화 속성과 동등 속성이 서로 협력해야 끌리는 컨셉이 될 수 있습니다. 차별화 속성은 소비자를 만족시키는 요소이지만 부수 속성에서 열등한 경우에는 소비자들의 불만을 초래하게 됩니다. 따라서 어떤 경우에는 컨셉 서술문에서 해당 컨셉이 부수 속성에서도 경쟁 브랜드에 열등하지 않다는 것을 나타내야 합니다. '이 비누는 세정력은 기본이고 액체로 되어 쓰기 편하다'와 같은 식으로 말입니다.

컨셉 서술문 사례

컨셉 서술문을 한번 써봅시다! 게토레이는 포카리스웨트, 그리고 1994년에 후발주자로 시장에 진입한 파워에이드와 스포츠 음료 시장에서 경쟁하고 있었습니다. 1997년 초부터 파워에이드의 시장점유율이 증가하며 게토레이와 포카리스웨트의 점유율을 잠식하는 양상을 보였습니다. 게토레이 社가 소비자 조사 결과를 분석해보니 제품 이미지에 문제가 있다는 사실이 나타났습니다. 게토레이 마케터는 게토레이가 이전 스포츠 음료의 브랜드 서술을 사용했으나 일관성이 결여되어 의도했던 컨셉이 정립되지 못했다는 점을 깨닫고 반성하며 이를 재정립하기로 했습니다.

'게토레이(브랜드명)는 운동에 열중하는 젊은이(표적고객)를 위한 스포츠 음료(제품범주)로 미네랄이 포함되어(속성) 운동 후 부족해진 수분을 빠르게 흡수시킨다(편익).' ➡

핵심편익 정의: '빠른 갈증해소를 위한 스포츠 음료', '역동적인 스포츠 음료(사용 후 느끼는 감정을 종차로 사용).'

1986년 혼다의 스포츠 세단 어코드는 성공적인 모델로 1989년 최고 판매를 기록했습니다. 이후 1990년형은 스포츠 모델에서 가족용 모델로 시장이 변하는 것을 고려해 가족형 세단으로 다시 포지셔닝하기 위한 컨셉을 잡았습니다. 편익이 여럿인 내구재인 경우에는 편익보다 추상화된 가치나 이미지를 정의하고 이를 다시 구체화하는 방법으로 브랜드를 서술합니다. 예를 들면 1986년 어코드를 개발할 때는 '인간을 최대로, 기계를 최소로man maximum, machine minimum'라는 다소 추상화된 핵심편익을 잡았는데 1990년형에는 '정장을 입은 럭비선수'란 이미지로 잡았지요. 여기에서 아래와 같은 컨셉 서술문을 도출할 수 있습니다.[9]

'1990형 혼다 Accord(브랜드명)는 상위소득계층의 가정(표적고객)을 위한 가족형 세단(제품범주)으로, 극한 상황에서 쉽게 조작할 수 있고(편익 1) 소음과 진동이 없어 편안하고(편익 2) 힘 있으면서(편익 3) 오랫동안 고장이 없다(편익 4). ➡ 핵심편익 정의: 운전하기 편하고 힘 있는 가족용 세단.

컨셉보드

핵심편익 정의가 만들어지면 이를 뒷받침하는 충족수단을 개발하여 컨셉보드로 발전시킵니다. 우선 컨셉보드를 만드는 이유는 작업과정을 일차적으로 정리하기 위해서입니다. 머릿속에 맴도는 아이디어를 컨셉보드로 만들면 정리가 되면서 무엇이 부족한지 알게 됩니다. 또한 컨셉보드를 만들면 집중력이

---

9 Kim B. Clark and Takahiro Fujimoto(1990), "The Power of Integrity," Harvard Business Review, November–December, pp. 107–118.

생깁니다. 이것들이 서두에서 언급한 '적는 행위'가 가져다주는 이점입니다.

두 번째 이유는 더 빨리, 그리고 더 일찍 검증(고객 피드백)을 받기 위해서입니다. 신제품 개발 성공의 관건은 앞단front end 작업이며, 초기 아이디어를 개선하거나 아이디어의 문제점을 검토하지 않은 상태로 시제품을 만들면 그것으로 '고착화' 됩니다. 그래서 바로 시제품을 만들어 고객 피드백을 받는 것은 바람직하지 않습니다. 시제품의 전 단계인 컨셉보드를 만드는 것이 시간과 노력이 덜 듭니다. 컨셉보드를 만든 뒤에 잠재고객에게 제시해서 의견을 묻고 수정한 뒤에 시제품 작업으로 넘어가는 것이 더 효율적입니다. 구매현장에서 소비자는 제품을 사용하고 구매하는 것이 아니라 컨셉에 대한 기대(반응)에 의해 제품을 구매합니다. 따라서 컨셉 자체가 소비자를 끄는 힘이 있는지 먼저 체크하고 시제품을 만드는 것이 좋습니다. 또 필요하면 컨셉 테스트와 같은 정량조사를 통해 컨셉의 수용도를 확인하고 컨셉을 다시 수정할 것인지, 시제품을 만드는 작업으로 넘어갈 것인지, 아니면 신제품 개발을 중단할 것인지를 결정합니다(11장).

컨셉보드의 형식

이 책의 형식을 그대로 따를 필요는 없지만 컨셉보드 형식은 정형화되어야 합니다. 우선 컨셉보드를 만드는 작업은 개인이 아닌 팀 작업이기 때문에 사전에 형식이 공유되어야 팀원들의 생각을 정리할 수 있습니다. 그리고 고객 피드백 과정에서 컨셉보드를 제시하고 소비자 구매의향을 묻는 컨셉 테스트가 진행되는데 테스트 간에 비교가 가능해야 합니다(11장). 그래서 컨셉보드는 동일한 형식을 갖는 것이 좋습니다. 이렇게 해야 컨셉 테스트에서 얻은 점수를 비교할 수 있습니다. 동일한 브랜드 개발 프로젝트에서도 컨셉보드가 여러 번 수정되고 수정될 때마다 컨셉 테스트를 거치기도 합니다. 이에 대해서

〈그림 5-3〉 컨셉보드의 형식

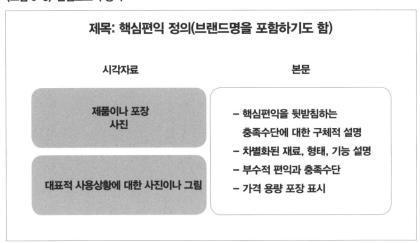

제목: 핵심편익 정의(브랜드명을 포함하기도 함)

시각자료   본문

제품이나 포장 사진

대표적 사용상황에 대한 사진이나 그림

- 핵심편익을 뒷받침하는 충족수단에 대한 구체적 설명
- 차별화된 재료, 형태, 기능 설명
- 부수적 편익과 충족수단
- 가격 용량 포장 표시

는 다음에 소개할 컨셉보드의 수정과 컨셉테스트를 참조하십시오(11장).

컨셉보드는 보통 A4나 B5 크기의 흰 종이에 작성되며 일반적으로 제목 headline, 본문body copy, 시각자료visual로 구성되어 있습니다. 컨셉보드만 보고도 무슨 제품이나 서비스인지 이해할 수 있도록 만들어야 합니다. 컨셉보드를 만든 뒤 소비자에게 보여주었는데 무슨 제품인지 이해를 못해 추가설명을 해주어야 했다면 컨셉보드가 아직 부족한 것입니다. 추가설명이 없어도 기획하고 있는 제품이 무엇이지 알 수 있어야 합니다. 〈그림 5-3〉에서는 가장 일반적인 컨셉보드 형식을 예시했습니다. 재료, 형태, 기능, 목적, 부수물, 부수 서비스 등을 모두 컨셉보드로 옮겨야 합니다. 재료, 기능과 부수물은 제목과 본문에, 형태는 컨셉보드의 시각자료에 나타나야 합니다. 그리고 사실성의 원칙에 입각해서 실제 시장에서 소비자에게 컨셉을 알려주는 상황과 가장 가깝게 컨셉보드를 만들어야 합니다. 글자 수도 몇 자 이내로 제한해야 합니다(보통 50~100자).

제목(headline) : 컨셉보드의 제목에는 핵심편익 정의가 옵니다. 앞에서 설명했듯이 핵심편익 제안은 '종차+유' 개념의 형식으로 서술하는 것이 좋습니다. 그 형식이 아니더라도 이 제품이나 서비스가 왜 필요한지, 어떻게 차별화되는지가 간결하게 드러나야 합니다. 신문기사의 헤드라인처럼 이것만 읽고도 전체 내용을 알 수 있고 제품이나 서비스가 어떤 것인지 이미지를 떠올릴 수 있어야 합니다. 브랜드명이 있는 경우에는 브랜드명을 제목에 병기합니다. 브랜드명이 떠오르지 않는 경우에는 생략할 수도 있습니다. 브랜드명은 어디까지나 임시로 만든 후보명이고 향후 컨셉이 발전되면서 수정하고 확정해야 합니다. 컨셉이 확정되면 브랜드를 상표등록하고 확정된 브랜드명을 사용해야 합니다.

본문(body copy) : 본문에는 제목으로 된 핵심편익 정의를 풀어서 설명합니다. 핵심편익을 뒷받침하는 충족수단이나 객관적 증거들을 본문에서 언급해야 합니다. 핵심편익 외에 부수적 편익과 속성도 언급해야 합니다. 그 밖에 소비자가 겪는 문제점과 고충도 서술할 수 있습니다. 제품이나 서비스에 수반한 부수 서비스나 부수 상품이 있다면 여기서 언급해야 합니다. 단 너무 많은 편익을(4가지 이상) 제시하면 차별점이 희석되기 때문에 주의해야 합니다.

소비자가 알아들을 수 없는 전문용어나 모호한 표현은 피합니다. 컨셉보드는 소비자에게 보여주고 시장에 출시될 제품이 어떤 것인지 알려주기 위한 것인데 전문용어를 사용하면 이해하기 어려울 수 있습니다. 또한 소비자 선호에 영향을 줄 수 있는 표현은 배제해야 합니다. 예를 들면 '최고의 품질' 혹은 '국내 최초'와 같은 표현은 피해야 합니다. 광고카피(표현컨셉)를 테스트하는 경우에는 과장법이나 은유 같은 수사적 기교를 사용해서 어떤 표현이 더 설득력 있는지를 알아볼 수 있지만 제품컨셉을 알아보는 경우에는 중립적 표현을 사용해야 합니다. 또한 가격에 대한 정보도 포함되어야 합니다. 가격은 소매가격으로 제시하되 제품이 여러 용량으로 제공되면 가격과 용량을 병기하여 단위당 소매가격을 알 수 있게 합니다.

  시각자료(visual) : 시각자료는 제품의 전체적 인상을 포괄적으로 전달하는 것이 목적입니다. 소비자 인식은 개념과 감각이 결합해서 일어나는 것이기에 언어로 설명하는 것 외에도 시각으로 보충해야 합니다. 시각자료가 이 제품의 컨셉을 구현하는 가장 중요한 보조수단임을 명심해야 합니다. 시각자료는 처음에는 인터넷을 검색해 컨셉을 가장 잘 설명하는 사진들을 골라서 사용합니다. 그러다가 컨셉의 완성 단계에 이르면 전문가에게 의뢰해서 목적에 맞게 다시 만들 수 있습니다. 사진을 검색할 때는 제품을 사용하는 상황이 있는 사진이 가장 좋습니다. 소비자가 이 제품을 어떤 상황에서 어떻게 사용하는지를 시각적으로 보여줘야 하기 때문입니다. 이 경우도 가능하면 실제와 같은 상태로 표현하는 것이 중요합니다. 불필요한 상상을 불러일으키는 시각요소는 배제해야 합니다. 시각자료도 객관적이고 중립적으로 표현해야 합니다. 실제와 다른 경우에는 차라리 시각자료를 제시하지 말아야 합니다. 제품 사진만으로 컨셉을 제대로 표현하기 어려울 경우에는 제품이 작동하는 방식을 나타내는 그래픽graphic도 사용할 수 있습니다. 예를 들어 신발 바닥이 3중창으로 되어 있다면 신발 바닥의 단면을 그래픽으로 표현해 3개의 재료로 이루어진 것을 보여줄 수 있습니다. 포장소비재의 경우 핵심편익이 형태나 포장에 있다면 사진으로 이를 보여줄 수도 있습니다.

컨셉보드 예시

컨셉보드를 한번 만들어봅시다! 〈그림 5-4〉는 기술혁신형 중소기업 S사가 개발한 컨셉보드입니다. 이 회사는 입간판으로 사용되는 LED 조명 패널을 생산하는데 자사의 패널제품을 활용하여 실내를 장식하는 아이디어를 탐색하고 있었습니다. 이를 위해 신제품 개발팀에서는 3명의 인테리어 디자이너를 면접해서 핵심편익을 도출하고, 여기에서 충족수단을 개발해 컨셉보드로 정리했습니다. 이 컨셉은 알루미늄 패널의 결합 기술을 개발해 인조 관엽식물을 부착하는 것으로, 설치가 간편해서 소비자들이 직접 건물의 벽이나 기둥을 실내정원처럼 꾸밀 수 있습니다. 〈그림 5-4〉의 컨셉보드를 가지고 고객 피드백을 통해 컨셉보드를 새롭게 수정하는 과정은 11장에서 이어집니다. 컨셉보드의 완성은 신제품 개발의 완성이 아니고 출발점입니다. 컨셉보드는 한 번만 작성하는 것이 아니고 컨셉에 대한 소비자 수용도가 만족스러운 상태에 이르기까지 계속해서 수정하고 보완해야 합니다. 2장에서 설명했듯이 컨셉빌딩의 여러 층을 오르내리며 컨셉과 시제품을 수정하면서 발전시켜 컨셉을 완성합니다.

새로운 신제품 개발에 사용된 또다른 컨셉보드들을 참조하십시오. 〈보충자료 : 컨셉의 수정과 발전〉에는 실제 브랜드 개발에 사용된 일련의 컨셉보드들을 보여주고 있습니다. 이 브랜드 개발 프로젝트는 2002년 2월에 시작해 2년 5개월의 신제품 개발 과정을 거쳐 출시되었습니다. 이 브랜드는 1년 차에 107억, 2년 차에 204억, 3년 차에 270억의 매출을 기록하면서 시장에서 선도 브랜드로 자리를 잡았습니다. 이 프로젝트에서는 소비자 조사를 통해 고객 니즈를 추출했고, 반복적으로 컨셉을 수정하면서 고객 피드백 과정을 거쳤습니다(11장).

2장에서 신제품 개발에서는 하나의 아이디어를 구체화해 고객 피드백을 받

〈그림 5-4〉 컨셉보드의 실제 예

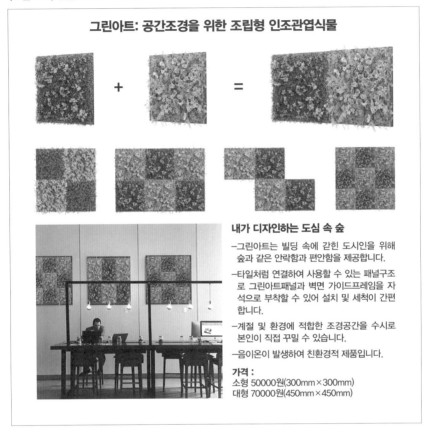

는 과정을 반복iteration이라 했죠. 이 브랜드를 개발하기 위해 컨셉보드를 5번 수정했습니다. 그러니까 이 신제품 개발은 5회 반복된 프로젝트인 것입니다. 이 브랜드는 컨셉개발 초기에는 제품범주가 '과일젤리'였고, 표적고객도 사무 여직원이었지만, 수차례 컨셉 테스트와 제품 테스트를 거치면서 '과일 디저트'로 제품범주가 바뀌었고, 표적고객도 30대 후반의 주부로 바뀌었습니다. 이 프로젝트에서는 컨셉보드마다 컨셉을 충족하는 시제품을 만들어 컨셉 테스트와 제품 테스트를 거쳐 최종적으로 컨셉과 제품을 확정했습니다.

　시제품을 쉽게 만들 수 있는 경우에는 컨셉보드와 시제품을 동시에 만들어 테스트하게 됩니다. 내구제와 달리 식품은 이런 방법을 사용합니다. 즉 컨셉 보드를 제시하고 구매의향을 물어보고, 이어서 시제품을 제시해 시식하게 하고 구매의향을 물어보게 됩니다. 이런 경우를 컨셉과 제품 테스트Concept& Product Test라고 합니다(11장).

컨 / 셉 / 카 / 페 / 5

아리스토텔레스의
4원인과 컨셉 서술문

우리가 무언가를 안다는 것은 어떤 의미일까요? 아리스토텔레스는 『형이상학』에서 우리가 어떤 존재를 안다고 하는 것은 궁극적으로 '존재하는 이유를 아는 것'이라고 했습니다. 그는 존재의 이유에는 4가지가 있다고 했습니다. 그것은 질료, 형상, 작용(혹은 운동) 그리고 목적입니다. 이를 아리스토텔레스의 4원인(혹은 4가지 존재이유)이라고 부릅니다. 예를 들어 도공이 찰흙으로 항아리를 빚으면 찰흙은 질료가 되고 항아리의 모습은 형상이 됩니다. 그리고 항아리에 메주를 담았다가 이를 오래 숙성시켜 간장을 만들었다면 이는 항아리의 작용이고 기능이라고 할 수 있습니다. 그런데 도공이 항아리를 만든 목적은 사람들이 요리에 필요한 재료들을 보관해서 필요할 때 사용하기 위한 것이지요. 그래서 목적은 사용자들이 바라는 결과가 됩니다.

아리스토텔레스의 4원인과 속성 편익

아리스토텔레스의 4원인을 마케팅 상황에서 적용하면 어떨까요? 질료는 제품의 재료, 성분 혹은 원료가 되고, 형상은 제품의 형태나 외관이 됩니다. 작용은 기능이나 성능이라고 할 수 있습니다. 그리고 목적은 제품이 고객에게 제공하는 궁극적 혜택, 즉 '바라는 결과'라고 할 수 있습니다. 4원인은 재료, 형태, 기능을 묶어 속성이라고 하고, 사용목적을 마케팅 용어로 편익이라 합니다. 재료, 형태, 기능은 고객이 구매 전에 이미 제품에 내재해 있지만 편익은 고객이 구매해서 사용한 뒤에나 얻게 되는 것입니다. 속성은 개발자가 편익을 구체화하기 위한 수단이고 편익은 고객이 제품이나 서비스를 사용한 뒤에 얻는 혜택입니다. 제품이 아직 미완성 단계라면 속성은 주로 제품이 제공하는 충족수단을 의미하고 편익은 고객이 바라는 결과라고 할 수 있습니다. 아리스토텔레스의 철학과 마케팅은 이처럼 가까이 있습니다.

충족수단: 속성 ⇨ 재료 ⋯▶ 형태 ⋯▶ 기능 ⋯▶ 목적 ⇨ 편익: 고객이 바라는 결과

브랜드의 형상-목적인: 한편 칸트는 아리스토텔레스의 언어를 사용해 사물의 개념을 정의했습니다. 그는 『판단력 비판』에서 '형상-목적인'을 그 사물의 '개념'이라고 불렀습니다. 따라서 '브랜드의 형상-목적인'이 그 브랜드의 '개념'이라고 할 수 있습니다. 이 책에서는 형상 대신에 속성을, 목적 대신에 편익을 사용했습니다. 그래서 '속성-편익'을 브랜드의 개념이라고 부를 수 있습니다.

컨셉 서술문은 논증적 명제

아리스토텔레스는 『분석론 후서』에서 "사실에 대한 지식facts과 이유에 대한 지식reason why을 동시에 말해주는 지식은 이것을 따로 가르치는 지식보다 더 정확하고 우수하다"라고 했습니다.[1] 한마디로 사실과 이유를 동시에 알

---

1 Jonathan Barnes 역(1993), 『Aristotle Posterior Analytics』, Oxford University Press, second ed. p. 41.

려주는 지식이 최고라는 얘기겠지요. 사실에 대한 지식을 제공하는 것을 정의라고 하고 이유에 대한 지식을 제공하는 것을 논증demonstration이라고 합니다. 또한 아리스토텔레스는 과학의 방법은 사물을 정의하는 과정에서 이유에 대한 지식을 포함해 논증적 이해를 목적으로 한다고 했습니다. 이 말을 브랜드 정의에 적용해보면 이렇게 말할 수 있습니다. "브랜드를 정의할 때 사야할 이유를 포함해야 정확하고 우수하다고 말할 수 있다."

사야 할 직접적 이유는 브랜드의 사용목적 혹은 바라는 결과가 됩니다. 그러나 재료, 형태, 기능도 때로는 사야 할 이유가 될 수 있습니다. 충족수단들이 바라는 결과에 의존하듯이 4원인도 계층적으로 서로 의존하고 있습니다. 목적은 기능에 의존하고, 기능은 형태에 의존하며, 형태는 재료에 의존하는 것이지요. 따라서 4원인은 일련의 인과사슬을 형성합니다. 바라는 결과가 직접적인 사야 할 이유가 되지만 인과사슬을 이루는 재료, 형태, 기능도 간접적 이유가 되는 것입니다. 따라서 브랜드 컨셉을 정의할 때 그 브랜드의 재료, 형태, 기능 그리고 목적을 포함하면 이것이 아리스토텔레스가 말한 논증적(이유를 제시하는) 명제proposition가 됩니다. 이 책에서 논증적 명제란 사야 할 이유를 속성-편익의 인과관계로 서술하는 것을 말한다고 할 수 있습니다.

4원인을 서술한 컨셉 서술문의 예를 들어보겠습니다. '레모나(브랜드)는 비타민 C(재료)를 분말로 농축(형태)해 매일 복용하면 피부를 보호하고 피로를 제거해서(작용 혹은 기능) 건강하게 생활할 수 있다(목적).' 이처럼 4원인을 활용해 정의하면 바람직한 논증적 정의라고 할 수 있습니다. 컨셉 서술문의 형식은 속성과 편익이 연결되어도 논증적이지만 4원인을 모두 사용해도 논증적입니다. 두 형식 중 상황에 따라 더 좋은 것을 사용하면 됩니다. 그리고 간결한 정의를 위해서 4원인을 모두 나열하기보다는 속성에서 강조할 점 하나, 그리고 편익에서 강조할 점 하나를 선별해서 정의하는 것이 좋습니다. 선택과 집중을 하는 것입니다. 예를 들면 '액츠는 액체세제다'에서 액체는 액츠의 형태를 나타내는 정의이지만 사야 할 이유가 충분하지 않습니다. 따라서 편익과 연결시켜 액츠를 사야 할 이유가 함축된 정의로 바꿔보면 '액츠는 액체로 되어 있어(속성: 형태) 세탁 후 세제 찌꺼기를 남기지 않는다(편익: 목적)'로 정의할 수 있습니다.

컨셉은 브랜드의 기능태

"모든 사물은 질료 상태에서 형상으로 진행해가려는 성질을 가지고 있다. 질료가 형상을 얻음으로써 실체가 된다." 아리스토텔레스는 사물의 변화도 이처럼 4원인으로 설명합니다. 건축현장에 있는 건축 자재들(질료)과 완성될 건물(형상)을 생각해보면 둘의 관계를 이해하기 쉬울 것입니다. 존재가 아직 형상을 갖지 않은, 가능한 상태를 '가능태'라고 하고 존재가 형상을 얻게 된 상태를 '현실태'라고 합니다. 아직 형상을 갖지 않는 질료는 실체의 가능태에 지나지 않습니다. 신제품 개발 과정은 컨셉이 브랜드로 변화하는 과정이며, 여기서 컨셉은 브랜드의 가능태가 됩니다. 브랜드는 컨셉이 구체적으로 실현된 현실태입니다. 따라서 컨셉 정의는 비록 개발 과정에서 수정하더라도 완성될 브랜드를 지향합니다. 가능태의 정의인 컨셉 서술문은 현실태의 정의인 브랜드 서술문에도 그대로 적용됩니다.

'아리스토텔레스는 자신의 자연철학을
논리학에 완전히 종속시켜 거의 쓸모없는 것으로,
논쟁적인 것으로 만들고 말았다. (…)
학문과 기술의 발견 및 증명에 유용한 귀납법은,
적절한 배제와 제외에 의해 자연을 분해한 다음,
부정적 사례를 필요한 만큼 수집하고 나서
긍정적 사례에 대해 결론을 내리는 것이다.'

– 베이컨의 『신기관』

미충족 니즈 발견과 컨셉 재정의

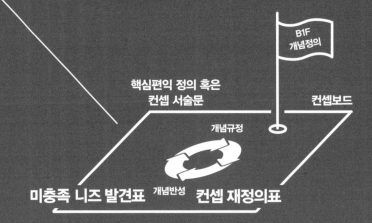

B1F
개념정의

핵심편익 정의 혹은
컨셉 서술문

개념규정

컨셉보드

미충족 니즈 발견표

개념반성

컨셉 재정의표

Chapter 6

미충족 니즈의 발견과 컨셉 재정의는 컨셉이 성공하는 데 강력한 방향타가 되어줍니다. 제품이 시장에서 고객이 바라는 결과를 얼마나 충족시켜주는지, 기존 컨셉은 무엇이 문제였는지 알 수 있게 해주기 때문입니다. 미충족 니즈발견표를 통해 바라는 결과들의 미충족도를 구하고 이를 종합해 핵심편익 정의로 정리합니다. 컨셉 재정의는 기존 브랜드에 대한 불만사항을 반성해서 새로운 컨셉으로 발전시킵니다.

미충족 니즈 발견

아리스토텔레스는 17세기에 활동한 기라성 같은 철학자들에게서 연타를 맞습니다. 데카르트와 마찬가지로 베이컨은 "아리스토텔레스의 논리학은 새로운 진리 발견에는 쓸모없는 것이다"라고 하며 이를 대체할 방법을 제안했습니다. 베이컨이 제안한 방법은 귀납적 방법으로, 자연에서 관찰과 실험을 통해 여러 사례를 열거한 뒤에 공통점을 찾아 법칙을 추출해내는 것입니다. 이처럼 이런 관찰과 실험이 결합된 귀납적 추리방법은 컨셉빌딩의 중요한 도구입니다.

컨셉빌딩에서는 고객 공감(질문, 관찰, 추체험)을 통해 소비자가 바라는 바를 열거합니다. 이 중에서 이미 시장에서 충족수단이 나와 있어 소비자를 만족시키는 것들을 제외한 뒤에 이를 종합하여 핵심편익을 정의합니다. 데카르트의 방법을 '분해와 합성'으로 요약한다면 베이컨의 귀납법은 '열거-제외-정의'로 요약할 수 있습니다. 그럼 이제부터 베이컨이 제안한 귀납법을 적용해 미충족 니즈를 발견해서 이를 핵심편익으로 정리하는 방법을 소개하겠습니다.

베이컨은 진리 발견의 새 도구로 귀납적 방법을 들고 나오면서 '열熱의 본질을 파악하는 방법'을 예로 듭니다. 우선 열의 성질을 알아내기 위해선 3가지 작업을 해야 합니다. 우선 실험이나 관찰을 통해 열이 나는 현상의 사례를 수집하고 사례표를 만듭니다. 이 사례표를 바탕으로 추론하기 때문에 여기서는 사례표가 핵심입니다. 사례표는 3가지로 분류되는데요. 첫째, 자연현상 중에서 열이 있는 사례만 수집해 표를 만듭니다. 이를 열의 존재표라고 합니다. 둘째, 각각의 현상들에 대응하는 부정적 사례들을 배열합니다. 이를 열의 부재표라고 합니다. 예를 들어 존재표에 '반사되어 집중된 햇빛, 발화한 고체, 끓고 있는 액체, 동물의 몸' 등이 있다고 하면 부재표에는 '극지방의 햇빛, 썩은 나뭇조각, 자연 상태의 액체, 동물의 사체' 등을 열거할 수 있습니다.

셋째, 존재표와 부재표를 비교해서 정도표를 만듭니다. 예를 들면 반사되어 집중된 햇빛과 극지방의 햇빛을 비교해 '햇빛을 수직으로 받는 지역이 비스듬히 받는 지역에 비해 열이 높다'라는 정도표를 만들고 움직이는 동물의 몸과 움직임이 없는 동물의 몸을 비교해서 '운동하면 열이 올라가고 가만히 있으면 내려간다' 등의 내용을 담습니다. 그리고 이 정도표를 종합해서 열에 대한 결론을 내립니다.

베이컨은 이런 귀납적 과정을 통해 열의 본성에 접근해갔고, 관련된 사실들을 정리해서 열이 '운동'의 한 종류에 속하는 것으로 봤습니다. 즉 열의 유(類)를 운동으로 보고 1차로 정의한 것입니다. 그리고 유에 이어 종차를 찾습니다. 베이컨은 종차를 하나만 찾지 않고 4차 종차까지 찾는데요. 살펴보면 제1종차로 '팽창'을 찾아내어 '열은 팽창운동'으로 정의하고 다시 제2종차로 '상향하는' 성질을 찾아냅니다. 이렇게 해서 다음과 같이 최종적으로 열의 정의에 도달합니다. '열은 억제된 상태에서 분자 사이에 일어나는 상향하는 팽창운동이다. 또한 분자 사이의 저항은 결코 완만한 것이 아니라 급속하고 격렬하다.' 베이컨이 얻어낸 이 결론은 놀랍게도 19세기 물리학자 맥스웰과

볼츠만 등이 만들어낸 현대적 열 개념과 거의 일치합니다.[1]

이 방법은 신제품 개발 과정에서 미충족 니즈를 발견하는 것에 그대로 적용할 수 있습니다. 어떻게 하냐고요? 사례표를 작성하면 됩니다. 소비자가 바라는 결과들을 나열한 것이 존재표에 해당합니다. 그리고 바라는 결과 중에서 현재 시장에서 충족수단이 있으면 이것은 부재표에 적습니다. 미충족 니즈란 바라는 결과들 중에서 시장에 경쟁 제품이 있거나 대체품이 존재하는 것을 제외한 것들을 묶은 것입니다.

구체적으로 이 방법은 3단계로 진행됩니다. 우선 1단계에서 질문과 관찰을 통해 소비자들의 다양한 바라는 결과들을 수집하고 이들을 정리하면 바라는 결과들이 열거된 표를 만들 수 있습니다. 이것이 베이컨의 존재표에 해당합니다. 그리고 다음 단계에서 각각의 바라는 결과에 대해 현재 시장에 충족수단이 있는지 따져봅니다. 예를 들어 '바라는 결과 A'에 대해서는 시장에서 기존 브랜드들이 'a라는 충족수단'으로 소비자들을 만족시키고 있다는 점을 파악했다면 '바라는 결과 A'는 이후 제외합니다. 이렇게 해서 각각의 바라는 결과에 대응하는 충족수단이 있는지 파악하는 거지요. 이런 목적으로 작성하는 것이 베이컨의 부재표에 해당합니다. 시장에서 바라는 결과에 대응하는 충족수단이 없다면 차별화된 컨셉을 만들 수 있다는 뜻입니다. 즉 바라는 결과의 존재는 컨셉의 필요성으로 발전하고, 충족수단의 부재는 컨셉의 차별성이 되어 끌리는 컨셉으로 발전합니다.

마지막 단계에서는 바라는 결과의 존재와 충족수단의 부재를 비교해서 미충족 니즈 정도를 결정합니다. 미충족 니즈란 바라는 결과 중에서 현재 시장

---

1 프랜시스 베이컨 저, 진석용 역(2001), 『신기관』, 한길사, pp. 152–189. 김용규(2007), 『설득의 논리학』, 웅진지식하우스, pp. 116–117.

에서 충족수단이 없는 것을 말합니다. 또 미충족 니즈의 정도란 미충족 니즈를 양적으로 계량화한 것을 말합니다. 소비자가 강력히 바라지만 충족수단이 전무하다면 미충족 니즈의 정도가 높을 것이고 소비자가 강력히 바라더라도 시장에서 유사한 충족수단이 있는 경우는 낮겠지요. 또 충족수단이 전무해도 소비자의 바라는 정도가 덜 강력하다면 미충족 니즈의 정도는 상대적으로 낮을 것입니다. 이렇게 점수로 환산해 미충족 니즈가 상대적으로 높은 것들을 모으고, 그중에서 공통요소를 추출해 핵심편익을 정의합니다.

〈표 6-1〉 귀납법과 컨셉빌딩의 미충족 니즈 도출

베이컨 귀납법	열(熱) 존재표 −열(熱)의 부재표 = 열(熱)의 정도표	열의 정의
컨셉빌딩	바라는 결과의 존재− 충족수단의 부재= 미충족 니즈의 정도	핵심편익 정의

베이컨도 종차와 유에 의해서 열熱을 정의했습니다. 이 책에서도 미충족 니즈 정도로 정리한 뒤에는 핵심편익 도출은 종차와 유를 사용했습니다(5장). 그리고 핵심편익에 기반해 충족수단을 개발하고 핵심편익과 충족수단을 결합해 컨셉보드를 작성합니다. 마지막의 고객 피드백은 컨셉보드를 갖고 소비자들의 의견을 듣거나 컨셉을 평가해서 이를 시제품으로 만들지 결정합니다(11장). 관련해서 컨셉빌딩 내 이동을 보면 다음과 같습니다.

상황→바라는 결과(3장, 4장) → 미충족 니즈 발견(6장) → 핵심편익 정의(5장) →
개인작업   팀작업(니즈스토밍)

충족수단 도출(7장-9장) → 컨셉보드로 정리(5장) → 고객 피드백(11장)

   팀작업(아이디어스토밍)

   질문과 관찰은 3장과 4장에서 제안한 표준화된 방법으로 실시합니다. 질문은 팀으로 하지 않고 개인면접으로 합니다. 질문은 상황에서 시작해 '바라는 결과'를 유도하고 그 결과(바라는 결과 서술)를 개인작업으로 정리합니다. 그리고 미충족 니즈 발견부터 핵심편익 정의 그리고 충족수단 개발까지는 팀으로 작업합니다. 우선 각자 얻은 바라는 결과를 모두 취합합니다. 취합할 때 중복되는 것들은 하나로 정리합니다. 그리고 정리된 것들은 미충족 니즈 발견표의 '바라는 결과' 란에 옮겨 적습니다(표 6-2 미충족 니즈 발견표). 다음 과정은 팀작업으로 합니다. 앞서 각각의 바라는 결과들에서 현재 시장에 존재하는 충족수단들과 연결해봅니다. 이 경우에도 팀으로 조사하는 것이 효율적입니다. 우선 인터넷 검색으로 충족수단들을 찾아 정리합니다. 그 외에도 시장을 직접 찾아 충족수단이 있는지 조사합니다.

   미충족 니즈 발견표를 완성한 뒤 핵심편익을 정의할 때는 개인별로 1개 이상의 핵심편익 정의를 도출하고 이들을 취합합니다. 다음에는 여러 개의 핵심편익 정의들 중에서 최선의 핵심편익을 선별하는 것입니다. 선별은 팀 내에서 투표로 결정할 수도 있고 좀 더 정확히 하려는 경우에는 고객 피드백을 거쳐 결정하기도 합니다(11장 '핵심편익 정의 선별 후 컨셉 테스트' 참조). 선별은 최선의 핵심편익 정의 혹은 2~3개의 핵심 편익 정의를 선택할 수도 있습니다. 핵심편익 정의가 확정되면 유비추론(7장), 가정추론(8장), 변증추론(9장)을 사용해 핵심편익을 충족하는 수단들을 개발합니다. 이 경우도 팀 혹은 개인별로 작업할 수 있습니다.

   질문에서 바라는 결과 서술까지는 개인별로 하고 이후 작업은 팀작업으로 두 단계로 나누어 합니다. 미충족 니즈 발견에서 핵심편익 정의에 이르는 과정과 핵심편익 정의에서 충족수단의 개발에 이르는 과정입니다. 전자를 이 책에서는 '니즈스토밍'이라고 부르고 후자를 '브레인스토밍'이라고 부르겠습니다(7장).

상황에 따라 다른 바라는 결과가 발생

미충족 니즈를 탐색할 때는 제품범주에서 시작하지 말고 상황에서 출발해야 합니다. 이 점은 3장에서 바라는 결과의 질문은 질문 상황에서 시작했다고 언급했습니다. 제품범주에서 시작하면 그 범주를 벗어나는 새로운 컨셉을 개발하기 힘들게 됩니다. 제품범주가 틀로 작용해서 그 제품범주에서만 차별화할 수 있는 충족수단을 만들게 됩니다.

예시

소비자에게는 충족수단이 아닌 '바라는 결과'를 묻는다는 사실을 명심하기 바랍니다. 미충족 니즈 발견표는 바로 이런 바라는 결과와 충족수단을 대응시켜 니즈의 미충족도를 파악하는 것이니까요. 바라는 결과들 중에서 현재 충족수단이 없는 것이 미충족 니즈가 됩니다. 3장과 4장에서 설명한 바라는 결과 서술은 이 단계에서 사용합니다. 이 단계에서는 브레인스토밍 형식으로 진행합니다. 브레인스토밍은 바라는 결과를 수집하고 종합해 핵심편익을 도출하기 위한 목적, 혹은 핵심편익을 만족하는 충족수단들을 발견하기 위한 목적으로 합니다(7장). 이 책에서는 전자를 니즈(바라는 결과)를 종합하기 위한 브레인스토밍이란 의미에서 니즈스토밍needstorming이라고 하고, 후자를 충족수단이나 해결책의 아이디어를 개발한다는 의미에서 아이디어스토밍 ideastorming이라고 하겠습니다.

니즈스토밍에서 중요한 과제는 미충족 니즈 발견표를 우선 완성하는 것입니다. 바라는 결과의 중요도를 팀원들끼리 평가합니다. 중요도는 빈도와 강도로 나누어 평가합니다. 바라는 결과의 빈도란 해당 니즈가 얼마나 자주 발생하는지에 달려 있습니다. 그리고 니즈 강도는 바라는 결과가 소비자들에게 얼마나 절실한지 평가하는 것입니다. 즉 해당 바라는 결과가 충족되면 고객이 얼마나 만족할지를 평가합니다. 바라는 결과별로 빈도나 강도를 3점 만점으로(혹은 상중하) 평가합니다. 예를 들어, 빈도를 묻는 경우에 자주 발생하면 3, 보통이면 2, 자주 발생하지 않으면 1이 됩니다. 강도도 마찬가지입니다. 바라는 결과의 중요도 점수는 빈도 점수와 강도 점수를 곱해서 계산합니다. 이는 이후에 별도의 소비자 조사를 통해 얻을 수 있지만 시간을 줄이기 위해 니즈스토밍에서 팀원들이 평가합니다. 예를 들어 5~6명이 한 팀으로 바라는 결과를 조사했다면 이들이 모여 표적고객의 입장에서 평가합니다.

자, 이제 바라는 결과들을 수집하고 평가하는 일이 모두 끝났습니다. 각각의 바라는 결과들에 대해 현재 어떤 충족수단이 존재하는지 알아보아야 합니다. 충족수단은 소비자에게서 얻어내기 어렵다고 했습니다. 이 부분은 신제품 개발 팀에서 각각의 바라는 결과에 대해 이를 충족하는 기존 제품이 있는지 조사하거나 제품이 없더라도 현재 소비자가 사용하는 수단들을 조사합니다. 팀작업을 하는 경우에는 현재 시장에서 바라는 결과를 충족시키는 제품이 무엇이 있는지 니즈스토밍을 통해 정보를 교환하고 정리한 뒤 모든 충족수단이 정리되면 평가할 수 있습니다. 하나의 바라는 결과에 대해 충족수단이 둘 이상이 될 수도 있습니다. 이 경우에는 소비자에게 가장 많이 알려진 충족수단을 사용합니다. 시장에서 제품화가 되어 있지 않아도 일상에서 이런 바라는 결과를 충족시키는 대체품이 있는지 파악합니다.

현재 시장에서 바라는 결과를 충족시키는 제품이 없다면 이것이 미충족 니즈가 될 가능성이 높겠지요? 그러면 정리된 현재 충족수단을 보고 미활용도를 중요도처럼 점수화합니다. 예를 들어 바라는 결과를 충족시키는 제품이 시장에 전혀 없다면 5점을 줍니다. 충족시키는 제품이 있다면 1, 2점을 줍니다. 그런데 충족시키는 제품이 시장에 있다 하더라도 바라는 결과를 완벽하게 충족시키지 못하거나 가격이 너무 비싸거나 시장에서 쉽게 구할 수 없는 경우에는 3~5점 사이의 점수를 줄 수 있습니다. 또 충족수단이 시장에는 존재하지 않더라도 일상에서 유사한 충족수단이 있을 때 이것도 활용도를 평가해 점수를 줍니다. 소비자 자신이 쉽게 바라는 결과를 얻을 수 있는 경우에도 과업의 난이도에 따라 3~5점을 줄 수도 있습니다. 다음에는 바라는 결과의 중요도와 충족수단의 활용도를 결합해 미충족 니즈의 정도를 구합니다. 결국 바라는 결과를 구현하는 충족수단을 개발하는 경우에 경제제품에 비해 차별성이 있는지 평가하는 것입니다. 만약 활용도를 5점 만점으로 했다면, 미활용도 점수는 6점에서 활용도 점수를 빼면 됩니다(6에서 최대값인 5점을 빼면 미활용도는 최소값인 1점이 됩니다).

미충족 니즈 정도(바라는 결과의 미충족도) = 빈도×강도×미활용도

미충족 니즈 발견표는 필요성의 존재여부와 차별성 부재여부를 하나로 묶은 것입니다.

〈표 6-2〉 미충족 니즈 발견표

바라는 결과 열거 (니즈의 존재:필요성)	빈도	강도	현재 충족수단 (차별성의 부재)	미활용도	미충족 니즈 정도
겨울에 샤워를 마치고 밖으로 나올 때 냉기를 느끼지 않았으면 좋겠다.	2.45	2.36	보일러를 가동 또는 문틈에서 뜨거운 바람이 나오는 도구	3.89	22.56
샤워 후 옷을 입을 때 옷이 뽀송한 느낌이 났으면 좋겠다.	2.18	2.18	현재는 드라이기의 사용 시간을 연장 또는 샤워가운을 착용	4.11	19.56
샤워 후에 거울을 볼 때 김이 서려 있지 않았으면 좋겠다.	2.73	1.91	코팅유리로 부분적 해결가능	3.67	19.12
신체의 일부분만 닦고 싶을 때 입은 옷이 물에 젖지 않았으면 좋겠다.	2.18	2.00	샤워용 헤어캡 사용	4.00	17.44
샤워 후에 머리카락이나 떨어진 때를 깨끗이 청소하고 싶다.	2.36	2.64	머리카락을 제거하는 도구 배관용 일회성 포스트잇 존재	2.78	17.31
샤워하고 몸의 물기를 닦을 때 거실 바닥이 젖지 않았으면 좋겠다.	2.27	2.09	슬리퍼에 걸레를 붙인 것	3.33	18.52
샤워 후 머리를 말릴 때 머리를 빗으면서 에센스를 동시에 바를 수 있으면 좋겠다.	1.82	1.82	현재 충족수단 미개발	4.33	14.33
다른 사람이 샤워를 사용한 후 샤워하러 들어갈 때 바닥의 물기로 인해 미끄러지지 않았으면 좋겠다.	2.00	2.18	미끄럼 방지 스티커 사용	3.22	14.00
화장실 앞에 비치된 발판을 사용하는 경우 개인 발판을 사용하고 싶다.	1.73	1.82	현재 충족수단 미개발	3.67	11.52
샤워 후 건조 시에 발가락 사이를 완전히 건조시키는 별도의 수건이 있으면 좋겠다.	2.00	1.64	점토나 스펀지를 이용한 발판 제작	2.89	9.45
수건을 사용할 때 수건의 길이가 길었으면 좋겠다.	1.82	1.73	수건을 길게 제작	3.00	9.42
샤워기를 틀었을 때 온수가 바로 나왔으면 좋겠다.	1.73	1.73	현재 완전히 해결된 문제	2.89	8.61
샤워 시 보습제를 별도로 사용할 필요가 없는 바디 클렌저가 있었으면 좋겠다.	1.73	1.73	화학적 작용으로 수분을 빼앗기지 않도록 하는 제품을 개발	2.78	8.28
화장실에 들어갈 때 습기나 공간 등의 제약조건을 해소할 수 있었으면 좋겠다.	1.45	1.55	현재 충족수단 미개발	3.44	7.74
샤워 후 사용한 화장품 등을 놓는 공간이 컸으면 좋겠다.	1.27	1.55	선반의 공간을 넓게 제작	3.67	7.23
샤워 시 손쉽게 물의 온도를 조절할 수 있었으면 좋겠다.	1.45	1.64	현재 완전히 해결된 문제	3.00	7.14
샤워 시 욕조 하수구가 막히는 것을 방지했으면 좋겠다.	1.27	1.36	현재 충족수단 미개발	3.56	6.19

미충족니즈 발견표 작성 예시

그럼 실제로 미충족 니즈 발견표를 작성하는 것을 「사례」로 설명해보겠습니다. 〈표 6-2〉의 바라는 결과에는 '목욕이나 샤워 후 발생하는 문제'에 대해 3장에서 소개한 질문으로 바라는 결과를 도출해 정리했습니다. 신제품 개발팀이 각 바라는 결과의 빈도와 강도를 평가했습니다. 또 신제품 개발팀은 각각의 바라는 결과에 대해 현재 충족수단을 조사했습니다. 일부는 인터넷에서 조사하고 일부는 시장에 그런 바라는 결과를 충족해주는 제품이 있는지 조사했습니다. 그리고 이들 각각에 대해 현재의 미활용도를 평가했습니다. 〈표 6-2〉는 미충족 니즈의 정도를 점수화한 뒤에 니즈(바라는 결과)를 내림차순으로 정리했습니다. 빈도와 강도가 높은데 미활용도가 높을수록 미충족 니즈라고 할 수 있습니다. 간혹 충족수단의 미활용도를 평가하기가 쉽지 않다고 하는 분도 있습니다. 그런 경우에는 반대로 충족수단의 활용도로 평가하기 바랍니다. 시장에 없거나, 있어도 소비자가 구매하기 어려운 경우에는 낮게 평가합니다.

핵심편익 정의의 도출

니즈스토밍의 두 번째 단계는 미충족 니즈 발견표를 통해 핵심편익을 정의하는 것입니다. 바라는 결과들을 미충족 니즈 정도별로 서열화하고 최종 점수를 참조해서 가장 높은 2~4개의 바라는 결과(니즈)를 묶어 핵심편익을 도출하는 것이지요. 즉 이들 2~4개의 바라는 결과를 묶는 공통요인을 도출해서 개인이나 팀으로 핵심편익 정의 후보안을 도출합니다. 〈표 6-2〉의 미충족 니즈 발견표를 기초로 해 도출한 10가지 핵심편익 정의 후보안은 다음과 같습니다. 후보안이 도출되면 핵심편익 정의 선별과 평가를 거쳐 소비자 수용도가 높은 2~3개의 핵심편익 정의들을 선별합니다(5장). 선별 과정에서 고객 피드백을 거치게 되지요.

경우에 따라서는 고객 피드백 과정(소비자 조사)을 거치지 않고 핵심편익 정의를 선별할 수도 있습니다. 이 경우에는 니즈스토밍 팀 내부에서 개별적으로 투표를 해 가장 높은 득표를 한 핵심편익 정의들을 선별합니다. 핵심편익을 도출하는 과정에서 팀원들 간에 토론을 거치지만 핵심편익 정의를 니즈스토밍에서 선별할 때는 토론을 거치지 않고, 팀원들이 독립적으로 핵심편익 후보안을 평가하고 팀장이 집계해서 확정합니다(토론 방식으로 선별하면 목소리 큰 팀원에 휩쓸릴 수 있기 때문입니다). 따라서 니즈스토밍의 마지막 단계는 핵심편익 후보안을 개인별로 평가해 선별하는 것이라고 볼 수 있습니다. 다음 후보안을 보면 괄호 안에 숫자가 있는데, 이는 필요성과 차별성을 팀원들이 3점 만점으로 평가한 것을 집계한 점수입니다. 그 결과 10개의 핵심편익 정의 후보안 중에서 3점 척도로 필요성과 차별성 모두 가장 높은 점수를 얻은 1번 후보안 '김서림 방지 거울'이 선택되었고 이것을 다음 단계에서 컨셉보드로 발전시키기로 했습니다.

① 샤워 후 젖은 모습을 볼 수 있는 김서림 방지 거울(2.52, 2.29)

② 샤워 후 옷처럼 입을 수 있는 보온 타월(1.86, 1.52)

③ 수증기를 바로 흡수하는 원터치 김서림 방지 기계(2.10, 2.29)

④ 샤워 후 쾌적한 건조가 가능한 전신 건조기(1.86, 1.81)

⑤ 세발 시 옷을 보호하는 상의 캡(1.76, 157)

⑥ 헤드의 교체가 가능한 전신 드라이기(1.48, 1.52)

⑦ 샤워실과 분리된 건조 공간 내의 건조등(1.71, 1.76)

⑧ 따뜻하게 몸을 말리는 바디 드라이어(2.33, 2.00)

⑨ 샤워와 건조, 탈의를 한 공간에서 수행할 수 있는 화장실(2.14, 1.86)

⑩ 드라이 겸용 샤워기(1.52, 1.81)

핵심편익을 달성하는 충족수단 개발

컨셉보드를 만들려면 핵심편익 정의를 달성하는 수단들도 동시에 제시해야 합니다. 이는 핵심편익을 뒷받침하는 제품 혹은 서비스의 속성들을 개발하는 것과 같습니다. 핵심편익은 하나이지만 이를 달성하는 수단이나 속성은 여러 개인데 이를 어떻게 개발할까요? 핵심편익에서 충족수단을 얻는 것 역시 분해와 합성의 법칙을 사용합니다.

이것은 특히 신제품 개발의 중요한 방법론으로 거론되는 품질기능 전개 Quality Function Deployment와 일치합니다. 품질기능 전개는 일본의 고베 조선소에서 처음 사용된 뒤 미국의 자동차 회사들이 이 기법을 도입해 세계적인 관심을 끌었습니다. 품질기능 전개란 고객 니즈(큰 문제)를 다양한 충족수단들로 분해하고 계단식으로 전개하는 것입니다. 높은 단계의 충족수단들을 낮은 단계의 충족수단으로, 최종적으로는 기술 속성으로 전개합니다. 그런데 이것도 고전 환원주의에 따르면 데카르트의 방법론을 재활용한 것에 지나지 않습니다. 고객 니즈를 구체적 충족수단으로 전개하면서 이를 표로 정리해 문제를 구조화하고 고객 니즈를 그 제품의 기술 속성으로 전개하는 것입니다. 품질기능 전개를 이용하면 핵심편익에서 출발해 이를 달성하는 충족수단 혹은 제품의 속성들로 바꿀 수 있습니다.

충족수단 개발도 분해와 합성으로

앞서 미충족 니즈 발견표에서 도출한 10개의 핵심편익 정의 후보안 중에서 '샤워 후 젖은 모습을 볼 수 있는 김서림 방지 거울'을 선택했었지요. 그러면 김이 서리지 않는 거울을 어떻게 구현할까요? 이 단계에서는 니즈스토밍에서 솔루션스토밍으로 전환합니다. 그리고 9장의 유추의 방법을 적용해 다른 제품에 이런 기능이 있는지 찾아봅니다. 이 경우에는 자동차 열선유리를 욕조 거울에 적용해보기로 했습니다. 이에 기초해 〈표 6-3〉과 같은 편익을 충족수단(1차 속성)으로 분해하고, 이 충족수단들을 다시 하위의 제품 속성(2차 속성)으로 전개합니다.

이제 마지막 과정에 왔습니다. 〈그림 6-2〉의 미충족 니즈 발견표에서 도출된 핵심편익을 충족수단(속성)들로 전개한 뒤에 이를 컨셉보드로 옮깁니다. 이 컨셉보드는 최초의 컨셉보드입니다. 이후 끊임없이 반복하고 다듬는 과정을 거치게 됩니다(2장). 때문에 최초의 컨셉보드는 소비자에게 의견을 구하거

〈표 6-3〉 핵심편익에서 충족수단의 전개

핵심편익	충족수단(1차 속성)	충족수단(2차 속성)
거울에 김이 서리지 않는다.	거울 뒷면 재질	1. 열선의 재질
		2. 열선의 배열
		3. 열선 작동방법
		4. 발열 다이오드 배열
	거울 앞면 재질	5. 거울에 비치는 형상을 가변적으로
		6. 특수 코팅재료 사용
	거울을 조작하기 쉽다	7. 사용방법이 알기 쉽다
		8. 표시가 알기 쉽다
		9. 스마트폰과 연동된다
		10. 탈부착이 쉽다

〈그림 6-1〉 완성된 컨셉보드

김이 서리지 않는 스마트 거울

−기존 제품과 달리 열선과 발열 다이오더를 이용한 열 발생으로 김서림을 방지하여 욕실 내에서 언제나 선명하게 거울을 볼 수 있다.

−사용자의 기분에 따라 김이 서리지 않는 부분의 모양을 설정하여 사용이 가능하다.

−하단에 김이 서리는 부분에 메모를 기록하여 중요한 내용을 기록하거나 전달이 가능하다.

−스마트폰과 연동하여 개인 일정이나 중요한 사항, 날씨 알림 위치 설정 등이 가능하다.

−무인인식센서를 이용한 자동 전도방식을 이용하여 낮은 전기세로 이용이 가능하고, 열선에 습기 방지 코팅과 습도센서를 장착하여 누전으로 인한 화재 위험이 낮다.

−탈부착이 가능하여 이사를 하는 경우에도 손쉽게 이용이 가능하다.

브랜드명: 클리어 스마트 미러
(Clear Smart Mirror)
가격: 150,000원

나 컨셉 테스트를 한 뒤에 문제점을 보완해 수정해야 합니다. 고객 피드백 과정을 거치는 것입니다(11장). 시제품을 만들어 다시 고객 피드백 과정을 거치고 이에 따라 컨셉보드를 수정해서 완성도를 높여야 합니다.

더 나은 이해를 위해 컨셉빌딩 프로세스를 거친 컨셉보드 개발의 다른「사례」들은 〈보충자료: 6장의 컨셉개발 사례들〉을 참고하기 바랍니다.

제품과 서비스를 유기체로 보기

충족수단을 찾을 때 분해해서 통합하면 완전한 충족수단을 구할 수 있을까요? 분해 후 통합한다고 해서 완전한 충족수단을 얻는 것은 아닙니다. 예를 들면 〈표 6-3〉를 보면 10개의 2차 속성으로 나뉘어 있지만 이 속성들은 각각 독립된 것이 아니라 서로 연결되어 있습니다. 2번과 5번을 보세요. 거울에 비친 형상을 가변적으로 하려면 거울 뒷면에 있는 열선의 배열을 조작해야 합니다. 데카르트 방식에 따라 분해해서 충족수단들을 구하고 이들을 하나로 합성하면 충족수단들 사이에 모순이 생길 수 있습니다. 실제로 기술적 모순은 시제품을 만들 때 발생합니다. 때문에 컨셉보드를 작성할 때 이를 미리 고려해야 합니다. 분해와 합성이 낳은 부작용은 유기적 통합과 분리를 통해 제대로 해결해야 한다는 점을 항상 유념하기 바랍니다(9장, 컨셉카페 9).

컨셉 재정의

『리씽크』의 저자 스티븐 풀은 "모든 새로운 것의 어머니는 모든 오래된 것이다"라고 했습니다. 소설가 마르셀 프루스트는 "진정한 발견은 새로운 것을 찾는 것이 아니라 새로운 눈으로 보는 것이다"라고 했습니다. 1장에서 언급했듯이 컨셉빌딩의 이론과 도구들 고전에서 언급된 '학문의 방법론'을 혁신의 발견을 위한 도구라는 관점에서 새롭게 본 것입니다. 지금부터는 과거의 제품이나 서비스를 반성하고 새로운 관점에서 재정의해서 제품혁신을 이루는 방법을 살펴보겠습니다.

컨셉은 무기이면서 족쇄이기도 합니다(컨셉카페 6). 컨셉은 고객가치(사야 할 이유)를 담아내면 무기지만 시장환경이 변해서 기존 컨셉이 더 이상 고객가치를 담아내지 못하면 족쇄가 됩니다. 그래서 컨셉이 담아냈던 사야 할 이유가 현재 시점에도 유효한지를 지속적으로 반성해야 합니다. 『가치이동』의 저자 에이드리언 슬라이워츠키는 고객의 니즈는 원래 변화하는 경향이 있지만 사업개념은 고정되는 경향이 있다고 했습니다. 그래서 기업은 사업개념을 고객의 니즈에 끊임없이 적응시킴으로써 경쟁력을 유지할 수 있다고 했습니다. 비슷한 취지로 『블루오션』의 저자 김위찬은 새로운 시장을 창출하는 기업은 '전략적 이동'을 통해 성과를 내는데, 이는 변화하는 환경에서 새로운 시장을 열고 그 시장을 장악하는 제품과 서비스를 만들어내는 것이라고 했습니다. '가치이동'이나 '전략적 이동'은 고객가치가 변하면 변화에 맞추어 전략을 바꾸거나 사업의 개념을 바꾸어야 한다는 의미입니다. 시장도 변했는데 이전의 컨셉에 사로잡히면 어려움에 처합니다. 그래서 '궁하면 변하고 변하면 통한다窮則變 變則通'라는 『주역』「계사전」의 말을 경영전략에 적용한 것이 '가치이동'이고 컨셉개발에 적용한 것이 컨셉 재정의라고 할 수 있습니다.

컨셉을 재정의하는 방법

그렇다면 어떻게 기존 브랜드를 반성하여 보는 관점을 바꿀 수 있을까요? 5장에서 브랜드를 표적고객의 관점, 제품범주의 관점, 속성-편익의 관점에서 보고 컨셉 서술문을 작성했습니다. 컨셉 재정의는 바로 그 3개의 관점으로 나눠 생각하는 것입니다. 각각의 관점으로 다양한 가정질문을 해봅니다. 스스로에게 '~해보면 어떨까what if' 하는 질문을 체계적으로 해보는 것이지요. 현재 표적고객을 다른 표적고객으로 대체replace하면 어떨까? 제품범주를 결합해서 하나로 통합combine하면? 속성 혹은 편익을 바꾸면? 이런 식으로 기존 컨셉을 컨셉 서술문 형식에 따라 정의하고 3가지 관점으로 반성해 컨셉을 재정의합니다.

컨셉 재정의표

컨셉을 반성할 때 표적고객, 제품범주, 속성-편익으로 나누어 생각하는 것도 분해와 합성의 방법을 따른 것이지요. 나누어 생각하고 나서 이들을 다시

〈표 6-4〉 컨셉 재정의표(사례 1)

새 컨셉 / 기존 컨셉	새롭게 부상되는 표적고객	새롭게 부상되는 제품범주	새롭게 부상되는 속성-편익	컨셉 재정의
표적고객을 바꾸면?	기존의 표적고객 : 어린이 관객 새로운 표적고객 : 성인 관객	연극	스토리가 있는 복합적 공연	태양의 서커스 : 스토리가 있는 연극 같은 서커스
제품범주를 통합하면?	시간에 쫓기지 않는 손님	기존의 제품범주: 은행 새로운 제품범주: 호텔	편안한 휴식을 제공하는 은행	움프쿠아 은행 : 호텔 같은 은행
속성-편익을 바꾸면?	청소년	휴대용 스테레오 플레이어	기존의 속성-편익: 스테레오 기능 새로운 속성-편익: 녹음기능 제거로 휴대 가능	워크맨: 아무 장소에서나 음악을 즐길 수 있는 카세트플레이어

하나의 컨셉 서술문으로 합성할 때는 3요소가 상호 의존하고 있다는 점을 상기해야 합니다(5장). 표적고객을 바꾸면 단지 표적고객만 바뀌는 것이 아니고 제품범주나 속성-편익도 바뀔 수 있다는 점을 고려해야 합니다. 이것은 다른 요소도 마찬가집니다. 따라서 컨셉 재정의를 할 때는 하나의 요소를 바꾸는 것에서 끝나지 않고 다른 요소에 끼치는 영향도 고려해야 합니다. 분해와 합성이 낳은 부작용은 유기적 통합과 분리로 해결해야 한다는 점을 상기하기 바랍니다(컨셉카페 2). 관련해서 이런 상호 의존성과 유기적 통합을 고려해 컨셉 재정의표를 만들었습니다.

진하게 표시한 부분은 각각 기존 브랜드의 표적고객, 제품범주 혹은 속성-편익이 바뀌는 것입니다. 그리고 밑줄 친 부분은 기존 컨셉에서 한 요소의 변화에 따른 다른 요소의 변화를 나타낸 것입니다. 첫 번째 컨셉 재정의 사례는 태양의 서커스입니다. 기존 서커스의 표적고객을 어린이에서 성인으로 바꾸면 제품범주는 서커스와 연극이 통합된 제품범주로 발전하고, 속성도 묘기보다는 스토리가 부상하게 됩니다. 따라서 컨셉은 '스토리가 있는 연극 같은 서비스'로 재정의됩니다. 이처럼 기존 제품의 표적고객을 바꾸는 것에서 시작해 제품범주를 바꾸고 속성-편익도 바꾸어 이를 유기적으로 통합해 컨셉을 하나로 정리합니다. 기존 컨셉에서 하나의 요소를 바꾸고 다른 요소들도 연동되어 바뀌면 이들을 종합해 새로운 핵심편익 정의나 컨셉 서술문을 만듭니다. 이제는 '관점을 바꿔라', '고정관념을 깨라' 같은 모호한 말 대신 〈표 6-4〉를 활용해서 구체적으로 컨셉 재정의에 착수하기 바랍니다.

컨셉 재정의 프로세스

컨셉 재정의를 위한 핵심 도구인 컨셉 재정의표를 만들었으니 이제 컨셉 재정의 프로세스를 설명하겠습니다. 컨셉 재정의는 기존 브랜드의 컨셉 서술문을 작성하는 것에서 출발하지요. 그래서 컨셉 재정의표를 작성하고 이를 통해 새로운 컨셉을 도출합니다. 이때 컨셉 재정의표는 미충족 니즈 발견표와 보완해서 사용하는 것이 좋습니다. 기존 브랜드를 반성하며 컨셉을 재정의하기 위해서는 기존 브랜드의 어떤 점이 문제인지를 사전에 파악해야 하기 때문입니다. 단 이 경우는 바라는 결과에서 시작하지 않고 기존 브랜드의 불만에서 출발해 미충족 니즈를 도출하게 됩니다. 컨셉 재정의표에 기초해 새로운 컨셉 서술문이 작성되면 이를 컨셉보드로 발전시키고 고객 피드백 절차를 밟아 컨셉을 확정합니다. 〈그림 6-2〉에서 점선으로 된 부분은 생략할 수 있는 절차입니다. 고객 피드백 절차는 정량적 방법뿐만 아니라 질문과 관찰도 포함합니다(11장). 그리고 이미 전제했다시피 컨셉보드의 완성은 신제품 개발의 마지막이 아니라 시작입니다. 이를 바탕으로 고객 피드백을 받아 수정하고 확정해야 한다는 것을 잊지 말기 바랍니다(5장).

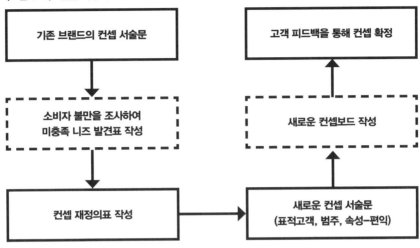

〈그림 6-2〉 컨셉 재정의 프로세스

```
┌─────────────────────────┐          ┌─────────────────────────┐
│   기존 브랜드의 컨셉 서술문   │          │  고객 피드백을 통해 컨셉 확정  │
└─────────────────────────┘          └─────────────────────────┘
            │                                     ↑
            ↓                                     │
┌─ ─ ─ ─ ─ ─ ─ ─ ─ ─ ─ ─ ─┐          ┌─ ─ ─ ─ ─ ─ ─ ─ ─ ─ ─ ─ ─┐
│   소비자 불만을 조사하여      │          │    새로운 컨셉보드 작성      │
│   미충족 니즈 발견표 작성     │          └ ─ ─ ─ ─ ─ ─ ─ ─ ─ ─ ─ ─┘
└─ ─ ─ ─ ─ ─ ─ ─ ─ ─ ─ ─ ─┘                      ↑
            │                                     │
            ↓                                     │
┌─────────────────────────┐          ┌─────────────────────────┐
│      컨셉 재정의표 작성      │  ──────→ │     새로운 컨셉 서술문       │
│                         │          │ (표적고객, 범주, 속성-편익)   │
└─────────────────────────┘          └─────────────────────────┘
```

소비자 불만에서 미충족 니즈 발견표 작성

〈표 6-5〉는 대학가 커피숍의 컨셉 재정의 사례에 사용된 미충족 니즈 발견표입니다. 이 표를 작성하기 위해 수행한 소비자 면접은 〈보충자료 : 기존 브랜드 불만에서 바라는 결과 도출〉에 예시했습니다. 소비자 면접에서는 현재 주로 이용하는 커피숍들을 묻고 커피숍별로 불만사항을 물어보았습니다. 불만사항을 〈표 6-5〉로 정리했고 그에 맞는 바라는 결과를 미충족 니즈표로 정리한 「사례」입니다. 불만사항별로 그 당시의 상황을 묻고 상황별로 바라는 결과를 도출했습니다.

미충족 니즈 발견표에서 평가항목은 기존 브랜드에 대한 불만족도입니다. 바라는 결과에서는 빈도와 강도 대신에 바라는 결과의 중요도를 묻습니다. 이를 3점 만점으로 평가하게 합니다. 만족도를 물은 경우 불만족도 점수는 4점에서 만족도 점수를 빼서 구합니다(이렇게 해야 3점의 만족도 점수는 1점의 불만족도 점수로 변환됩니다). 이것도 소비자에게 묻는 것이 좋지만 각종 불만사항이

〈표 6-5〉 기존 브랜드에 대한 불만에서 미충족 니즈 발견

불만	불만족도	(상황)	바라는 결과	중요도	미충족 니즈
너무 시끄러워서 집중이 안 된다.	2.62	공부할 때	은은한 소리(백색소음)만 존재 했으면	2.3	6.03
공부하는 사람들 눈치가 보인다.	2.62	모임을 가질 때	카페에서 공부하는 사람들 눈치를 보지 않고 모임을 할 수 있으면	2.3	6.03
책상과 의자가 좁고 콘센트가 부족하다.	2.6	공부할 때	책이나 노트북을 동시에 놓을 수 있는 책상과 편안한 의자가 있었으면	2.3	5.98
4인용 좌석을 1인이 사용해서 공간이 부족하다.	2.6	모임을 가질 때	모임용 좌석을 따로 구분했으면	2.3	5.98
식사 대용 디저트가 부족하다.	1.8	공복이 됐을 때	따로 식사하러 나가지 않고, 카페에서 해결할 수 있었으면	1.8	3.24
	:			:	:
사람에 비해 화장실 규모가 협소하다.	0.63	부대시설을 이용할 때	화장실의 규모가 커졌으면	0.6	0.38

수집되면 신제품 개발팀에서 점수를 부여합니다. 미충족 니즈 정도는 기존 브랜드에 대한 불만족도와 바라는 결과의 중요도를 곱하면 됩니다.

위의 미충족 니즈 발견표를 보면서 무엇을 느끼나요? 소비자들은 불합리하고 양면성을 가지고 있다는 생각이 들지 않나요? 사람들이 카페를 이용할 때, 크게 두 가지 목적이 있습니다. 첫 번째 목적은 모임, 두 번째 목적은 공부와 업무를 위해서입니다. 그런데 아이러니하게도 공부가 목적일 때는 모임하는 사람들에 대한 불만이 나왔고, 모임이 목적일 때는 공부하는 사람들에 대한 불만이 나왔습니다. 이런 결과는 다음에 설명할 컨셉 재정의표에서 제품범주의 통합으로 연결되어 '카페와 도서관 서비스를 통합'하는 컨셉 재정의로 이어질 것입니다(9장).

컨셉 재정의에 관한 사례들

「하버드 비즈니스 리뷰」에 소개된 사례를 통해 기존 컨셉의 반성에 따른 컨셉 재정의 방법에 대해서 설명해보겠습니다.[2] 이 사례는 본서의 방법을 그대로 따르지 않았지만 사례에 기초해 컨셉 재정의표를 사용해서 어떻게 컨셉을 재정의할 수 있는지 설명하겠습니다.

미국의 한 주택건설회사는 신규 아파트를 분양했는데, 표적고객을 이전의 무주택자가 아닌 은퇴나 이혼으로 집의 규모를 줄이기를 바라는 고객으로 정했습니다. 분양률을 높이기 위해 적정한 분양가, 고급 마감재의 사용과 기타 부자재의 마감 등 한마디로 가격 대비 가치를 높인 아파트를 만든다고 주요 신문에 대대적인 분양광고를 냈습니다. 예상대로 견본주택을 보러 온 사람은 굉장히 많았습니다. 하지만 실제 분양을 받은 사람은 극소수였습니다. 과연 무엇이 잘못되었을까요? 회사는 문제를 파악하기 위해 분양을 망설이는 소비자에게 구매 결정을 미루는 이유를 물었습니다. 그랬더니 소비자 대답이 뜻밖이었습니다. 바로 집에 있는 '식탁' 때문이라는 것이었습니다. 캐묻기로 "왜?"라고 질문했습니다. 그랬더니 자신들이 수십 년을 써온 오래된 '식탁'은 '가족의 상징'이자 '추억이 담긴 물건'이라서 버릴 수 없고 계속 사용하고 싶은데 새집에 들여놓기가 마땅치 않다는 것이었습니다. 회사는 여기에 힌트를 얻어 바라는 결과를 '분양받은 아파트로 이사하는 경우 구매자가 기존에 갖고 있던 오래된 가족 물건(상징물)을 관리해준다'로 도출했습니다. 이 사례에서는 분양을 망설이는 소비자를 대상으로 질문해서 바라는 결과를 도출했습니다.

---

2 이 사례는 다음 기사에서 인용했습니다. Clayton Christensen, et al.(2016), "Know Your Customers' Jobs to Be Done," Harvard Business Review, September, pp. 54–62.

주택건설업의 기존 표적고객은 무주택자나 최초 주택 구입자였지만 이 회사는 이와는 다른 은퇴자나 이혼자들로 표적고객으로 삼았습니다. 이 경우에 새로운 표적고객들이 집을 구입하려는 상황, 따라서 바라는 결과는 당연히 달라집니다. 그들이 바라는 것은 가격 대비 가치가 아니라 집을 줄이는 것으로 인해 발생하는 문제를 최소화하는 것이었습니다. 분양률이 저조했던 이유는 이렇게 표적고객이 바뀌었다는 사실을 간파하지 못하고 기존 표적고객이 이상적으로 생각했던 아파트를 제공하려 했기 때문입니다. 표적고객이 달라지면 제품범주나 속성-편익도 달라집니다. 이처럼 표적고객의 변화에 따라 제품범주와 속성-편익이 어떻게 변할지를 따져보기 위해 컨셉 재정의표를 사용하면 시행착오를 막을 수 있습니다.

이후 이 회사는 〈표 6-6〉 컨셉 재정의표에 의해 표적고객의 변화에 따라 사업개념(제품범주)을 재정의했습니다. 기존의 사업개념이 '새집 마련business of new-home construction'이었다면 새로운 표적고객에 맞추어 '삶을 옮겨주는 업business of moving lives'으로 재정의했습니다. 이렇게 새롭게 사업을 재정의하자 어떻게 새로운 컨셉을 충족시킬지를 발견했습니다. 표적고객이 바라는 속성-편익은 고급 마감재로 가성비를 높이는 것이 아니었습니다. 표적고객이 바라는 대로 오래된 식탁을 놓을 자리를 확보하기 위해 분양하는 아파트 내부 구조를 변경했습니다. 아울러 이사라는 큰일에 수반되는 불안감을 줄여주기 위해 이사 서비스를 제공하고 아파트 창고를 2년간 사용하게 하는 한편 물품분류실을 마련해 버릴 물건은 시간을 두고 처리할 수 있도록 했습니다.

이 사례에 컨셉 재정의표를 사용하면 새로운 컨셉은 다음과 같이 재정의할

〈표 6-6〉 컨셉 재정의표(사례 2)

기존 컨셉 ＼ 새 컨셉	새롭게 부상되는 표적고객	새롭게 부상되는 제품범주	새롭게 부상되는 속성-편익	컨셉 재정의
표적고객을 바꾸면?	기존 고객: 무주택자 새로운 고객: 은퇴로 집의 규모를 줄이려는 소비자	이사 서비스 창고 서비스	편리한 이사와 추억 물품을 보관할 수 있는 공간	은퇴, 이혼으로 집 규모를 줄이려는 고객을 위해 삶을 옮겨주는 주택 서비스로 이사 서비스를 무료로 제공하고 추억이 담긴 물품을 보관해주는 공간을 제공한다.
제품범주를 통합하면?	이사 창고업 서비스업	기존의 범주: 새집 마련 새로운 범주: 삶을 옮겨주는 업	이사 서비스, 물품분류실, 창고	
속성-편익을 바꾸면?	이사 서비스 무료 제공	이사 서비스 창고 서비스	기존 속성: 고급 건설자재 새로운 속성: 추억 물품 보관 서비스	

수 있습니다.

"A(분양될 아파트 브랜드)는 은퇴나 이혼으로 집 규모를 줄이려는 고객(표적고객)을 위해 삶을 옮겨주는 주택 서비스(제품범주)로 이사 서비스를 무료로 제공하고 (속성 1), 추억이 담긴 물품을 보관해주어(속성 2) 편안하게 새집으로 이사하게 한다(편익)."

실제로 컨셉을 바꾸자 분양이 증가하기 시작했습니다. 이사비용과 보관비용을 충당하기 위해 분양가를 3500달러 인상했는데도 흑자를 기록했습니다. 그 결과 2007년에 주택건설업의 매출이 49%나 급감하는 상황에서 25%의 성장을 이룰 수 있었습니다.

컨셉 반성의 3가지 관점

기존 컨셉을 반성해 변화를 추구하다 보면 오히려 생각지도 않은 획기적 혁신을 이루는 경우도 생깁니다. 야구에서도 타자가 안타를 노린다는 자세로 힘을 빼고 스윙하다 보면 홈런(획기적 혁신)을 치는 경우가 많습니다. 이제는 컨셉 재정의표를 좀 더 잘 활용하기 위해서 기존 컨셉을 반성하는 경우를 3가지로 구분해 설명하겠습니다. 3가지 경우는 바로 표적고객 바꾸기, 제품범주 바꾸기 그리고 속성-편익 바꾸기로, 컨셉을 반성할 때 출발선상의 구분입니다. 컨셉을 서술하는 3가지 요소(표적고객, 제품범주, 속성-편익)는 상호 의존적이라서 컨셉 재정의는 표적고객에서 시작해도 제품범주와 속성-편익의 변화까지 이어질 수 있습니다. 예를 들면 태양의 서커스 사례는 표적고객을 바꾼 것으로 출발했지만 제품범주의 변화도 초래한 것을 볼 수 있지요. 표적고객을 어린이에서 성인으로 바꾸었지만 동시에 서커스를 연극이라는 제품범주

〈표 6-7〉 컨셉반성의 3가지 관점

반성 요소	관점 바꾸기	가정질문
표적고객	과거 구매자였지만 현재는 비구매자를 표적고객으로 비사용자를 표적고객으로 불만족 소비자를 표적고객으로 기업 고객 ↔ 개인 고객 다양한 편익 추구자 ↔ 특화된 편익 추구자	대체하면 대체하면 대체하면 대체하면 대체하면
제품범주	인접범주와 통합 상위범주로 확장 하위범주로 분할	결합해서 하나로 결합해서 하나로 나누면
속성-편익	속성(재료-형태-기능) 바꾸기 편익(사용목적) 바꾸기 프로세스 바꾸기	가정질문 CREATORS(8장)

와 통합했으니 컨셉 재정의 사례로 설명할 수 있습니다. 그럼 이제부터 컨셉 반성을 어떤 요소로 할지 설명하겠습니다.

표적고객을 바꾸면

비구매자였던 고객을 새로운 표적고객으로 바꾸는 경우입니다. 좀 더 자세히 볼까요? 우선 과거에는 구매했으나 현재는 비구매자, 과거 이런 제품을 구매하고자 했지만 여러 이유로 구매할 수 없었던 소비자(비사용자), 제품의 사용법을 이해하지 못하거나 너무 비싸 이런 제품을 사용하지 않는 소비자(비사용자), 이 제품을 다른 목적으로 사용하는 소비자(불만족한 구매자), 경쟁사 제품을 쓰고 있지만 만족하지 못하는 소비자(불만족한 구매자)가 있습니다.

과거 구매자였지만 현재는 비구매자를 표적고객으로

앞서 언급한 주택건설회사는 신규 아파트의 분양 사례에서, 은퇴한 소비자는 한때는 구매자였지만 집을 장만한 뒤에는 구매자에서 이탈한 소비자로 볼 수 있습니다. 뿐만 아니라 혼수시장이나 유행을 많이 타는 제품의 경우도 여기에 속한다고 할 수 있습니다.

비사용자를 표적 고객으로

과거에는 이런 제품을 구매하고자 했지만 여러 이유로 구매할 수 없었던 소비자를 새로운 표적고객으로 할 수 있습니다. 미국의 서던 뉴햄프셔 대학교는 고등학교를 졸업한 기존 신입생 대신 이런저런 이유로 학업을 중도에 포기한 30대 이상의 고객을 대상으로 온라인 교육 프로그램을 제공해 성공했습니다. 해당 시에서는 대학 신입생이 지속적으로 줄어 전체 인구의 20%밖에 되지 않았기에 더 큰 시장을 겨냥해야 한다고 판단한 것이지요. 이 대학은 지난 6년 동안 연 34% 성장률을 기록하며 2016년도에 매출이 5억 3500만 달러에 이르렀습니다. 이 대학이 성공할 수 있었던 것은 표적고객만 바꾼 것이 아니고 그들에게 제공하는 속성과 편익도 함께 바꾸었기 때문입니다. 30대의 학생들은 일과 가정을 병립해야 하고, 공부시간도 쥐어짜야 하는 상황에 있습니다. 그래서 대학의 낭만보다는 편리성, 고객 서비스, 자격증 그리고 수료 기간 단축을 더 중요시했습니다. 서던 뉴햄프셔 대학이 이룬 혁신은 입학부터 학사 관리에 이르기까지 모든 프로세스에서 30대 직장인 대학생들이 느꼈을 장벽들을 제거한 것이었습니다. 입학 문의에 24시간 안에 응답하고 8.5분 내에 다시 전화해주는 것을 비롯해 전적 학교의 학점을 그대로 가져오는 편의를 제공하기도 했습니다. 또 학업 과정에서는 개인상담사를 붙여주어 불편사항을 문의하도록 했습니다.

가격이 비싸 구매할 수 없었던 소비자를 새로운 표적고객으로 바꾼 사례를 볼까요? 인도의 가전제품 회사 고드레지 앤 보이스Godrej & Boyce는 인도 전체 가구의 80%가 냉장고를 갖고 있지 않은 사실에 주목했습니다. 회사는 경제적인 제품을 제공하기 위해 냉각수 대신 전력 소모가 적은 반도체를 이용하는 열전기 기술을 사용했는데요. 12볼트의 직류전기로 가동되고, 전기가 없어도 3시간 동안 작동되며, 덮개를 제거하면 쉽게 수리할 수 있는 소형 냉동기구를 설계했지요. 이렇게 탄생한 것이 초투 쿨Chotu Kool이었습니다. 힌두어로 '작은 시원함little cool'라는 의미입니다. 이 상품은 2012년에 사회영

향력 부문에서 에디슨 금상을 탈 정도로 성공했습니다.[3] 이처럼 비사용자를
표적고객으로 바꾸기 위해서는 '비사용자 관찰'이 전제됩니다(4장).

불만족한 소비자를 표적고객으로

소비자들은 원래의 목적보다 더 나은 용도로 제품을 사용하는 경우가 종종
있다고 했습니다(4장). 이들은 우리 제품이 제공하는 충족수단에 때문에 구매
하지만 원래 목적대로 사용하지 않는 고객들입니다. 이들을 위해 기존 컨셉
을 그들의 사용목적으로 변경할 수 있습니다. HP에서 신제품 개발 업무를 담
당했던 필 매키니는 간식거리를 사러 제과점에 들렀다가 계산대에 있는 자사
의 터치스마트를 봤습니다. 이 상품은 원래 가정에서 허브 컴퓨터로 사용하
면서 가족들의 스케줄을 인쇄하고, 서로 일정을 조정하고 협조를 구하는 용
도로 개발되었습니다. 그런데 제과점 주인은 터치스마트를 사서 주문용 스크
린으로 용도를 변경해 고객이 스크린상의 제품 이미지를 클릭하면 주문이 가
능하도록 만들었습니다. 상점에 상품을 진열할 충분한 공간이 없어 터치스마
트를 주문용 스크린으로 변경해 사용하고 있었습니다. 이후 HP는 가정용 터
치스마트를 상점에서 사용할 수 있는 주문용 터치스크린으로 바꾸어 출시하
게 됩니다(4장).[4] 처음에 의도한 컨셉을 수정해 용도를 변경해서 성공하는 경
우를 세렌디피티serendipity라고 설명했습니다(2장). 소비자가 충족수단에는
만족하지만 사용목적에 불만이 있는 경우가 있습니다. 이 경우에는 불만족
소비자를 대상으로 사용목적을 바꾼 브랜드를 출시할 수 있습니다.

미국의 사우스웨스트 항공은 창업할 때 기존 항공사가 업무 여행객business

3 앞의 책, pp. 206-210.
4 필 매키니 저, 김지현 역(2013), 『질문을 디자인하라』, 한국경제신문, pp. 117-118.

traveller에 초점을 맞추던 것과 차별화해 개인 여행객personal traveller을 표적 고객으로 삼았습니다. 업무 여행객은 요금을 회사가 지불하기 때문에 가격보다는 서비스에 신경을 쓰고 주로 주중에 이용합니다. 반면 개인 여행객은 자비로 여행하기 때문에 가격에 민감하고 주말을 주로 이용합니다. 따라서 사우스웨스트는 가격을 낮추고 불필요한 기내 서비스를 줄이는 데 초점을 맞췄습니다.

기업 고객 ↔ 개인 고객

기업고객을 개인고객으로 전환하거나 개인 고객을 기업 고객으로 전환하는 경우가 있습니다. 1976년 설립된 소화기 전문업체 삼우산기는 소방관계법이 개정되어 2017년 2월부터 일반 주택에도 소화기 비치가 의무화됨에 따라

〈사진 6-1〉 실내 가구와 잘 어울리는 삼우산기의 Erif 소화기

B2B에서 B2C로 시장이 확대될 것으로 보았습니다. 이에 따라 이전 표적고객인 건축업자를 일반 가구로 바꾸고 이에 맞는 소화기를 개발하기로 했습니다. 가정에서 화재가 발생했을 때 가장 많이 목격되는 현상이 소화기가 어디 있는지 몰라 우왕좌왕하는 것이었습니다. 그래서 회사는 생활의 중심이 되는 공간에 놓을 수 있는 소화기를 컨셉으로 생각했습니다. 이전에는 디자인 측면은 아예 무시하고 가격이 우선시되었으나 일반 가구, 특히 아파트에서는 소화기를 실내에 구비해야 한다는 점을 고려해 디자인 회사와 협업해 가구와 어울리는 디자인을 가진 소화기를 개발했습니다. 표적고객이 바뀌면서 속성에서 외관이 부상했고 아울러 제품범주도 소화기에서 '실내 장식용 액세서리'로 바뀌었습니다.

다양한 편익 추구자 ↔ 특화된 편익 추구자

『손자병법』에 '적敵이 방어하지 않는 곳을 공격하고 적이 생각하지 않은 곳으로 나가라攻其無備 出其不意'라는 말이 있습니다. 전쟁에서 적의 허를 찌르는 기습작전은 성공률이 높습니다. 모든 경쟁자가 서비스 범위를 넓혀 보편적 서비스를 시행할 때 오히려 좁혀서 한쪽으로 특화하면 기회가 생깁니다.

CNN은 기업인 테드 터너가 1980년 6월 1일에 창립한 미국 방송사입니다. CNN이 설립되기 전에 미국인들은 뉴욕에 있는 3대 방송사NBC, ABC, CBS가 정해놓은 시간에만 뉴스를 볼 수 있었습니다. 창립자 테드 터너는 '모든 사람이 자기가 원하는 시간에 마음대로 뉴스를 볼 수 있도록' 하는 것을 목표로 세계 최초로 24시간 뉴스만 방송하는 채널을 설립했고 큰 성공을 거두었습니다. 포털사이트 선두주자 야후가 사이트에 뉴스 코너를 만들고 날씨, 인물 등을 추가하면서 정보를 제공하는 서비스를 확대하자 익사이트, 알타비스타, AOL 역시 이를 따라 했습니다. 대형 포털은 경쟁적으로 모두 프런트페이지에 더 많은 서비스를 담기 시작했습니다. 대형 포털들이 인터넷 포털을 TV나 신문을 대체하는 새로운 인터넷 미디어로 여길 때 구글은 역발상으로 지형을 바꾸었습니다. 기존의 포털과는 달리 가로 10cm, 세로 1cm 남짓한 '판도라 게이트'라 불리는 단순화된 웹사이트로 인터넷업계에 혁명을 가져왔습니다. 구글은 인터넷 정보 매체에서 검색엔진으로 특화해서 승리자가 되었습니다.

제품범주를 바꾸면

『블루오션』의 저자 김위찬 교수는 기존 산업에서 경쟁자와 싸우는 레드오션 전략에서 탈피해 인접산업의 소비자 관찰을 통해 시장 경계선을 재구축하는 것이 블루오션을 창출하는 길이라고 했습니다. 이는 서로 상이한 제품범주들을 통합해서 새로운 제품범주를 창출하는 것입니다. 제품범주 A와 제품범주 B를 결합하거나 제품범주 A를 제품범주 B의 관점에서 보고 컨셉을 재정의하는 것이지요. 또 기존 제품을 하위범주로 분할하거나 상위범주로 확대하는 것입니다. 최근에 인지심리학에서는 개념적 혼성conceptual blending이라는 용어가 등장했는데, 이것은 한마디로 여러 개념을 혼합하여 새로운 개념을 만드는 것을 의미합니다.[5] 경영과 마케팅에서 서로 반대되는 개념들이 합쳐져 새로운 개념으로 탄생하고 있습니다. 세계화와 현지화가 합쳐져 글로칼리제이션glocalization이라는 말이 생겨났고 대중mass 마케팅과 명품prestige 마케팅이 합쳐져서 매스티지mastige 마케팅이 탄생했습니다.

---

5 Fauconnier, Gilles and Mark Turner(2008), 『The Way We Think: Conceptual Blending and the Mind's Hidden Complexities』, Basic Books.

인접범주와 통합

『끌리는 컨셉의 법칙』에서 소개된 움프쿠아 사례는 은행과 호텔을 통합한 것이고 뉴질랜드 우체국의 컨셉 재정의 사례는 우체국과 편의점을 통합한 사례입니다. 태양의 서커스는 서커스와 연극을 통합한 사례입니다. 인접범주 간 통합을 시도하려면 산업 간 유추를 활용할 수 있습니다(7장).

『블루오션』에 소개된 호주의 카셀라 와인즈Casella Wines도 마찬가지입니다. 전통적 와인 시장에서는 와인의 종류가 많아 와인 전문가와 애호가들만이 그 맛과 품질을 이해할 수 있었습니다. 와인 소매상들을 다양한 종류의 와인을 매장에 진열했지만 일반 고객들은 와인을 선택하는 것을 어려워했습니다. 카셀라 와인즈는 맥주와 각테일 고객을 관찰한 결과 와인의 엘리트 이미지가 일반 소비자에게는 큰 영향을 주지 않는다는 것을 발견하고 '맥주나 각테일처럼 마실 수 있는 와인' 컨셉을 설정했습니다. 카셀라 와인즈는 포도 품종도 가장 인기 있는 두 종류에만 집중하고 와인 병에서 전문용어를 없앴습니다. 대신 검은색 바탕에 밝고 선명한 오렌지색과 노란색 캥거루가 그려진 멋지고 간결한 라벨을 만들었습니다. 이 와인은 맛이 부드럽고 맥주처럼 마시기 쉬웠으며 향이 뛰어났습니다. 와인의 달콤한 과일 향은 사람들의 입맛을 더욱 상쾌하게 만들어 한 잔 더 마시고 싶게 만들었습니다. 카셀라 와인은 매일 즐길 수 있고 재미있고 심플한 와인으로 컨셉이 정립되었습니다. 2003년 8월 옐로 테일은 미국 시장에서 750ml짜리 레드와인 부문에서 가장 많이 팔린 와인이 되었습니다.[6] 이 사례는 제품범주 통합으로 볼 수도 있고 속성-편익의 변경으로 볼 수도 있습니다. 앞서 이야기한 것처럼 제품범주의 변경도 속성-편익의 변경을 수반하기 때문입니다.

---

6 김위찬 · 르네 마보안 저, 강혜구 역, 『블루오션 전략』 교보문고, pp. 41~51.

한때 세계 1위 휴대폰 메이커로 군림했던 휴대폰 왕국, 노키아는 애플이 2007년 아이폰을 출시하면서 급속히 무너졌고 2013년에는 MS에 인수되었습니다. 노키아는 아이폰 출시 2년 전인 2005년 터치스크린 폰을 내놓았습니다. 그러나 소비자들이 터치스크린 폰을 원하지 않는다고 결론을 내고 연구를 중단했습니다. 하지만 예상과 달리 2007년 출시된 아이폰은 시장을 평정했습니다. 노키아는 휴대폰을 여전히 통신기기로 보았지만 애플은 휴대폰을 컴퓨터로 보았습니다. 노키아는 통화 위주의 휴대폰을 핵심으로 하고 인터넷 같은 서비스는 추가하는 식으로 스마트폰을 개발해서 실패한 것입니다. 애플은 반대로 휴대폰을 컴퓨터로 보고 통신기기가 추가된 것으로 봤습니다. 이제 스마트폰은 컴퓨터를 넘어서 카메라, MP3, 내비게이터, 신용카드 등과 통합해 손안의 생활도구로 격상되었습니다.

상위범주로 확장

『지적자본론』의 저자 마스다 무네아키는 서점에 대한 개념을 새롭게 한 츠타야 서점을 열어 일본 사회에서 화제가 되었습니다. 츠타야 서점은 서점, 스타벅스, 레스토랑, 음반 판매점, 장난감 판매점 등 다양한 복합공간으로 이루어져 있어 인터넷과 스마트폰에 익숙한 젊은이들은 물론 어른과 어린이까지 전 연령대에 걸쳐 오랫동안 머무르게 하는 서점이 되었습니다. 그는 서점은 서적만을 판매하려 하기 때문에 사양산업이 되었다고 보고 서적 자체가 아니라 책에 쓰인 제안을 판매해야 한다고 생각했습니다. 그래서 '서적 안에 표현되어 있는 라이프스타일을 판매하는 서점'이라는 컨셉을 생각해냈습니다. 기존 서점에는 책이 인문, 과학, 경영 등 장르별로 진열되어 있지만 이 서점에서는 여행, 음식과 요리, 디자인과 건축, 자동차 등으로 라이프스타일에 따라 구분되어 있습니다. 그렇기 때문에 그곳을 방문한 고객은 "미국을 여행한다면 이런 문화를 접해보는 것이 어떻겠습니까?"라는 제안을 받게 됩니다. 여행서 적이나 여행정보가 전시된 진열대 근처에는 여행사 상담창구가 있습니다. 이 렇게 복합공간과 라이프스타일을 제안하는 진열로 츠타야 서점은 1400여 곳 의 매장을 운영하는 일본 최대의 서점 체인으로 성장하고 있습니다.[7]

이처럼 인접범주와 통합을 넘어 관련된 여러 제품범주를 모두 통합해 상위 범주를 만들 수 있습니다. 상위범주로의 확장은 표적고객을 특화된 편익추구 자에서 다양한 편익추구자로 전환하는 것과 관련됩니다. 소비자는 특정 편익 이나 서비스를 선호하기도 하지만 한 번의 소비로 제품이나 서비스에서 다양 한 편익을 얻기를 원하기도 하니 말입니다.

하위범주로 분할

통합과 반대되는 분할로도 컨셉을 재정의할 수 있습니다. 브랜드를 정의할 때 기존의 제품범주(종류)에 새로운 종차를 사용해 하위범주를 만들 수 있습 니다. 이렇게 되면 기존 제품범주는 분할하게 됩니다. 액체세제로 브랜드를 정의하면 제품범주는 액체세제와 기존의 분말세제로 분할되는 것입니다(5 장). 선도 브랜드가 성공하고 다른 브랜드들이 진입하면 제품범주명이 생깁니 다. 후발 브랜드가 기존 제품범주의 특성과 대비되는 속성이나 편익을 사용 해 컨셉을 정의하면 선도 브랜드보다 우월한 브랜드 컨셉을 만들 수도 있고 심지어는 기존의 시장에서 선두 브랜드를 추월할 수 있습니다. 조미료 시장 에서 제일제당(CJ의 과거 사명) 다시다는 '천연조미료 다시다'란 컨셉 정의를 통해 선도 브랜드 미원을 추월할 수 있었습니다. 새로운 컨셉 정의를 통해 기 존 조미료 시장이 천연조미료와 인공조미료 시장으로 분할되도록 유도했습

---

7 마스다 무네아키 저, 이정환 역, 『지적 자본론』, 민음사, pp. 65~71.

니다. '천연'이라는 종차는 기존의 경쟁 브랜드를 열등한 인공조미료로 인식
되도록 했습니다. 이렇게 기존 제품범주를 분할하는 컨셉 재정의로 선도 브
랜드를 추월할 수 있습니다.

속성–편익을 바꾸면

끝으로 기존 제품의 속성과 편익을 바꾸어 새로운 컨셉으로 재정의할 수 있
습니다.

속성(재료-형태-기능) 바꾸기

여기서 중요한 것은 속성을 바꾸는 것에 그치지 않고 새로운 편익이 있어
야 한다는 것입니다. 그냥 남과 다르기만 한 차별화가 아니라 '가치를 제공하
는 차별화'여야 합니다. 속성을 다르게 했는데도 편익이 따르지 않으면 가치
를 제공하는 차별화가 아닙니다. 컨셉은 '원하는 결과'와 '충족수단'의 결합
이라는 점을 기억하세요. 그러면 표적고객이나 제품범주도 바뀔 수 있습니다.
스테레오 카세트플레이어는 녹음과 재생 기능으로 구성되어 있습니다. 이 중
에서 녹음기능을 제거해보면 어떨까요? 우선 크기가 대폭 줄어듭니다. 그러
면 가지고 다니면서 더 편하게 음악을 들을 수 있게 됩니다. 이렇게 탄생한 것
이 바로 워크맨 컨셉입니다. 속성을 바꾸어 새로운 편익을 도출한 것이지요.
그리고 이 컨셉은 기존과 다른 표적고객이 선호할 것입니다. 이것을 컨셉 서
술문으로 정리해볼까요? '워크맨(브랜드명)은 음악을 좋아하는 젊은이(표적고
객)를 위한 휴대용 스테레오 플레이어(제품범주)로 크기를 소형화해(속성) 어
디서든 음악을 들을 수 있게 해준다(편익).'

또 속성을 바꿔 재생기능을 하나 더 추가하면 어떨까요? 거기에다 원래의 재생과 다른 재생기능까지 추가해봅시다. 노래를 들을 때 목소리는 빼고 멜로디와 박자만 재생할 수 있는 기능이라고 해보지요. 그러면 다음과 같은 컨셉 서술문으로 정리할 수 있습니다. '듀얼 플레이어(브랜드명)는 전문 음악가(표적고객)를 위한 스테레오 플레이어(제품범주)로 두 가지 재생기능이 있어(속성) 음악을 깊이 있게 즐기게 해준다(편익).' 이렇게 컨셉이 재정의되면 소비자에게서 피드백을 받아 신제품 개발을 진행할 수 있습니다.

편익(사용목적) 바꾸기

속성만 바뀔 수 있는 것이 아니라 편익도 바뀔 수 있습니다. 일본 아사히야마 동물원이 컨셉을 재정의한 사례를 살펴보겠습니다. 이 동물원은 '동물전시'에서 '야생에서 자연스러운 동물의 행동전시'로 바꾸어 동물원의 혁신사례로 꼽힙니다. 즉 관람객에게 동물을 정적으로 보여주는 것이 아니고 동적으로 보여주는 것이지요. 사실 동물원의 동動자는 '움직일 동'자인데 동물원의 동물들은 우리에 갇혀 가만히 앉아 있거나 잠자고 있는 경우가 많습니다. 아사히야마는 이 점을 반성한 것이지요.

편익이 바뀌면 거꾸로 속성도 바꾸어야 합니다. '행동전시' 동물원이라는 컨셉을 구현하기 위한 속성(충족수단)을 개발했습니다. 펭귄은 땅 위에선 뒤뚱거리지만 물속에선 탄환처럼 재빠릅니다. 그래서 관람객 머리 위 수족관에서 펭귄이 수영하는 모습을 올려다보게 했습니다. 관람객이 호랑이 우리 아래로 지나가게 하면 어떨까요? 호랑이의 발톱까지 실감나게 볼 수 있을 것입니다. 또 오랑우탄을 위해 17m 높이의 기둥을 세우고 철골을 연결하고 밧줄을 달았습니다. 사육사가 긴 장대 끝에 먹이를 매달아주면 오랑우탄은 한 손으로는 먹이를 입에 가져가면서 다른 한 손은 밧줄을 잡고 있지요. 오랑우탄은 본성상 높은 나무 위에서 생활하는 것을 편히 여기고 악력이 인간의 30배나 되어 떨어지는 일이 없다고 합니다.[8]

프로세스 바꾸기

이제까지의 구매 프로세스나 사용 프로세스를 바꾸는 경우가 있습니다. 구매 프로세스를 바꾸는 경우는 오프라인에서 구매하던 것을 온라인으로 구매하는 것입니다. 최근의 혁신적 비즈니스 모델은 기존 오프라인 사업을 반성해 아마존의 예처럼 사업을 온라인화하는 것에서 나타납니다. 블록체인block chain 기술의 발전에 따라 온라인 사업은 다시 블록체인화할 것으로 예상됩니다.[9] 사용 프로세스를 바꾼 예는 움프쿠아 은행이나 이케아 사례를 들 수 있습니다. 프로세스를 바꾸면 표적고객이나 제품범주에도 변화가 올 수 있습니다.

이 장의 전반부에서는 베이컨이 제안한 귀납법을 활용해 미충족 니즈를 발견하고 이를 핵심편익 정의로 정리하는 방법을 살펴보았습니다. 『끌리는 컨셉의 법칙』에서는 선요후별가형先要後別加形이란 용어를 사용했습니다. 고객의 니즈라 할 수 있는 필요성을 먼저 살피고 나중에 차별성을 고려해서 유형성을 추가해야 한다는 의미입니다. 이 장의 후반부에서는 기존의 개념을 반성해 새로운 개념을 만드는 것에 대해 설명했습니다. 이는 자사의 기존 제품 및 서비스와 다르게, 혹은 경쟁 제품 및 서비스와 다르게 해보고 이러한 차별화가 고객의 니즈(필요성)에 부합하는지 확인하는 방향으로 진행하게 됩니다. 그래서 선별후요가형先別後要加形이라고 말할 수 있습니다. 개념규정이 되었

---

8 오세웅(2012), 『아사히야마 동물원 이야기』, 새로운 제안, pp. 62–77, pp.96–99. 한국경제신문 2013년 6월 6일 기사, "아사히야마 동물원, '펭귄이 머리위로 날고, 염소 만져보고'… 뻔한 동물원을 버렸다"
9 오세현 · 김종승(2017), 『블록체이노믹스』, 한국경제신문.

든 개념반성이 되었든 경쟁제품과 단지 다르기만 한 차별화가 아닙니다. '가치를 높이는 차별화'여야 합니다. '컨셉력= 필요성×차별성'이라는 사실을 유념하기 바랍니다.

컨 / 셉 / 카 / 페 / 6

컨셉은 무기이며 동시에 족쇄이다

아리스토텔레스 논리학은 존재하는 사물을 '언어로 서술'하려는 것에서 출발합니다(5장). 이에 칸트는 전통 논리학을 비판하면서 사물을 인식할 때 인간의 이성을 올바르게 사용하는지를 철학의 주제로 삼았습니다. 칸트는 존재하는 사물을 '개념적으로 인식'하며 '인간의 인식은 개념이 구성한 것'으로 설명합니다. 그는 또 인식을 내용과 형식으로 나누는데, 내용은 어떤 대상을 직접적으로 느끼는 감각적 경험에서 오고, 형식이라는 틀로 내용을 고정시켜서 인식이 만들어진다고 했습니다. 그러니까 형식인 틀이 개념인 것이고 인간의 인식은 개념에 의해 구성된 것입니다. 즉 개념에 따라 인간은 인식을 구성한다는 것이 칸트의 구성주의 인식론입니다. 같은 맥락으로 마케팅에서는 "소비자는 좋은 제품이 아니라 좋아 보이는 제품을 구매한다"는 말이 있습니다.

제품·서비스의 성패를 결정하는 것은 물리적 제품 그 자체가 아니라 이에 대한 소비자의 인식입니다. 서울대학교 농과대학이 농업생명과학대로 이름을 바꾸었습니다. 그러자 경쟁률이 높아지고 합격자들의 입학성적도 높아졌습니다. 왜 그럴까요? '농과대학'이라는 개념에서 떠올린 이미지(이를 표상이라 합니다)와 '농업생명과학'이라는 개념에서 떠올린 이미지(표상)는 확실히 다릅니다. 전자가 논에 나가 열심히 땀 흘리는 모습(표상 혹은 이미지)을 떠올리게 한다면 후자는 연구소에서 하얀 가운을 입고 실험하는 모습을 떠오르게 합니다. 이런 이미지는 실제 사용자 경험과 합쳐지는데 인간은 실제 경험과 개념이 떠올린 이미지(내적 감각)를 구분하지 못합니다. 그래서 개념이 사용자 경험에도 영향을 주는 것입니다.

후대 철학자들은 칸트의 구성주의 인식론에 대해 신조어를 만들어가며 사회현상을 설명합니다. 그중에서 대표적인 것이 정치 마케팅에서 '프레임 이론frame theory'입니다. 프레임이란 세상을 바로 보는 관점 혹은 생각의 틀이라고 할 수 있습니다. 선거철이 되면 각 후보 간 프레임 전쟁이 시작됩니다. 버클리대 심리학자 조지 레이코프는 『코끼리는 생각하지 마』란 저서에서 '세금 구제tax relief'라는 구호를 프레임의 예로 듭니다. 이것은 부자와 대기업의 이익을 대변한 미 대통령의 감세정책을 표현한 것이었는데요. 이전에 사용하던 세금 감면이라는 용어 대신 세금 구제란 표현을 사용해, 유권자들이 세금은 국민의 의무가 아니라 어쩔 수 없이 내는 것인데 공화당이 납세자들을 구제해준다고 생각하게 만든 것입니다. '세금 구제'라는 언어로 납세를 다시 보게 구성한 것이지요. 그래서 '생각의 틀을 만든다'는 '개념으로 인식을 구성

구성주의 인식론에 대한 다양한 표현들

철학자	표 현
칸트	인간은 개념에 따라 경험을 구성한다.
훔볼트	인간은 언어가 보여주는 대로 현실을 인식한다.
쇼펜하우어	세계는 나의 표상이다(세상은 나에게 보이는 대로 존재한다).
비트겐슈타인	나의 언어의 한계가 나의 세계의 한계다.
조지 레이코프	인간은 프레임으로 사고하고 말한다.

한다'와 같은 말입니다. 다른 용어로 표현된 구성주의 인식론들을 표로 정리해보았습니다.

개념은 소비자의 인식을 명료하게 하거나 인식의 내용을 바꿔 구매를 유도하지만 한편으로는 마케터의 사고를 제약하기도 합니다. 그래서 마케터에게 컨셉은 무기이면서 동시에 족쇄입니다. 인간의 인식은 개념을 통해 형성되지만 그 인식은 개념이 형성된 시점(컨셉이 정의된 시점)에 고정됩니다. 그래서 시간이 지나 실체나 현상이 바뀌었는데도 그런 개념으로 실체를 바라보게 됩니다. 그러면 그것이 바로 고정관념이 됩니다. 컨셉에서 -cept에는 '붙잡다', '포착하다'라는 뜻이 있다고 말했습니다(『끌리는 컨셉의 법칙』, 법칙 1). 컨셉은 소비자 인식을 붙잡는 것인데 마케터 인식도 붙잡습니다. 그러면 개념에 붙잡힌 마케터의 생각은 고정관념이 되어 창의성을 제약할 수 있습니다. 그래서 과거의 개념에 사로잡혀선 안 될 때가 있습니다.

이처럼 서양철학에서는 개념이 중요합니다. 그런데 동양에서는 오래전부터 고정된 실체는 없고 따라서 언어로 실체의 개념을 정의하는 것을 부정적으로 생각했습니다. 그래서 동양철학은 반反논리학적입니다. 노자의 『도덕경』은 '도道를 도道라 말하면(규정하면) 변하지 않는 도道는 아니다. 개념名을 개념名이라 말하면(규정하면) 변하지 않는 개념名은 아니다'라는 말로 시작합니다. 실체는 계속 변하는데 언어로 고정시키면 변하는 실체를 붙잡을 수 없다는 뜻입니다. 이는 실체는 고정불변이고 언어로 정의할 수 있다는 아리스토텔레스 논리학의 전제와 배치됩니다. 그래서 개념을 반성하고 해체할 때는 동양의 관점이 유리하지만 개념을 분별하여 규정할 때는 서양의 관점이 유리합니다. 상황에 맞게 두 관점 간에 중용을 취하는 자세가 필요합니다.

'유추란 그 말이 의미하는 하는 것처럼
두 사물의 불완전한 유사성을 뜻하는 것이 아니라,
전혀 유사하지 않은 사물들 사이에서 발생하는
두 관계의 완전한 유사성이다.'

−칸트의 『형이상학 서설』

유추와 공감적 상상

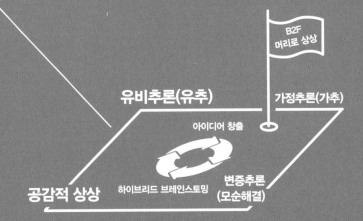

유비추론(유추)

가정추론(가추)

B2F
머리로 상상

아이디어 창출

변증추론
(모순해결)

공감적 상상

하이브리드 브레인스토밍

Chapter 7

7장에서 9장까지는 핵심편익을 뒷받침하는 충족수단을 개발하는 방법을 제시합니다. 유추를 통한 문제해결은 현재의 문제와 유사한 문제들 중에서 해결책이 알려진 것을 찾아 이를 현재의 문제에 적용하는 것입니다. 한마디로 '반면교사'할 만한 충족수단의 예를 찾아내는 것이지요. 공감적 상상은 신제품을 어떻게 사용할지를 고객이 입장에서 상상해서 충족수단을 개발하는 방법입니다.

하이브리드 브레인스토밍(Hybrid Brainstorming)

『탁월한 아이디어는 어디서 오는가』의 저자 스티븐 존슨은 700년 혁신의
역사 속에서 좋은 아이디어가 일어나는 패턴을 7가지로 간추렸습니다(인접가
능성, 유동적 네트워크, 느린 예감, 세렌디피티, 실수, 굴절적응, 플랫폼). 그리고 이 7가
지 패턴을 관통하는 키워드는 '연결connection'이라고 결론 내렸습니다. 이
장에서 다루는 유추나 브레인스토밍은 모두 아이디어의 연결을 목적으로 합
니다. 스티븐 존슨은 "18세기 계몽주의 시대의 수많은 혁신은 '커피하우스'
에서 나왔다"라고 했습니다. 당시 전기과학이나 보험산업 등 서로 다른 분야
의 전문가들이 영국의 '커피하우스'에 모여 커피를 마시면서 다양한 의견을
개진하고 토론하는 과정에서 수많은 혁신이 탄생했다는 것입니다.[1] 오늘날
기업에서는 커피하우스 대신에 서로 아이디어를 교환하고 결합하는 방법으
로 브레인스토밍을 사용합니다.

개인플레이와 팀플레이의 결합

브레인스토밍(이하 줄여서 BS)은 특정 주제를 정해놓고 리더의 인도에 따라

---

[1] 스티븐 존슨(2012), 『탁월한 아이디어는 어디서 오는가』, 한국경제신문, pp. 181-182.

참석자들(보통 4~7명)이 아이디어를 내고 1시간 정도 토론한 뒤 최종적으로 아이디어를 선정하는 방법입니다. BS는 광고업자였던 알렉스 오스본이 1957년에 『상상력의 적용Applied Imagination』에 소개하면서 업계에 확산되었습니다. 오스본은 팀으로 작업한 경우를 개인별로 했을 때와 비교해보니 아이디어의 질과 양이 더 탁월하다고 주장했습니다.[2] 아이디어 창출을 업으로 하는 세계적 디자인 회사 아이데오IDEO에는 BS를 위한 전용실이 따로 마련돼 있으며, BS 원칙이 벽에 적혀 있다고 합니다. 그리고 여러 원칙 중에서 '타인의 발상을 참조하라(아이디어를 연결하라)'는 원칙을 가장 중요시합니다. 이 원칙은 창조적 작업에서 '살생하지 말라'나 '부모를 공경하라'라는 진리와 함께 가장 상위에 모셔둬야 하는 철칙이라고 했습니다.[3]

한편 업계에서 BS를 많이 활용하고 있는 상황에서 개인별로 아이디어를 내는 것이 BS보다 더 효과적이라는 연구결과도 제시되고 있습니다.[4] 실제로 현장에서도 아이데오처럼 BS를 선호하는 회사가 있는가 하면, 구글벤처스처럼 개인별로 아이디어 창출하는 방법을 선호하는 회사도 있습니다.[5] BS에 반대하는 이유로는 ① 다른 팀원의 아이디어를 경청해야 하기 때문에 자신이 아이디어를 낼 시간을 빼앗기는 아이디어 생산 방해Production Blocking, ② 자신의 역량을 팀원들이 부정적으로 평가하는 것에 대한 두려움Evaluation Apprehension ③ 책임감이 떨어져 타인의 생각에 편승하는 무임승차Free Riding를 듭니다.

---

2 Osborn, Alex F.(1963), 『Applied Imagination: Principles and Procedures of Creative Problem Solving』, 3rd ed., New York, NY: Charles Scribner's Sons.

3 팀 브라운 저, 공성연 역(2010), 『디자인에 집중하라』, 김영사, p. 119.

4 Mullen, B., C Johnson and E.Salas(1991), "Productivity Losses in Brainstorming Groups: A Meta-Analytic Integration," Basic Applied Social Psychology, 12, pp. 3-23.

5 제이크 냅 외 2인 저, 박우정 역(2016), 『스프린트』, 김영사, pp. 140-142.

　　그렇다면 두 가지를 결합하는 방식은 어떨까요? 이미 위와 같은 BS의 문제점을 개선하기 위한 방법이 제시되었습니다. 바로 하이브리드 브레인스토밍(이하 줄여서 H-BS)입니다. 이 방법은 BS를 두 단계로 나누어 진행하는 것인데요. 첫 단계에서는 개인별로 떠오르는 아이디어를 일일이 적게 한 뒤에 두 번째 단계에서 팀으로 모여서 BS를 거치면서 개인의 아이디어를 다른 팀원과 결합하고 발전시키는 것입니다. 카렌 기로트라Karen Girotra 등이 두 방법을 비교하는 연구를 수행한 일이 있었습니다.[6] 동일한 과제를 제시하고 한 집단은 30분 동안 BS로 작업해 아이디어를 내고, 다른 집단은 개인별로 10분, 팀별로 20분을 모여 작업하는 H-BS를 했습니다. 작업 후 아이디어의 양과 질을 비교한 결과 H-BS가 BS보다 우수하다는 결과가 나왔습니다. H-BS는 전통적 BS에서 발생할 수 있는 문제점을 극복해 팀원들의 아이디어가 연결되도록 촉진시키기 때문입니다.

　　덧붙여 양자를 비교한 연구에 따르면, 하나의 부문에서 전문성을 요하는 문제에는 개인별로 충족수단을 개발하는 것이 효율적이지만 여러 부문에서 전문성을 요하는 문제cross-functional problem는 BS가 더 효율적인 것으로 알려졌습니다.[7] 심리학자 던바Dunbar는 새로운 발견은 과학자들이 혼자 실험실에서 현미경을 들여다보는 데서 나온 것이 아니고 10여 명의 학자들이 회의실 탁자에 둘러 앉아 실험자료를 분석하면서 토론하는 과정에서 나왔다고 했습니다(4장).[8] 다양한 분야의 관점이 반영되어 혁신이 일어나는 것으로 보입니

6 Girotra, K., C. Terwiesch and K. Ulrich(2010), "Idea Generation and the Quality of the Best Idea" Management Science, April, pp. 591–605.

7 S. Kavadias and S. C. Sommer(2009), "The Effects of Problem Structure and Team Diversity on Brainstorming Effectiveness," Management Science, 5(12), pp. 1899–1913.

8 Dunbar K.(1999), "How Scientists Build Models In Vivo Science as a Window on the Scientific Mind," in 『Model-Based Reasoning in Scientific Discovery』 Magnani L., Nersessian N.J., Thagard P. (eds) Springer, Boston, pp. 85–99.

다. 오늘날 창의성을 강조하는 조직에서는 'T자형 인재'를 선호합니다. T자형 인재는 다방면(가로)에 박식하면서도 전문지식(세로)도 깊이를 갖춘 인재를 말하지요.[9] 신제품 개발팀의 구성원에게 필요한 자질도 같습니다. 'T자형 인재'처럼 다른 분야에 어느 정도의 지식을 갖고 있으면서도 저마다 전문지식이 깊어 최종 결과물에 기여할 수 있어야 합니다.

컨셉빌딩과 하이브리드 브레인스토밍

이 책에서 브레인스토밍은 니즈를 종합하는 니즈스토밍과 충족수단의 아이디어를 개발하는 아이디어스토밍으로 구분됩니다(6장). 그리고 이 장에서 말하는 브레인스토밍은 바로 충족수단을 개발하는 아이디어스토밍을 말합니다.

컨셉빌딩에서는 여러 부문 간에 협력이 필요한 신제품 개발 초기, 즉 컨셉개발이나 제품설계 단계에서는 H-BS를 사용하고 부문별(마케팅, R&D, 디자인 등)로 작업이 가능한 신제품 개발 후반부에는 개인별로 아이디어 창출하는 것을 제안합니다. 후반부라도 여러 부문 간에 걸쳐 전문지식을 요하는 경우, 즉 컨셉을 수정하려는 경우에는 H-BS를 사용할 것을 권합니다. 자신의 아이디어를 타인의 아이디어와 연결해야 팀작업이 의미가 있지 연결이 없다면 개인별 작업과 다르지 않을 것입니다. 그래서 H-BS를 실행하는 공간도 결합을 촉진하는 환경이 되어야 합니다. 1단계에서 개인이 낸 아이디어들을 다른 팀원들이 볼 수 있도록 포스트잇 등을 붙일 수 있는 공간을 만들거나 4면을 화이트보드로 만들어 모든 팀원의 아이디어를 적는 것도 좋습니다.

좀 더 구체적으로 H-BS를 사용할 때는 '개인-팀-개인'의 3단계로 나누어 실시하도록 합니다. 우선 개인별로 자신의 아이디어를 생각해봅니다. 팀으로

---

9 팀 브라운 저, 공성연 역(2010), 『디자인에 집중하라』, 김영사, pp. 46-48.

모여 작업할 때 각자 아이디어를 내면 다른 팀원들이 이 아이디어를 자신이 생각한 아이디어와 결합해 제시하는 것입니다. 그리고 마지막으로 최종 아이디어를 선정할 때 다시 개인별로 낸 아이디어나 결합된 아이디어를 평가하거나, 투표를 해서 최종 아이디어를 선별합니다. 만약 이 작업에 2시간을 사용한다면, 1단계 개인별 아이디어 창출에 50분, 2단계 팀으로 모여 아이디어 창출에 60분, 그리고 마지막 3단계 아이디어 평가와 선별에 10분을 할당합니다.

컨셉빌딩과 유추

유추에서 관계의 유사성

유추는 유사한 것으로 추론하는 것입니다. 유사하다는 것은 과연 무엇을 의미하는 걸까요? 칸트에게 유추는 유비추론類比推論을 줄인 말로 여기에는 '개념들의 비례a proportion of concepts'라는 뜻이 포함되어 있습니다. 칸트는 유추를 주어진 3개의 항(a, b, c)에서 네 번째 항(x)을 찾아내는 비례식으로 설명합니다.

"나는 그러한 유추에 근거해 내가 절대로 알 수 없는 사물들에 대한 관계의 개념을 줄 수 있다. 예컨대, 자식의 행복 촉진(a)과 부모의 사랑(b)의 관계는, 인류의 복지(c)와 신 안의 알려져 있지 않은 것(x)의 관계와 같다. 우리는 이 알려져 있지 않은 x를 사랑이라고 부른다. 이는 신의 사랑이 인간의 사랑과 최소한의 유사성을 가져서가 아니라, 신의 사랑과 세계가 맺는 관계, 그리고 부모와 자식이 맺는 관계를 유사한 것으로 놓을 수 있기 때문이다. 그러나 여기서 관계의 개념은 단지 범주이고 감각능력과는 상관이 없다(이 문장의 의미는 컨셉카페 8에서 설명하겠습니다)."[10]

  칸트에게 유비추론은 비례식(a:b = c:x)에서 미지수 x를 구하는 것과 같습니다. a, b, c, x가 수량화할 수 있는 양적 변수라면 x를 구할 수 있을 것입니다. a와 b, c와 x와의 관계를 유추해 x를 구하는 것이지요(질적 요소들은 수량화가 불가능해서 이 식으로 구하기 어렵습니다). 서두에 인용한 칸트의 유추는 사물 간 유사성이 아니라 '관계'의 유사성입니다.

  레오나르도 다빈치는 망치로 종을 치는 모습을 보고 소리의 파동이라는 개념을 생각할 때 유추를 활용했습니다. 망치로 종을 쳐봤자 소리가 눈으로 보이지는 않습니다. 그렇다면 소리는 어떻게 전해지는 것일까요? 다빈치는 여기에서 호수 표면을 돌로 때릴 때 수면의 움직임을 떠올렸습니다. 망치로 때리는 소리 역시 호수 면처럼 파동으로 전해진다고 추론한 것입니다. 그럼 여기서 관계의 유사성은 어떻게 배치될까요? 중요한 것은 종과 호수 표면의 유사성이 아닙니다. 바로 망치와 종의 관계, 그리고 돌과 호수 표면의 관계, 즉 두 관계의 유사성을 말하는 것입니다. 두 관계에서 파동이라는 개념을 끄집어낸 것이지요. 돌이 호수 표면을 때릴 때 생기는 파동은 시각 영역이고 망치가 종을 때리는 영역은 청각 영역입니다. 눈에 보이는 시각 영역을 통해 보이지 않는 청각 영역의 파동(즉, 음파)을 발견한 것입니다.
  유추는 모르는 영역의 것을 이미 알려진 영역에 빗대어 생각하는 것인데, 여기서 모르는 영역을 목표 영역target domain이라 하고 이미 알고 있는 영역을 기본 영역base domain이라고 합니다. 기본 영역이 감각으로 쉽게 느낄 수

---

10 칸트 저, 백종현 역, 『형이상학 서설』, 아카넷, p. 298. 영문 번역과 대조해 저자가 첨삭하였고 괄호는 저자가 보충함. G. Hatfield 역(2002), 『Prolegomena to any Future Metaphysics』, Cambridge Univ. Press.

있는 경험의 세계라면 목표 영역은 해법을 찾아내려는 상상의 세계라고 하겠습니다.

일상에서 유추의 활용

사실 유추는 우리도 모르게 일상을 지배하고 있습니다. 인간은 유추로 새로운 개념을 학습하거나analogical learning 새로운 문제를 해결하거나analogical problem solving 은유적 표현understanding metaphor을 이해합니다. 은유는 유추의 표현이지요.

우리는 보통 잘 모르는 개념(컨셉)을 설명할 때 잘 아는 유사한 영역의 사례로 설명합니다. 과학에서는 이런 유추를 잘 활용한 사례로 물리학자 러더포드 비유Rutherford's Analogy가 유명하지요. 그는 원자구조를 설명하면서 이를 태양계에 비유했습니다. 태양은 원자의 핵이 되고 태양 주위를 도는 혹성은 전자가 됩니다. 상호 간 인력으로 말미암아 혹성이 태양 주위를 돌듯이 전자가 원자핵을 회전합니다. 이것은 전기의 흐름을 설명할 때도 마찬가지입니다. 보통 수력학에서 물의 흐름으로 이렇게 설명을 합니다. 전압을 나타내는 볼트voltage는 수압水壓이 되고 전력량을 나타내는 암페어ampere는 수량水量으로 이해할 수 있다고 말입니다.

유추적 문제해결은 현재의 문제와 유사한 문제들 중에서 해결책이 알려진 것을 찾아 이를 현재의 문제에 적용하는 것이라고 했습니다. 긱과 홀리야크 교수는 사전에 유사한 문제의 해법을 학습한 집단은 학습하지 않은 집단에 비해 쉽게 문제를 해결한다는 것을 실험을 통해 밝혔습니다. 그는 2개의 집단에서 방사선으로 암을 치료할 때 발생하는 문제를 제시했습니다. 방사선은 종양도 죽이지만 주변의 건강한 세포도 죽입니다. 그렇다면 방사선을 이용해 어떻게 건강한 세포를 죽이지 않고 암을 효과적으로 치료할 수 있을까요? 우선 연구팀은 이 문제를 내기 전에 한 집단에게 유사한 문제를 냈습니다. "주변에 지뢰가 깔려 있는 성城을 함락시키는데 어떻게 병력 손실을 최소화하면서 성을 공략할 것인가?" 그 답은 여러 방향으로 병력을 나누어 성을 함락하는 것이었습니다. 그런데 성을 공략하는 문제를 사전에 푼 집단은 다른 집단에 비해 방사선 암치료 문제의 해법을 더 잘 찾아냈습니다. 효과적인 방사선 치료의 해법은 방사선의 강도를 낮춰 여러 방향에서 투사해 암을 치료하는 것이었습니다.[11]

많은 문학과 시, 심지어 브랜드명이나 광고에도 은유를 사용합니다. 아인슈타인 우유, 엄마손 파이, 스킨푸드는 대표적으로 은유를 이용한 브랜드명입니다. 은유는 단어로만 되는 것이 아닙니다. 광고에서는 곧잘 은유를 시각적으로 표현하기도 하지요. 엔진 세정제 광고를 보면 '엔진의 때를 말끔히 닦아낸다'는 슬로건 아래 엔진을 때수건(일명 이태리타월)으로 닦는 이미지를 보여줍니다. 그리고 사람의 때처럼 '엔진의 때를 말끔히 닦아낸다'고 표현합니

〈표 7-1〉 일상과 마케팅에서 유추의 활용

종류	이미 잘 아는 영역: 기본영역	미지의 문제영역: 목표영역	마케팅에 적용
개념학습	태양계	원자구조	컨셉서술
문제해결	장군이 군대로 성을 함락	의사가 방사선으로 암을 치료	컨셉빌딩에서 충족수단 개발
은유적 표현	이태리타월	엔진 세정제	표현컨셉 개발

---

11 Gick, Mary L. and Holyoak, Keith J.(1980), "Analogical Problem Solving," Cognitive Psychology, Vol. 12, pp. 306–355.

다. 사실 우리가 엔진 내부에 들어가서 엔진의 때가 제거되는 것을 볼 수는 없습니다. 하지만 모두 이태리타월로 때를 밀어본 경험은 있을 겁니다. 이처럼 감각으로 경험하기 어려운 것을 경험하기 쉬운 것으로 대체하면 쉽게 이해가 갑니다.

유추로 충족수단 도출

유추에 의한 문제해결은 앞서 말한 칸트의 유비추론을 적용하면 보다 명확히 이해할 수 있습니다. 비례식(a: b = c: x)으로 충족수단을 찾는 것으로 유추를 설명해보겠습니다. 유추에서 비례는 어떤 문제의 알려진 해결책과 다른 문제의 알려지지 않은 해결책의 유사성을 말합니다. 컨셉빌딩 관점에서 보면 유사성은 바라는 결과와 충족수단의 관계입니다. 즉 목적–수단의 관계에서 유사성을 말합니다. 하나는 충족수단(해결책)을 모르는 영역(목표 영역)이고 다른 하나는 충족수단(해결책)이 알려진 영역(기본 영역)입니다. 모르는 충족수단을 x로 놓고 관계의 유사성에서 미지수 x를 찾는 것입니다. 컨셉빌딩에서 충족수단 개발을 개념규정과 개념반성의 경우로 나눠 설명해 보겠습니다.

〈표 7–2〉 컨셉빌딩에서 유추에 의한 충족수단 개발

목적–수단 관계에서 유사성		개념규정	개념반성
	목표영역	바라는 결과 A ↔ x	바라는 결과 A' ↔ x
	기본영역	바라는 결과 B ↔ 충족수단 b	바라는 결과 B ↔ 충족수단 b
컨셉보드로 발전		바라는 결과 A와 충족수단 x → b'	바라는 결과 A'와 충족수단 x → b'

우선 개념을 규정하는 경우를 먼저 보겠습니다. 이것은 '바라는 결과 A'에

대응하는 충족수단 x를 찾아내는 경우인데요(2장에서 바라는 결과는 영문 대문
자, 충족수단은 영문 소문자로 표기한 것을 상기하기 바랍니다). 이 경우에 '바라는 결
과'와 충족수단의 관계가 유사한 기본 영역(유사한 제품범주, 유사한 자연현상)의
'바라는 결과 B'를 찾고 이것의 '충족수단 b'를 검토합니다. 알려진 충족수단
b를 미지의 충족수단 x에 강제로 적용해보고 다음에는 목표 영역에 맞게 알
려진 충족수단 b를 변형하면 b′로 수정됩니다. 개념을 반성하는 경우에는 목
표 영역의 바라는 결과 A를 반성하거나 개선한 A′를 정의한 뒤에 같은 방법으
로 충족수단 b′를 찾아냅니다. 여기서 b′는 기본 영역의 충족수단이 그대로 사
용되지 않고 목표 영역에 맞추어 변형되어 사용됨을 의미합니다.

컨셉보드로 발전시키는 방법

이제 구체적으로 컨셉보드로 발전시키는 절차와 사례를 살펴보겠습니다.
50년대에 프린스Prince와 고든Gordon은 유추를 사용한 문제해결 방법을 개
발했는데요(자세한 내용은 프린스가 저술한 『창의성의 실천(The Practice of Creativity)』
에 설명되어 있습니다)[12]. 여기서는 그 책에서 제시된 방법인 시네틱스를 수정해
핵심편익 정의를 도출하고 그것을 통해 어떻게 충족수단을 얻는지 설명하겠
습니다.

원래 이 기법은 일반적 문제해결 방법으로 문제정의에서 시작하지만 컨셉
빌딩에서는 핵심편익 정의 도출에서 시작합니다(5장). 그리고 시네틱스 기법
은 브레인스토밍을 사용하지만 컨셉빌딩에서는 앞서 설명한 하이브리드 브
레인스토밍을 사용하게 됩니다. 〈그림 7-1〉은 그 과정을 나타냈습니다. 우선
핵심편익 정의를 달성하는 수단을 몇 가지로 나누어보아야 합니다. 그리고

---

12 George M. Prince(2012), 『The Practice of Creativity』, Echo Point Books & Media, LLC.

〈그림 7-1〉 유추로 충족수단 도출과 컨셉보드 완성

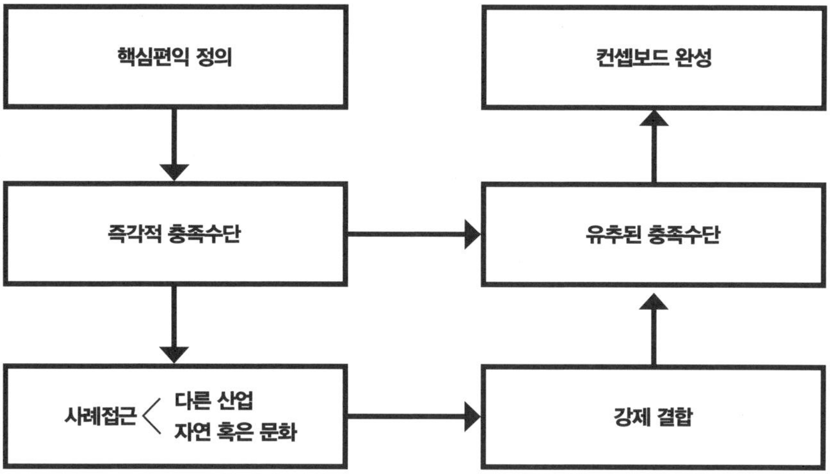

```
┌──────────────────┐              ┌──────────────────┐
│   핵심편익 정의    │              │   컨셉보드 완성    │
└──────────────────┘              └──────────────────┘
         │                                 ▲
         ▼                                 │
┌──────────────────┐         ┌──────────────────┐
│   즉각적 충족수단   │────────▶│   유추된 충족수단   │
└──────────────────┘         └──────────────────┘
         │                                 ▲
         ▼                                 │
┌──────────────────┐         ┌──────────────────┐
│ 사례접근 〈 다른 산업 │────────▶│     강제 결합     │
│       자연 혹은 문화 │         └──────────────────┘
└──────────────────┘
```

유추를 사용하지 않고 이들을 정리합니다. 즉각적 충족수단이 없을 수도 있고 있다면 이들을 정리하여 나중에 유추를 통해 나온 충족수단들과 통합하면 됩니다.

충족수단 도출은 두 가지 과정으로 구성됩니다. 사례 접근과 강제 결합입니다. 사례 접근은 말 그대로 바라는 결과와 충족수단의 관계가 유사한, 다양한 기본 영역을 찾아보는 것입니다. 인접한 다른 산업에서 그리고 자연과 문화유산에서 유사한 사례를 찾아봅니다. 도출된 핵심편익의 제품범주에서 이와 유사한 제품범주의 사례를 찾는 것입니다. 예를 들어 '통풍이 잘 되는 일회용 기저귀'라는 핵심편익을 도출했으면 '일회용 기저귀'와 유사한 제품범주에서 통풍이 잘 되는 충족수단을 찾을 수 있습니다.

또 다른 사례 접근은 자연과 문화유산에서 찾는데, '통풍이 잘 된다'를 중심으로 충족수단을 찾습니다. 즉 통풍을 원활하게 하는 자연현상이나 과거에 그런 것을 위한 목적으로 만들어진 문화유산(문학, 예술, 역사, 건축, 영화 등)을 모두 생각해봅니다. 조사를 해보니 아프리카의 흰개미집(다음의 자연에서 유추에서 설명합니다), 산속 동굴, 황태덕장 등이 나옵니다. 또 문화유산으로는 한옥 마루, 죽부인, 부채 등과 같은 사례를 찾을 수 있습니다.

이렇게 사례들에서 충족수단을 찾았다면 이를 일회용 기저귀의 통풍에 적용해봅니다. 죽부인이나 황태덕장에서 얻은 통풍방법(충족수단)이 일회용 기저귀의 통풍(바라는 결과)과 당장은 결합이 잘 되지 않아도 어떻게든 결합시켜보는 것입니다. 이게 바로 강제 결합입니다. 처음에는 다른 영역에서 온 충족수단이라 새로운 제품범주나 목표 영역에 잘 적용되지 않아 낯설거나 부조화를 느끼게 됩니다. 그러나 바로 낯선 것이 차별화를 가져다준다고 역으로 생각하고 가능성을 끈질기게 탐색해보아야 합니다.[13] 일단 강제 결합 후에 조금씩 변형하면서 실행 가능한 충족수단으로 다듬어갑니다. 사례 접근과 강제 결합은 앞에서 언급한 하이브리드 브레인스토밍으로 합니다. 회의를 1시간 진행한다고 하면, 30분은 개인별로 사례 접근과 강제 결합을 하고 30분은 모여서 다른 팀원들이 생각한 충족수단과 결합하여 최종 충족수단을 찾습니다. 그리고 최종 충족수단이 확정되면 앞의 핵심편익 정의와 결합해 컨셉보드로 발전시킵니다.

유추를 위한 9가지 사례의 원천

인접한 산업, 자연, 문화에서 찾은 사례들은 제품의 기능, 형태, 혹은 프로세

---

13 W. J. Gordon(1961), "Synetics: The Development of Creative Capacity," Harper and Row Publishers: NY, pp. 37–55.

스 관련 여부에 따라 우선 기능 유추, 형태 유추, 프로세스 유추로 구분할 수 있습니다. 제품의 성능(기능)과 관련해 다른 영역에서 사례를 활용하는 것이 기능 유추이고 외관(형태)과 관련해 다른 영역의 사례를 활용하는 것이 형태 유추입니다. 엔지니어는 기능 유추를 주로 사용하고 디자이너는 기능 유추보다는 형태 유추를 사용합니다.

한 가지 더 프로세스 유추를 들 수 있는데요. 운영 시스템이나 운영 프로세스의 해법을 다른 분야의 사례에서 찾을 수 있습니다. 다른 영역에서 사례를 찾을 때 다른 산업 분야의 예를 사용하면 산업 간 유추가 됩니다. 기능이건 형태건 비행기 산업에서 얻은 충족수단을 자동차 산업의 충족수단으로 활용하면 산업 간 유추가 됩니다. 자연이나 문화에서 사례를 가져오면 자연과 문화에서 유추가 됩니다. 박쥐의 음파 탐지기능을 연구해 잠수함의 음파 탐지기에 적용한 것은 자연에서 얻은 유추입니다. 또 공상과학 소설이나 혹은 영화에서도 유사한 기능이나 형태를 찾아 적용하면 문화유산의 사례에서 얻은 유추입니다. 참고로 컨셉빌딩에서는 이런 제품요소를 '패스PASS'라고 칭합니다(『끌리는 컨셉의 법칙』 법칙 8). 이것은 성능Peformance, 외관Appearance, 부가물Supple-ment, 스마트 프로세스Smart process의 앞 단어를 모은 것입니다.

〈표 7-3〉 9가지 사례의 원천

종류	기능	형태 혹은 소재	프로세스
산업 간	산업 간 기능 유추	산업 간 형태 유추	산업 간 프로세스 유추
자연	자연에서 기능 유추 (일명: 청색기술)	자연에서 형태 유추	자연에서 프로세스 유추
문화유산	문화유산에서 기능 유추	문화유산에서 형태 유추	문화유산에서 프로세스 유추
주 사용영역	공학	디자인	표현컨셉 개발

대런과 모로 교수는 유추에 의한 신제품 충족수단 개발에 대해 연구를 진행한 학자들인데요. 이들에 따르면 개발하려는 컨셉이 속한 제품범주와 가까운 범주보다는 멀리 떨어진 범주에서 온 충족수단일수록 혁신적이라고 합니다. 즉 기본 영역과 목표 영역 간에 유사성이 낮을수록 혁신적 컨셉이 나온다는 것입니다. 그 이유는 가까운 제품범주에서 온 충족수단은 부수적 기능을 바꾼 컨셉일 가능성이 높지만 먼 제품범주에서 온 충족수단은 핵심 기능의 변화를 수반할 가능성이 높기 때문이라고 합니다.[14] 흔히 다른 업체에서 아이디어를 찾는 것을 벤치마킹이라고도 합니다. 그런데 벤치마킹 역시 같은 업종에서 아이디어를 얻으면 모방에 지나지 않습니다. 모방도 창조적이 되려면 다른 업종에서 아이디어를 얻어야 합니다. 그것도 가까운 업종보다 먼 업종에서 충족수단을 얻어야 혁신적 컨셉이 됩니다. 이 연구결과를 쾨슬러가 말한 이연연상에 적용하면 이질적 영역의 결합일수록 창조적 혁신이 가능하다는 뜻이 됩니다. 앞서 설명한 유추로 충족수단을 개발하여 컨셉으로 발전시킨 「사례」는 〈보충자료: 유추로 컨셉개발〉을 참조하기 바랍니다.

인접 산업에서 가져오기: 기능

『지적자본론』의 저자 마스다 무네아키는 "혁신은 언제나 아웃사이더가 일으킨다. 때문에 비즈니스 세계에 몸을 둔 사람은 언제나 아웃사이더의 관점을 가져야 한다"고 했습니다. 여기서 아웃사이더 관점이란 앞서 설명한 것처럼 자신이 속한 산업에만 매몰되지 말고 다른 산업이나 자연과 문화에서 유사한 충족수단들을 찾는다는 뜻입니다. 〈표 7-3〉에서 분류한 다양한 유추를 제품과 서비스 개발에 적용한 사례들을 설명하겠습니다.

---

14 Darren, W. D. and Page Moreau(2002), "The Influence and Value of Analogical Thinking During New Product Ideation," Journal of Marketing Research, 39(February), pp. 47–60.

고객들이 열광할 혁신적 충족수단은 이미 다른 업계에서는 상식일 수도 있습니다.[15] 역사상 위대한 혁신도 알고 보면 다른 산업에서 가져온 것에 지나지 않습니다. 대표적 예가 구텐베르크의 인쇄기 발명입니다. 서양에서는 구텐베르크가 금속활자기를 최초로 발명한 것으로 알려졌습니다. 하지만 그가 발명한 금속활자 인쇄기는 어느 날 갑자기 개발된 것이 아니라 당시 주변에서 볼 수 있던 것들을 조합해 만든 기계였습니다. 구텐베르크는 금세공 기술자 훈련을 받은 경험이 있어서 활자 시스템의 바탕이 되는 야금술을 변경할 수 있었습니다. 하지만 인쇄기가 없으면 책(성경)을 찍어낼 수 없지요. 이에 구텐베르크는 주변의 포도주 제조업자들이 흔히 사용하는 포도 압착기를 응용해 인쇄기를 만들어냈습니다.[16]

BMW는 2001년에 아이드라이브iDrive라는 혁신적인 조작 시스템을 도입했습니다. 운전사나 승객이 음향, 에어컨, 내비게이션 등의 다양한 기능을 쉽게 조작하는 시스템으로, 기존의 고급 차에서 스위치와 손잡이로 운영되던 다양한 조작 시스템manifold control system을 하나의 조작 시스템single control system으로 만든 것입니다. BMW는 '간편하고도 편리한 단일 조작 시스템'이라는 핵심편익을 만족시키는 해법을 자동차 산업이 아닌 게임업계에서 찾아냈다고 했습니다. 비디오 게임의 조작 시스템인 조이스틱에 대한 지식이나 기술을 아이드라이브 개발에 활용한 것이지요.[17]

---

15 2013년 5월 15일 SERI CEO 동영상 강의, "김남국의 상식타파 경영학"

16 스티븐 존슨(2012), 『탁월한 아이디어는 어디서 오는가』, 한국경제신문, pp. 169-170.

17 O. Gassmann and F. Schweitzer 편집 『Management of the Fuzzy Front End of Innovation』, Springer International Publishing Switzerland 2014에 수록된 Macro Zeschky and O. Gassman(2014), "Out of Bounds: Cross-Industry Innovation Based on Analogies."

인접산업에서 가져오기 : 프로세스

서비스 산업 역시 인접산업의 프로세스를 적용해 새로운 컨셉을 개발할 수 있습니다. 동물들의 역동적인 야생의 모습을 보여주자는 아사히야마 동물원이 성공하자 많은 서비스업체가 이곳을 견학하고 벤치마킹을 위해 노력했습니다(7장). 예를 들면 아이치 현의 주부 국제공항은 일반인 출입이 통제된 활주로 등 제한구역을 개방해 이착륙을 가까이서 볼 수 있는 구조를 도입해 인기를 끌었습니다.

맥도날드식 운영 프로세스를 도입한 병원도 있습니다. 인도의 아라빈드 안과병원은 수술실에 여러 대의 침상이 나란히 놓인 형태로 되어 있습니다. 컨베이어 벨트가 돌아가듯 의사는 환자 한 명의 수술을 마친 뒤 곧바로 의자를 돌려 옆 수술대에 대기 중인 환자의 수술을 진행합니다. 이것은 최종 진단을 제외한 단순한 의료검사는 임금이 낮은 인력이 담당하고, 고급인력인 수술 의사들은 수술에만 전념하도록 하기 위한 시스템입니다. 보통 안과 의사 한 사람이 1년간 백내장 환자를 250~400명 정도 수술한다고 하는데요. 아라빈드 안과병원의 경우 이 프로세스를 도입한 뒤 1명의 의사가 2000명을 수술하고 있습니다. 맥도날드가 철저한 분업화와 표준화로 비용을 낮춘 것처럼 아라빈드 안과는 미국에서는 보통 1800달러가 소요되는 수술비를 무려 1/100 수준인 18달러로 낮출 수 있었고 그 결과 40%의 영업이익률을 올렸으며 인도 내 7개 체인을 두면서 크게 성장했습니다.

톰 래플린Tom Laughlin은 1997년 존슨앤존슨의 제품매니저로 일하다 인조태닝 사업을 시작했습니다. 이 사업은 실내에서 태닝tanning한 피부를 햇볕에 그을린 것처럼 보이게 하는 것입니다. 그런데 문제가 발생했습니다. 인조태닝 로션의 활성 성분인 DHA가 고르게 발라지지 않아서 얼굴이나 등에 얼룩덜룩 무늬가 남는다는 것이었습니다. 묘안을 찾던 래플린은 어느 날 자동차 도장 프로세스에서 해법을 찾았습니다. 자동차 공장에서는 특별한 부스 안으로 자동차를 몰고 간 다음, 유리창에 조이시트를 붙인 뒤 스프레이 노즐로 페인트를 공기 중에 분사합니다. 그러면 공중의 입자가 자동차 표면에 안착하고, 액체막이 고르게 입혀져 차체가 균일한 색깔로 건조됩니다. 이에 래플린은 자동차 도장 프로세스를 태닝에 활용해 인조태닝 서비스의 충족수단을 찾아냈습니다.[18]

자연에서 가져오기

자연은 태초부터 지금까지 상상할 수 없는 시간 동안 더 높은 단계의 효율성을 향해 끊임없이 진화해왔습니다. 그래서 자연의 생태, 생명체에서 충족수단이나 해결책을 얻는 것은 현명한 문제해결 방법입니다. 자연에서 유추해 공학적으로 응용하는 기술을 '청색기술'이라고 하는데요. 미국 정부의 조사에 따르면 2025년 자연을 모방한 청색기술 관련 제품과 서비스 시장 규모가 전 세계적으로 1조 달러에 이른다고 합니다. 또 미국 시장에서만 3500억 달러 규모를 형성하고 160만 개 일자리가 창출될 것으로 기대됩니다.[19]

아프리카에 위치한 건축물인데도 비슷한 건물과 비교해 냉방비용이 1/10 수준이라면 어떨까요? 1996년 짐바브웨에 건설된 이스트게이트 센터Eastgate Center는 에어컨 없이도 한여름에 22도 온도를 일정하게 유지합니다. 비결은 흰개미집의 공기순환 시스템을 모방한 자연냉방 건물이기 때문입니다. 흰개미들은 약 200만 마리가 모여 3m가 넘는 탑 모양의 둥지를 짓고 그 안에서 버

---

18 페이건 케네디 저, 강유리 역(2016), 『인베톨로지: 불평가, 문외한, 몽상가, 낙오자, 불법 거주자, 눈엣가시들의 역사』, 클레마지크, pp. 259–260.
19 2014년 1월호 이코노미조선 기사, "녹색성장 뛰어넘는 새로운 패러다임 '청색기술 · 청색경제'"

섯을 길러 먹고 삽니다. 그런데 버섯을 기르기 위해서는 일정한 온도와 습기가 필요합니다. 흰개미는 자연냉방 구조를 만들어 한낮에는 시원하고 축축한 바람을 둥지로 들여보내고 반대로 밤이면 차가운 공기를 꼭대기 밖으로 내보내 온도를 자동으로 조절합니다. 이스트게이트 센터는 이런 흰개미집에서 유추해 자연냉방이 가능한 건물을 만들어 에너지를 획기적으로 줄이는 데 성공했습니다.[20]

우리가 일상에서 흔히 쓰는 벨크로는 한 면에 갈고리들이 달려 있고 다른 면에는 걸림 고리들이 달려 있는 접착 장치입니다. 복잡해 보이지만 그저 씨앗을 본뜬 것입니다. 1941년 스위스의 메스트랄은 개와 산책을 하다가 도꼬마리 씨앗이 옷에 달라붙는 것을 보았는데요. 집에 돌아와 현미경으로 관찰해보니 접착성이 탁월한 구조였습니다. 그는 이를 토대로 1948년에 도꼬마리 씨앗의 구조를 모방한 벨크로(찍찍이)를 발명했습니다.

2000년 시드니올림픽에서 전신 수영복을 입은 선수들이 금메달 33개 중 28개를 획득했는데요, 그 비결은 상어 비늘의 돌기를 활용한 수영복이었습니다. 물속에서 시속 50km가 넘는 속도로 헤엄치는 상어의 비늘은 조수의 흐름에 대한 저항을 줄이도록 진화했습니다. 상어의 피부에는 삼각형의 미세돌기가 돋아 있는데 이 돌기는 피부 주위에서 물살이 빙글빙글 맴도는 와류현상을 줄여주는 역할을 합니다.[21]

기존 형태에서 탈피하기 : 형태유추

다른 영역의 형태를 가져다 제품의 외관에 적용하는 형태 유추 역시 다양합니다. 일본에서는 어느 간장회사 공장 사장과 염료공장 사장이 서로 협력해

---

20 앞의 기사
21 앞의 기사

간장에 색깔 넣는 방법을 개발해 컬러 간장을 만들어냈습니다.[22] 청색, 적색 등 일곱 가지 색깔의 컬러 간장 '이론나'는 1988년 시범 판매되었는데요. 일반 간장보다 다섯 배 비싼 300엔(160cc)의 가격에도 시판용 1만5000병이 순식간에 동나는 등 선풍적인 인기를 끌었습니다.

형태 유추는 타 산업에서보다 자연과 문화에서 소재를 가져오기가 더 수월합니다. 알앤디 플러스 문재화 대표는 〈사진 7-1〉처럼 인테리어 조명 디자인을 강아지 형태와 공작새 형태로 만들어 차별화했습니다. 강아지 형태 조명은 허리가 길고 다리가 짧아 귀여운 캐릭터를 가진 닥스훈트를 본떴습니다. 이 조명은 밤하늘의 별을 먹어 긴 허리에서 빛이 난다는 개념으로 꼬리는 전선이 되고, 반려견처럼 턱을 쓰다듬어 주면 터치센서를 통해 조명이 켜지도록 디자인되었습니다. 또 공작새 형태의 경우 날개 안쪽에 조명을 넣어 아름다운 공작의 날개에서 빛이 퍼져 나오는 느낌을 갖도록 만들었습니다.

프랑스 우유연구소 밀크 랩Milk Lab은 소비자와 낙농업자를 직접 연결시키는 프로젝트를 전개하면서 디자인 업체와 우유 디스펜서를 개발했습니다. 소

〈사진 7-1〉 강아지 형태와 공작새 형태의 실내조명

 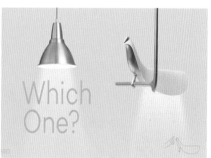

---

22 1992년 10월 17일 매일경제 기사, "중소기업 이업종 교류확산"

비자가 직접 소젖을 짜서 우유를 마시는 기분을 느낄 수 있도록 소젖 모양의 튜브를 누르면 저온 살균된 우유가 나오도록 만들었지요. 또 솔티패밀리그룹 (주)은 달걀에서 추출한 천연물질로 에깅팩egging pack을 만들었습니다. 달걀 고유의 유효성분을 피부로 전달해 미백, 보습, 모공 축소의 기능으로 윤기 있고 탄력 있는 피부를 갖도록 해주는데요. 무엇보다 에깅팩은 기존 마스크 팩의 부착 과정을 생략해서 번거롭게 느껴지는 팩의 흡수시간을 줄였습니다. 제품 자체도 달걀 모양을 활용했는데 포장을 뜯으면 달걀노른자와 흰자로 구성된 팩이 나옵니다. 팩의 노른자에는 피부 윤기와 탄력에 좋은 달걀노른자의 추출물이 함유되어 있고 팩의 흰자에는 아미노산, 피부 주름을 개선해주는 뮤신과 피부 재생에 좋은 비타민 B2가 포함되어 있습니다.

　여러분은 일회용 반창고 하면 무엇이 떠오르나요? 사실 일회용 반창고는 더 이상의 진화가 없을 정도로 성숙기에 접어든 제품이고 모두가 살색으로 된 밴드를 떠올리기 마련입니다. 그런데 한 회사에서 베이컨 무늬의 제품을 출시해서 큰 이익을 창출해냈습니다. 또 다른 예는 런던 시내 중심가에 소재한 40층 건물인데요. 특이한 모양 때문에 일명 오이빌딩Gherkin Building으로 알려져 있습니다. 그런데 이 독특한 모양은 주변 건물의 일조권 방해에 대한

〈사진 7-2〉 소젖을 닮은 우유 디스펜서(왼쪽)와 에깅팩(오른쪽)

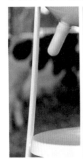

소송 방지책을 고심하다 창출된 것이라고 합니다.

형태 유추의 소재는 문화에서도 나올 수 있습니다. 동원F&B는 덴마크 우유의 패키지를 명화로 장식했는데 이는 미술에서 형태 유추를 찾은 예입니다(『끌리는 컨셉의 법칙』 법칙 5). 또 롯데제과의 유럽풍 비스킷 '오데뜨'는 차이콥스키의 「백조의 호수」에 등장하는 여주인공 이름인데, 비스킷 모양도 백조의 날개를 형상화했고, 포장 디자인도 무대 장막이 연상되도록 하는 등 제품 전반에 걸쳐 '백조의 호수' 모티프를 차용했지요.[23]

문화유산에서 가져오기

『리씽크』의 저자 스티븐 풀은 "모든 새로운 것의 어머니는 모든 오래된 것이다"라고 했습니다. 혁신은 새로워 보이지만 사실 과거의 문화유산의 재발견인 경우가 많다고 했습니다.[24] 사실 이 책의 내용도 그렇습니다. 고전 환원주의에 입각해 고전에서 혁신의 방법을 찾았으니 말이지요.

LG생활건강은 중국의 한 문헌에서 '공진단 처방'을 찾아내 새로운 브랜드를 개발합니다. 이것은 중국 원나라 때 명의인 위역림이 개발한 것으로 황제와 황후에 진상되었던 처방전이었습니다. 공진단 처방은 '궁중의 황후가 사용하는 화장품'이라는 '후'의 핵심편익을 뒷받침합니다(『끌리는 컨셉의 법칙』법칙 9). 중국의 약리학자 투유유는 말라리아 치료제로 쓰이는 아르테미시닌을 개발해 2015년에 노벨 생리의학상을 받았습니다. 그녀는 1969년에 정부의 요청에 따라 말라리아 치료제 개발에 착수해 개사철쑥이라는 풀에서 치료 성분을 추출하고자 했으나 계속 실패를 거듭했지요. 그러다가 4세기에 쓰인 전통의학서에서 해결의 단서를 찾게 됩니다. 그 책에는 약쑥을 그냥 물에 담

---

23 2008년 7월 16일 조선일보 기사, "디자인부터 잘 빠져야… '세이프 마케팅'"
24 스티븐 풀 저, 김태훈 역(2017), 『리씽크』, 쌤앤파커스, p. 129.

그라고 되어 있었는데 투유유는 그동안 물에 넣고 가열한 것입니다. 이후 실험을 거듭하여 결국 안정적 추출법을 개발하게 됩니다.[25]

특히 음식이나 의학은 전통문화에서 좋은 아이디어를 찾을 수 있습니다. 포항시 구룡읍에 위치한 구룡촌(주)의 서원명 대표는 『오주연문장전산고』와 한글요리서 『음식디비방』에서 전통적 청어 훈연방법을 발견했습니다. 재료인 청어에 연기를 그을려 부패를 방지하는데 이를 연관목煙貫目이라 했습니다. 그는 전통적 훈연방법을 자신의 과메기 상품에 적용해서 오징어 먹물, 대게 키토산, 홍삼, 혹은 황금을 입힌 신상품 개발에 성공했습니다.[26] 또 통영에는 '이순신 밥상'을 파는 식당이 있습니다. 숙명여대 한국음식연구원에 의뢰해 『난중일기』에 나오는 음식과, 덕수 이씨 종가 음식을 철저히 고증해 '이순신 밥상'을 재현하고 제품화한 것이지요.

서비스 개발 역시 문화유산에서 사례를 얻을 수 있습니다. 인지행동치료는 미국심리상담자협회에서 바쁜 현대인에게 가장 유용한 치료기법으로 뽑히는 단기 상담 심리치료입니다. 과거에 얽매여서 우울과 분노를 반복하는 사람, 또 일어나지 않은 미래에 얽매여 공포와 불안을 경험하는 사람에게 사건에 대한 생각을 바꾸게 함으로써 효과를 도출하는 유용한 치료기법입니다. 그런데 이 심리치료기법은 2000년 전 노예 출신의 스토아 철학자 에픽테토스의 사상에 기초하고 있습니다. 그는 "사람들을 심란하게 만드는 것은 사물 그 자체가 아니라 그것에 대한 사람들의 생각이다"라고 했습니다. 나에게 일어난 일은 바꿀 수 없지만 생각을 바꾸어 마음의 평정을 찾아가야 한다는 것입니다.[27]

25 스티븐 풀 저, 김태훈 역(2017), 『리씽크』, 쌤앤파커스, p. 37.
26 2009년 10월 5일 중앙일보 기사, "황금옷·홍삼옷 입은 과메기를 아시나요"
27 에픽테토스 저, 김재홍 역(2013), 『왕보다 더 자유로운 삶』, 서광사, p.36.
스티븐 풀 저, 김태훈 역(2017), 『리씽크』, 쌤앤파커스, pp. 38–44.

충족수단 개발에서 유추의 효율성

필자는 컨셉빌딩에서 유추와 하이브리드 브레인스토밍이 얼마나 효율적으로 충족수단을 개발할 수 있는지 알아보기 위해 실험을 했습니다. 컨셉빌딩에서 하이브리드 브레인스토밍과 유추를 사용한 집단에서 창출한 아이디어들, 그리고 전통적 브레인스토밍과 유추를 사용하지 않은 집단에서 창출한 아이디어들을 소비자에게 평가하게 했습니다. 연구결과 소비자들은 유추와 하이브리드 브레인스토밍에서 나온 아이디어들에 대해 무려 33%나 높은 지불의사 가격을 보였습니다. 33% 높은 지불의 가격이 영업이익에 미치는 영향을 계산한 결과, 영업이익이 최소 111% 증가하는 것으로 나타났습니다. 자세한 것은 〈보충자료: 충족수단 개발에서 유추의 효율성〉을 참조하기 바랍니다. 충족수단 도출 전 단계에서, 그리고 이후 단계에서 컨셉빌딩의 다른 도구들을 사용해 얻는 효과까지 고려하면 더 큰 영업이익을 얻을 수 있을 것이라고 생각합니다.

공감적 상상

"꿈은 이루어진다. 상상이 현실이 된다"라는 말이 있습니다. 스포츠 분야의 이미지 트레이닝만큼 이 말을 뒷받침하는 사례도 없을 것입니다. 실제 우리나라의 올림픽 메달박스인 양궁은 과학적 이미지 트레이닝을 통해 세계 정상에 오르기도 했습니다. 뿐만 아니라 체력이 좌우하는 육상 같은 스포츠에서도 이미지 트레이닝은 효과가 있는 것으로 알려져 있습니다.

1970년대 근대 5종 미국 국가대표 선수였던 메릴린 킹Marilyn King은 올림픽을 채 1년도 안 남긴 상태에서 교통사고를 당합니다. 머리와 척추를 다쳐 병원에 입원하게 된 그녀는 침대에 누운 채 올림픽 메달리스트들의 경기 장면을 하루 5시간씩 봤고, 그런 다음 자신이 직접 경기하는 모습을 3~4시간씩 상상했습니다. 그리고 하루에도 수십 번씩 금메달을 목에 거는 모습을 상상했습니다. 퇴원하고 얼마 되지 않아 출전하게 된 올림픽 국가대표 선발전에서 그녀는 2위에 입상하는 쾌거를 거둡니다.[28]

1988년에 카네기 멜론 대학 마사 파라 교수는 이미지 트레이닝의 효과에 대해 이제까지의 연구와는 다른 방식의 증거인 뇌과학 증거를 제시하기도 했습니다. 뇌과학 도구를 이용해 상상을 통해 사물의 이미지를 떠올렸을 때, 그리고 실제 사물을 눈으로 보았을 때 뇌에서 같은 반응이 나온다는 것입니다. 이것은 상상은 그냥 감각과 독립해 다른 장소에서 수행되는 것이 아니고 같은 장소에서 같은 방식으로 일어난다는 것을 의미합니다. 즉 상상이 감각이고 감각이 상상인 것입니다.[29] 스포츠에 적용하면 골프 선수가 실제 스윙을 했을 때와 상상으로 스윙 동작을 했을 때, 근전도 테스트를 해 비교하면 삼각근의 근육 활성화가 유사하게 나타난다고 합니다.[30] 따라서 실제로 운동감각을 활용하는 훈련에 의지하지 않고 상상만으로도 같은 효과를 얻을 수 있다는 것입니다.

이후에 이미지 트레이닝에 대한 연구들이 축적되면서 이미지 트레이닝은 지적 과업cognitive task에 더 효과적인 것으로 나타났습니다.[31] 그렇다면 신제품 개발에서 아이디어를 얻는 지적 과업에서도 이미지 트레이닝을 적용하는 것이 당연히 효과적이라고 할 수 있겠습니다. 공감적 상상은 신제품 아이디

---

28 EBS 다큐 프라임 〈상상에 빠지다〉 제작팀(2011), 『우리아이 상상에 빠지다』, 21세기북스, p. 157.

29 Martha J. Farah(1988), "Is Visual Imagery Really Visual? Overlooked Evidence from Neuropsychology," Psychological Review, 95(3), pp. 307-317.

30 EBS 다큐 프라임 〈상상에 빠지다〉 제작팀(2011), 『우리아이 상상에 빠지다』, 21세기북스, p. 155.

31 James E. Driskell, C. Cooper and A. Moran(1994), "Does Mental Practice Enhance Performance?" Journal of Applied Psychology, 79(4), pp. 481-492.

어를 창출할 때 고객의 입장에서 어떻게 사용할 것인가를 상상해서 아이디어를 얻는 방법입니다. 한마디로 스포츠 이미지 트레이닝을 제품혁신에 적용한 것입니다.

『논어』를 일관되게 관통하는 주제는 서恕, 즉 공감이라고 했습니다(4장). 『논어집주』에서 주자朱子는 공자의 일관된 가르침인 서恕를 추기급물推己及物이라 풀이했습니다.[32] 이는 '자신의 마음을 헤아려 사물에 미친다'는 의미입니다. 그렇다면 마케팅 상황에서는 어떨까요? 자신의 마음에 비추어 제품이 고객에게 어디가 좋고, 싫은지를 추측해야 합니다. 추측을 잘하려면 사용자인 고객과 공감해야 합니다. 사용자가 처한 상황에 자신을 놓고 상상력을 발휘하여 제품이나 서비스의 충족수단을 찾아내는 것이지요. 이것이 공감적 상상입니다.

그런데 충족수단을 개발하는 데 공감적 상상이 효율적이라는 증거가 있나요? 답은 '있다'입니다. 같은 주제로 달Dhal 교수는 실험을 실시했습니다. 신제품 아이디어를 창출하는 동일한 과제를 두고 5그룹에 다른 조건으로 아이디어를 창출하게 했습니다. 그리고 상상하는 조건을 다르게 했습니다. 한 그룹에게는 과거 사용경험의 기억을 되살리게 했고 다른 그룹에게는 이제까지 경험하지 못한 새로운 사용경험을 상상하게 했습니다. 한 가지 더, 사용현장에서 고객을 포함하는 조건과 그렇지 않은 조건을 주었습니다. 고객을 포함한다는 것은 고객의 입장에서 상상하는 것이지요(고객 공감 조건). 이렇게 4개 그룹 외에 아무런 조건도 주지 않고 아이디어를 창출하게 한 그룹(통제그룹)까지 5그룹으로 나누어 과제를 진행한 뒤 창출된 아이디어를 전문가가 평가하게 했습니다.

---

32 『논어』「위령공」편에 자공이 공자에게 "한마디 말로 평생토록 행할 만한 것이 있느냐"고 묻자 공자는 "그것은 서(恕)다"라고 답합니다. 『논어집주』에서 주자는 서(恕)를 추기급물(推己及物)이라 풀이합니다.

〈표 7-4〉 창출된 아이디어 평가

종속변수	상상 조건	통제	고객과 공감 조건	
			비공감	공감
아이디어 매력도	통제	3.32 (.69)		
	재생적 상상(기억)		3.27 (.67)	3.22 (.72)
	생산적 상상		3.03 (1.16)	3.74 (.86)

7점 만점, 괄호 안은 표준편차

아이디어는 유용성, 독창성 그리고 소비자 매력도로 나누어 평가했는데요. 평가는 1~7점 사이의 점수를 평가자가 매기게 했습니다. 〈표 7-4〉는 그 실험 결과입니다.[33] 보다시피 생산적 상상과 고객공감 조건에서 얻은 아이디어 매력도 점수(3.74)가 다른 집단들에서 얻은 점수들보다 높은 것으로 나타났습니다. 유용성과 독창성에서도 결과는 유사했습니다. 이 실험의 결과로 볼 때 고객과 공감하며 상상했을 때 보다 좋은 아이디어를 얻을 수 있는 것을 알 수 있습니다.

그러면 충족수단을 창출할 때 공감적 상상을 어떻게 적용해야 할까요? 관련 연구에 따르면 트레이닝을 한 시점과 실제 과업이 주어진 시간 사이가 멀면 멀수록 효과가 떨어진다고 합니다. 즉 과업 직전에 이미지 트레이닝을 해야 더 효과가 있다는 것입니다. 또 트레이닝 시간이 길어져도 그 효과가 감소하는 것으로 나타났습니다. 트레이닝 시간이 20분 정도일 때 가장 효과가 좋은 것으로 나타났습니다.[34] 결과적으로 이를 신제품 충족수단 개발에 적용할 경우 브레인스토밍에 앞서 20분 정도 고객 입장에서 새로운 사용상황을 상상

---

33 Darren W. Dahl, A. Chattopadhyay and G. J. Gorn(1999), "The Use of Visual Mental Imagery in New Product Design" Journal of Marketing Research, Feb, pp. 18-28.

34 James E. Driskell, C. Cooper and A. Moran(1994), "Does Mental Practice Enhance Performance?" Journal of Applied Psychology, Vol. 79, No. 4, pp. 481-492.

해보는 시간을 가진 뒤에 본격적인 아이디어 창출 작업에 나서는 것이 가장 효과적입니다. 공감적 상상은 4장의 추체험에서 말한 공감적 관찰과 연결되어 있습니다. 1장에서 언급한 대로 모든 도구는 서로 연동해 사용하지만 설명할 때는 각각 분리해 설명한다는 사실에 유의하기 바랍니다.

마지막으로 컨셉빌딩의 공감적 상상은 디자인 사고design thinking에서 '시각화visualization'와 유사합니다. 디자인 사고는 대체로 '공감empathy→시각화→실험'으로 진행됩니다. 시각화는 공감 단계에서 얻은 고객의 미충족 니즈를 디자이너가 머릿속에 그려 충족수단을 구체화하는 것입니다. 컨셉빌딩의 공감적 상상은 단순히 충족수단의 시각화가 아니라 고객을 상정하고 그 고객이 제품이나 서비스를 사용하는 상황을 머릿속에 그리는 것입니다. 이는 앞서 설명한 심리학적 이론과 실증결과를 토대로 하고 있습니다.

컨 / 셉 / 카 / 페 / 7

칸트의
유비추론

　　18세기 영국 철학자 데이비드 흄은 상상을 연결하는 능력으로 봤습니다. 그는 지각을 생생함의 정도에 따라 인상impression과 인상이 희미해진 심상인 관념ideas으로 나누었습니다. 그리고 관념을 다시 기억과 상상으로 나누었습니다. 또 상상을 '관념의 연결the connection of ideas' 혹은 '연상the association of ideas'이라고 정의했지요. 물론 흄 이전의 철학자들도 상상의 기능이 연상에 있다는 것에 대해 논했지만 흄은 최초로 연결 혹은 연상의 원칙을 유사성, 시간과 공간에서의 근접성, 인과성으로 구체화한 인물입니다. 서로 유사한 사물들, 시간과 공간적으로 인접한 사물들, 그리고 인과관계에 있는 사건들은 마음속에서 쉽게 연결된다는 것입니다.[1] 흄의 연상의 원칙은 상상력이 어떻게 작동하는지를 이해하는 데 매우 중요합니다.

　　흄의 연상은 오늘날 많은 책에서 창의력의 근거로 설명됩니다. 『메디치 효과』의 저자 저자 프란스 요한슨은 혁신가는 마음속에서 연상장벽이 낮은 사람이라고 했습니다.[2] 연상장벽이란 자신도 모르게 연상을 막는 행동을 보이

---

1 David Hume(2000), 『A Treatise of Human Nature』 Oxford Philosophical Texts: Oxford University Press, pp.12-13.
2 프란스 요한슨 저, 김종식 역(2005), 『메디치 효과』, 세종서적, pp. 70-83.

는 것을 말합니다. 『창조행위The Act of Creation』의 저자 아서 쾨슬러는 연상 association이라는 개념을 확장해 이연연상二連聯想, bisociation을 창의력으로 설명합니다. 이연연상이란 창조자들이 문제해결을 위해 방황하다가 어느 순간 서로 다른 영역에 있는 것을 연결해 문제를 해결하는 것을 말합니다. 쾨슬러는 연상은 같은 영역에서 유사한 것들의 연결이지만 이연연상은 서로 다른 영역에서 서로 다른 것들과의 연결이라고 했습니다. 연상은 우연적이고 습관적으로 일어나지만 이연연상은 의도적이고 그 결과는 창조적이라고 했습니다.[3]

연결을 상상의 본질로 본 흄의 이론은 칸트에 의해 보완되어야 하는데요. 우선 흄은 모든 연결을 전적으로 상상의 기능으로 보았고 개념의 역할은 인정하지 않았습니다. 이에 비해 칸트는 개념이 상상을 이끈다는 것을 강조했습니다. 칸트는 상상력을 재생적 상상력과 생산적 상상력으로 구분했는데 재생적 상상력은 흄의 기억에 해당하고 생산적 상상력은 흄의 상상력에 해당한다고 볼 수 있습니다. 사물의 인식에는 재생적 상상력이 관여해 과거의 지각을 재현하는 기능을 하고 생산적 상상력은 예술 같은 창조에 관여합니다. 칸트는 "상상력의 독창성은, 만약 그것이 개념들과 합치한다면 천재라고 일컬어진다. 그러나 만약 그것들이 개념들과 합치하지 않는다면, 광신狂信이라 일컬어진다"고 했습니다(1장).[4] 칸트가 말하는 천재란 예술의 천재로 독창적 예술가를 말합니다. 칸트에 따르면 결국 창조를 위한 상상력은 지성이 산출한 개념이 인도하는 것입니다. 앞서 쾨슬러가 말한 이연연상은 칸트

3 Arthur Koestler(1964), 『The Act of Creation』, Macmillan, pp. 657–660.
4 칸트 저, 백종현 역(2014), 『실용적 관점에서의 인간학』, 아카넷, p. 189.

가 '두 관계의 유사성'으로 정의한 유추와 같은 것입니다.

　흄은 유추를 상상에 의해 유사한 사물 사이가 연결되는 것으로 보았습니다. 칸트는 더 나아가 유추를 상상이 '사물들 사이의 관계에서의 유사성'을 찾아내는 것으로 설명합니다. 그런데 바로 이때 사물들 간의 관계를 이해하는데 개념, 즉 지성이 작용합니다. 칸트도 아리스토텔레스처럼 상위개념(범주)을 만들었는데요. 여기서 관계는 양, 질, 상태와 더불어 상위개념을 구성하는 중요한 항목입니다. 그래서 상상이 관계라는 개념(범주)에 따라 과거에 경험한 것에서 찾아내는 것이 '유추'가 되는 것입니다. 7장에서 인용한 칸트의 말에서 "그러나 여기서 관계의 개념은 단지 범주이고 감각능력과는 상관이 없다"는 이 점을 나타냅니다. 지성은 주어진 세 항(a, b, c)으로부터 넷째 항(x)과의 관계만을 인식할 수 있을 뿐이지, 넷째 항의 구체적 내용은 과거의 경험을 기억해내서(즉 상상으로) 찾아야 한다는 점입니다. 이를 '경험의 유추법칙the analogy of experience'이라고 합니다.[5]

　유추는 칸트 인식론(혹은 인식 논리학)에서 중요한 위치를 차지하고 있습니다.[6] 칸트에 앞서 지식의 도구로 유추의 유용성을 언급한 철학자가 베이컨입니다. 그는 『신기관』에서 다음과 같이 말했습니다. '유추로 대신하는 것은 감각될 수 없는 것non-sensible thing을 감각the senses으로 가져올 때 일어난다. 이런 일은 감각할 수 없는 실체 자체에 대한 감각활동에 의해서가 아니라 서로 연관되어 감각할 수 있는 물체a related sensible body의 관찰에 의해 일어난

5　칸트 저, 백종현 역(2006), 『순수이성비판 1』, 아카넷, p. 414.
6　Callanan, J.C.(2008), "Kant on Analogy" British J. for the History of Philosophy, 16(4), pp. 747–772.

다.'[7] 이처럼 베이컨은 유추를 감각과 결부해 설명하는데 칸트는 관계의 개념에 의해 감각에서 찾기 때문에 전적으로 감각에만 의존하지는 않는다는 점을 분명히 했습니다.

칸트는 유추에서 넷째 항(x)의 구체적인 내용은 경험에서 와야 한다고 했습니다. 그래서 칸트는 "인간은 이전에 감각적으로 경험하지 않은 것은 창조할 수 없다"라고 했습니다. 그것은 어디까지나 기존의 것에서 가져온 것에 불과합니다. 그는 또 "화가가 신이나 천사를 생각할 때도 인간의 형태로 만든다"라고 했습니다.[8] 천사를 창조할 때도 어린아이의 모습으로 창조하고 사람과 구별되도록 새의 날개를 달지요. 이처럼 창조란 무無에서 유有를 만들어내는 것이 아니고 기존의 것들을 연결해 새로운 것을 만드는 것일 뿐입니다. 그래서 창조는 무無에서 이루어지지 않고 경험한 것에서 유有와 유有를 결합한다는 것입니다. 그런데 중요한 것은, 이 연결은 상상력이 독자적으로 행하는 것이 아니고 개념(지성)과 상호작용한다는 점입니다. 개념이 개입해야 이질적인 것을 연결해도 이상하지 않고 어색하지 않습니다. 개념이 이질적인 것을 하나로 통일해주고 독창적으로 보이도록 하는 것입니다.

이 책의 경우도 철학과 마케팅이 결합되었습니다. 그래도 전혀 어색하지 않습니다. 서로 결합해야 할 이유를 충분히 설명했기 때문입니다. 제품혁신의 방법론을 고전에서 찾는다고 했습니다(1장). 만약 이 책에 데카르트도 없고

---

7 Bacon F., 『Novum Organum』, edited by L. Jardine and M. Silverthorne, Cambridge University Press, 2000, p.180.
8 칸트 저, 백종현 역(2014), 『실용적 관점에서의 인간학』, 아카넷, p. 197.

칸트도 없다면 다른 마케팅 책들과 무엇이 다를까요? 제품혁신에 있어서도 무無에서 유有를 창조하려고 시간 낭비할 필요가 없습니다. 핵심편익을 정의 하고 유추를 통해 경험한 것에서 새로운 것을 창조하는 현명함을 찾길 바랍니 다. 여기서 경험한 것을 찾을 때 우선 자신의 경험에서, 브레인스토밍을 통한 집단의 경험에서, 그리고 시간을 두고 외부 문헌에서 찾을 수 있을 것입니다.

'누가 미친 거요?
장차 이룰 수 있는 세상을 상상한 내가 미친 거요?
아니면 세상을 있는 그대로만 보는 사람이 미친 거요?'

– 세르반테스의 『돈키호테』

가정
추론

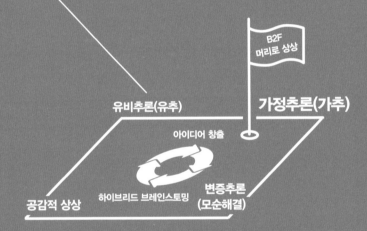

B2F
머리로 상상

유비추론(유추)   **가정추론(가추)**

아이디어 창출

하이브리드 브레인스토밍   **변증추론**
(모순해결)

공감적 상상

Chapter 8

8장에서는 가정추론을 활용한 컨셉 재정의 혹은 충족수단 개발에 대해 설명하겠습니다. 가정추론이란 제품이나 서비스의 속성을 바꾼다고 가정하고 그것이 고객에게 어떤 편익을 주는지를 추론해보는 것입니다. 10가지 가정질문을 통해 충족수단을 개발하는 방법을 설명하겠습니다. 이 장은 6장의 컨셉 재정의를 확장한 내용인 동시에, 9장에서 나올 변증추론의 내용 일부를 미리 다루는 것이라 할 수 있습니다.

가정질문에서 시작하라

가정추론은 가정질문에서 시작합니다. 이를테면 신제품을 개발할 때 제품 혹은 서비스의 불만스러운 점을 바꾼다고 가정해봅시다. 그리고 그것이 고객에게 어떤 유용성을 가져다줄지도 상상해봅시다. 상상을 통해 이러저러한 제품이나 서비스를 제공할 경우 고객에게 어떤 편익이 돌아가는지를 추론하는 것입니다. 아이디어 창출에서 가정질문을 처음 사용한 것은 브레인스토밍을 개발한 오스본이었습니다. 브레인스토밍의 유용성에 대한 비판이 많아지자 오스본은 이를 보완하기 위해 스스로 체크리스트checklist법을 고안해냅니다. 그는 브레인스토밍에서 사용할 수 있는 75가지의 체크리스트, 즉 가정을 위한 질문을 제시하는데요. 그 질문들은 결합, 적용, 확대, 축소, 재배열, 수정, 전도, 용도전환, 제거로 분류됩니다. 예를 들어 상품의 여러 속성을 기술하고 팀 리더가 기능, 형태, 포장 등을 바꿔보면 어떨지 질문합니다. 질문을 통해 팀원들의 아이디어 창출을 돕는 것이지요. 예를 들어 포장재를 개발한다면 "포장을 자연소재로 바꾼다면?", "크기를 작게 줄인다면?" 등과 같은 질문을 던집니다.

한편, 보이드와 골드버그는 체크리스트법을 '체계적 발명사고(Systematic

Inventive Thinking: 이하 SIT로 표기)'로 발전시켰습니다.[1] 골드버그는 실험을 통해 이런 아이디어 창출방식을 다른 아이디어 창출방식과 비교했는데요. 우선 동일한 문제에 대해 한 집단에는 가정질문으로 아이디어를 내고 다른 집단에는 그 외의 방식으로 아이디어를 내도록 한 뒤 도출된 아이디어들을 제3자들에게 평가하도록 했습니다. 그 결과 가정질문으로 얻은 아이디어들이 독창성이나 가치 등에서 높은 점수를 얻었습니다.[2]

필자는 이 체크리스트법을 기억하기 쉽도록 '가정질문 CREATORS'라고 명명해서 그동안 활용했습니다.[3] 컨셉빌딩에서 사용하는 이 CREATORS는 SIT에서 사용하는 5가지보다 많은 10가지 가정질문을 사용합니다. 그리고 여러가지 실험을 통해 CREATORS 10개 가정질문이 SIT에서의 5개 가정질문보다 더 많은 아이디어를 창출해낸다는 사실을 실증연구를 통해 알아냈습니다.[4]

컨셉빌딩에서 던지는 10개의 가정질문 CREATORS

컨셉빌딩의 10가지 가정질문은 〈표 8-1〉과 같습니다. 10개의 가정질문에는 제품의 외관appearance을 바꾸는 것도 고려해볼 수 있는데요. 외관의 색·형·동·물·촉色形動物觸을 바꾸는 것입니다. 색·형·동·물·촉은 색깔, 형태, 움직임, 물성, 촉감을 줄인 말입니다. 아이디어 창출을 위한 CREATORS 질문의

---

1 드루 보이드 · 제이콥 골드버그 저, 이경식 역(2014), 『틀 안에서 생각하기』, 책읽는수요일.

2 Goldberg, J. D. Mazursky and S. Solomon(1999), "Toward Identifying the Inventive Templates of New Products: A Channeled Ideation Approach," Journal of Marketing Research, May, pp. 200–210.

3 김근배(2009), 『컨셉크리에이터』, 한국갤럽, pp. 224–229.

4 이민영(2015), "브레인스토밍 운영방법 및 아이디어 창출기법 활용이 창의성에 미치는 영향," 숭실대학교 석사학위 논문.

〈표 8-1〉 10개의 가정질문 CREATORS

번호	약자	영어단어	가정질문	SIT 용어	사례
1	C	combine & interdependent	결합해서 상호 의존시키면?	속성의존 (attribute dependency)	코골이를 해결해 주는 침구류 물의 온도에 따라 색깔이 변하는 샤워기
2	C	combine	결합하면?	과제통합 (task unification)	컵라면, Q드럼, 서리제거 장치를 라디오 안테나로
3	R	replace	다른 것으로 대체하면?	—	온수매트
4	E	eliminate	없애면?	핵심제거 (subtraction)	날개 없는 청소기 콘택트렌즈, 분말수프, ATM
5	A	add	추가해서 다르게 하면?	다수화 (multiplication)	LG트윈 워시 질레트 3중 날 면도기 듀얼 뷰 카메라
6	T	total & alone	전체와 부분을 따로 하면?	—	지하철 약냉방칸
7	O	opposite	반대로 하면?	—	러닝머신
8	R	reserve	미리 조치하면?	—	자동차 에어백 씻어 나온 쌀
9	S	segment	나누면?	요소분할 (division)	커터칼, 미백치약, 비즈캡
10		외관	색·형·동·물·촉을 바꾸면?	—	〈표 8-2〉 참조

구성요소들을 적용사례와 함께 정리했습니다. 10가지 가정질문을 통한 충족수단 개발에 대한 예시는 이 장의 후반부에서 다루겠습니다.

그럼 가정질문 CREATORS를 통해 어떤 충족수단들을 개발할 수 있었을까요? 한 가지 먼저 짚어야 할 사실은 가정질문 CREATORS에서 가장 먼저 고려해야 할 것은 두 속성을 결합하고 상호의존하게 만드는 것입니다. 6장에서 모든 제품과 서비스를 기계가 아닌 유기체로 보아야 한다고 했습니다. 기계는 모든 속성들이 독립적이지만 유기체에서 속성들은 서로 의존하고 있다고 했는데, 이 방법은 기계적 결합을 유기체적 결합으로 복원하는 방법이라고 볼 수 있습니다.

전체 혁신사례의 35%가 "결합해서 상호의존하면?"이라는 질문을 적용해서 나온 것으로 밝혀졌습니다.[5] 따라서 가장 먼저 적용해야 할 가정질문은 '결합해서 서로 의존하게 만들기'입니다. 또 한 가지, 가정질문 "반대로 하면?"에서는 아주 획기적인 충족수단이 나옵니다. 『하버드 창업가 바이블』의 저자 다니엘 아이젠버그는 창업가 27명의 성공사례를 통해 역발상을 이들의 성공비결로 꼽았습니다.[6] 통념과 상식에 도전하는 데서 좋은 아이디어가 나옵니다. 이처럼 본말을 전도하는 컨셉은 혁신을 넘어 혁명을 가져오기도 합니다. 코페르니쿠스의 지동설은 지구와 태양과의 관계에서 움직임과 정지를 서로 바꿔 과학혁명을 이끌어냈습니다. 먼저 "결합해서 상호의존하면?"과 "반대로 하면?"을 자세히 설명하고 나머지 8가지 가정질문들은 묶어서 설명하겠습니다.

결합해서 상호의존시키면?(combine & independent)

SIT 쪽에서는 "결합해서 상호의존시키면?"을 속성의존attribute dependency

---

5 드루 보이드 · 골드버그 저, 이경식 역(2014), 『틀 안에서 생각하기』, 책읽는수요일, p. 297.
6 다니엘 아이젠버그 · 캐런 딜론 저, 유정식 역(2014), 『하버드 창업가 바이블』, 다산북스.

이라고 부릅니다. 결합해서 의존하게 하는 방법은 제품 속성과 외부환경을 결합하거나 제품 속성과 사용상황을 결합하는 경우가 있으며, 제품 속성들을 내부적으로 결합해 서로 의존하게 만드는 방법이 있습니다. 그럼 사례를 통해 좀 더 이해하기 쉽게 설명해보겠습니다.

먼저, 제품 속성과 외부환경을 결합하거나 제품 속성과 사용상황을 결합하는 경우의 사례를 보겠습니다. 일본의 샤프펜슬 '쿠루토가'는 글씨를 쓰면 글씨의 굵기가 자동으로 조절됩니다. 필기할 때 발생하는 사용자 압력을 통해 샤프연필 안에 톱니가 돌아가고, 이것이 샤프심을 조금씩 깎으면서 뾰족해지는 것입니다.

스마트 노라에서 개발한 '노라 더 스마트 스노링 솔루션Nora The Smart Snoring Solution'은 수술이나 치료 없이 코골이를 해결할 수 있게 한 수면보조 침구류인데요. 베개가 코 고는 소리를 감지하면 베개 밑에 설치해둔 패들에 공기를 주입하여 수면자의 목 높이를 조절해 코골이를 멈추게 합니다. 이 베개는 어떠한 형태의 베개에도 설치 가능하고, 수면자의 자세와 상관없이 작동하며, 수면자 근처에 전자파가 발생하는 기기가 없어 인체에 무해합니다. 또 스마트폰과 베개를 연동해 수면 패턴을 분석해주므로 숙면을 위한 정보를 파악할 수 있습니다.

홍콩의 피자헛은 광고기획사 오길비 앤 매더Ogilvy & Mather 사와 공동으로 기획해 피자 상자를 프로젝터로 만들었습니다. 배달된 피자 상자에 구멍을 뚫고 피자 고정 핀에 렌즈를 결합해, 스마트폰으로 QR코드를 스캔하면 상자가 프로젝터가 되어 피자헛에서 제공하는 영화가 상영됩니다. 이 피자 상자의 이름은 '블록버스터 박스Blockbuster Box'입니다.

가정추론

다음으로 제품 속성들 간에 내부적으로 결합해서 서로 의존하게 만드는 사례를 소개하겠습니다. 델타포셋 컴퍼니가 선보인 템프2OTEMP2O는 샤워기에 델타Delta 화면을 부착해 그 색을 통해 현재 수온을 알려주는 기술입니다. 냉수는 파란색, 온수는 보라색, 뜨거운 물은 빨간색으로 표시해 소비자에게 시각적으로 수온을 보여줍니다. 샤워기 물의 온도와 LED 화면을 연동한 것이지요.

영국의 디자이너 짐 로코스는 꽃병에 담기는 물의 양에 따라 꽃병의 목이 기울어지는 디자인으로 2017년 독일디자인상을 받았습니다. 기울어진 모양을 보고 제때 물을 채워 넣을 수 있도록 유도한 것입니다. 그는 이 아이디어를 와인 병에 적용해 음주량에 따라 병이 기울게 해서 음주량을 알려주는 와인병을 디자인하기도 했습니다.[7] 이것은 꽃병의 물, 와인 용량을 병의 형태와 결합한 것입니다.

〈사진 8-1〉 물의 온도를 알려주는 샤워기(왼쪽), 기울어지는 와인 병(오른쪽)

---

7 로코스 웹사이트(rokos.com)

반대로 하면?(opposite)

움직이는 것動과 움직이지 않은 것靜, 주객관계, 인과관계를 뒤집어 '반대로opposite' 하는 역발상은 획기적 혁신을 만들어냅니다. 다음은 마케팅에서 살펴본 사례들입니다.

두 사물의 움직임과 정지를 바꾸면 컨셉을 새롭게 재정의할 수 있습니다. 러닝머신 개발은 어떻게 이루어졌을까요? 한마디로 움직이는 대상을 바꾼 것입니다. 사람이 이동하는 대신에 밑바닥이 움직이게 해서 실내에서 운동을 가능하게 한 것입니다. 이와 유사한 것이 1인 수영장입니다. 욕조 속의 물이 일정한 방향으로 흘러가도록 만들어 계속 수영을 해야 머물 수 있게 만들었습니다. 사용자에 따라 유속 조절이 가능합니다.

역사적으로는 헨리 포드의 컨베이어 벨트 시스템을 빼놓을 수 없겠지요. 1912년 그는 대규모 시카고 도축장을 시찰하던 중 작업자들이 자신의 작업을 마친 뒤 벨트를 이용해 갈고리에 매달려 있는 고깃덩어리를 다음 작업자에게 이동시키는 광경을 목격합니다. 그리고 이를 자동차 조립생산에 적용했습니다. 노동자를 한곳에 고정시키고 벨트를 통해 부품이 자동으로 움직이게 한 것입니다.

현재는 거의 모든 자동차가 사용하는 GPS 기술은 소련이 1957년 세계 최초로 인공위성을 발사했을 때 미국의 두 젊은 물리학자(가이어와 웨이펜바크)가 인공위성에서 보내는 전파 신호를 감지한 것에서 시작되었습니다. 두 학자는 위성의 고도에 따라서 전파의 주파수가 바뀐다는 점에 착안해 위성의 궤도를 알아낼 수 있었습니다. 그러던 어느 날 연구소 부소장에게 다음과 같은 질문을 받습니다. "위성의 정확한 궤도를 안다면 역으로 수신자의 위치를 계산할 수 있는가?" 이런 질문을 한 것은 인공위성으로 소련 핵함수함의 위치를 추적하기 위해서였지요. 이에 두 물리학자는 하늘에 떠 있는 인공위성의 위치를 고정하고 지구에 있는 물체의 움직임을 역으로 추적하는 방법을 생각해냈는데 이것이 바로 오늘날의 GPS 기술이 되었습니다.[8]

귀찮게 헬스장까지 찾아가지 않아도 강사가 트레이닝을 해준다면 어떨까요? 그것도 내 집에서 편하게 말입니다. 펠로톤 인터랙티브Peloton Interactive는 이 핵심편익을 가지고 원격 프로그램을 개발했습니다. 집에서 실내 자전거에 오르면 자전거 앞 스크린에 강사들이 등장해 구령을 붙여가며 실시간으로 지도합니다. 자전거는 분당 회전수 등의 운동량 데이터를 수집해 펠로톤의 서버로 보냅니다. 그러면 강사는 고객의 운동량을 실시간으로 확인하고 지시를 내립니다. 이 원격 자전거 수업에 참여하기 위해 매달 39달러(약 4만 4000원)를 내는 회원만 전 세계 30만 명이 넘는다고 합니다.[9] 펠로톤은 2016년 매출 1억7000만 달러를 달성했습니다.

우리는 종종 물리적 충족수단을 바라는 결과로 생각하는 경향이 있습니다. 그러나 물리적 충족수단을 최종 목적으로 삼지 않고 인식 자체를 바꾸어 문제를 해결할 수도 있습니다. 미국에서 고층빌딩 열풍이 한참이던 1853년, 오티스OTIS 사는 세계 최초로 안전장치가 부착된 승강기를 개발했습니다. 그러나 당시 승강기는 속도가 느려 이용객들의 불만이 쌓이고 있었습니다. 오티스 사는 속도를 높이기 위해 여러 방법을 모색했으나 당시 기술력으로는 이를 해결할 수 없었습니다. 그때 오티스 사의 한 직원이 승강기에 거울을 설치하자는 의견을 냅니다. 이용자들이 거울을 보느라 속도에 덜 민감해질 거라는 주장이었습니다. 실제로 승강기에 거울을 설치했더니 어떻게 됐을까요?

---

8 스티븐 존슨 저, 서영조 역(2015), 『탁월한 아이디어는 어디서 오는가』, 한국경제신문, pp. 205–211.
9 2017년 9월 9일 조선일보 기사, "[Tech & BIZ] 이 모든 기업의 공통점은?… 유니콘"

이용객들은 거울을 보느라 승강기 속도에 크게 신경을 쓰지 않게 되었고 자연히 불만도 없어졌습니다. 오티스 사가 극복할 수도 없는 속도(충족수단)에만 골몰했다면 이런 해법을 내놓을 수 있었을까요?

단순히 기능이나 형태나 위치를 반대로 해서 아이디어를 얻을 수도 있습니다. 멀티탭이 그런 경우입니다. 전자제품에 전기를 공급하는 멀티탭은 보통 바닥에서 위를 보고 있게 만들어져서 먼지가 쉽게 쌓이고, 고장과 위험에 취약했지요. 게다가 전선들이 지저분하게 보여 숨기고 싶은 대상이었습니다. 멀티테일Multi tail은 이 멀티탭을 뒤집고 다리를 단 물건입니다. 그 모양이 마치 귀여운 동물 같은데, 배 부분에 콘센트가 있어 전자제품의 플러그를 꽂으면 새끼에게 젖을 주는 어미를 연상시킵니다. 숨기고 싶었던 멀티탭이 실내 액세

〈사진 8-2〉 거꾸로 뒤집어진 멀티탭

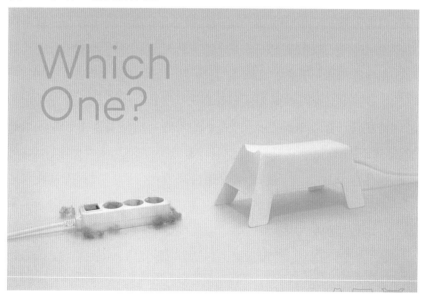

서리 역할을 하는 멀티테일로 재탄생한 것입니다. '카즈브렐라Kazbrella'는 거꾸로 접고 펴는 우산입니다. 보통 차에서 내릴 때 우산을 아무리 빨리 펼쳐도 비를 맞을 수밖에 없는데, 카즈브렐라는 차문을 살짝 열고 바로 펼칠 수 있습니다. 우산도 거꾸로 접고 펴면 더 편해집니다.

결합하면?(combine)

SIT에서 말하는 과제통합Task Unification을 컨셉빌딩에서는 '결합하기combine'라고 부릅니다. 여기에는 결합해서 하나로 되는 것도 있고 하나가 2가지 기능을 하는 것도 있습니다. 그렇다면 '결합해서 의존하게 만들기'와 '결합하기'는 어떤 차이가 있을까요? 전자는 두 속성이 없어지지 않고 서로 의존하게 되는 것이고 후자는 속성 중 하나가 없어지거나 있어도 서로 독립적인 역할을 하는 것입니다. 예를 들어 컵라면은 그릇과 포장을 하나로 통합한 것입니다. 발명자인 안도 모모후쿠는 1966년 구미 각국을 돌아다니며 컵라면에 대한 아이디어를 모으고 다녔습니다. 그런데 한 슈퍼마켓 바이어가 라면을 끓인 뒤 그릇이 아닌 컵에 면을 덜고 국물을 부어 포크로 먹는 것을 보고 컵라면을 생각하게 됩니다. 이것을 개발하면 국제적 식품이 될 것이라 확신했지요.[10] 또한 자동차 뒤쪽 창에 서리 제거장치를 다는데 자동차 안테나와 겸해서 사용합니다. 안테나는 없어지고 서리 제거장치가 안테나를 대신하는 것입니다.

남아프리카공화국의 핸드릭스Hendrikes 형제가 고안한 Q드럼은 물통과 바

---

10 2011년 8월 15일 한겨레 873호, "진중권과 정재승 크로스 2 ⑪ 컵라면"

〈사진 8-3〉물통과 바퀴가 하나인 Q드럼(왼쪽), 스마트 벤치 Soofa(오른쪽)

퀴를 결합한 것입니다. 아프리카 오지에 사는 수백만 명의 사람들은 식수를 구하기 위해 몇km를 걸어가 물을 길어 와야 합니다. 이 일은 주로 여자나 어린이들이 맡는데 이들이 운반할 수 있는 양은 그리 많지 않습니다. 깨끗한 식수가 부족해서 이들은 콜레라나 이질 등 수인성 전염병에 늘 노출되어 있으며 오염된 물을 마시고 사망하는 사람이 하루에 6000명이나 됩니다. Q드럼은 바퀴처럼 생긴 데다 중앙에 도넛처럼 구멍이 뚫린 플라스틱 물통인데요. 뚫린 곳에 줄을 걸어 쉽게 굴릴 수 있습니다. 한 여성이 물동이를 머리에 이고 운반하면 기껏해야 15 l 밖에 들 수 없지만 Q드럼을 이용하면 한 번에 50 l 를 운반할 수 있습니다.[11]

　미국 MIT 미디어 연구소에서 독립하여 창업한 수파Soofa사는 태양광 패널을 설치해 스마트폰 충전이 가능하고 와이파이도 무료로 제공하는 스마트 벤치를 선보였습니다. 스마트 벤치는 2014년 처음 공개된 이후 2017년 4월 현재 미국 23개 주 전역에서 설치되었고 5개국 65개 도시에서 다양하게 활용되고 있습니다. 이 벤치는 충전과 와이파이 서비스를 제공하는 것 외에도 와이

---

[11] 박영택(2016), 『창의발상론』, 한국표준협회미디어, p. 96.

파이 이용자, 벤치 인근 유동인구 수 등을 시간·장소별로 측정, 수집, 분석할 수 있어서 각종 도시개발을 기획하는 자료도 제공해주고 있습니다.

다른 것으로 대체하면?(replace)

몇 년 전부터 인기를 끌며 기존 전기장판의 자리를 차지하고 있는 온수매트는 무엇에 해당할까요? 온수매트는 기존 전기장판에서 전자파를 걱정하게 만들던 전기열선을 제거하고 온수를 추가한 것입니다. 바로 전선을 물로 대체한 것이지요.

현재 오피스원에서 제작, 판매 중인 우산 조나스Jonas는 그 손잡이 모양이 마치 중절모를 쓴 영국 신사를 떠올리게 합니다. 조나스는 영국에서 우산을 사용한 최초의 신사 조나스 한웨이Jonas Hanway의 이름을 딴 것으로 알앤디 플러스의 문재화 대표가 디자인했습니다. 우산 손잡이를 캐릭터로 만들어 구분이 쉽게 만든 것이지요. 이후 IoT(사물인터넷)업체와 제휴하여 캐릭터 우산을 스마트 우산으로 발전시켰는데요. 스마트폰과 연동해 일기예

〈사진 8-4〉 손잡이를 캐릭터로 대체한 조나스 우산

보에서 비가 오면 알람이 울리고 일정한 거리를 벗어나면 스마트폰이 울려 분실을 방지합니다. 또 스마트폰에 전화나 메시지가 도착했음을 알려주기도 하고 우산을 흔들면 스마트폰에서 알람이 울려 스마트폰의 위치를 알려주기도 합니다. 이 아이디어는 대체replace에서 출발했지만 스마트폰과 연동되면서 결합해서 의존하기combine and dependent로도 발전한 사례입니다.

제거하면?(eliminate)

과유불급이란 말이 있습니다. 제품이나 서비스에도 이런 부분이 숨어 있게 마련입니다. 그럼 무엇을 제거하면 더 좋아질까요? 진공청소기는 청소에 대한 현대인들의 부담을 획기적으로 줄였지만, 사용할 때는 이 방 저 방 다니며 콘센트에 코드를 꽂고 빼야 하는 불편함이 있었습니다. 이에 등장한 무선 청소기는 선을 없애고 충전식으로 자동화하여 청소하는 사람들의 고충을 해결해주었습니다. 어떤 경우 당연히 있어야 한다고 생각한 핵심기능을 제거하면 생각하지 않았던 편익이 부상하게 됩니다. 은행의 ATM기는 무엇일까요? 사실 은행 창구에서 은행원을 제거한 것입니다. 은행원이 없으면 불편할 것 같지만 은행까지 가지 않아도 되는 새로운 편익이 부상한 것이지요. 물론 대기할 시간도 필요 없습니다. 줄넘기에서 줄을 제거해 실내운동 시장을 개척한 점프 스냅Jump Snap, 선풍기에서 날개를 없앤 다이슨 선풍기도 이에 해당합니다.[12]

---

12 「동아비즈니스리뷰(DBR)」, Visual Thinker's Visual Note-Taking, 2016년 1월, 정다정, Issue 1, No. 204.

추가해서 다르게 하면?(add)

같은 기능을 하나 더 추가해서 이전 것과 다르게 하면 어떨까요? 드럼세탁기와 통돌이 세탁기를 결합한 프리미엄 세탁기 'LG 트롬 트윈워시'는 "색깔 옷 따로, 흰옷 따로, 세탁 시간이 두 배로 든다"는 광고 내레이션에서 볼 수 있듯 기존 일상생활에 고착된 세탁 패턴을 꼬집습니다. 또 "엄마 니트, 아이 운동복 한꺼번에 빨 수 없다"면서 세탁에 대한 주부의 고민을 담아 공감대를 형성하지요. 그래서 상단에 드럼세탁기, 하단에 통돌이 세탁기를 결합한 제품을 세계 최초로 선보입니다. 핵심편익인 '분리세탁, 동시세탁, 공간절약, 시간절약'을 '추가해서 다르게 하기'로 구현해낸 것이지요.[13]

〈사진 8-5〉 LG 트윈워시 세탁기

삼성은 세계 최고의 전자기업으로 평가되지만 카메라 부문에서 캐논, 니콘 같은 일본 기업에 비해 경쟁력이 떨어진다는 평가를 받아왔습니다. 이런 상황을 돌파하는 차별화된 제품을 어떻게 만들 수 있을까 고민하던 중 일단 고객들이 카메라로 무엇을 가장 많이 찍는지를 심층 조사했습니다. 그랬더니 젊은 층은 아름다운 풍경보다는 자기 자신을 많이 찍는다는 사실을 알게 되었

13 carholic.net/archives/24366

습니다. 그런데 LCD창이 뒤쪽에 있는 기존 카메라로 자신을 찍으려면 자신이 어떻게 나오는지 볼 수가 없어 마음에 드는 사진을 쉽게 찍을 수 없었습니다. 삼성은 카메라 앞면에 창을 추가해 셀카를 쉽게 찍을 수 있게 했습니다. 이것이 바로 듀얼 뷰Dual View 카메라입니다. 2009년 삼성디지털이미징 사업부가 출시한 이 카메라는 출시 3개월 만에 100만 대가 넘게 팔린 것으로 조사되었습니다.[14]

남자들은 아침마다 면도하느라 번거로울 때가 많지요? 여러 번 면도해도 시간만 들고 깨끗하게 마무리가 안 될 때가 있습니다. 이런 고민을 해결하기 위해 만들어진 면도기가 있습니다. 바로 3중 날 면도기입니다. 한 면도기 안에 면도날 3개를 일렬로 배치해 첫 번째 날이 수염을 넘어뜨리는 역할, 두 번째 날이 자르는 역할, 세 번째 날이 피부를 마사지하는 역할을 맡게 했습니다. 즉 면도날을 복제하여 서로 다른 기능을 부여한 것입니다.[15]

전체와 부분을 다르게 하면?(total & alone)

지하철 약냉방칸은 부분과 전체를 다르게 한 예입니다. 무더운 여름, 지하철에서는 쾌적한 환경을 위해 에어컨을 가동하지만 환자나 노약자에게 에어컨 바람은 오히려 불편할 수 있습니다. 그래서 서울메트로는 호선별로 약냉방칸 위치를 공지해 시민들이 지하철 칸을 선택해서 탈 수 있도록 합니다.

'전체와 부분Total and Alone'은 9장에서 소개할 TRIZ(트리즈, 창의적 문제해결을 위한 이론)에서 국소품질Local Quality 개념으로 치환될 수 있습니다. 국소품

---

14 박영택(2016), 『창의발상론』, 한국표준협회미디어, p. 106.
15 creativeinno.tistory.com/entry/examples-mu

〈사진 8-6〉 뚜껑 달린 코코넛

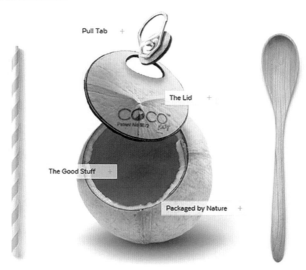

질의 원리란 기술적 모순을 해결하기 위한 발명원리로, 전체 중 부분만을 바꾸는 것이지요. 음식점에서 국소품질의 원리를 찾아볼까요? 식사 시간에 음식점은 가끔 어린이들로 인해 난장판이 되는 경우가 있습니다. 손님이나 종업원 모두에게 곤혹스럽습니다. 이럴 경우 음식점 한쪽에 놀이방을 만들어 전체 분위기를 안정시킬 수 있습니다.[16]

알앤디 플러스의 문재화 대표는 앉는 부분이 분리되는 의자를 개발했는데요. 분리된 공간 안에는 소지품을 보관할 수 있습니다. 의자 옆에 소지품을 두거나 걸 필요가 없습니다. 또한 쌓기 쉬운 형태로 디자인되었기 때문에 보관이나 정리, 이동에도 편리합니다.

태국의 식품회사 '코코이지CoCo Easy' 사에서는 코코넛에 뚜껑을 달았습

16 blog.skhynix.com/1805

니다. 사실 코코넛은 다루기 어려워 시장에서 상인들이 잘라준 것을 사올 수밖에 없는데요. 코코이지는 레이저를 사용해 2개의 원형 뚜껑을 만든 후 작은 뚜껑에는 캔 따개pull tab를 부착했습니다. 따개를 당겨 작은 뚜껑을 열고 빨대를 넣어 음용한 후에 큰 뚜껑을 열어 숟가락으로 과육을 먹을 수 있게 한 것입니다. 소비자들은 보다 신선한 코코넛을 간편하게 먹을 수 있게 되었지요.

미리 하면?(reserve)

'미리 하면?'은 미래를 위해 대비하거나 사전에 조치하는 것을 말합니다. 1810년에 영국의 듀란트가 코팅된 주석 강판을 이용해 통조림을 처음으로 만들었는데 이것을 사용하려면 따개가 필요했습니다.[17] 오늘날 통조림은 뚜껑 위에 절취된 자국이 있어서 손으로 힘을 주면 열리는 구조로 되어 있습니다. 이처럼 뚜껑에 미리 흠집을 내어 쉽게 딸 수 있는 것도 사전조치에 해당합니다. 미국 스마트기기 창업기업 셀레스티얼 트라이브Celestial Tribe 사가 개발한 스마트 소음차단기는 창문이나 탁자에 붙이고 작동 버튼을 누르면 소음을 방지합니다. 원리는 노이즈 캔슬링Noise Cancelling 기술을 적용해 소리를 상쇄시키는 주파수를 발생하는 것입니다. 스마트폰으로 미리 작동 시간을 조절할 수 있습니다.

간편식은 음식은 먹고 싶은데 조리하기는 싫은 모순적 욕구를 해결한 것입니다. 어느 정도 미리 조리해서 소비자가 조리하는 시간을 줄여주지요. 지금은

---

17 이안 헤리슨 저, 김한영·박인규 역(2004), 『최초의 것들』, 갑인공방.

당연한 것이지만 식빵을 얇게 썰어 하나씩 먹을 수 있게 한 것도 처음 나왔을 때는 주목받는 아이디어였습니다. 1928년에 미국 오토 프레더릭 로웨더가 식빵 자르는 기계를 발명하면서 선풍적 인기를 끌었지요. 한국에서도 이와 유사한 사례로 오뚜기에서 출시한 '씻어 나온 쌀'이 있습니다. 사전에 예방하는 기능을 추가하는 것도 생각해볼 수 있습니다. 청량음료에 기능성을 보강해 철분 성분을 넣었더니 떫은맛이 난다면 기능과 맛이 서로 상충할 것입니다. 그 맛을 감추기 위해 멜론 향이나 딸기 향을 사전에 첨가하는 것이 그 예입니다.[18]

나누면?(segment)

분리는 시간과 공간을 분리하는 아이디어로 기술적 모순을 해결할 때 가장 많이 사용되는 원리입니다(9장). 이 개념이 적용된 제품 중 가장 친숙한 제품으로 '커터칼'이 있습니다. 커터칼은 일본의 작은 인쇄소에서 종이 재단사가 발명했습니다. 당시 인쇄소에서는 칼과 면도날 등을 이용해 종이를 잘랐는데 사용시간이 경과하면 칼날이 무뎌졌습니다. 이에 재단사는 "잘라 먹게 만든 초콜릿처럼 칼도 쉽게 분할해서 사용할 수 없을까"라는 질문을 던졌습니다. 그 후 연구에 몰두해서 나온 것이 바로 커터칼입니다.[19] 스포츠 음료업체인 비즈Viz는 음료수 병을 두 개의 판으로 분할했습니다. 소비자가 비즈캡이라고 불리는 마개를 따는 순간, 분리되어 있던 비타민 보충제가 액체 성분과 섞입니다. 마개가 있어서 비타민 보충제의 성능을 최적으로 유지할 수 있는 것이

---

18 식품에서 한 성분의 특성이 다른 성분의 부정적인 특성을 감추어 주는 것을 마스킹(masking)이라 한다.
19 박영택(2016), 『창의발상론』, 한국표준협회미디어, p. 106.

지요.[20]

시간을 분리할 수도 있습니다. 정수기업체나 안마기업체는 제품을 렌트하는 형식으로 판매합니다. 이렇게 하면 가격을 여러 시점에 나누어 내는 효과가 있어 가격저항력이 줄어들고 매출을 올릴 수 있습니다. 회원제 콘도나 레지던스 호텔의 서비스 공유제도는 시점을 분할해 많은 회원이 사용하게 하는 제도입니다.

속성 중에서 형태(형상)를 바꾸면?

컨셉개발에서 감각의 중요성이 얼마나 큰지 계속해서 언급했습니다. 감각이란 오감, 즉 눈, 귀, 코, 혀, 몸을 통해 인식하는 느낌이며, 이것들은 각각 색깔과 모양, 소리, 향기, 맛, 감촉을 느낍니다. 이것들을 한자로 쓰면 색·촉·성·향·미色觸聲香味가 됩니다. 소비자의 인식은 물리적 제품의 색·촉·성·향·미가 컨셉과 결합해서 일어납니다. 그래서 컨셉을 형상화할 때는 색·촉·성·향·미로 나누어 생각해보는 게 필요합니다.

속성 중에서 기능이나 외관을 바꿀 수 있습니다. 그중에서 외관appearance의 변화를 주는 아이디어는 색·형·동·물·촉으로 더 세분화해서 생각해볼 수 있습니다. 외관의 변화로 가능한 컨셉 재정의의 예는 〈표 8-2〉와 같습니다. 이에 대해서는 『끌리는 컨셉의 법칙』에서 '법칙 10 색·형·동·물·촉'을 참고하기 바랍니다. 여기서 중요한 것은 색깔이나 형태의 변화가 외관의 변화에 그치지 않고 편익을 가져다줘야 한다는 것입니다. 편익이 없다면 그냥 단순

---

20 드루 보이드 · 제이콥 골드버그 저, 이경식 역(2014), 『틀 안에서 생각하기』, 책읽는수요일, p. 151.

〈표 8-2〉 외관의 색 · 형 · 동 · 물 · 촉을 바꾸어 기존 컨셉 재정의

세분화		이동 혹은 변화	컨셉 사례
색깔	색(色)	투명 ↔ 불투명 흑백 ↔ 컬러	검은콩 두유, 투명한 섬유유연제
형태 크기	형(形)	인공 형태↔자연 형태(동물 형태) 대(大)↔소(小)	양문형 냉장고, 슬림형 에어컨
움직임	동(動)	고정↔운동 혹은 고정↔진동 색깔의 움직임, 형태의 움직임, 크기의 움직임	워크맨, Rolling Backpack
물성	물(物)	고체↔액체↔기체 시각요소 ↔ 청각(혹은 촉각) 요소	네일 스티커, 에어쿠션 파운데이션,
촉감	촉(觸)	사물의 표면 형태, 질감(質感), 온도, 중량	진동형 피부미용기, click-wheel MP3 플레이어(ipod), 삼성전자 햅틱 폰

한 차별화일 뿐 가치를 높이는 차별화는 아니기 때문입니다. 색·형·동·물·촉 중에서 형에 해당하는 형태의 경우, 자연이나 예술품에서 유사한 형태를 가져다가 제품이나 포장의 외관에 사용해 디자인을 차별화할 수 있습니다. 이것에 대해서는 7장 형태유추에서 이미 설명했습니다.

컨셉빌딩의 가정추론

아침에 자동차 시동이 걸리지 않으면 "배터리가 나갔나?" 하고 추측을 합니다. 가설이지만 일종의 의문이기도 하지요. 가정추론은 현상의 인식에서 시작해 그 현상을 설명할 가설을 발전시킵니다. 현상이란 감각경험 속에 나타난 것이나 의식에 나타난 것을 가리키는 말입니다. 가정추론은 먼저 가설을 세우고 추측한 원인이 실제 원인이 될 수 있는지 추론하는 것입니다. 사실 이런 추론은 일상에서 과학자, 의사, 탐정들이 흔히 사용하는 방법입니다. 탐정

들이 범행 현장에서 단서를 보고서 범인을 추론하거나 의사가 특이한 증상을 보고 병을 추론하는 것은 다 가정추론이라 할 수 있지요. 뉴턴은 사과가 나무에서 떨어지는 것을 보고 "물질이 서로 끌어당기는 힘을 갖는 것은 아닐까?"라고 가정해보면서 자신의 생각을 발전시켰습니다. 일단 가설(가정)을 만들어 생각해보고 실제 관찰과 실험으로 확인하면 가설이 진리가 되는 것이지요(컨셉카페 8). 『디자인 씽킹』의 저자 로저 마틴은 디자인 사고의 이론적 근거를 가정추론에서 찾았고[21] 미국의 철학자 퍼스는 논리학에서 사용되는 연역추론, 귀납추론 외에 가정추론(가설추론이라고도 함)이 있다고 했습니다. 가정추론을 줄여서 가추abduction라고 부릅니다.

컨셉빌딩에서는 과학의 탐구나 문제해결에 활용되는 가정추론을 컨셉 재정의에 활용합니다. 기존 제품이나 서비스에서 불만을 느끼게 하는 속성을 발견하면 가정질문을 통해 고객에게 어떤 편익이 돌아갈 것인지를 스스로에게 질문합니다. 새로운 편익에 그치지 않고 표적고객, 제품범주를 찾아보는 것입니다. 그리고 이를 토대로 컨셉을 새롭게 재정의하고 고객 피드백을 받아 확정하는 절차를 밟습니다.

개념반성의 가정추론

기존 충족수단 혹은 제품 속성에 가정질문을 적용하면 새로운 핵심편익 정의를 얻을 수 있습니다. "자동차에서 운전석을 없애면 어떨까?"라는 질문을 던져서 '무인주행 자동차'라는 핵심편익 정의를 도출할 수 있습니다. 이는 속성과 편익에 변화를 주는 것에 그치지 않고 표적고객과 제품범주에도 변화를 주게 됩니다(7장). 이렇게 가정추론은 컨셉 재정의의 하부절차로 생각할 수

---

21   로저 마틴 저, 이건식 역(2010), 『디자인 씽킹』, 웅진윙스.

〈표 8-3〉 논리학의 가정추론과 컨셉빌딩의 가정추론 비교

논리학	과학의 진리탐구 방법, 혹은 문제해결	현상인식→가설→새로운 이론 정립 문제인식→해결책(→관찰과 실험으로 검증)
컨셉빌딩	컨셉 재정의	고객이 불만족한 기존속성 발견→가정질문→ 새로운 편익, 표적고객, 제품범주 발견(→고객 피드백)

있습니다. 가정추론에 의한 컨셉 재정의는 기존 브랜드 컨셉 서술문 → 소비자 불만에서 미충족 니즈 발견표 → 컨셉 재정의표 → 새로운 충족수단과 편익 발견 → 새로운 컨셉 서술문 → 고객 피드백의 순으로 진행됩니다. 여기서 새로운 충족수단과 발견은 유추와 가정추론을 사용합니다.

충족수단 개발을 위한 가정추론은 집단이 모여서 아이디어를 창출하는 브레인스토밍에서 사용할 수도 있고 한 장소에 모이기 어려운 경우 개인으로도 사용할 수 있습니다. 후자의 경우에는 〈표 8-4〉와 같은 표 형식의 가정질문 CREATORS를 사용합니다. 가로에는 9개의 가정질문이 들어가고 세로에는 미충족 니즈 발견표에서 나온, 바라는 결과들 중 중요한 것을 기입합니다. 그리고 세로의 바라는 결과와 가로의 가정질문을 결합해서 하나의 충족수단 아이디어를 빈칸에 적습니다. 아이디어가 나오지 않는 칸은 공란으로 둡니다. 이렇게 모여서 회의하지 않고 종이에 적어서 하는 방법을 브레인라이팅 Brainwriting이라고 부릅니다. 이 표는 개별적으로 아이디어를 생각해본 뒤 모여서 진행하는 하이브리드 브레인스토밍H-BS에서도 사용할 수 있습니다.

〈표 8-4〉는 새로운 개념의 백팩이라는 충족수단을 개발하기 위한 가정질문에 사용된 가정질문표입니다. 먼저 면접에서 나온 불만사항과 바라는 결과를 정리한 뒤 가정질문을 적용해 나열해보았습니다. 이 사례는 가방의 표적고객을 등산객으로 재정의한 뒤에 가정추론을 사용했다는 점도 알려드립니다.

〈표 8-4〉 표형식의 가정질문 CREATORS

가정질문 / 바라는 결과	Combine & interdependent	Eliminate	Add	Opposite	Opposite	…
가방을 메도 허리에 덜 부담이 되었으면	무게에 따라 끈이 자동으로 조절된다면	가방끈을 없앤다면	허리 쿠션을 추가하면	-	탈부착 가능	…
물건을 쉽게 꺼낼 수 있었으면	-	지퍼를 없앤다면	전자 명령 기능 추가	가방 지퍼를 밑으로 하면	가방을 양옆으로 분리 가능	…
땀 흡수를 잘 해줬으면	온도에 따라 자동 흡수 기능	쿠션 제거	망사 원단 추가	-	-	…
가방 무게에 허리가 구부러지지 않았으면	자동 경고 기능 (ex: 허리가 구부러지면 경고음 발생)	-	크로스 끈 추가	-	-	…
…	…	…	…	…	…	…

　사전에 소비자와 면접을 해서 미충족 니즈 발견표를 만드는 것이 바람직하지만 현장에서 그럴 수 없는 경우가 있습니다. 이 경우에는 기존 브랜드의 핵심 속성들을 열거한 뒤에 팀원들이 각 속성의 불만족도와 중요도를 평가해서 몇 개의 속성으로 줄인 다음 작업하도록 합니다(이때 중요도 불만족도 점수로 선별합니다). 앞서 설명한 대로 세로줄에는 선별된 핵심 속성들, 가로줄에는 가정질문을 기입하고 새로운 충족수단 아이디어를 빈칸에 기입합니다. 아울러 기존 브랜드의 핵심 속성을 10가지 방법으로 바꾼 뒤 어떤 새로운 편익을 도출하는지 적어봅니다. 컨셉 재정의를 위해 속성의 변경과 편익의 부상에 따라 표적고객이나 제품범주를 변경할 필요가 있는지 따져봅니다. 가정추론에 의한 제품과 서비스의 컨셉 재정의 사례는 〈보충자료 6: 가정추론에 의한 컨셉 재정의 사례〉를 참조하기 바랍니다.

또한 진행하다 보면 가정질문 10개를 주어진 시간에 다 적용하기 어려운 경우가 생깁니다. 그럴 때는 첫째, '결합해서 상호 의존하게 만들면?', 둘째, '결합해서 하나로 하면?', 셋째, '다른 것으로 대체하면?', 넷째, '없애면?' 순으로 가정질문을 진행합니다. 이 순서는 가정질문을 했을 때 아이디어가 많이 도출되는 질문의 순서이기도 합니다.[22]

개념규정에서 가정추론

가정추론은 개념을 반성해 컨셉을 재정의하는 경우에 주로 사용됩니다. 하지만 개념규정인 경우에도 가정추론을 사용할 수 있습니다. 핵심편익을 먼저 정의한 뒤 충족수단을 개발하는 경우, 최종적으로 도출된 컨셉이 가정추론으로 컨셉을 재정의한 결과와 비슷해지는 경우가 자주 있습니다. 따라서 핵심편익을 먼저 정의했을 때 가정질문으로 충족수단을 개발하는 것을 적극적으로 고려해볼 필요가 있습니다. 예를 들어 '자동으로 높이가 조절되는 책상'으로 핵심편익이 정의되었습니다. 그럼 가정질문에서 Combine & interdependent 사례들을 참조해 충족수단을 얻을 수 있습니다. 핵심편익 정의에서 종차인 '자동으로 높이가 조절되는'에서 책상의 높이와 사용자의 자세를 연동시키는 아이디어(충족수단)를 도출할 수 있는 것이지요. 그 외에 〈표 8-5〉와 같은 가정질문을 사용해볼 수 있습니다. 〈보충자료 6: 가정추론에 의한 컨셉 재정의 사례〉에서는 소비자에게 불만사항을 묻고 이들에게서 미충족 니즈를 도출한 뒤 핵심편익을 새롭게 정의한 다음 이를 가정질문과 연결했습니다. 개념반성에 개념규정적 방법을 보완적으로 활용했다고 할 수 있습니다.

---

22 Goldberg, J., D. Mazursky and S. Solomon(1999), "Toward Identifying the Inventive Templates of New Products: A Channeled Ideation Approach," Journal of Marketing Research, May, pp. 200–210

〈표 8-5〉 컨셉빌딩에서 개념규정을 위한 가정추론

핵심편익 정의의 종차 ⇄ 가정질문		사례
자동으로 연동되는~ 자동 조절되는~ ~이 조절되는~	Combine & interdependent	비의 속도에 따라 움직임이 자동 조절되는 와이퍼
~ 겸용~ 일석이조의~	Combine	주문 겸용 결제시스템
~대신에 ~를 사용한	Replace	전열선 대신에 온수 사용한 매트
~없는 ~할 필요 없는	Eliminate	날개 없는 선풍기, 조리시간 입력이 필요 없는 전자레인지
듀얼~, 트윈~	Add	트윈워시, 듀얼 뷰 카메라
전체에서 분리되어 ~좋은 ~하면서도 따로 ~할 수 있는	Total and Alone	앉는 부분이 분리된 의자
반대로 하면 더 좋은~	Opposite	거꾸로 접어서 좋은 우산
~할 필요 없는, 간편한~	Reserve	오뚜기 씻어 나온 쌀
분리되어 편한~ 여러 조각으로 나누어진~	Segment	여러 조각으로 분리되어 편리한 커터칼

가정추론과 다른 도구의 결합

컨셉빌딩에서는 이동이 자유롭다고 했습니다. 마찬가지로 가정추론은 다른 층에서의 도구와 연동되어 사용될 뿐 아니라 충족수단을 개발하는 다른 도구들, 즉, 유추나 모순해결(변증추론)과 결합하여 사용할 수 있습니다.

가정추론과 유추의 결합

가정추론과 유추는 상호 보완적으로 사용할 수 있습니다. 유추를 통해 다른 영역에서 충족수단을 개발하고 다시 가추를 통해 충족수단의 수를 늘려갑니다. 가추를 먼저 사용한 뒤 각각의 충족수단에 유추를 적용할 수도 있습니다. 구체적 「사례」는 〈보충자료: 가정추론과 유추의 결합〉을 참조하십시오.

가정추론과 모순해결의 결합

가정질문 CREATORS에는 9장에서 설명할 TRIZ의 원리를 일부 포함하고 있습니다. TRIZ는 주로 기술적 모순을 해결할 수 있는 방법이지만 이들 중 일부는 가정추론에도 사용할 수 있습니다.

가정추론과 IoT의 결합

구체적 충족수단을 찾기 위해서 가정질문 이후에 IoT(사물 인터넷) 기술을 적용하면 더 유용한 충족수단을 얻을 수 있습니다. 특히 '결합해서 상호의존', '결합해서 하나로', '다른 것으로 대체'에 유용합니다.

이 장에서는 7장에 이어 충족수단의 개발에 대해서 알아보았습니다. 가정추론이 '틀 안에서 충족수단을 생각하는 것'이라면 유비추론은 다른 영역, 즉 '틀 바깥에서 충족수단을 생각하는 것'으로 볼 수 있습니다.

가정추론은 비연역추론의 한 종류다

이 책은 2중의 이론 틀로 서술되어 있습니다. 하나는 창의적 사고 모형의 틀(1장)이고 다른 하나는 논리학적 틀입니다. 논리학은 개념-판단-추론으로 구성되고, 추론은 하나 혹은 둘 이상의 판단(명제)들로부터 새로운 판단을 도출하는 사고과정을 말합니다. 추론은 크게 연역추론과 비연역추론으로 나눌 수 있습니다. 전자는 하나의 보편적 법칙에서 출발해 구체적 사례들에 적용해보는 추론입니다. 보통 전통 논리학에서 말하는 추론은 연역추론을 말합니다. 연역추론의 결론은 필연적으로 참이 됩니다. 하지만 연역추론은 근본적으로 경험 세계에 대한 지식을 확장시킬 수 없다는 문제점이 있습니다. 이런 이유로 데카르트와 베이컨은 연역추론 위주의 아리스토텔레스 논리학이 새로운 진리 발견에 전혀 도움이 되지 않는다고 했습니다. 따라서 논리학에서 경험 세계의 지식 확장이 가능한 비연역추론이 다루어지게 됩니다. 비연역추론에는 6장의 귀납추론, 7장의 유비추론, 그리고 이 장에서 논의된 가정추론(혹은 가설추론)이 있습니다.[1]

아리스토텔레스는 『변증론』에서 연역추론과 귀납의 차이에 대해 설명했습니다. 그는 귀납은 '개별 사항에서 보편법칙에 이르는 통로'라고 아주 간략하

1 김광수(2007), 『논리와 비판적 사고』 쇄신판, 철학과 현실사, pp. 169–274.

연역추론, 귀납추론, 가정추론의 비교

	연역추론	귀납추론	가정추론(가설추론)
↓	자루 속 모든 공은 검다(법칙)	이 공은 자루에서 나왔다(사례)	이 자루 속 모든 공은 검다(법칙)
	이 공은 자루에서 나왔다(사례)	이 공은 검다(결과)	이 공은 검다(결과)
	이 공은 검다(결과)	자루 속 모든 공은 검다(법칙)	이 공은 그 자루에서 나왔다(사례)

게 설명합니다.[2] 연역추론과 귀납추론을 삼단논법 식으로 비교해보면 위 표처럼 연역추론은 법칙-사례-결과로 이어지고 귀납추론은 사례-결과-법칙으로 이어집니다. 연역추론의 최종 결론은 항상 참이지만 새로운 발견은 가능하지 않습니다. 그래서 지식을 확장해주지 않습니다.

귀납추론의 최종 결론은 반드시 참은 아니어도 새로운 사실을 말해주고 있습니다. 자루에서 나온 공 하나로 자루 속 모든 공을 검다고 추측하는 것입니다. 귀납추론의 결론은 필연적이지는 않지만 참일 가능성이 있습니다. 더욱이 자루 안의 공을 여러 번 꺼내 반복적으로 확인하면 결론이 참일 가능성이 확률적으로 높아집니다. 그래서 귀납추론에서는 동일한 사례가 많아지면 결론이 참일 가능성이 높습니다. 그래서 베이컨은 『신기관』에서 귀납추론을 '열거적 귀납법'으로 발전시킨 것 같습니다. 하나의 사례가 아닌 여러 사례를 열거한 뒤에 최종 결론을 내리면 그런 귀납법에서 도출한 결론은 진리일 가능성이 높아지는 것이지요.

칸트는 『논리학 강의』에서 유비추론은 귀납추론과 더불어 개별적 사례

---

2 아리스토텔레스 저, 김재홍 역, 『변증론』, 도서출판 길, pp. 57-58.

로 일반화하는 유사한 두 형태의 추론two similar form of reasoning이라고 했습니다. 앞의 예에서 여러 사례들을 관찰해 알게 된 실체의 속성(예를 들면 공의 색깔)을 개별실체(즉 '특정 공')에서 보편실체(즉, '모든 공')로 일반화하면 귀납추론이 됩니다. 7장에서 칸트는 유추에 '관계' 개념이 개입된다고 하면서 수단-목적(혹은 원인-결과) 관계를 언급했습니다. 실체-속성 관계도 또 다른 형태의 관계입니다(5장). 유비추론은 실체-속성의 관계에서 이루어지는 귀납추론이라고 생각하면 이해됩니다. 유비추론은 두 실체가 하나의 속성에서 동일하다는 개별적 사례를 통해 두 실체의 다른 속성도 같다고 일반화하는 것입니다.[3] 앞의 예시에서 A자루에서 뽑은 어떤 공의 색깔이 검정이고 중국산 표시가 있다는 것을 관찰했다고 합시다. 이후 A자루에서 뽑은 또 다른 공의 색깔은 검정이지만 공의 원산지가 표시되지 않았다고 합시다. 이때 새로 뽑은 공의 원산지가 이전 공과 같은 중국산일 것이라고 추론하면 이것은 유비추론이 됩니다. 이미 알려진 하나의 실체-속성의 관계(공-검은색)를 이용해 아직 모르는 또 다른 실체-속성 관계(공-원산지)를 일반화해 추론하는 것이지요.

  20세기 들어 미국 철학자 퍼스는 귀납추론과 연역추론 외에 제3의 추론방식이 있을 수 있다고 했습니다. 이것이 가정추론(혹은 가설추론)인데 줄여서 '가추'라고 합니다. 이것은 법칙-결과-사례로 추론을 진행합니다. 앞의 가정추론 예시에서 추론의 최종 결론은 귀납추론의 결론보다 참일 가능성이 아주 낮습니다. 내가 관찰한 공이 검은색이라고 해서 '그 공이 특정 자루에서 나왔다'라는 결론(이 결론이 과학탐구에서는 가설이 됩니다)이 참일 가능성은 아주 희

---

3 Immanuel Kant(2004), 『Lecture on Logic』, translated by J. M. Young, Cambridge University Press, pp. 625-626.

박합니다. 그래서 가정추론은 논리의 비약이고 오류입니다. 아리스토텔레스는 이런 이유로 가정추론을 자신의 논리학에서 다루지 않았는지도 모릅니다. 그런데 결론이 진리일 가능성이 아주 낮은 가정추론도 관찰과 실험을 결합하면 귀납추론과 같이 새로운 발견으로 이어질 수 있습니다. 더욱이 가정추론의 결론을 참이라고 예상하지 않았기에 참으로 판명되면 역설적으로 놀라운 혁신적 발견일 수 있습니다. 퍼스는 가정추론은 오히려 새로운 지식을 생산해줄 수 있는 추론이라고 주장합니다. 가정추론은 가정(가설)을 사용해 획기적 발견을 가능하게 하는 논리라는 것이지요.

전통 논리학에서 무시했던 가정추론은 자연과학에서 자주 사용하는 상상실험(혹은 사고실험)과 같은 방법이라 할 수 있습니다. 데카르트와 동시대에 과학혁명을 이끈 갈릴레이는 자연과학의 원리를 규명하기 위해 현실에서의 실험뿐 아니라 상상 속의 사고실험도 자주 했습니다. 당시에는 지구가 고정되어 있다는 말을 믿었습니다. 지구가 움직인다면 왜 우리가 그것을 느끼지 못하는지, 또 하늘에 수직으로 던진 돌이 왜 제자리로 떨어지는지를 이해할 수 없었으니까요. 갈릴레이는 우리가 지구의 움직임을 느낄 수 없는 것은 지구와 같이 움직이기 때문이라고 하면서 다음과 같은 두 상황을 가정하고 상상해보라고 권유합니다. 만일 배가 움직이고 있을 때와 배가 정지하고 있을 때 누군가 배의 돛대 꼭대기로 올라가 돌을 아래로 떨어뜨린다고 가정하면 돌이 어디에 떨어질까요? 갈릴레이는 두 경우 모두 돛대 아랫부분에 떨어진다고 말합니다. 지동설을 믿지 않는 사람들은 배가 움직이면 배가 움직인 만큼 돛대 아래에서 멀찍한 지점에 떨어질 것이라 생각했습니다.[4]

---

4 갈릴레이 갈릴레오 저, 이무현 역(2016), 『대화: 천동설과 지동설, 두 체계에 관하여』, 사이언스북스, pp. 232-237.

갈릴레이는 실제 실험을 하지 않았지만 결과를 확신했습니다. 갈릴레이가 자주 사용한 상상실험은 오늘날 철학이나 물리학에서 사용하는 사고실험과 다르지 않습니다. 저는 퍼스의 가정추론은 이전에 자연과학에서 사용한 상상실험을 논리학의 체계로 끌어들인 것이라고 생각합니다. 창의적 사고 모형의 틀에서는 유비추론이나 가정추론을 상상력으로 다루었습니다. 그러면 유비추론이나 가정추론이 상상력과 어떤 관계에 있을까요? 논리학의 유비추론이나 가정추론에는 개념과 상상력이 협력하게 됩니다. 유비추론에서는 개념(구체적으로 관계)의 인도에 따라 상상력이 발휘되고, 가정추론에서는 상상력이 발휘되면 이것이 이론(이것도 개념임)으로 정립되는 것이지요.

정리하면 비연역추론에는 귀납추론, 유비추론, 가정추론이 있습니다. 논리학에서는 이들을 진리 탐구의 도구로 사용했지만 컨셉빌딩에서 귀납추론은 핵심편익 정의나 컨셉 서술문 작성에 적용되었고 유비추론과 가정추론은 충족수단 개발에 적용되었습니다.

컨셉빌딩에 사용된 논리학의 방법을 다음 표로 정리했습니다. 변증추론은 칸트가 처음으로 사용한 모순해결 방법으로서 변증법으로 발전합니다. 이것

논리학적 체계에 때른 문제해결 방법

『중용』의 학문사변행 (컨셉카페 3)	『손자병법』의 모순 쌍의 통일(컨셉카페 12) 변증추론(9장)	『방법서설』의 분해와 합성 (컨셉카페 2)
	가정추론(8장)	
	유비추론(7장)	
	개념(문제)의 정의(5장), 베이컨의 귀납법(6장)	

은 9장에서 다시 설명하겠습니다.

컨셉빌딩을 위한 가정추론은 현재의 개념을 구성하는 충족수단들을 바꾸면 표적고객이 누가 될 것이며, 제품범주는 어떻게 바뀌고 소비자에게 제공하는 편익은 어떻게 바뀔 것인지 상상해보는 것입니다. 현재 개념을 바꾼다는 가정 하에 상상을 해보고 이에 따라 컨셉을 재정의해 혁신적 신제품을 발견하는 것입니다. 이것이 추후 고객 피드백 과정에서 끌리는 컨셉으로 판명되면 혁신적 브랜드가 탄생할 수 있습니다.

'전통 논리학에서 모순은 패배의 징표이지만
실질적 지식의 진화에서 모순은
승리를 향해 나아가는 첫걸음이 된다.'
—화이트헤드의『과학과 근대세계』

변증추론
(모순해결)

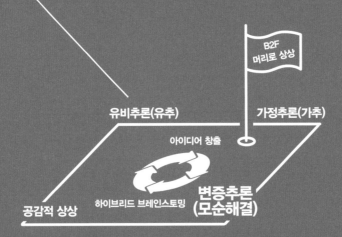

B2F
머리로 상상

유비추론(유추)   가정추론(가추)

아이디어 창출

변증추론
하이브리드 브레인스토밍   (모순해결)

공감적 상상

Chapter 9

신제품의 충족수단을 개발하는 단계에서는 많은 모순이 발생하는데 공학이나 품질경영에서는 모순해결 방법으로
트리즈(TRIZ)를 사용합니다. TRIZ는 주로 시제품을 제작 시 발견되는 모순들을 해결하는 방법인데 충족수단 개발
에도 적용이 가능합니다. 철학에서 변증추론은 대립되는 주장에서 모순을 해결해 종합하는 방법으로 사용됩니다.
이 장에서는 모순에 대한 동서양의 철학이 충족수단들 간 모순·해결에 어떻게 활용될 수 있는지 설명하겠습니다.

창조로 가는 통과의례

사람들은 보통 문제해결 과정에서 모순을 발견하면 손을 놓게 됩니다. 바로 이것이 창의성을 제약하는 원인 중 하나지요. 그런데 모순은 과연 부정적인 것일까요? 이 장 서두에서 인용한 철학자 화이트헤드의 말처럼 모순은 진리를 발견하는 출발점이 됩니다. 모순을 발견하고 해결하는 것이 진리로 나아가는 길이라면, 제품혁신에서도 모순을 발견하는 것은 혁신의 단서이며, 모순을 해결하는 것이 바로 혁신이 됩니다. 그래서 모순을 발견하면 피하지 말고 오히려 기뻐해야 합니다.

컨셉빌딩에서는 어떤 모순을 접하게 될까요? 여기서는 핵심편익에 기초해 충족수단을 도출할 때 분해와 합성의 원칙에 따라 여러 충족수단을 합성하게 됩니다. 그리고 바로 이 경우에 충족수단들 간에 모순이 발생합니다. 합성의 원칙에 따라 충족수단들을 결합하는 것은 부분들을 결합해서 전체를 만드는 것입니다. 그런데 부분과 부분을 합쳐 전체를 만들어도 원래 전체가 갖고 있던 유기적 관계는 복원되지 않습니다. 앞서 제품과 서비스를 기계적 결합체가 아닌 유기적 결합체로 보라고 했습니다(6장). 부분과 부분을 합성하는 것은 기계적 결합입니다. 그래서 부분과 부분을 합칠 때 발생하는 모순들을 해결해야 유기적 통합이 이루어지지요. 그래서 모순을 해결하는 것은 불완전한 결합을 완전한 유기적 통합으로 바꾸는 것입니다.

모순을 해결하는 트리즈(TRIZ)

충족수단들 간의 모순을 해결하기 위해 사용하는 방법으로 트리즈(이하 TRIZ)가 있습니다. 러시아의 과학자 겐리흐 알트슐러Genrich S. Altshuller는 1946년부터 전 세계 40만 개의 특허사례를 연구했는데요. 이를 통해 시스템에서 발생하는 모순을 발견하고 해결하면 그것이 바로 특허로 이어진다는 사실을 밝혀냈습니다. 그는 다양한 모순의 패턴을 정리했고 각종 모순을 해결할 수 있는 원리를 40가지로 정리했습니다. 이것이 바로 TRIZ 기법으로, 그 핵심은 기술(혹은 충족수단)에서 발생하는 모순을 해결해 혁신을 이루는 것입니다. TRIZ 기법은 발명이나 새로운 아이디어를 만드는 방법론으로 세계적으로 확산되었습니다.

기술적 모순과 논리적 모순

TRIZ에서는 모순을 기술적 모순과 논리적 모순(혹은 물리적 모순이라고도 함)으로 구분합니다. 〈표 9-1〉은 이를 정리한 것입니다. 기술적 모순이란 한 기술 속성이 좋아지면 다른 기술 속성이 나빠지는 것입니다.

비행기는 날개도 필요하지만 바퀴도 반드시 필요합니다. 그런데 비행기의 날개와 바퀴, 이 둘의 관계는 모순입니다. 이착륙에 필요한 바퀴는 비행 중에는 공기 저항을 크게 해서 날개의 기능을 약화시키니 말입니다. 동토의 나라 러시아에서는 기후로 인해 지반이 단단히 얼어 있는 경우가 많습니다. 이런 지반에 건물의 기초공사에 해당하는 말뚝을 박을 때는 그 끝이 뾰족해야 합니다. 하지만 끝이 뾰족한 말뚝은 흔들리고 쉽게 빠져서 안정적인 기능을 수행

〈표 9-1〉 기술적 모순과 논리적 모순의 예시

문제	기술적 모순	논리적(물리적) 모순	모순해결
비행기의 바퀴	이착륙하려면 바퀴가 있어야 한다. 바퀴가 있으면 비행 중에 공기저항을 받는다.	바퀴가 있어야 하고 **동시에** 없어야 한다.	시간분리
얼어붙은 땅에 말뚝 박기	말뚝을 쉽게 박으려면 끝이 뾰족해야 한다. 말뚝 끝이 뾰족하면 불안정하여 쉽게 빠져 나온다.	말뚝의 끝은 뾰족하고 **동시에** 뾰족하지 말아야 한다.	시간분리
공장 화재 진압	불을 끄려면 많은 물을 사용해야 한다. 많은 물을 사용하면 기계와 장비가 손상된다.	기계를 보호하면서 불을 끄려면 물이 많아야 하고 **동시에** 적어야 한다.	공간분리
평판 스피커의 개발	저음의 재생이 잘 되려면 진동판을 크게 해야 한다. 진동판을 크게 하면 고음의 재생이 잘되지 않는다.	고음과 저음을 내기 위해서는 진동판이 커야 하고 **동시에** 작아야 한다.	공간분리

하기 어렵습니다.[1] 이것도 풀어야 할 모순이 되겠지요. 또 근래에 PDP, LCD TV등과 같은 평판 표시소자의 보급이 확대되어 평판 스피커가 많이 사용되고 있습니다. 평판 스피커에서 저음의 재생이 잘 되려면 진동판을 크게 해야 합니다. 그런데 진동판을 크게 하면 고음 재생이 잘되지 않습니다.[2] 이처럼 기술 속성에는 숱하게 많은 모순이 존재합니다.

'동시에'를 제거하라

현실에서 파악되는 모순은 대부분 기술적 모순입니다. 이는 하나의 속성이 좋아지면 다른 속성은 나빠지는 상황을 말합니다. 이러한 기술적 모순은 논리적 모순으로 바꿔서 이해할 수 있습니다. 비행기 바퀴의 경우에 논리적 모순은 '바퀴가 있어야 하고 동시에 없어야 한다', 말뚝 박기의 경우는 '말뚝의

1 김효준(2004), 『생각의 창의성: TRIZ』, 도서출판 지혜, pp. 55–56.
2 김익철(2006), 『무엇을 만들어야 하는가?: 트리즈를 활용한 신제품 개발』, 도서출판 인터비전, pp. 68–70.

끝이 뾰족하고 동시에 뾰족하지 말아야 한다', 평판 스피커의 경우 '진동판은 커야 하고 동시에 작아야 한다'는 논리적 모순으로 정형화할 수 있습니다. 기술적 모순을 논리적 모순으로 바꿀 때는 시점, 즉 '동시에'를 추가해 정형화합니다. 그리고 논리적 모순을 해결할 때 '동시에'를 제거하는 것이지요. '동시에'를 제거한다는 말은 시점을 분리한다는 뜻입니다. 자동차에서 가속페달과 브레이크는 모순관계에 있지 않습니다. 하지만 '동시에' 밟으면 모순이 됩니다. 속력을 낼 때는 가속페달을 밟고, 멈출 때는 브레이크를 밟으면 상생합니다. 시점을 분리해서 모순이 되지 않도록 한 것입니다.

비행기의 경우에는 이착륙 시에는 바퀴를 사용하고 비행 중에는 바퀴를 동체에 집어넣어 숨기면 됩니다.[3] 언 땅에 박는 말뚝은 어떨까요? 말뚝의 끝부분에 다이너마이트를 설치했다가 말뚝이 땅에 박힌 뒤에는 폭발시켜 말뚝 끝을 불규칙적이고 거칠게 만들어버립니다. 이 모두는 시점을 분리해 모순을 해결한 것입니다. 그런데 시간만 분리할 수 있을까요? 공간 역시 분리할 수 있습니다. 〈표 9-1〉의 문제에서 평판 스피커의 경우에는 진동판을 4개로 나누어 고음을 재생할 때는 하나만 움직이고, 저음을 재생할 때는 4개가 동시에 움직이도록 했습니다. 이처럼 TRIZ 모순해결은 분리의 원칙을 사용하는 것입니다. 이것은 시간을 분리하고, 공간도 분리하여 모순을 해결하는 것입니다.

TRIZ 모순해결은 칸트의 변증추론에 의한 모순해결과 아주 유사합니다. 컨셉빌딩에서는 칸트의 변증추리(변증법)으로 TRIZ 모순해결을 설명하겠습니다. 모순해결은 모순을 긍정하는 동양철학을 통해서도 해법을 얻을 수 있습

---

3 정종엽, "생각의 창의성", Mission Magazine, www.missionmagazine.com/main/php/search_view. php?idx=1086

니다. 앞에서 설명한 ① '분리'의 원칙 외에도 ② '통합', ③ '부분 속에 전체(일중일체:一中一切)', ④ '둘이면서 하나로(이이일: 二而一)', ⑤ '다른 차원으로 전환'이 있습니다.

우선 간략히 살펴보면, 일중일체란 부분 속에 전체가 들어 있다는 의미로 부분과 전체의 유기적 통합을 의미합니다. 둘이면서 하나는 하나가 두 가지 목적을 겸하는 일석이조의 방법이라 할 수 있습니다. 다른 차원으로 전환은 시간이 오래되면 이제까지와 다른 차원 혹은 양상이 전개된다는 의미입니다. 그 대표적인 예가 전화위복입니다. 과거의 장애요인이 현재의 복福, 즉 성공 요인으로 바뀔 수 있다는 것이지요. 5가지 원칙은 분리에 의한 모순해결의 다른 측면이라 할 수 있어 서로 연관이 되어 있습니다. 이 다섯 원칙은 이 장의 후반부에서 설명하겠습니다.

5가지 모순해결의 법칙으로 보는 TRIZ

TRIZ 모순해결을 위해서 충족수단이나 시제품을 개발할 때 발생하는 모순을 해결하는 20가지 원리를 〈표 9-2〉에 추려보았습니다. 이들 원리는 TRIZ의 40가지 원리에서 선별한 것입니다. 그리고 8장의 가정질문 CREATORS와 연관되는 원리들은 마지막 칸에 표시했습니다. TRIZ는 특히 8장의 가정추론과 밀접하게 연결되어 있습니다. 가정추론에서 사용하는 가정질문들은 TRIZ의 모순해결 원리로도 이해할 수 있기 때문입니다. ASIT를 만든 호로위츠와 골든버그는 직접 TRIZ 교육에 참가해서 배웠다고 합니다. 이후 TRIZ의 '40가지 발명원리'를 그대로 도구로 활용하기에는 너무 복잡하고 비효율적이라고 생

〈표 9-2〉 선별된 20가지 모순해결 원리

컨셉빌딩의 분류	TRIZ 원리	적용사례	가정질문
분리	시점 분리	LG 디오스냉장고 개스킷과 고무자석의 접착시점 분리	Segment
	공간 분리	미백치약의 이중용기 삼성 드럼세탁기 요철 공간 분할	Segment
	사전조치	뚜껑에 흠집을 내어 쉽게 딸 수 있는 통조림 깡통, 제품에 바코드 부착해 사전계산으로 대기시간 단축	Reserve
	사전 예방조치	식품 포장 시 제습제 첨가	Reserve
통합	여러 용도를 하나로	케이스가 거울을 겸하는 콤팩트(화장품)	Combine
	안에 넣기	종이컵, 포개지는 쇼핑 카트	Combine
	피드백 도입	수세식 변기의 수량(水量) 조절 외부 공기를 피드백하는 환풍기 시스템	Combine & Interdependent
	복제(copy)	스위치가 여러 개인 전기밥솥 시뮬레이터에 의한 비행 훈련	Add
부분 속에 전체 (일중일체: 一中一切), 부분과 전체의 분리 통합	전체에서 일부를 제거	녹음기능 제거로 소형화: 워크맨	Eliminate
	부분적 특성화	전략과 전술의 분리 인도에 진출한 맥도날드의 현지 맞춤 메뉴 개발	Total & Alone
	일부만 자유롭게 하기	높이가 조절 가능한 세면기, 접이식 등산지팡이, 컨테이너에 발전설비를 실은 이동식 발전소	Total & Alone
둘이면서 하나 (二而一)	셀프 서비스	집에서 조립해 사용하는 이케아 가구, 식당에서 셀프서비스	Combine
	같은 재료/형태/ 기능으로	미백치약에 들어가는 연마제 성분은 치아 성분과 비슷한 하이드록시 아파타이트를 사용	Combine
	매개	높이가 조절 가능한 세면기, 접이식 등산지팡이, 컨테이너에 발전설비를 실은 이동식 발전소	Combine & Interdependent
다른 차원으로 전환 (전화위복)	반대로 하기	실내 운동을 위한 러닝머신, 욕조 수영장	Opposite
	부족하게 혹은 지나치게 하기	헤어드라이어의 소음 제거를 위해 소음을 심하게 하여 가청 범위를 넘기기	Opposite
	물성 바꾸기	온도에 따라 색이 변하는 젖병, 연결선이 필요 없는 무선 광 마우스	Replace
	차원 변경	자동안마기 판매에서 자동안마기 임대로	Replace
	대칭을 비대칭으로	목 부분은 높게, 머리 부분은 낮게 하여 숙면을 도와주는 비대칭 굴곡베개	Replace
	손해를 이익으로	자일리톨 껌, 화천군 산천어 축제	Opposite

각해서 유사한 것들은 묶고 사용빈도가 낮은 것들을 제외시켜 '5가지 가정질문'인 ASIT로 단순화했습니다.[4] 따라서 20가지 TRIZ 모순해결 원리는 10가지 가정질문에 의한 컨셉 재정의 방법이라고 이해해도 무방합니다.

분리 : 시공간을 쪼개라

LG전자는 2005년 5월 '프렌치 디오스 냉장고'를 미국 시장에 출시한 뒤 현지 소비자들로부터 예상치 못한 불평을 듣게 됐습니다. 냉장고 아랫부분에 위치한 냉동실 문이 잘 열리지 않는다는 것이었습니다. 개발팀이 확인한 결과 냉장고 문에 붙어 있는 개스킷(도어·파이프 등의 접합부에 밀폐를 위해 들어가는 얇은 판 모양의 패킹)이 문제였습니다. 냉장고 문의 테두리에는 밀폐를 위한 개스킷이 붙어 있고, 개스킷 내부에는 문이 잘 닫히도록 고무자석이 들어 있는데, 고무자석이 너무 강해 문을 여닫기 힘든 것이었습니다. 하지만 약한 자석으로 대체해보니 이번에는 문이 꽉 닫히지 않아 '밀폐기능'이 약해지는 문제가 발생했지요. 개발팀은 다시 개스킷에 집중했는데요. 개폐가 힘든 이유가 고무자석이 붙어 있는 개스킷 전체를 한꺼번에 떼어내야 하기 때문이라는 것을 알게 되었습니다. 이후 개발팀은 고무자석을 분리했습니다. 냉장고 문을 열 때 개스킷에 붙은 고무자석의 30%만 먼저 떨어지도록 한 뒤 나머지 부분이 순차적으로 분리되도록 한 것이지요. 그 결과 문 여는 힘을 25% 정도 줄이면서도 밀폐기능은 그대로 유지할 수 있었습니다. 개선된 제품은 2008년 미국에 출시돼 고급 냉장고 시장에서 큰 성공을 거뒀습니다.[5] '사전 조치'나 '사전 예방조치'도 시점을 분리한 것입니다. 이 예는 가정질문의 '미리하면?'을 참조하기 바랍니다.

---

4 Roni Horowitz(2001), "From TRIZ to ASIT in 4 Steps," TRIZ Journal, August 20
5 2011년 5월 2일 조선일보 위크리비즈 기사, "제품혁신 한방에 해결 '트리즈 이론'"

분리는 시간에 국한될 필요가 없습니다. 공간 역시 분리, 분할할 수 있습니다. 미국 시장에서 파는 미백치약은 이중용기로 되어 있습니다. 미백치약에 흔히 사용되는 과산화수소는 매우 불안정한 물질이어서 치약 내 다른 물질과 혼합되면 분해되어 효과가 줄어듭니다. 그래서 과산화수소와 치약을 분리시켜 다른 용기에 보관하고 사용할 때 합치도록 설계한 것입니다. 이는 서로 상극이 되는 물질을 다른 장소에 분리해 모순을 해결한 것입니다.[6] 초기 에어컨은 어땠나요? 보통 창문형으로 컴프레서가 내장되어 소음이 상당히 심했습니다. 그래서 이후 모델은 컴프레서만 실외로 빼내 문제를 해결했습니다.[7] 삼성전자는 드럼세탁기 출시 초기 소음문제로 고객의 불만이 많았습니다. 드럼세탁기 내부에는 탈수할 때 드럼을 받쳐주는 '터브tub'라는 이름의 플라스틱 부품이 있는데, 그 강도를 높이기 위해서는 '요철(凹凸) 모양'으로 만들었습니다. 그런데 이 모양으로 인해 드럼이 고속 회전할 때 소음이 크게 발생했습니다. 하지만 소음을 없애려고 요철을 없애자니 부품 강도가 떨어졌습니다. 고민하던 개발팀은 TRIZ 이론을 활용했습니다. 기존 제품에는 요철이 터브의 전체 면적에 퍼져 있었다면 이번에는 공간 분리(분할)를 사용해서 터보의 중심부에만 요철을 만들었습니다. 공간을 요철이 있는 곳과 없는 곳으로 '분리'한 것입니다.[8]

시간 분리와 공간 분리는 첨단기술에서도 많이 사용하는 문제해결 방법입니다. 혹시, 무선통신기술에 사용되는 TDMA나 CDMA라는 용어를 들어보았나요? 무선통신에서는 여러 개의 단말장치가 하나의 주파수 대역(유선통신에

---

6 최창일(2007), 『트리즈 마케팅』, 더난출판, p. 49.
7 김익철(2006), 『무엇을 만들어야 하는가?: 트리즈를 활용한 신제품 개발』, 도서출판 인터비전, pp. 122-123.
8 2011년 5월 2일 조선일보 위크리비즈 기사, "제품혁신 한방에 해결 '트리즈 이론'"

서의 통신회로에 해당)을 통해 신호를 송수신하게 됩니다. 이럴 때 여러 신호가
서로 겹쳐 송수신이 불가능해집니다. 이를 해결하려면 한정된 주파수 대역을
늘려야 하는데 그렇다고 무한히 늘릴 수는 없습니다. 이런 모순을 해결할 수
있는 방법이 TDMA나 CDMA입니다. TDMAtime division multiple access는 '시
분할다중접속'이라고 번역할 수 있습니다. 이는 동일 주파수 대역을 시간적
으로 여러 개로 분할해 단말장치마다 독립적으로 사용하게 하여 동시 접속에
서 발생하는 신호가 겹치지 않도록 하는 방식을 말합니다. 바로 시점을 분할
한 것입니다. 반면 CDMAcode division multiple access는 '코드분할다중접속'
이라고 번역합니다. 주파수 대역을 서로 독립적인 여러 코드 공간으로 분할
하고, 각 단말장치가 분할된 코드 공간으로 신호를 보내 신호가 서로 겹치지
않도록 하는 것입니다. 공간을 분할하여 문제를 해결한 것이지요. 참고로 유
럽이나 일본은 TDMA를, 우리나라는 CDMA 방식을 사용해 디지털 무선통신
서비스를 시작했습니다.

통합: 합치거나 복제하거나

통합을 통해서 고객의 환영을 받은 제품으로 무엇이 있을까요? 여성들은
손거울 대신 콤팩트를 가지고 다니는 경우가 많습니다. 하지만 운전 중이거
나 번잡한 지하철 같은 곳에서는 꺼내 보기가 힘이 듭니다. 그럴 때 콤팩트를
열지 않고도 사용할 수 있게 만든 것이 바로 아모레 '라네즈 슬라이딩 팩트'
입니다. 케이스와 거울을 통합해 보다 쓰기 편하게 만든 것입니다.[9]
제품의 빈 공간을 활용해 다른 물건을 보관하는 것도 통합입니다. 우리가
보통 마트나 공항에서 자주 사용하는 카트 역시 통합을 통해 만들어진 물건

---

9 김영세(2009), 『이매지너』, 랜덤하우스, pp. 18-19.

인데요. 좁은 공간 내에 많은 카트를 보관하기 위해서 포개지도록 디자인한 것이지요.

어떤 일의 결과가 다시 원인에 작용해 그 결과의 과부족을 조절하는 것을 피드백이라고 하는데요. 피드백도 통합의 한 방법이 될 수 있습니다. 이것은 가정질문에서 '결합해서 상호 의존'에서 충족수단을 얻는 경우와 유사한 결과를 낳습니다. 수세식 변기는 용무를 보고 스위치만 누르면 물이 쏟아져 나오고, 다시 일정한 양만큼만 물이 채워집니다. 물탱크 안에 부표가 있어 물이 일정 높이까지 올라오면 더 이상 차지 않도록 제어를 합니다. 또 환풍기는 팬을 이용해 실내의 공기를 빼는데, 어느 정도가 되면 실내의 압력이 마이너스가 되어 공기가 움직이지 않습니다. 이때 실외의 맑은 공기를 실내로 보낼 수 있는 구조를 추가함으로써 실내외의 공기압 차이를 줄일 수 있습니다. 선글라스의 경우는 어떨까요? 화창한 날에는 색깔이 짙게 변해서 빛이 흡수되는 것을 줄이고 흐린 날에는 연하게 해서 빛의 흡수를 촉진할 수 있습니다. 결국 이 사례들은 모두 통합과 관련 있는 것이지요.

복제하기copy를 통해서는 원래의 것과 다른 것을 만들거나, 비싼 것을 싸게 만들거나, 복잡한 것을 단순하게 만들 수 있습니다. 전기밥솥은 스위치를 여러 개 복제해서, 필요하면 밥만 하고 누룽지를 먹고 싶으면 다른 스위치를 눌러 밥을 눈게 할 수 있습니다(복제하기는 가정질문의 '추가해서 다르게 하면?'을 참조하기 바랍니다). 비행기 조종사 훈련은 어떨까요? 아직 미숙한 조종사가 바로 레버를 잡을 수는 없겠지요. 그래서 공중에서 하는 대신에 시뮬레이터를 사용해 조종 연습을 하도록 했습니다. 또 시제품을 테스트할 때 가상현실 기술을 이용해 가상 시제품을 시험하는 경우가 있는데, 이것 또한 복제를 이용해 시제품 테스트를 쉬운 방법으로 대체하는 것입니다(10장).

부분 속에 전체 : 일중일체(一中一切)

분리에서 시간이나 공간을 분리했듯이 부분과 전체도 분리하거나 통합해 모순을 해결할 수 있습니다. 독립적인 것을 원래의 모습인 유기체로 복원해야 합니다. 유기체란 무엇인가요? 부분들이 전체와 연결되면서 각자 부분들이 맡은 역할을 하는 것입니다. 우리 몸이 바로 그렇습니다. 우리가 잠이 들어 운동신경계가 작동하지 않을 때에도 각 호흡기관과 심장은 따로 작동해 생명을 유지합니다.

다국적 기업은 표준화 전략과 현지화 전략을 동시에 추구합니다. 전체적인 전략은 같지만 지역과 국가별로 그 특성에 맞추어 현지화하는 것이지요. 그래서 글로컬리제이션glocalization이라는 용어가 만들어졌습니다. 글로벌 전략과 로컬 전략을 동시에 추진한다는 의미입니다. 예를 들어 인도에 진출한 맥도날드는 종교와 문화를 고려해 새로운 빅맥인 맥알루 티키McAloo Tikki를 만들었습니다. 소고기나 돼지고기 대신에 닭고기나 양고기로 패티를 만들고 인도 특유의 향신료를 사용해 소스를 만든 것이지요.

보통 화장실에 있는 세면기는 벽과 붙어 있게 설계됩니다. 그런데 세면기를 벽과 분리하면 높낮이 조절이 가능한 세면기가 됩니다. 어린이나 어른 모두 편리하게 이용할 수 있겠지요? 보통의 발전설비는 발전소에 고정되어 있습니다. 그런데 현대중공업은 이것을 소규모 패키지형으로 만들었습니다. 발전기 구동에 필요한 설비들을 컨테이너에 담은 것인데 설치와 이동이 쉬워 발전소 건설이 힘든 지역에 활용할 수 있습니다.

사람들은 매일 양치질을 합니다. 칫솔의 솔은 음식물 찌꺼기를 잘 제거해야 하는데 그러려면 솔이 가늘어야 합니다. 하지만 솔이 가늘면 잘 휘어지기 때문에 오래 사용할 수 없습니다. 그렇다고 굵게 만들면 휘어지지는 않지만 잘 닦이지 않습니다. 그래서 부분적 특성화 원리를 이용해 솔 끝부분은 가늘고

뽀족하게 하고 몸통 부분은 굵게 만든 칫솔이 제작되고 있습니다. 이것을 솔이 전체적으로 가는 제품과 비교하면 음식물 찌꺼기 제거 기능은 유사하면서도 수명이 길어 더 오래 쓸 수 있습니다.[10]

　부분과 전체의 유기적 결합은 경영에도 응용됩니다. SK는 경영에서는 '따로 또 같이'를 주창합니다. '경영 원칙은 그룹사가 같이' 하되 세부전략은 각사가 '따로' 하라는 것입니다. 무엇보다 각사는 중장기적으로 따로따로 생존할 능력을 갖추고 전체 그룹의 입장에서 같이 할 것은 상생해야 한다는 의미입니다. 전체적으로는 일관성을 유지하면서 부분적으로 변할 수 있게 하는 것입니다. 변하지 않는 전략이 있어야 일관성이 유지되지만 이것에만 집착하게 되면 상황 변화에 대처하지 못합니다. 전체와 부분을 유기적으로 만들어 일관성 속에서 융통성을 확보하는 것입니다.

둘이면서 하나 : 이이일(二而一)

　셀프서비스는 식당에서 고객을 서비스에 참여시킨 것입니다. 서비스와 고객을 하나로 만든 것이지요. 이케아가 파는 반조립식 가구도 마찬가지입니다. 조립과정에 소비자를 참여시켜 가격을 대폭 낮췄습니다. 현대자동차는 엔진에 들어가는 공기를 정화하는 에어필터의 크기를 줄여 원가 절감에 성공했는데요. 기존의 플라스틱, 섬유, 고무 3부분으로 구성되어 있던 것을 한 개의 종이필터로 바꾸었습니다. 대신 종이필터의 안쪽은 딱딱하고 바깥쪽은 부드럽게 제작되어 플라스틱과 고무패킹의 역할을 수행합니다. 한 개로 합쳐졌지만 기존의 기능은 그대로 수행하는 것이지요.[11] 미백치약에는 프라그나 이물질을 제거하는 연마제가 들어 있습니다. 미백 효과를 높이기 위해서는 연마제

10　김만수, "부작용을 완벽하게 없애려면 공간, 시간, 조건, 부분별로 다져야", 이코노미 조선, 2013년 6월호
11　2011년 5월 2일 조선일보 위크리비즈 기사, "제품혁신 한방에 해결 '트리즈 이론'"

의 강도가 높아야 하지만 너무 높으면 또 치아에 손상을 줍니다. 그래서 연마제 성분으로 아예 뼈나 치아 성분을 이루는 하이드록시 아파타이트를 사용합니다. 치아 보호와 연마를 한 번에 해결한 것입니다.[12]

한편 매개물을 통해 둘을 하나로 만들 수도 있습니다.[13] 대립하는 양자를 중개해 하나가 되게 하는 것입니다. 냄비집게를 통해 손을 보호하면서도 뜨거운 음식을 옮기는 것처럼 말입니다. 몸에 좋은 유산균은 위를 지날 때 대부분 위산에 의해 파괴됩니다. 무사히 위를 지나기 위해서는 유산균을 보호해줄 매개물이 필요하지요. 그래서 캡슐 요구르트가 개발되었습니다. 빙그레의 닥터 캡슐은 유산균을 캡슐로 싸서 유산균 효과가 장에서 발휘된다는 컨셉입니다.

신생아의 경우 호흡곤란으로 안타깝게 사망하는 경우가 있습니다. 흔한 사례는 아니지만 성인이 물을 마시다 얹히듯이 자신의 호흡 주기를 놓치거나 숨을 들이쉬고 내쉬는 타이밍이 맞지 않아 발생하는 사고입니다. 이러한 사고를 예방하기 위해 아기의 호흡과 같은 주기로 미세한 소리를 내는 인형이 개발되었는데, 이것을 아기 옆에 놓아주면 아기는 자연스럽게 호흡 주기를 유지하게 됩니다.

다른 차원으로의 전환 : 전화위복(轉禍爲福)

사물이 극에 이르면 반대로 움직인다고 했습니다. 또 극한에 이르면 기존의 것을 포기하고 획기적인 것을 찾으려 합니다. 2017년에 인도 대법원에서 음주운전 사고를 줄이려는 목적으로 '주점은 국도에서 500m 이상 떨어져야 한다'는 내용을 발표했습니다. 그러자 한 주점 주인이 희한한 발상을 합니다. 주점을 옮기는 대신 도로와 주점 사이에 500미터짜리 미로를 만들어 위법행위

---

12 최창일(2007), 『트리즈 마케팅』, 더난출판, pp. 47-48.
13 김효준(2004), 『생각의 창의성: TRIZ』, 지혜, pp. 181.

를 면한 것입니다.[14]

일반적으로 우리는 무슨 일을 할 때 최적으로 하려고 하는 경향이 있는데요. 오히려 부족하게 하거나 과하게 해서 해결책을 찾을 수 있습니다. 즉 '반대로 하기'의 다른 차원입니다. 다이슨이 2016년에 내놓은 헤어드라이어는 기존 제품의 소음을 제거했습니다. 일반적으로 헤어드라이어는 모터가 윗부분에 달려 있어 사용할 때 무겁고 귀에서 가까워 소음이 더 크게 느껴집니다. 다이슨은 모터를 손잡이 쪽에 달기 위해 주먹 크기의 모터를 동전 크기의 초소형 모터로 줄였습니다. 그런데 모터 기능을 강하게 하다 보니 소음이 너무 심해 위치를 옮긴 의미가 없어졌습니다. 그래서 아예 모터에 임펠라(톱니바퀴처럼 생긴 모터 부품)를 더 달았습니다. 소리를 더 키워서 인간이 들을 수 있는 범위를 넘는, 즉 가청주파수를 넘어서게 해서 소리를 제거한 것이지요.[15]

사용하는 재료의 물성을 바꿔 모순을 해결하는 것도 다른 차원으로 전환하는 예입니다. 8장에서 설명한 '속성 중에서 형태를 바꾸기' 중에서 물성을 시각 요소에서 청각 요소로, 혹은 청각 요소에서 시각 요소로 바꾸는 방법이 여기에 해당됩니다. 또는 언어를 시각적으로 변형하거나 수식을 그래프로 변형해 해결책을 찾을 수 있습니다. 이런 사례는 우리 일상에서 쉽게 찾을 수 있습니다. 전화 벨소리를 진동으로 바꾸는 것은 청각을 촉각으로, 반대로 스마트폰에 소리로 작업을 지시하는 것은 시각을 청각으로 변형한 것이지요. 기저귀가 젖으면 색이 변하게 해서 오줌 싼 것을 알려주는 것은 후각을 시각으로 변형한 것입니다. 이 밖에 온도에 따라 색이 변하는 젖병, 자동차의 에어필터 교체 시기가 되면 안에 있던 용기가 열려 향을 풍겨주는 제품 등이 그렇습니다. 물성을 고체에서 기체나 액체로 바꾸는 것도 생각해볼 수 있습니다. 보통

14 2018년 8월 6일 Economic Insight 기사, "인도경제, '주가드'를 알면 보인다", pp. 123–125
15 2016년 11월 14일 중앙일보 기사, "헤어드라이어 소음난제, 소리 더 키워 푼 다이슨"

텐트를 칠 때 폴을 슬리브에 끼워 넣고 지지를 해줍니다. 그런데 이 폴을 제자리에 맞춰 끼우는 게 여간 번거로운 게 아닙니다. 이 경우 슬리브를 폴 대신 공기로 채우면 쉽게 텐트를 완성할 수 있겠지요. 이는 고체(폴)를 기체(공기)로 바꾼 것입니다.

　다른 차원으로 전환하는 또 다른 방법으로 전화위복, 즉 손해害를 이익利으로 바꾸기가 있습니다. 손자병법에는 다음과 같은 구절이 있습니다. '지혜로운 자는 이로움利과 해로움害을 동시에 고려한다. 이로움利에도 해로움害이 섞여 있음을 안다면 하는 일에 자신감을 가질 수 있고, 해로움害에도 이로움利이 섞여 있음을 안다면 근심을 해결할 수 있다.'[16] 1999년 12월 롯데제과는 수돗물에 불소를 첨가해 충치를 예방하는 운동을 후원하는 과정에서 핀란드 국민의 충치발생률이 세계에서 가장 낮다는 사실을 알게 되었습니다. 이유는 그들이 애용하는 자일리톨 덕분이었습니다. 이에 롯데제과는 '치아를 보호하는 껌', '양치 후에 씹는 껌' 등 기존의 껌이 주는 부작용을 오히려 편익으로 바꾸는 제품 '자일리톨 껌'을 출시했습니다. 치과협회와 손잡고 충치예방 캠페인을 벌인 결과 실질적 고객인 주부들에게까지 입소문이 퍼지게 되면서 이 상품은 폭발적 반응을 얻었습니다.[17]

　강원도 화천군은 인구 2만 5000명 안팎의 작은 군郡입니다. 여느 중소 군들처럼 해마다 줄어드는 인구 탓에 전전긍긍하며 군민을 붙잡을 온갖 아이디어를 짜내고 있었습니다. 하지만 군의 많은 지역이 군사보호지역이라 관광자원으로 활용하기도 어려운 실정이었습니다. 하지만 화천군은 단점을 오히려 강점으로 승화시켜 청정자연 보호지역이란 이미지를 활용했습니다. 청정지

16 『손자병법』 「구변」 智者之慮 必雜於利害, 雜於利而務可信也, 雜於害而患可解也.
17 한국마케팅협회(2010), 『마케터 분투기』, 리더스북, pp. 20~30.

역에만 거주하는 수달을 활용해 '수달의 고장'을 표방했고 산천어를 활용해 '산천어 축제'를 개최했습니다. 원래 산천어는 화천에서 살지 않는 것인데 타 지역에서 공수해 와서 방류하는 노력을 기울였지요. 현재 산천어 축제는 매년 100만 명 이상이 찾는 관광 상품이 되었습니다. 화천군은 시골 오지에 위치한 군인데도 행정서비스 평가에서 최상위를 차지하고 있습니다.

컨셉빌딩에서 모순을 해결하는 방법

칸트는 모순해결로 철학을 종합했습니다. 칸트가 철학적 주장(명제)들 간에 발견된 모순을 해결할 때 사용한 방법이 바로 변증추론입니다. 아리스토텔레스는 변증론은 대화나 토론의 기술에 대한 이론이라고 했습니다(5장). 이것이 칸트에 이르면 변증론은 대화의 기술을 뛰어넘어 모순을 해결하는 철학의 방법으로 의미가 바뀝니다. 그는 서로 대립(모순)되는 주장을 2개의 명제로 정리하는 것을 이율배반이라고 했습니다. 1781년『순수이성비판』에 처음 등장한 칸트의 이율배반은 데카르트의 분해와 합성에 비견되는 방법의 혁신이기도 합니다(컨셉카페 9). 칸트가 이율배반으로 모순을 해결했던 방법을 살펴보지요. "신제품 개발에서 소비자 조사는 필요 없다"는 스티브 잡스의 주장을 칸트 식으로 적어보겠습니다(3장).

정립명제: 소비자는 자신의 욕구가 무엇인지를 잘 안다.

(그래서 컨셉개발을 위해 소비자에게 욕구를 물어야 한다.)

반정립명제: 소비자는 자신의 욕구가 무엇인지를 알지 못한다.

(그래서 컨셉개발을 위해 소비자에게 욕구를 물어볼 필요가 없다.)

두 명제 간의 모순은 '욕구'의 의미를 서로 다르게 해석함으로써 해결할 수 있습니다. 정립명제에서 욕구는 소비자가 바라는 결과입니다. 반정립명제에서 욕구는 욕구 충족수단을 말합니다. 이렇게 소비자 욕구의 의미를 다르게 해석하면 두 명제 사이의 모순은 해결됩니다(1장). 변증추론으로 모순을 해결하는 과정은 정립-반정립-종합으로 정리할 수 있습니다. 이런 변증추론에 의한 모순해결은 앞서 설명한 TRIZ에서의 모순해결과 유사합니다. TRIZ의 모순해결도 변증추론으로 대립되는 철학적 주장 간의 모순을 해결한 칸트의 방법을 따르고 있다고 볼 수 있습니다.

후대 철학자들은 칸트 변증추론의 정립-반정립-종합을 자신들의 철학에 사용했고 헤겔은 이를 변증법으로 발전시킵니다. 헤겔의 변증법은 사실 칸트의 변증추론에서 유래되었지만 칸트가 사용한 용어(정립-반정립-종합)로 설명하지는 않았습니다.[18] 그런데도 일반인들이 헤겔의 변증법을 정-반-합으로 알고 있는 것은 헤겔 변증법을 설명했던 많은 학자들이 칸트의 용어를 빌려 설명했기 때문입니다. 변증법은 아리스토텔레스의 대화의 기술을 의미하는 변증술에서 유래했지만 칸트 이후에 모순과 대립을 해결하는 방법으로 그 의미가 달라집니다. 본서에서는 칸트의 변증추론(변증론)을 헤겔의 변증법까지를 포함하는 넓은 의미로 사용했습니다.

동서양 변증법에 기초한 모순해결 원리

칸트가 서양의 변증법을 열었다면 헤겔은 이를 완성시켰다고 할 수 있습니다. 그렇지만 철학사적으로 동양이 서양보다 훨씬 앞서 있습니다. 동양의 변

---

18 프레더릭 바이저 저, 이신철 역(2012), 『헤겔: 그의 철학적 주제들』, 도서출판b, pp. 214-222. 칸트를 이어 '정립-반정립-종합'의 용어를 사용한 철학자는 칸트 후계자인 피히테(Gottlieb Fichte)입니다. 헤겔은 변증법의 3 단계를 "지성의 계기-부정적 이성의 계기-긍정적 이성의 계기"로 설명합니다.

증법은 『주역』의 음양사상입니다. 이 책에서는 서양의 철학(형이상학과 논리학)을 비판하고 동양의 음양론적 관점에서 모순해결 원리를 설명하겠습니다. 동양의 음양원리는 일상생활에 깊이 침투해 있음에도 불구하고 이것이 변증법과 같다는 것을 이해하는 사람은 적기 때문입니다.

서양에서는 주역을 '변화의 책The Book of Change'으로 소개했는데, 역(易)이라는 글자가 변화change를 의미한다고 보고 '끊임없이 생성하고 변화하는 이치를 다룬 책'으로 받아들인 것입니다. 『주역』에서는 '한 번은 음이 되었다가 다시 양으로 변하는 것'이 진리라고 했습니다. 일상에서는 전화위복轉禍爲福이란 말을 자주 씁니다. 고정된 것은 없고 시간이 지나면 불행도 행복으로 변한다는 것입니다. 한편 헤겔은 "물의 온도가 상승해 100도 이상이 되면 액체에서 기체로 그 성질이 바뀐다. 또한 0도에 도달하면 액체에서 고체로 그 성질이 바뀐다. 사물의 질은 고정불변이 아니고 점진적 변화로 인해 새로운 성질을 띠게 된다"라고 했습니다.[19] 바로 '양질전화의 법칙'입니다. 동양에서는 양질전화의 법칙을 '사물이 극에 이르면 반대로 움직인다物極則反'로 표현합니다.

헤겔은 또한 전통 논리학의 원리들을 비판해 자신의 논리학인 변증법적 논리학을 발전시킵니다. 변증법적 논리학은 모순을 긍정하는 논리학입니다. 전통 논리학은 3가지 원칙에 기초하고 있습니다. 바로 모순율law of contradiction, 배중률law of excluded middle, 동일률law of identity입니다. 우선 모순율을 살펴보지요. 논리학은 A이면서 '동시에' A가 아닌 것은 모순율에 반하여 진리가 아닌 것으로 보았습니다. 그래서 '동시에'를 내세워 시간을 고정시키고 변화를 부인했습니다. 칸트는 『순수이성비판』에서 아리스토텔레스

---

19 한 번 음이 되고 한 번 양이 되는 것을 일러 도(道)라 한다(一陰一陽謂之道). 『주역』 「계사 상 5장」

〈표 9-3〉 모순을 보는 동서양의 관점과 컨셉빌딩의 모순해결 원리

모순부정의 서양철학	모순긍정의 동양철학	컨셉빌딩의 모순해결 원리
실체는 고정 불변	한 번은 음이 되고 한 번은 양이 되다(一陰一陽), 물극즉반(物極則反)	다른 차원으로 전환 혹은 전화위복(轉禍爲福)
모순율 (전통 논리학)	집기양단(執其兩端)	분리 ↔ 하나를 둘로 (一分爲二)
배중률 (전통 논리학)	음 속에 양이 있고 양 속에 음이 있다 (陰之中陽, 陽之中陰)	통합 ↔ 둘을 합쳐 하나로 (二合爲一)
동일률 (전통 논리학)	태극이 음양을 낳다 (太極生兩儀)	둘이면서 하나 (二而一)
부분이 모여 전체를 이룬다 (기계론적 자연관)	하나 속에 전체가 있고 여럿 가운데 하나가 있다 (一中一切多中一)	부분과 전체의 유기적 분리와 통합

의 모순율은 문법적으로만 타당하고 경험세계에서는 타당하지 않음을 지적합니다. 아리스토텔레스가 모순율을 '동시에'라는 시간 규정을 집어넣어 표현한 것이 잘못임을 지적합니다.[20] 따라서 전통 논리학의 모순은 시간 규정인 '동시에'를 바꾸어 시간을 변화시키면 경험세계에서는 더 이상 모순이 아닙니다. '컵이 비었고 동시에 가득 찼다'는 문장은 문법적으로는 모순이지만 '동시에'를 바꾸어 '어제는 컵에 물이 가득 찼지만 오늘은 컵이 비었다'고 하면 모순이 아닌 것이지요.

동양에서는 서양의 모순矛盾을 『한비자』의 고사에 나오는 창과 방패로 번역했습니다. 창과 방패는 서로 싸우는 것처럼 보이지만 실제 전쟁에서 창만 든 전사나 방패만 든 전사는 없습니다. 전쟁을 하는 병사는 한 손에는 방패를, 한 손에는 창을 잡고 전투에 임합니다. 공격할 때는 창으로 수비할 때는 방패

---

20 칸트 저, 백종현 역(2006), 『순수이성비판』, 아카넷, pp. 388-389, B192. 칸트는 아리스토텔레스와는 달리 모순율을 문법적으로 타당한 것으로 보고 "어떤 사물에도 그와 모순되는 술어가 규정될 수 없는 것"이라고 새롭게 정의합니다.

로 하게 됩니다. 그런데 창과 방패도 '동시에'를 바꾸면 서로 대립하지 않습니다. 『중용』에 '집기양단執其兩端'이라는 말이 나오는데 이는 '양손에 양 극단을 집다'라는 의미를 지닙니다. 한 손에는 창, 한 손에는 방패를 들고 상황에 맞게 사용한다는 의미입니다. 창과 방패를 일반적으로 바꾸면 음陰과 양陽입니다. 양손에 음과 양을 잡고 협력하도록 꾀하는 것이 중용의 지혜입니다.

논리학의 또 다른 원칙은 배중률입니다. 배중률은 중간을 배제한다는 의미입니다. A이면 A이고 B이면 B이지, A와 B 사이의 중간을 인정하지 않습니다. 소위 말하는 2분법적 사고는 논리학의 배중률을 따르는 사고입니다. 변증법 사고의 또 다른 특징은 사물을 양자택일이 아닌 두 가지 측면에서 바라본다는 점입니다. 동양에서 음양은 음 속에 양이 있고 양 속에 음이 있는 관계라고 하는데, 이는 배중률을 위반하는 것이지요. 하지만 이 문제도 음과 양을 서로 독립적인 것으로 구분하지 않고 서로 의존, 즉 음이 양이 되기도 양이 음이 되도록 해서 하나로 통합할 수 있습니다. 인류가 이룩한 진리의 발견도 배중률을 극복해 서로 독립적인 것으로 보이는 것을 하나로 합쳐 혁신을 이룩했습니다. 데카르트는 x축과 y축을 기준으로 공간을 좌표로 표시하는 방법을 개발해 기하학과 대수를 통합했고, 뉴턴은 중력의 법칙을 발견해 물리학과 천문학을 통합했으며, 아인슈타인은 상대성 원리로 시간과 공간을 하나로 통합했습니다.

헤겔 철학을 전공한 바이저Frederick Beiser는 칸트와 헤겔의 변증법을 비교하면서 칸트는 이원론적 분리로 모순을 해결한 반면 헤겔은 대립되는 양자를 하나로 통합해 모순을 해결했다고 설명합니다.[21] 칸트의 분리에 의한 모순해결은 '하나가 둘로 나뉘되一分爲二', 둘을 상호 의존 관계로 만드는 것입니다.

---

21 프레더릭 바이저 저, 이신철 역(2012), 『헤겔: 그의 철학적 주제들』, 도서출판 b, p. 220.

헤겔의 통합에 의한 모순해결은 '둘을 합쳐 하나가 되는 것二合爲一'입니다. 헤겔은 자신의 저서『논리학』에서 유有는 무無를 거쳐 생성生成으로 발전하는 생성의 변증법을 펼쳤는데,『주역』의 논리로 말하면 음과 양을 합쳐 태극太極이 되는 것이라 할 수 있습니다.

논리학의 또 다른 원칙인 동일률은 'A는 A이고 A는 A 아닌 것이 아니다'로 나타낼 수 있습니다. 모순율이 동일 시점에 A와 A가 아닌 것이 공존하는 것을 부정한 것이라면 동일률은 동일 공간에 A와 A가 아닌 것이 공존하는 것을 부정한 것입니다. 시점의 분리로 모순율을 극복하지만 공간이나 사물을 분리해 동일률에 의한 모순을 극복할 수 있습니다. 동양에서는 음양과 태극의 관계를 "둘이면서 하나이다二而一"라는 말로 설명합니다.『회남자』에서는 '물과 불은 서로 미워하지만 그 사이에 솥이 있으면 오미五味가 어우러진다'고 했습니다. 물과 불은 서로 분리되어 있지만 그 사이에 솥이 있으면 양자를 상생하는 하나로 만들 수 있습니다.

부분이 전체를 포함하는 모순은 현대에 새로운 논리학(기호 논리학)을 시작한 영국의 철학자 러셀에 의해 발견되었습니다. 러셀은 이를 '거짓말쟁이 역설The Liar Paradox'로 소개했습니다. 기원전 6세기 크레타 출신의 철학자 에피메니데스는 "모든 크레타인은 거짓말쟁이다"라고 말했다고 합니다. 그런데 이 말이 참이면 크레타 사람은 거짓말쟁이가 아닌 것이 됩니다. 왜냐하면 에피메니데스가 한 말 속에 '모든'이 포함되어 있는 한, 참말을 하면 거짓말이 되고 거짓말을 하면 참말이 됩니다. 이처럼 부분(개인) 속에 전체(모든)가 포함되면 역설이 발생하게 됩니다. 김상일 교수는 이런 역설을 해결하기 위해 러셀이 1910년 화이트헤드와 함께『수학원리』를 저술했는데, 동양에서는 이미 이런 역설을 다룬 책이 『주역』이라고 합니다.[22] 또한 동양의 불교에서는 개개의 사물에 세계 전체가 포함되어 서로 무한히 관계하고 융합한다는 생각을 '법계무진연기法界無盡緣起'라고 합니다. 신라新羅의 의상義湘 대사는 이 개념을 '일중일체다중일一中一切多中一'이라고 표현합니다.[23] 이는 '하나 속에 전체가 있고 여럿 가운데도 하나가 있다'는 의미입니다. 티끌 속에도 우주가 있다는 놀라운 생각을 표현한 것이지요.

'부분 속에 전체가 있다'는 생각도 서양 변증법의 핵심을 이루지만 칸트나 헤겔은 이런 모순을 러셀처럼 논리학 명제로 다루지는 않았습니다. 그러나 이런 모순에 대한 이해는 칸트와 헤겔의 유기체적 자연관 속에 함축되어 있습니다(컨셉카페 9). 전체 속에 부분이 위계적으로 포함되면, 즉 부분이 모여 전체를 이루면 앞에 설명한 역설은 발생하지 않습니다. 기계론적 자연관은 바로 이런 부분이 모여 전체를 이룬다는 전제 하에 세워진 것입니다. 그러나 유기체에서는 부분과 전체가 상호작용하며 부분 속에 전체가 들어 있습니다. 그래서 유기체는 분해하여 합성할 수 없습니다. 칸트가 변증추론 혹은 변증법을 통해 어떻게 유기체적 자연관에 이르렀는지는 컨셉카페 9에서 설명하겠습니다. 이처럼 컨셉빌딩에서는 칸트에서 시작한 변증추론을 모순해결의 중요한 방법으로 보고 분리, 통합, 부분 속에 전체, 둘이면서 하나, 다른 차원으로 전환 등 다섯 가지 원칙을 도출했습니다. 그리고 이를 서양철학과 동양철학의 관점에서 해석했습니다. 서양적 관점에서 실체의 변화를 부정하는 형이상학과 이에 기초한 논리학은 모순을 부정하고 회피하려 합니다. 반면에 동양적 관점에서 모든 실체는 음과 양의 대립적 요소가 결합해 발생하고, 음과 양이 통합되어 더욱 긍정적 차원으로 발전하는 것으로 봅니다. 이 다섯 가

---

22 김상일(2006), 『역과 탈현대의 논리』, 지식산업사, pp. 14–15, pp. 198–200.
23 신라 고승 의상대사가 화엄사상의 깨달음을 시로 표현한 〈법성게(法性偈)〉에 나오는 내용.

지 원칙들은 모순의 발생이나 모순해결의 다섯 가지 양상으로 보아야 하고, 그래서 서로 연결되어 있음을 잊지 말아야 합니다(컨셉카페 9).

변증추론으로 컨셉개발

컨셉빌딩에서 모순해결을 사용해야 하는 경우는 다음 3가지 경우입니다. 우선 모순적 핵심편익 정의를 만든 뒤에 충족수단 간 모순을 해결해 컨셉을 완성하는 경우입니다. 이는 6장과 연결해서 모순해결을 이해해야 합니다.

두 번째는 핵심편익을 정의할 때는 모순을 의식하지 못했지만 유추나 가추를 통해 충족수단들을 개발하는 과정에서 모순이 예상되는 경우입니다. 이 경우는 7장과 8장과 연결시켜 모순해결을 이해해야 합니다. 세 번째는 컨셉을 도출하는 과정에서는 전혀 예상하지 못하다가 시제품 개발 단계에서 충족수단 간 모순을 발견해 이를 해결하려는 경우입니다. 이 경우는 10장과 연결해서 모순해결을 이해해야 합니다. 두 번째와 세 번째의 경우는 20가지 모순해결 원리를 적용하면 됩니다.

모순을 활용한 컨셉 재정의

훌륭한 사상가나 정치가는 모순적 정의로 새로운 개념을 만듭니다. 슘페터는 혁신을 '창조적 파괴'라고 재정의했는데, 이는 창조가 과거의 비효율을 파괴한다는 의미로 혁신을 정의한 것입니다. 덩샤오핑의 뒤를 이어 중국의 지도자가 된 장쩌민은 '사회주의 시장경제'라는 모순적 정의로 개혁, 개방으로 인한 정책의 혼선을 정리합니다. '사회주의 시장경제'라는 개념은 사회주의 (부의 평등)의 목적과 자본주의의 수단인 시장경제를 통합시킨 것이라 할 수 있습니다.

　모순적 정의는 정치나 사상에 그치지 않고 컨셉빌딩을 위한 제품이나 서비스 핵심편익 정의에도 적용할 수 있습니다. 어떤 세제가 '세탁력이 강하지만 섬유 보호능력이 떨어진다'는 소비자 의견을 받고 있다면 2가지가 상충되는 핵심편익 정의를 개발할 수 있습니다. 즉 '세탁력이 강하고 동시에 섬유 보호능력이 뛰어난 세제'라고 핵심편익 정의를 개발할 수 있습니다. 한때 우무로 만든 다이어트 국수가 출시된 적이 있었습니다. 우무란 우뭇가사리를 묵으로 만든 것인데 우무는 100g에 3kcal밖에 안 되는 저칼로리에 식이섬유가 풍부해서 포만감을 줍니다. 하지만 맛이 없어서 실패했습니다. 다이어트 식품이라고 해서 칼로리에만 신경 쓰다 보면 맛을 간과하기 쉽습니다. 하지만 그 어떤 식품도 맛이 없다면 지속적으로 구매하기 힘듭니다. 이런 경우 '맛 좋고 칼로리도 낮은 국수'로 모순적 핵심편익 정의를 설정해볼 수 있습니다.

　처음부터 모순적 핵심편익 정의로 컨셉을 개발하려 할 때는 소비자가 모순으로 들리는 핵심편익을 긍정적으로 받아들일 수 있게 해야 합니다. 그러기 위해 필요한 것이 제품이나 서비스에 존재하는 충족수단 간 모순이 해결되었다는 것을 보여주는 것입니다.

　핵심편익 정의는 모순처럼 들리지만 이들을 뒷받침하는 충족수단에서는 모순이 해결되어야 합니다. 이를 위해서 TRIZ 모순해결 원리를 적용할 수 있습니다. 핵심편익 정의에서 가장 빈번한 모순은 바로 가격과 성능 간 모순입니다. 가격이 싸면서도 성능이 좋은 것은 대개 모순처럼 들립니다. 하지만 그것도 편견입니다. 가격이 싸면서도 성능이나 품질이 좋아 성공한 컨셉은 많습니다. 요즘 많이 사용하는 '가성비'라는 말과도 일맥상통합니다. 4장에서는 인도 어느 도시의 중간소득층을 위한 '값싸고 위생적이며, 24시간 내에 배달하는 세탁 서비스'를 소개했습니다. 값은 싼데 위생적이고 배달도 신속한 것은 모순처럼 보입니다. 하지만 도시 곳곳에 정식 세탁소가 아닌 간이 매대를 만들어 이 모순을 해결했습니다.

그런데 문제가 또 있습니다. '싼 게 비지떡'이라는 말이 있는데요. '싸면서도 품질이 좋은'과 같은 모순적 핵심편익 정의를 소비자가 과연 신뢰할까요? 잠깐 다른 얘기를 하자면, 니스벳은『생각의 지도』에서 동서양의 사고 차이를 설명하면서 서양인은 모순이 내포하지 않는 속담을 선호한 반면에 중국인들은 모순을 포함하고 있는 속담을 선호한다는 것을 발견했습니다.[24] 앞에서 설명한 대로 동양철학은 모순을 긍정하기에 동양인은 이를 자연스럽게 받아들일 수 있습니다. 하지만 이것도 상대적인 것이고, 소비자는 모순적 핵심편익 정의만으로는 신뢰감을 느끼지 못합니다. 끌리는 컨셉이 되려면 핵심편익을 뒷받침하는 충족수단에서 모순이 해결되었음을 보여줘야 합니다.

모순적 핵심편익 정의를 뒷받침하는 충족수단

그렇다면 모순적 핵심편익 정의를 뒷받침하는 충족수단을 어떻게 개발할 수 있는지 사례를 통해 설명하겠습니다. 덴마크 정부는 기업에게는 고용의 유연성flexibility을 보장하고 노동자에게는 고용의 안전성security을 보장한다는 의미에서 자신들의 고용정책을 '유연안전성flexicurity'으로 정의했습니다. 하지만 고용의 안전성과 유연성을 동시에 보장한다는 것은 모순입니다. 그런데 정부는 '둘이 하나가 되도록 중간자 입장에서 중개하기'로 모순을 해결할 수 있습니다. 정부는 기업에게 노동자를 해고할 자유를 주고 대신 해고된 실업자를 맡아 재취업시키는 것입니다. 실업자는 장기 실업수당(4년간, 전 직장 급여의 80%)을 받으면서 재취업을 위한 교육이나 훈련을 받을 수 있습니다. 물

24 리처드 니스벳 저, 최인철 역(2004),『생각의 지도』, 김영사, p. 164.

론 이것이 가능한 것은 국민들이 높은 세금을 부담하기 때문입니다.

같은 방법으로 제품과 서비스 개발에도 모순적 핵심편익 정의를 뒷받침하는 충족수단을 개발할 수 있습니다. 6장의 〈표 6-4〉에서 새로운 미충족 니즈 표를 정리하고 컨셉 재정의를 통해 '카페와 도서관 서비스'를 통합하는 컨셉을 도출했는데요. 이때 핵심편익을 '스터디와 미팅이 한 장소에 공존하는 카페'로 정한 뒤 모순해결에서 충족수단을 찾았습니다. 많은 카페가 이런 모순을 피하기 위해 취한 방법은, 한 고객층만 수용하는 '스터디카페'나 '미팅 카페'로 운영하는 것이었습니다. 큰 규모의 카페는 규모를 키워서 층별로 고객을 분리하는 방법을 사용할 수 있겠지요. 하지만 소규모 카페라면 어떨까요? 두 부류의 고객을 어떻게 한 공간에 넣을 수 있을까요? 이런 경우에 분리의 원리를 모순해결에 사용할 수 있을 것입니다.

일단 두 공간을 분할하는 도구로 일방향 거울one-way mirror이 부착된 파티션을 사용할 수 있습니다. 공간을 '스터디 존'과 '미팅 존'으로 나누되 미팅 고객 쪽에서는 스터디 고객이 보이지 않게 합니다. 일방향 거울은 공간을 분리하기도 하고 좁은 공간이 답답한 느낌이 들지 않게 하는 효과도 있습니다. 또한 파티션은 이동이 가능하도록 설계합니다. 시간 분리를 사용할 수도 있습니다. 미팅 고객이 많은 시간과 스터디 고객이 많은 시간을 분리해 가격 차별화를 꾀하는 것입니다. 스터디 고객이 많은 시각에는 스터디 존에서만 할인을 해주고, 미팅 고객이 많은 시각에는 미팅 존에서만 할인을 해줍니다. 이렇게 하면 특정 시간에는 특정 층의 손님이 모이게 됩니다. 이에 대한 컨셉보드는 〈보충자료: 컨셉보드: 스터디와 미팅이 한 장소에 공존하는 카페〉를 참조하기 바랍니다.

컨 / 셉 / 카 / 페 / 9

칸트의 변증법과 유기체론

자연을 어떻게 봐야 할까?

동양의 철학은 모순을 긍정하는 철학을 펼쳤는데 이는 동양의 자연관이 생명이나 유기체를 중심으로 하는 것과 무관하지 않습니다. 변증법이 칸트에서 시작되었다고 하지만 유기체적 자연개념도 칸트에서 시작되었습니다.

컨셉카페 2에서 데카르트는 자연을 거대한 기계로 보았다고 했습니다. 이를 기계론적 자연관이라고 합니다. 칸트 이전에는 유기체적 자연관과 대비되는 기계론적 자연관이 지배했는데 칸트의 유기체적 자연개념은 이 장에서 설명한 변증법과 긴밀한 연결을 갖고 있습니다. 그래서 헤겔은 논리학의 방법을 변증법이라 했는데, 변증법은 생명의 논리학 혹은 유기체의 논리학입니다.[1] 즉 '모순이 없는'이라는 말은 '유기적'이라는 말과 동의어라고 할 수 있습니다.

과학혁명의 영향으로 아리스토텔레스의 목적론적 자연관이 데카르트나 베이컨의 기계론적 자연관으로 바뀌었습니다. 양자는 어떻게 다를까요? 목적론은

---

1 프레더릭 바이저 저, 이신철 역(2012), 『헤겔: 그의 철학적 주제들』, 도서출판 b, p.117.

자연현상을 목적인으로 설명하고 기계론은 자연현상을 물리적 원인 혹은 작용인으로 설명했습니다(컨셉카페 6). 비를 '공기 중의 수증기가 상승하다 온도가 내려가 냉각하여 물이 된 것'으로 설명하면 기계론적(작용인에 의한) 설명이고, 비는 '초목을 성장시키기 위해 내린다'고 하면 목적론적(목적인에 의한) 설명입니다. 베이컨은 이전에는 이런 목적론적 설명이 난무해 과학적 탐구가 지체되었다면서 플라톤은 목적인에 대한 연구를 신학의 일부로, 아리스토텔레스는 논리학의 일부로 삼았다고 비판합니다. 베이컨은 자연현상을 목적인이 아닌 작용인으로 설명해야 자연학(즉 현대의 자연과학)이 된다고 했습니다.[2] 그래서 17세기 초에 베이컨과 데카르트에 의해 과학혁명이 일어났지요. 하지만 17세기 말, 물리학을 지배해온 기계론적 자연관에 대한 반작용이 일어납니다. 18세기 말에 이르러서는 자연과학에서 생명물질, 전자기, 화학들이 발전하면서 오히려 기계론적 자연관은 위기에 처하게 됩니다. 그리고 이 무렵 칸트는 『판단력 비판』에서 자연(사물)관에서 대립되는 두 주장을 이율배반으로 정리했습니다.

정립명제: 모든 물질적 자연의 산물들은 기계적 법칙에 의해 가능한 것으로 판단되어야 한다.

반정립명제: 몇몇 물질적 자연의 산물들은 기계적 법칙에 의해 가능한 것으로 판단될 수 없다(그의 판단은 인과법칙과 전혀 다른 목적론적 법칙을 요구한다).

---

2 프랜시스 베이컨 저, 이종흡 역(2002), 『학문의 진보』, pp. 220–222.

때로는 기계론적, 때로는 목적론적

칸트는 생명과 같은 유기체의 존재는 기계론적 설명만으로는 불충분하다면서 "미래에 뉴턴 같은 사람이 나타나도 풀 한 줄기의 존재를 충분히 설명해줄 수는 없다"라고 했습니다. 이런 유기체를 기계적 법칙으로만 설명하다 보면 모순(위와 같은 이율배반)에 직면하게 된다는 것입니다. 따라서 자연을 기계론적 관점에서도 보고 보완적으로 목적론적 관점으로도 봐야 한다고 했습니다. 이처럼 기계적 인과법칙은 데카르트의 분해와 합성과 연관이 되어 있습니다. 데카르트의 분해와 합성은 모든 부분이 모여 전체를 이룬다는 전제가 있습니다. 시계와 같은 기계는 어떤 손상도 없이 부분으로 분해한 뒤에 다시 조립할 수 있습니다. 이런 기계론의 결론은 '전체는 부분에 어떤 인과적 영향도 주지 않는다'는 것입니다.

그런데 자연의 사물들 중 유기체는 기계적 법칙으로 완전히 설명되지 않습니다. 유기체는 부분과 전체가 상호 의존하고 있습니다. 인간을 기계처럼 분해해서 다시 합성할 수 있나요? 유기체에서는 부분과 전체가 서로 원인이면서 결과로 작용하기에 유기체는 분해되지 않고 설령 분해된 부분들을 다 합성해도 전체가 되지 않습니다. 그런데 유기체인 사물이나 자연을 데카르트의 분해와 합성으로 이해하거나 문제를 해결하려고 하면 바로 모순에 직면하게 됩니다. 컨셉카페 2에서는 데카르트의 분해와 합성이 문제를 해결하기도 하지만 문제를 낳기도 한다고 했습니다. '분해와 합성'이 낳은 문제를 해결해줄 방법이 바로 변증법적 모순해결, '분리와 통합'입니다. 컨셉빌딩에서 분리와 통합은 분해와 합성으로 생긴 모순을 해결해주는 문제해결 방법인 것입니다. 데카르트의 분해와 합성은 2분법적으로 구분되지만 모순해결의 분리와 통합은 서로 완전히 구분되지 않습니다. 음 속에 양이 있고 양 속에 음이 있듯이,

통합하면서 분리하고, 분리하면서 통합하는 것입니다.

『주역』에 '겸이양지兼而兩之'라는 말이 있습니다. 겸이양지는 둘로 나누되 완전히 나누지 않는다는 뜻입니다. 예를 들면 가위로 종이를 2개로 나눌 때 끝부분은 남겨놓아 서로 붙어 있게 하는 것으로 생각하면 됩니다.

철학	자연(사물)에 대한 관점	칸트의 판단력 구분	인과의 원리	문제해결 원칙
데카르트의 방법론	기계(시계)	규정적 판단력 (인과적 판단력)	기계인과성 (전체는 부분과 독립이고 부분들 간 인과관계)	분해와 합성 (분해–열거–합성)
칸트와 헤겔의 변증법	유기체(생물)	규정적 판단력 (목적론적 판단력)	수단–목적 인과성 (부분과 전체의 상호 인과 관계)	분리와 통합 (정립–반정립–종합)
『주역』 의 음양론				음양의 분리와 통합 (음–양–태극)

전체와 부분이 유기체적으로 결합되었다는 생각은 자연현상에서보다는 오히려 사회현상에서 더 유효합니다. 사회는 인간들이 유기적으로 결합되어 형성됩니다. 그래서 많은 사회적 문제는 부분 속에 전체가 포함되는 모순을 긍정해야 해결이 가능합니다. 정치가 좋은 예입니다. 국가(전체)와 피지배자인 국민(부분)도 부분과 전체로 볼 수 있습니다. 피지배자인 국민이 국가 속에 포함되어 있다고 생각하면 전체주의로 흐를 가능성이 높습니다. 이런 사회관은 자연에서 기계론적 관점과 유사합니다. 플라톤은 『국가』에서 "국가 전체가 가능한 한 하나의 통일체가 되는 것이 최선이다"라고 말합니다. 아리스토텔레스는 『정치학』에서 국가는 통일성과 함께 다양성을 지녀야 유지되는 법이라고 했습니다. 실제로 국가가 다양성을 잃고 지나친 통일성을 추구하면 전

체주의에 빠질 위험을 지적합니다.[3] 이런 생각이 보다 구체화되어 개별 국민
(부분) 속에 국가(전체)가 포함되어 있다고 생각했고, 이런 유기체적 사고가 근
대 민주주의를 낳았습니다. 루소는 개별 국민이 주권자(전체)인 동시에 피지
배자(부분)라는 모순을 발견했습니다. 그는 이런 모순을 해결해 『사회계약론』
에서 새로운 민주주의 이념을 제시했습니다. 그는 정부의 기능을 분리해 전
체 국민의사(이를 '일반의지'라 합니다)를 대변하는 입법권과 개별 국민에게 명
령이 가능한 행정권을 분리시켰습니다. 그리고 입법권이 행정권을 지배하도
록 했습니다.[4] 이렇게 전체와 부분이 서로 물고 물리도록 해서 개별 국민(부
분)이 국가(전체)에 일방적으로 복종하지 않는 정치이론을 만들었습니다.

끌리는 컨셉은 어떻게 가능할까?

이제 컨셉빌딩으로 돌아옵시다. 오늘날의 기계는 제작자가 의도한 목적을
갖고 있으며 부분과 전체가 상호 의존하고 있는 유기체와 같은 시스템입니
다. 현대 정보화 시대의 기계들은 하드웨어, 소프트웨어 그리고 통신으로 구
성되어 있는데, 이들을 인간에 비유하면 하드웨어는 육체, 소프트웨어는 뇌와
운동신경계, 통신은 외부를 연결하는 인터페이스, 즉 감각기관에 해당합니다.
기계는 선후관계가 분명한 인과성에 의해 작동하지만 유기체에서는 순환적
혹은 상호 의존적 관계로 작동합니다.

컨셉빌딩에서 외적 합목적성은 충족수단들이 소비자들이 바라는 결과를
얼마나 잘 충족시키고 있는가를 말하는 것이고, 내적 합목적성은 제품 혹은
시스템 내부에서 서로 모순이 없는 상태를 말합니다. 즉 충족수단들 간에 모

---

3 아리스토텔레스 저, 천병희 역, 『정치학』, 숲, pp. 65–67.
4 장 자크 루소 저, 이환 역(1999), 『사회계약론』, 서울대학교출판문화원, pp. 77–82.

순이 없는 상태입니다. 이것이 앞에서 언급한 무모순적(유기적) 결합입니다. 지금까지 이 장에서 다룬 모순해결은 내적 합목적성에 관여하는 것입니다. 컨셉은 일이관지一以慣之로 통합해야 한다고 했는데(1장), 이는 내적 합목적성이 외적 합목적성과 일치하는 것을 말합니다. 이 두 목적을 달성해야 끌리는 컨셉이 되고 소비자는 그 컨셉을 합리적이라 판단하고 선택할 것입니다(컨셉 카페 1).

칸트의 목적론적 유기체론		컨 셉 빌 딩
외적 합목적성	유기체가 사용목적에 유용	소비자가 바라는 결과를 충족수단이 만족
내적 합목적성	전체와 부분이 상호의존적	충족수단들 간 무모순적이고 유기적으로 결합

'남이 한 번에 능히 하면
나는 백 번 할 것이고,
남이 열 번에 능히 하면
나는 천 번 할 것이다
(人一能之己百之, 人十能之己千之).'

-『중용』

시제품 제작 후 컨셉빌딩

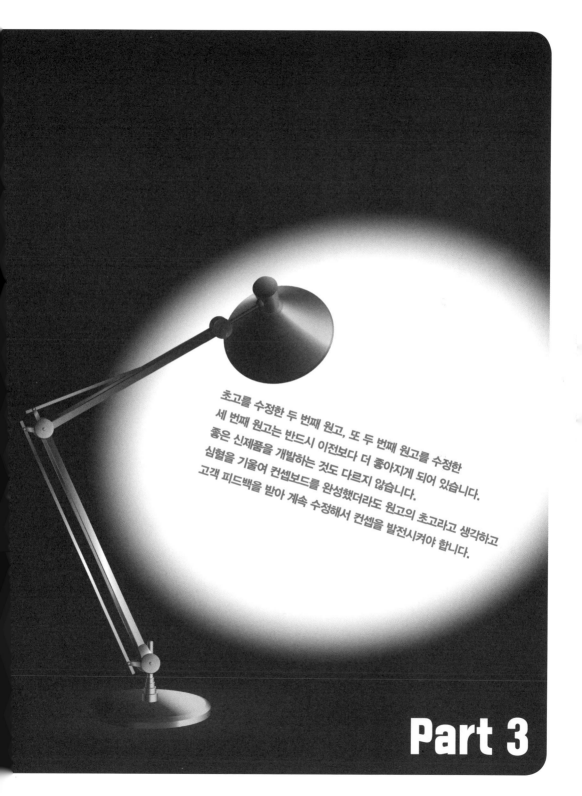

초고를 수정한 두 번째 원고, 또 두 번째 원고를 수정한
세 번째 원고는 반드시 이전보다 더 좋아지게 되어 있습니다.
좋은 신제품을 개발하는 것도 다르지 않습니다.
심혈을 기울여 컨셉보드를 완성했더라도 원고의 초고라고 생각하고
고객 피드백을 받아 계속 수정해서 컨셉을 발전시켜야 합니다.

Part 3

손으로
상상해
시제품
만들기

B3F
손으로 상상

일상소재 시제품   가상 시제품

만들기

실험

출시용(실물) 시제품   기능 시제품

Chapter 10

이 장은 컨셉빌딩의 지하 3층인 '시제품 만들기'에 대해 설명합니다. 이 장에서는 머리로 상상한 것을 시제품으로 만드는 과정을 상세하게 설명할 것입니다. 이 과정은 컨셉보드와 컨셉 서술문의 내용을 구체적 충족수단인 시제품 개발로 발전시키는 것입니다.

추락과 비상을 가른 충족수단

1903년 10월 7일 워싱턴DC를 가로지르는 포토맥 강가에 수많은 사람이 모여들었습니다. 인류 역사상 처음으로 사람을 태운 비행기의 이륙을 보기 위해서였습니다. 스미스소니언 연구소 소장이자 당대 최고의 과학자인 랭글리 박사가 정부의 전폭적인 지원을 받아 개발한 비행기를 선보이는 자리였습니다. 그러나 안타깝게도 비행체는 그만 강물 속으로 추락했습니다. 2달 후인 12월 8일 발사 장치를 개선해서 다시 같은 장소에서 시도했지만 역시 실패했습니다. 그로부터 9일 후, 12월 17일 노스캐롤라이나주 키티호크 해변에서 라이트 형제가 제작한 유인 동력 비행기가 비행에 성공했습니다. 동생인 오빌이 조종한 비행기는 12초 동안 37m를 비행했고, 형인 윌버는 59초 동안 260m를 날아올랐습니다. 어떻게, 왜 당대 최고 과학자인 랭글리 박사는 실패하고 자전거포를 운영하던 라이트 형제는 성공했을까요?[1]

유인 동력 비행은 당대에 많은 사람들이 공유한 소망(바라는 결과)이었지만 이를 구현하는 충족수단에 대한 생각은 서로 달랐습니다. 라이트 형제는 항공학 관련 서적들을 읽고 항공 선구자들의 실패사례들을 면밀히 분석해 동력

---

1 이병주(2011), 『촉』, 리더스북, pp. 159~163.

비행에 성공하려면 '바람'을 이용해야 한다고 생각했습니다. 즉 '바람을 이용하는 동력 비행'을 핵심 충족수단으로 설정했습니다. 오늘날에는 항공학에서 바람을 이용한다는 것이 상식이지만 당시에는 검증되지 않은 방법이었지요. 한편 랭글리 박사는 오직 동력에만 의존해야 비행할 수 있다고 생각했습니다. 그래서 보다 강력한 엔진을 만드는 것에만 초점을 맞추었습니다. 결국 옳은 충족수단을 선택한 라이트 형제가 성공했습니다.

충족수단을 구체화하는 방법

비록 100여 년 전의 일이지만 라이트 형제의 성공사례는 신제품 개발에서 충족수단을 어떻게 구현해야 하는지를 알려주는 모범적 사례입니다. 이 장에서는 충족수단을 구체화해 시제품으로 만드는 과정을 설명하겠습니다.

우선 라이트 형제는 충족수단의 방향을 잘 잡았습니다. 뿐만 아니라 충족수단을 구체화하는 것도 단계별로 추진했습니다. 당시 유인 동력 비행기 개발에 경쟁적으로 뛰어든 다른 과학자나 엔지니어들도 비슷한 생각을 했지만 라이트 형제만큼 주도면밀하면서도 집념을 가지고 추진한 사람은 없었습니다. 그럼 라이트 형제의 성공사례가 현재 시제품 개발에 주는 시사점을 정리해보겠습니다.

선행기술 학습과 유추

어떤 창조도 무에서 이루어지지는 않습니다. 충족수단도 마찬가지입니다. 이미 알려진 선행기술에서 출발해야 합니다. 라이트 형제는 유인 동력 비행의 선행기술인 유인 활공 비행에 대해서 깊이 연구했습니다. 활공 비행은 글라이더로 비행하는 것을 말합니다. 독일 오토 릴리엔탈은 세계 최초로 유인 글라이더 비행에 성공했고 언론과 잡지의 호응을 받았지만 안타깝게도 1896

년 실험 중 만난 강풍으로 추락해 사망하고 말았습니다. 평소 릴리엔탈에 관심이 많던 라이트 형제는 물리학과 항공학의 서적들을 탐독했고 릴리엔탈이 남긴 자료들을 충실히 검토했습니다. 충족수단 개발에 있어서는 경험에 앞서 과학적 원리를 아는 것이 중요합니다.

라이트 형제는 비행기를 '날개 달린 자전거'라고 생각했습니다. 자전거에서 균형을 잡지 못하면 넘어지듯이 상공에서 비행기의 균형을 잡지 못하면 추락하게 된다고 판단했습니다. 그들은 상공에서의 이런 균형문제를 해결하기 위해 새가 나는 모습을 관찰했습니다. 새들은 한쪽 날개 끝을 올리고 반대쪽 날개 끝을 내리며 균형을 잡습니다. 또 방향을 바꿀 때는 날개 끝의 각도를 조절합니다. 이것을 관찰한 라이트 형제는 새의 균형을 기계적으로 재현할 방법을 연구했습니다. 즉 자전거의 핸들 같은 역할을 어떻게 구현할 것인지를 생각했지요. 라이트 형제는 가까운 곳에서 단서를 찾았습니다. 어느 날 고무 튜브를 담는 데 썼던 은박지 상자와 길고 얇은 판지 상자를 보다가 해결책이 떠오른 것입니다. 상자를 비틀면 한쪽 모서리가 살짝 내려가는 동시에 다른 한쪽이 똑같이 올라옵니다. 활공하는 새의 날개 끝과 비슷한 움직임이었습니다.[2]

날개 비틀기 장치를 고안한 뒤 그들은 이것을 대형 연에 달아 실험해보았습니다. 그들이 날개를 비틀었을 때 한쪽은 더 많은 양력을 받았고, 반대편은 양력을 덜 받았습니다. 불균형한 양력은 날개를 기울게 했으나 점차 이를 조정하는 방법을 터득했습니다. 라이트 형제는 충족수단을 구체화하기 위해 이 책에서 강조한 유추를 사용한 것입니다.

2 케빈 애슈턴 저, 이은경 역(2015), 『창조의 탄생』, 북라이프, p. 96.

시제품을 만들어 실험하되 단계적으로

랭글리 박사는 엔진을 장착한 비행기로 바로 실험에 돌입했지만 라이트 형제는 연을 사용해 단계적으로 날개 비틀기 실험을 한 뒤에 본격적인 비행 실험을 했습니다. 먼저 바람을 이용할 수 있는 본격적인 실험 장소를 물색했는데 100개가 넘는 기상관측소의 방대한 지역별 풍속기록을 뒤져 노스캐롤라이나주 키티호크 해변을 실험 장소로 지목했습니다. 키티호크는 자전거 가게가 있는 오하이오주 데이톤에서 무려 1,100km나 떨어진 곳이었습니다. 당시 기차로 24시간이 걸리는 거리였지요. 역에서도 몇 시간을 차로 가야 하는 사정을 생각해볼 때 대단한 결정이었습니다. 그들은 오하이오주 데이턴에서 자전거 가게를 운영하면서도 틈틈이 시간을 내서 1100km가 떨어진 키티호크 해변에 가서 실험을 했습니다.

1900년 키티호크에서 시작한 실험은 바람만으로 비행이 가능한 글라이더의 실험 비행이었습니다. 수백 번의 글라이더 비행 실험으로 공중에서 비행기의 균형을 잡는 법을 익혔지요. 그래서 1901년에 만든 글라이더는 연 모양의 비행기에 몇 가지 새로운 요소가 추가되었습니다. 또 1902년에 만든 글라이더는 1901년식에 방향타를 추가했습니다. 그렇게 글라이더로 실험 비행을 끝낸 뒤에는 엔진을 장착한 시제품인 플라이어Flyer 1호를 만들어 실험했습니다. 이때 라이트 형제가 만든 플라이어 1호는 1902년식에 프로펠러와 엔진을 추가한 것이었습니다. 플라이어 1호는 두 번째 시도였던 1903년 12월 17일에 성공을 거뒀습니다. 이처럼 두 번의 실험 비행만에 성공할 수 있었던 것은 이전 단계에서 많은 문제들을 해결해냈기 때문이었습니다. 라이트 형제는 한 번에 하늘로 날아오른 것이 아니라 한 번에 한 걸음씩 하늘로 걸어간 것입니다.[3]

---

3 앞의 책, pp. 98–99.

모의실험으로 기능 향상

라이트 형제는 키티호크에서 활공 비행을 거듭하면서 릴리엔탈을 비롯한 항공 선구자들이 작성한 항공역학 데이터가 모두 잘못되었다는 것을 알게 되었습니다. 그들은 데이턴으로 돌아와서 길이 1.8m에 면적 1.4m²의 풍동風洞을 만들어 1901년 10월에서 12월까지 날개 모형들을 체계적으로 실험했습니다. 풍동이란 물체 표면에 작용하는 공기 움직임의 효과를 연구하기 위한 장치를 말합니다. 송풍기, 자전거 부품과 철 조각들로 만들어져서 겉으로는 볼품없어 보였지만 항공기만큼 라이트 형제의 대단한 발명으로 평가받습니다. 그들은 풍동을 이용한 모의실험으로 양력揚力과 항력抗力을 정확히 예측하고 각 날개의 양력도 정확하게 계산할 수 있었습니다. 200개의 서로 다른 날개로 기본적인 실험을 했고, 38개로 나누어 실험하면서 큰 진전을 이룰 수 있었습니다. 결국 그들은 비행기가 하늘을 날 수 있으려면 항공 선구자들이 생각한 것보다 훨씬 큰 날개가 필요함을 깨닫게 되었습니다.[4] 이런 풍동 실험에 기초한 자료로 그들은 날개와 프로펠러, 그리고 적절한 크기의 엔진을 설계할 수 있었습니다. 랭글리는 17년 동안 7만 달러의 공적 자원을 지원받아 프로젝트를 수행했고 라이트 형제는 4년간 (1900~1903년) 자전거포에서 얻은 이익으로 비용을 충당했습니다. 라이트 형제가 사용한 비용은 1000달러에 지나지 않았다고 합니다.[5] 이렇게 적은 비용과 짧

〈사진 10-1〉 라이트 형제의 풍동장치

---

4 데이비드 매컬로 저, 박중서 역(2017), 『라이트 형제』, 승산, p. 116. 케빈 애슈턴 저, 이은경 역(2015), 『창조의 탄생』, 북라이프, p. 97.

5 앞의 책, p. 176.

손으로 상상하여 시제품 만들기

은 시간에 성공할 수 있었던 것은 엔진을 단 시제품을 실험하기 전에 글라이더 비행기를 활용해 모의실험을 진행하며 실제 실험을 대체했기 때문입니다.

출시 전까지 완성도 높이기

라이트 형제의 첫 유인 동력 비행은 비행시간이 짧은 탓에 언론의 주목이나 상업적 성공을 얻지 못했습니다. 라이트 형제는 실험 장소를 자전거 가게에서 가까운 오하이오의 허프만 평원으로 옮긴 뒤 새로운 시제품(플라이어 2호, 3호)을 제작하여 실험 비행을 했습니다. 그 후 105회에 걸친 시험 비행 끝에 마침내 1905년 10월 5일, 평원 위를 38분 4초 동안 비행하는 데 성공합니다. 거리로는 약 40km에 해당했고, 상공을 29회 선회한 뒤 연료가 다 떨어지고 나서야 착륙할 정도로 안정적인 비행이었습니다. 이쯤 되자 그들은 시제품(플라이어 3호)을 시장에 내놓을 때가 되었다고 생각했습니다.[6] 이처럼 라이트 형제는 세계 최초로 유인 동력 비행에 성공한 이후에도 비행기의 성능을 향상시켜 상업화할 수 있도록 완성도에 신경을 썼습니다.

요약하면, 라이트 형제의 비행기 개발은 큰 문제를 작은 문제로 나누어 하나씩 해결하는 데카르트식 문제해결 방법을 충실히 따랐다고 볼 수 있습니다. 동력 비행이라는 큰 문제를 공중에서 균형 유지하기, 양력과 항력의 이해 그리고 엔진개발 문제로 나누고, 이 작은 세 가지 문제들을 하나씩 해결해 나갔습니다. 라이트 형제는 한 번에 하늘로 날아 오른 것이 아니라 한 걸음씩 하늘로 걸어간 것입니다.

---

6 앞의 책, p. 208.

'손으로 상상'과 '머리로 상상'

아무리 좋은 소망(바라는 결과)이라도 충족수단이 결합하지 않으면 한낱 꿈에 지나지 않습니다. 꿈을 현실화시키려면 머리로 상상한 충족수단을 현실에서 구현해야 합니다. 손과 머리가 협조해야 하는 거지요. 일본 뇌과학자 구보타 박사에 따르면 인간의 지능과 운동중추는 전두엽이 관장하는데 전두엽은 두뇌의 핵심적인 역할을 하는 부위로, 손가락을 움직이는 등 미세한 운동을 통해 활성화된다고 합니다.[7] 그래서 손을 '제2의 뇌'라고도 합니다. 손의 부분 부분이 뇌조직과 연결되어 있어 손을 사용하면 머리 회전이 더욱 향상된다고 합니다. 유아기에 양손을 이용한 퍼즐이나 블록 만들기와 같은 놀이를 많이 하는 것도 결국 두뇌 발달을 돕는 행위입니다. 손으로 하는 상상은 시제품을 만드는 것이고 이는 실험을 통해 머리의 상상과 연결되며, 다시 손으로 하는 상상을 거쳐 한 단계 더 발전된 시제품을 만들 수 있습니다. 따라서 '머리로 상상'과 '손으로 상상'을 반복해 완성도 높은 충족수단들을 구현할 수 있습니다. 이를 컨셉빌딩에 적용하면 지하 2층에서 지하 3층으로 내려가서 시제품을 만들고 실험한 뒤 다시 지하 2층으로 올라가는 것과 같습니다.

피드백으로 피벗하라

'손으로 상상'과 '머리로 상상'은 서로 반복되다가 어느 시점에서 고객 피드백을 위해 1층으로 올라가 제품 개선을 위한 고객의 의견을 들어보거나 제품 테스트를 거칩니다. 고객 피드백에 따라 다시 머리로 상상과 손으로 상상을 반복합니다. 고객 피드백을 받고 필요하면 1층에서 지하 1층으로 내려가

---

7 구보타 기소우 저, 고선윤 역(2014), 『손은 외부의 뇌다』, 바다출판사.

〈그림 10-1〉 '머리로 상상'과 '손으로 상상'의 반복

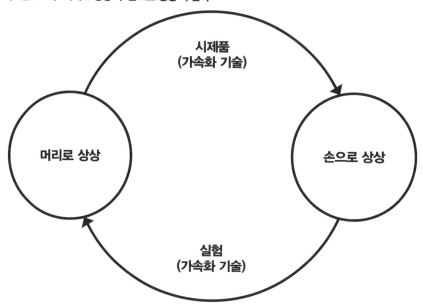

핵심편익 정의 혹은 컨셉보드를 수정할 수도 있습니다. 이렇게 되면 그 이후의 상상은 새로운 양상으로 갑니다. 경우에 따라서는 이전의 핵심충족 수단이 새로운 핵심 충족수단으로 바뀔 수도 있는데요. 이런 경우를 에릭 리스는 저서 『린스타트업』에서는 '피벗Pivot'이라고 불렀습니다. 피벗이란 농구에서한 발을 떼지 않고 방향을 전환하는 것을 말합니다. 방향전환이지만 아주 새롭게 다시 시작하는 것이 아니라 이제까지의 작업에서 얻은 경험을 살리면서 전환한다는 의미입니다. 『린스타트업』에서는 원래 계획대로 신제품 개발을 추진해서 출시했을 때 시장의 반응이 기대 이하인 경우 피벗을 해야 한다고 합니다. 컨셉빌딩에서는 필요가 있으면 피벗을 하지만 피벗이 필요 없도록 초기에 컨셉에 집중하는 것이 더 효율적이라고 했습니다(1장).

신제품 개발 시 시제품 작업의 3유형

시제품 제작의 핵심은 물리적 제품의 기능과 형태를 분리하고 이를 결합하는 것입니다. 기능을 먼저 구현하고 형태를 부가하기도 하지만 형태를 먼저 구체화한 뒤에 기능을 구현하기도 합니다. 컨셉빌딩에서는 기능이 형태와 어떻게 상호 의존하는지에 따라 다음 3가지 경우로 구분해서 시제품을 제작합니다. ① 기능과 형태가 독립적인 경우 ② 기능이 형태에 의존하는 경우 ③ 기능과 형태가 상호작용하는 경우입니다. 서비스의 경우에도 마찬가지로 3가지로 구분해서 작업할 수 있습니다.

대부분의 소비재 시제품 제작은 ① 기능과 형태가 독립적인 경우에 해당합니다. 이 경우에는 우선 컨셉을 개발한 뒤에 디자이너와 엔지니어가 컨셉을 공유하면서 별도로 작업을 합니다. 이때 디자이너는 형태를, 엔지니어는 기능을 맡아서 작업합니다. 그리고 둘을 합치는 작업을 하게 됩니다. 예를 들어 새로운 샴푸를 개발한다면 샴푸 시료를 만들어 기능을 테스트하고 이와 별도로 용기를 개발하는 거지요. 그리고 이 둘이 합쳐진 실물 시제품을 만들게 됩니다. ② 기능이 형태에 의존하는 경우는 가구를 예로 들 수 있습니다. 가구의 경우에는 시제품을 만들어 사용자 테스트를 합니다. 형태가 기능을 거의 결정하기 때문에 신제품 개발도 디자이너가 엔지니어를 이끌게 됩니다. 1장에서 소개한 신제품 개발 방법 중에서 '디자인 사고design thinking'는 주로 형태가 기능을 결정하는 제품에 적합한 방법론입니다.

③ 기능과 형태가 상호작용하는 경우가 바로 시제품 제작의 난이도가 가장 높은 분야입니다. 가전제품이나 혹은 기계장치가 내장된 내구재가 이런 경우에 해당하지요. 이 경우는 내부 기계장치 혹은 UX/UI는 엔지니어가 담당하고 외부의 형태는 디자이너가 담당하게 됩니다. 우선 기계장치나 UX/UI가 어느 정도 기능을 발휘하는지 여부를 계속 실험합니다. 어느 정도 기능이 구현되

면 디자이너가 구상한 형태에 담는 시제품을 만들게 됩니다. 이때 별도로 실험했을 때는 기능이 구현되던 것이 형태에 담으면 구현되지 않는 경우도 흔하게 발생합니다. 이런 경우에는 형태와 기능의 상호작용을 파악해 엔지니어와 디자이너가 긴밀히 협력해야 합니다.

영국 혁신의 아이콘, 제임스 다이슨은 "최고의 디자인은 기능과 형태가 연결되었을 때 나온다"라고 주장합니다. 대부분의 기업에서 디자이너는 제품 외관만 디자인하고 엔지니어는 제품의 기계장치를 설계합니다. 하지만 다이슨 사에서는 이 둘을 구분하지 않고 양자가 통합적으로 모든 것을 진행한다고 합니다.[8]

컨셉빌딩의 시제품의 분류

신제품 개발에서 『린스타트업』의 저자 에릭 리스의 가장 큰 공헌은 최소기능 시제품 개념을 제안했다는 점이라고 생각합니다. 완성도가 떨어지더라도 만들기 용이한 시제품으로 테스트해 학습하는 것이 중요하다는 것이지요. 라이트 형제도 동력 비행기부터 먼저 만들지 않고 글라이더 비행기를 만들어 실험했습니다. 공중에서 비행기가 균형을 잡기 위해 구조가 어떠해야 하는지를 학습할 목적으로 글라이더 비행기를 만들었습니다. 이런 시제품을 최소기능 시제품이라고 합니다. 만들기 용이하고 컨셉의 최소기능을 충족시키는 제품이란 뜻입니다. 라이트 형제는 에릭 리스가 최소기능 시제품이라는 개념을 제안하기도 전에 그 중요성을 인식하고 있었던 것입니다. 완성도가 높

---

8 제임스 다이슨 · 자일스 코렌 저, 박수찬 역, 『제임스 다이슨 자서전』, 미래사, p. 412.

은 시제품을 한 번에 만들어 테스트하는 것보다는 라이트 형제처럼 단계별로 완성도를 높여 학습하는 것이 바람직합니다. 컨셉빌딩에서 시제품 완성도 Prototype Fidelity에 따라 여러 수준의 시제품을 상정하는 것도 라이트 형제처럼 단계별로 시제품을 만들어 실험하기 위해서입니다.

그런데 에릭 리스는 최소기능 시제품을 언급하면서도 그것에 대해 분명하게 정의를 내리지는 않았습니다. 그래서 컨셉의 최소기능을 무엇으로 정의하느냐에 따라 최소기능 시제품이 달라질 수 있습니다. 라이트 형제의 사례에서 비행기가 공중에서 균형을 유지하는 것을 최소기능으로 보면 글라이더 비행기가 최소기능 시제품이고, 동력으로 운행되는 것을 최소기능으로 보면 엔진을 부착한 플라이어 1호가 최소기능 시제품이 됩니다. 최소기능 시제품을 정확히 정의하는 데 어려움을 겪는 또 다른 이유는, 개발자들이 최소기능에 그치지 않고 기능 향상을 위해 계속 다른 시제품을 만들어 실험하기 때문입니다. 이 책에서는 기능의 구현 여부나 기능의 향상을 목적으로 만드는 시제품을 총칭해 '기능 시제품'이라고 정의하겠습니다. 그리고 최소기능 시제품은 기능 시제품 중 하나로 최소기능의 구현 여부를 살피기 위해 만드는 시제품이라고 정의하겠습니다.

컨셉빌딩에서는 시제품을 총 4가지로 분류합니다. 앞에서 정의한 '기능 시제품' 외에 일상생활에서 소재를 얻어 쉽게 만들 수 있는 '일상소재 시제품', 실물 시제품과 비슷한 느낌을 주도록 만든 '가상 시제품', 마지막으로 기능뿐아니라 형태까지 갖춘 '실물 시제품(출시용 시제품)'이 그것입니다. 따라서 시제품은 완성도에 따라 ① 일상소재 시제품 ② 가상 시제품 ③ 기능 시제품 ④ 출시용 시제품(혹은 실물 시제품)으로 나눌 수 있겠지요. 이런 분류에는 완성도와 제작 용이성이 상충되기도 합니다. 제작 용이성에서는 일상소재 시제품이 가장 좋지만 완성도는 가장 떨어지지요. 또 실물 시제품일수록 제작이 어렵지만 실물과 가까워 정확한 고객 피드백이 가능합니다. 따라서 다음 장에 설명할 제품 테스트에는 되도록 실물 시제품을 사용하는 것으로 하겠습니다.

서비스 컨셉 개발도 시제품을 만들어 테스트합니다. 서비스 컨셉인 경우에는 시제품이라는 용어 대신 시범 서비스라고 부르겠습니다. 서비스 개발도 제품 개발과 마찬가지로 기능과 형태를 구분하고 완성도를 고려해야 합니다. 서비스에서 기능이란 소비자와 상호작용을 취하는 방식을 말하고 형태란 서비스를 둘러싼 외관 혹은 환경을 말합니다. 식당을 예로 들면 고객이 식당에 들어와서 주문, 시식, 계산 등과 같이 식당의 종업원과 상호작용하는 방식이 기능이 되고, 식당 내의 인테리어나 분위기 등은 외관 혹은 환경인 형태라고 할 수 있습니다. 그래서 서비스 컨셉의 충족수단도 소비자와 상호작용 방식을 먼저 고려해 시범 서비스를 개발하고, 여기에 식당의 외관을 결합해 보다 완성도 높은 출시용 시범 서비스로 고객 피드백을 받을 수 있습니다. 시범 서비스도 시제품과 나란히 4종류로 구분합니다. ① 일상소재 시범 서비스 ② 가상 시범 서비스 ③ 기능 시범 서비스 ④ 출시용(실물) 시범 서비스. 다음에는 이들 4종류의 사례를 들어보겠습니다.

일상소재 시제품 : 시리얼 박스와 다이슨 청소기

추체험을 활용하는 보디스토밍을 설명하면서 일상소재로 시제품을 만든다고 했는데요(4장). 제임스 다이슨은 이런 일상소재 시제품을 신제품 개발에 잘 활용했습니다. 그는 4년 동안의 직장생활을 끝내고 볼배로Ballbarrow를 개발하며 창업했습니다. 농촌에서 간단한 물건을 옮기는 데 쓰는 손수레인 휠배로wheelbarrow는 우리 식으로 하면 외발이 수레입니다. 외발이다 보니 무거운 짐을 실을 때 불안정하고 진흙땅에서는 빠지기 쉽고 또 잔디밭에 바퀴

자국을 남기기 십상입니다. 그는 이 바퀴를 구형으로 바꾸면 어떨까 하는 생각에 휠Wheel을 볼Ball로 바꿔 볼배로를 구상한 것입니다. 그는 이 아이디어를 테스트하기 위해 우선 축구공을 사다가 그 위에 유리 섬유를 부어 공 모양의 바퀴를 만든 다음, 이것을 틀에 달아 실험했습니다. 그는 이런 바퀴의 손수레가 무른 땅에 빠

〈사진 10-2〉 볼배로

지지 않고 굴러갈 수 있는지 알고 싶었습니다.

볼배로 개발에 성공할 무렵, 다이슨은 이번에는 집에서 사용하는 진공청소기가 여러모로 불편하다는 것을 알게 되었습니다. 그래서 분해를 해보았더니 먼지봉투의 작은 구멍에 먼지가 잔뜩 끼여 흡입력이 떨어질 수밖에 없는 구조였습니다. 그때 문득 볼배로를 공장에서 제작할 때 들은 말이 떠올랐습니다. 볼배로를 만들 때 에폭시 입자들이 떨어져 나오는데 이를 날려 보내기 위해 제재소에서 쓰는 사이클론(cyclone 회오리 바람장치)이란 장치를 활용해보자는 말이었습니다. 제재소들은 보통 톱밥으로 인해 생기는 가루먼지를 제거할 목적으로 사이클론 기계를 설치해 사용합니다. 그런 장치가 있다면 청소기에도 활용할 수 있지 않을까? 그는 곧바로 동네 제재소에 가서 지붕 위에 설치된 사이클론을 살펴보았습니다. 사이클론은 원심력을 이용해 톱밥을 분리했고 깨끗해진 공기를 밖으로 밀어내고 있었습니다. 다이슨은 집으로 돌아와 시리얼 상자를 오려 1피트의 원추형 사이클론 모양을 만들었습니다. 그리고 집에서 쓰던 진공청소기에서 먼지봉투를 떼어냈습니다. 그 자리에 시리얼 상자로 만든 사이클론을 붙인 뒤 공기 흡입과 배출 부분을 절연테이프로 감았습니다. 그리고 몇 분간 집 안을 청소해봤습니다. 청소한 뒤에 보니 먼지가

모형 사이클론에 가득 쌓여 있었습니다.[9] '먼지봉투 없는 진공청소기'는 이렇게 시작이 되었습니다. 일상소재인 시리얼 상자와 절연테이프를 가지고 만든 모형으로 최초의 사이클론 진공청소기를 테스트했던 것입니다.

하버드 경영대학원 2학년에 재학 중이던 젠 하이먼은 언니가 결혼식에 입고 갈 옷 때문에 고민하는 것을 보고 디자이너 드레스를 온라인에서 대여해 주는 서비스를 해보면 어떨까 하는 아이디어로 창업했습니다. 그녀는 이 대여 서비스 가능성을 테스트하기 위해 다양한 시범 서비스를 고안하고 실험을 진행했습니다. 우선 그녀는 디자이너 옷 130벌을 빌려 하버드 대학교 학부생들에게 광고해 오프라인에서 대여하는 실험에 들어갔습니다. 실험 결과 140명 중 35%에 해당하는 학생들이 서비스를 이용했고 53명 중 51명이 양호한 상태로 옷을 우편으로 반납했습니다. 다음으로는 고객이 과연 옷을 온라인상으로만 살펴보고 대여할 수 있을 것인지 궁금했습니다. 젠은 더 많은 드레스 종류를 준비해 실험을 했습니다. 그녀는 고객들이 입어보지 않아도 드레스를 대여할 수 있음을 확인했고, 드레스 종류가 늘어나자 대여자 수가 55% 증가한 것을 발견했습니다. 이처럼 온라인 서비스도 오프라인에서 시범 서비스로 실험해보고 사업 가능성을 테스트할 수 있습니다. 이렇게 탄생한 회사가 렌트더런웨이Rent the Runway입니다.[10] 이 사례는 온라인이 아닌 즉시 실험이 가능한 일상 환경인 오프라인에서 서비스를 실행했기 때문에 일상소재 시범 서비스라고 할 수 있습니다.

---

9 앞의 책, pp. 144-146, pp. 211-212.
10 네이선 퍼 · 제프 다이어 저, 송영학 · 장미자 역, 『이노베이터 메소드』, 세종서적, pp. 15-17.

가상 시제품: 진짜 같은 가짜

가상 시제품은 가상이란 말이 의미하듯 '실물처럼 보이는 시제품'을 말합니다. 예를 들어 3D렌더링, 실물 형태의 모형mock-up, 소비자가 사용하는 상황을 PPT나 PDF 파일로 설명한 것, 비디오로 찍은 가상실연 등이 있습니다. 3D렌더링이나 실물 형태의 모형mock-up은 다음에 설명할 3D CAD와 3D 프린터를 이용해 손쉽게 만들 수 있습니다. 드레스 대여 서비스 회사인 렌트더런웨이 사례를 좀 더 살펴보지요. 앞서 실험을 통해 사업의 가능성을 파악한 젠 하이먼은 다음으로 웹사이트를 만들었습니다. 그런데 실제로 작동하는 웹사이트가 아니고 가상의 웹사이트였습니다. 웹사이트의 다양한 기능을 소비자들이 어떻게 사용할 수 있는지 여러 개의 그림으로 설명한 것이었지요. 그녀는 이를 PDF 파일로 작성해서 잠재고객에게 보낸 뒤 반응을 보았습니다.[11] 이처럼 가상 시범 서비스도 고객이 서비스를 받는 일련의 과정을 PPT 파일이나 PDF 파일의 스토리보드로 만들어 고객 피드백을 받을 수 있습니다.

비디오로 만들 수 있다면 좀 더 사실감을 높일 수 있겠지요. 드롭박스의 창업자 드루 휴스턴은 온라인에서 편리하게 사용할 수 있는 파일 공유앱이라는 컨셉을 갖고 창업을 했습니다. 그는 이 컨셉이 시장에서 성공할 수 있는지를 알아보기 위해 3분의 기술 시연 비디오를 만들었습니다. 이 비디오에서 시청자는 드루 휴스턴의 설명과 함께 진행되는 제품의 시연을 볼 수 있습니다. 그가 동기화하려는 것을 설명하는 동안 시청자는 드루 휴스턴이 마우스로 컴퓨터를 조작하는 모습을 볼 수 있지요.[12] 드루 휴스턴이 만든 이 비디오는 이후 온라인에 널리 유포되었고 드롭박스는 크게 성공을 거두었습니다. 소프트웨

---

11 앞의 책, p. 23. 네이선 퍼와 제프 다이어는 이것을 최소기능 시제품이라고 했지만 이것은 실제 기능하지 않았기 때문에 가상 시제품으로 간주했습니다.

12 에릭 리스 저, 이창수 · 송우일 역, 『린스타트업』, 인사이트, pp. 94~96.

어 개발에도 가상 시제품을 사용할 수 있습니다. IBM에서는 고객이 말한 것을 활자로 바꾸는 소프트웨어를 개발하는 과정에서 베타 소프트웨어를 개발하기에 앞서 가상 시제품으로 테스트를 했습니다. 이것은 소프트웨어가 개발되었다고 가정하고, 고객이 말을 하면 실제로는 소프트웨어 대신 장막 뒤에 있는 사람이 타이핑을 해서 컴퓨터 화면에 띄워주는 구조입니다. 하지만 고객은 소프트웨어가 구동되는 것과 똑같은 상황을 체험할 수 있습니다.[13]

3장에서 소개한 인도의 세탁 서비스 VLS사의 경우를 다시 떠올려보면, 창업자인 아크샤이 메흐라는 '24시간 내 배달하는 세탁 서비스'란 컨셉을 테스트하기 위해 소비자용 세탁기를 소형 트럭뒤에 싣고 마을을 돌아다니면서 세탁물을 받아 빨고 그날 저녁 고객에게 돌려주었습니다. 그런데 이때 트럭에 실려 있던 세탁기는 전시용이었습니다. 실제 세탁은 그 장소에서 떨어진 곳에서 하고 가져오는 방식이었지요. 한 주간 진행한 가상 시범 서비스를 통해 메흐라는 과연 소비자들이 이동식 세탁소에 세탁물을 맡길 것인지, 맡긴다면 소비자들이 세탁 서비스에서 바라는 바가 무엇인지를 파악할 수 있었습니다.[14]

이렇게 보면 가상 시제품이나 가상 서비스는 제품이나 서비스를 1장의 컨셉보드로 설명하던 것을 여러 장으로 나타낸 것이라고 할 수 있습니다. 사용 상황을 스토리보드, 비디오 가상 시연, 3D 그림 혹은 실물 형태 모형과 결합해 더 자세히 설명한 것입니다. 따라서 컨셉보드를 더 발전시킨 형태로도 볼 수 있습니다. 이런 시제품 중에서 좀 더 발전한 것이 가상현실 기술을 이용해 가상 시제품이나 가상 시범 서비스를 만드는 것입니다. 소비자에게 가상체험을 통해 피드백을 받는 것인데, 이에 대한 사례는 가상현실 기술을 설명할 때 다루겠습니다.

13 네이션 퍼·제프 다이어 저, 송영학·장미자 역, 『이노베이터 메소드』, 세종서적, pp. 182-183.
14 에릭 리스 저, 이창수·송우일 역, 『린스타트업』, 인사이트, p. 62.

기능 시제품: 다이슨의 5,126개의 시제품

가상 시제품은 실물처럼 보이는 시제품이지만 기능 시제품은 기능이 실제 작동되는 시제품입니다. 다이슨의 사이클론 청소기 사례로 설명하겠습니다. 앞서 다이슨이 시리얼 종이상자로 최초의 사이클론을 만든 이야기를 소개했습니다. 이후에 그는 시제품 5126개를 더 만들어 시제품을 완성하게 됩니다. 모두 5126개 시제품이라고요? 어떻게 그렇게 많은 시제품을 만들 수 있었을까요?『제임스 다이슨 자서전』에 그 방법이 소개되어 있습니다. '넓은 놋쇠 판을 사이클론 모양으로 오린 뒤 롤러에 밀어 모양을 잡았다. 이렇게 만든 사이클론을 내가 빵판이라고 부르던 진공청소기 모터가 달린 합판에 연결했다. 이런 방식을 통해 처음부터 새로운 기계를 만들 필요가 없었고 사이클론 입구를 다르게 만들거나 지름이나 각도를 달리해 가며 하루 한 번의 실험을 할 수 있었다. 이것이 사이클론 개발 과정의 전부다.'[15] 다이슨이 놋쇠를 오려 만든 5126개의 시제품은 핵심기능인 흡입력이 제대로 작동하는지를 보면서 그 기능을 향상시키기 위한 것으로 모두 기능 시제품에 속한다고 할 수 있습니다.

기능 시범 서비스도 물론 가능합니다. 소비자에게 서비스가 제공되는 상호작용 방식만 떼어 고객에게 체험하게 하고 가능성을 타진하는 것입니다. 세계적 디자인 컨설팅회사 아이데오IDEO에서는 공간 디자이너들로 가상팀을 꾸린 뒤 샌프란시스코에 있는 낡은 창고를 임대했습니다. 팀원들은 그곳에서 호텔 로비를 실물 크기로 재현했고 객실도 만들었습니다. 물론 호텔처럼 근사한 느낌은 전혀 아니었습니다. 디자이너, 호텔 이용객, 호텔 운영자가 실제 호텔에서 각자 다른 서비스 체험을 하며 무엇이 바람직한지를 논의하기 위해 준비한 무대였으니까요. 그곳에 들른 모든 방문자는 포스트잇 메모지를 모형

---

15 제임스 다이슨 · 자일스 코렌 저, 박수찬 역, 『제임스 다이슨 자서전』, 미래사, pp. 144-146, pp.211-212.

에 붙여 수정사항을 거리낌 없이 제안했습니다. 그리고 이런 과정에서 혁신적인 아이디어들이 탄생했습니다. 투숙 중인 손님들이 흥미로운 레스토랑이나 명소를 찾았을 때 그 정보를 공유할 수 있도록 로비 벽에 커다란 지도를 부착한다든지, 지역정보가 담긴 개인 맞춤형 안내책자를 발행하다든지 하는 발상이 탄생했지요.[16]

인도의 VLS 세탁 서비스도 마찬가지입니다. 처음 트럭에 세탁기를 싣고 다니면서 사람들을 만나본 메흐라는 잠재고객들이 무엇을 걱정하는지 알게 되었습니다. 바로 자신이 세탁물을 가지고 그대로 사라져버리는 것이었지요. 이런 우려를 불식시키기 위해, 그는 유동인구가 많은 곳에 이동식 카트를 만들어 한 장소에서 지속적으로 시범 서비스를 하였습니다. 또 사람들은 세탁뿐 아니라 다림질까지 되기를 원한다는 것, 세탁한 옷을 24시간이 아니라 4시간 안에 돌려준다면 요금을 2배로 낼 용의가 있다는 것 등도 알게 되지요. 이 사례에서 이동식 카트를 사용한 시범 서비스가 바로 기능 시범 서비스라 할 수 있습니다. 이 이동식 카트는 3장에서 설명한 것처럼 최종적으로 0.9m×1.2m 크기의 간이세탁소로 발전되었습니다. 여기에 전기와 깨끗한 물을 사용할 수 있는 장치와 세탁기, 건조기, 다리미가 갖추어졌습니다. 또 사용하는 세제도 전시를 했지요.[17]

출시용(실물) 시제품: 시제품의 현실 버전

라이트 형제는 플라이어 1호로 첫 동력 비행에 성공한 뒤 비행시간을 늘리기 위해 플라이어 2호, 3호를 제작하여 실험 비행을 합니다. 이 사례에서 플라이어 2호나 3호는 실물 시제품(출시용 시제품)이라고 할 수 있습니다. 다이슨의

---

16 팀 브라운 저, 고성연 역(2010), 『디자인에 집중하라』, 김영사, pp. 146–147.
17 에릭 리스 저, 이창수 · 송우일 역, 『린스타트업』, 인사이트, p. 63.

경우에는 기능 시제품을 만든 뒤 한참 우여곡절을 겪고 나서야 실물 혹은 출시용 시제품을 만들 수 있었습니다. 청소기를 개발하다가 자신이 창업한 회사에서 쫓겨나기까지 했지요. 하지만 다이슨은 낙담하지 않고 1979년에 본격적으로 개발을 시작해 1982년 후반에 기능 시제품을 완성하고 특허권을 얻습니다. 이후 몇 년에 걸쳐 선도주자였던 후버를 포함한 여러 회사와 접촉했지만 소득이 없었습니다. 그렇게 3년을 고전하다 일본의 에이펙스에 비로소 특허 사용권을 팔 수 있었습니다. 다이슨은 1985년 실물 시제품(출시용 시제품)을 만들었고 1986년 3월 드디어 상품을 출시하게 됩니다.[18]

『끌리는 컨셉의 법칙』에 소개되었던 움프쿠아 은행은 '고객이 머물고 싶은 은행'이란 컨셉을 정한 뒤 몇 개의 지점을 호텔 분위기가 나는 컨셉 매장으로 정해 시범 서비스를 실시합니다. 이 시범 서비스에서 고객의 호평을 받자 이를 전 지점으로 확대하지요. 이때 움프쿠아 은행의 컨셉 매장은 고객에게 제공되는 실제 서비스와 똑같은 시범 서비스였기에 이를 출시용 시범 서비스라고 부를 수 있습니다. 한 글로벌 화장품 회사는 대형 창고 안에 화장품 매장을 설치하고 관계자들의 의견을 들어 디스플레이나 레이아웃을 계속 수정해나갑니다. 그렇게 최종 결정이 되면 이 시범 매장이 전 세계 매장의 규격 표준이 되는데 이것 역시 일종의 실물 시제품(출시용 시제품)이라고 할 수 있습니다. 소프트웨어의 개발에도 기능과 관련해서 알파 테스트와 베타 테스트를 나누어 시행하는데, 전자는 기능 향상을 목적으로 내부 사용자들이 테스트하는 시제품이고 후자는 고객 피드백을 목적으로 외부의 실제 사용자를 대상으로 테스트하는 것입니다. 알파 버전이 기능형 시제품에 속하고 베타 버전이

---

18 제임스 다이슨 · 자일스 코렌 저, 박수찬 역, 『제임스 다이슨 자서전』, 미래사, pp. 271~281.

실물 시제품(출시용 시제품)에 속합니다.

시제품 개발 가속화 기술

손과 머리가 협력해 상상하는 것은 예술 분야에서 두드러집니다. 피카소 같은 미술가는 하나의 작품을 완성하기 위해 수천 장의 그림을 그려가면서 완성한다고 합니다. 도공들도 특유의 빛깔을 내기 위해 만들고 굽기를 수없이 반복합니다. 도중에 작은 실수가 발견되거나 원하는 빛깔이 나타나지 않으면 가차 없이 돌망치로 박살을 내버립니다. 이처럼 예술가는 머리로 상상을 하고 손으로 상상하는 과정을 통해 작품을 완성해갑니다. 그런데 예술가와 달리 신제품 개발자는 손과 머리로 상상하는 것이 쉽지 않습니다. 왜냐하면 표현의 한계가 없는 예술품과 달리 컨셉을 시제품으로 만들기는 쉽지 않기 때문입니다. 그런데 컴퓨터 기술이 발전하면서 상황이 달라졌습니다. 컴퓨터를 활용해 컨셉을 시각화하는 기술과 시각화된 이미지를 즉석에서 구체적 형상으로 만드는 기술이 발전했습니다. 이런 기술을 총칭해 '시제품 개발 가속화 기술(Rapid Prototyping technology, 이하 'RP 기술')'이라고 합니다. RP 기술을 사용하면 신제품 개발자도 예술가처럼 손으로 상상하고 다시 머리로 상상하는 과정을 쉽게 반복할 수 있습니다. 그리고 제품의 기능 향상을 위한 반복적 실험도 시간과 비용을 절약하면서 실행할 수 있습니다.

3D CAD와 3D 프린터

RP 기술 중 가장 많이 사용되는 것이 CAD라고 불리는 컴퓨터 지원 설계 computer-aided design와 3D 프린터입니다. 컴퓨터 지원 설계는 공학자, 건축가 그리고 설계 활동에서 전문적인 설계를 지원하는 다양한 컴퓨터 기반 도구들을 말합니다. 설계자가 컴퓨터 지원 설계 소프트웨어 패키지(예를 들면 3D MAX)를 사용해 스크린으로 보면서 원하는 형태를 3차원에 구현할 수 있습니다. 그야말로 '머리로 상상'을 '손으로 상상'으로 바꾸는 기술이라고 할 수 있습니다. 3D 프린터는 연속적으로 한 층 한 층 쌓아올리면서 3차원 물체를 만들어내는 제조 기술입니다. 이 기술은 산업 전반에 걸쳐 제조 기술의 큰 변화를 가져올 것으로 예상되고 있습니다. 그런데 3D 모델링과 3D 프린터는 별도의 기술이 아니고 하나로 연결된 기술입니다. 3D CAD로 작업한 결과는 파일로 저장되어 3차원 입체 그림이나 도면을 생성하기도 하지만 3D 프린터의 입력 자료로 바로 사용됩니다.

이처럼 최근에는 3D CAD 작업과 3D 프린터로 시제품을 만듭니다. 다이슨은 3D 프린터가 아직 일반적이지 않았던 1996년에 선도적으로 이것을 도입해 시제품 개발에 활용하고 있습니다. 다이슨 사의 개발 책임자인 팀 뉴턴은 "다이슨은 영국에서 3D 프린터용 나일론 파우더를 가장 많이 쓰는 기업"이라며 "하루라도 빨리 만들어보고, 어서 실패해서 다음 단계로 넘어가는 것이 다이슨 방식"이라고 강조했습니다.[19] 무려 5000개가 넘는 시제품을 만들었던 창업자 다이슨 자신이 시제품의 중요성을 그 누구보다 잘 알고 있기 때문이 아닐까요? 그런데 시제품 개발 가속 기술은 대기업에서나 사용하는 기술이 아니냐고 반문할 수도 있습니다. 그러나 이제는 스타트업이나 중소기업에서도 이 기술을 쉽게 접할 수 있습니다. 디자인과 시제품 개발 전문 사이트 kmong.com를 방문하면 다양한 3D CAD 전문가와 3D 전문업체의 도움을 받을 수 있으니 말입니다.

---

19 중앙일보 2016년 11월 14일, "헤어드라이어 소음난제, 소리 더 키워 푼 다이슨"

〈사진 10-3〉 3D 프린터를 사용한 디스플레이 시제품들

관련해서 한 스타트업 기업이 활용한 RP 기술「사례」를 소개하겠습니다. '비주얼캠프'라는 회사는 2014년에 창업하여 가상현실 HMDHead Mounted Display에 시선추적 기술을 탑재한 제품을 개발하고 있었습니다. '가상현실을 체험할 수 있는 안경에 눈동자 움직임을 추적하는 기구로 시제품을 테스트한다'는 컨셉을 설정하고 충족수단을 개발하기 시작한 것입니다. 이 회사는 가상현실과 시선추적을 결합한 UI/UX를 개발하고, 우선 머리에 장착하는 디스플레이의 모형을 만들어 시험을 해보았습니다. 그런데 실제 결합하지 않았을 때 잘 작동하던 기능을 모형에 장착하니 원활하지 않았습니다. 이에 기능이 떨어져 포기한 형태를 다시 재구성하고 재작업해 기능을 향상시키는 과정을 거쳤습니다. 이렇게 3D 프린트로 만든 모형이 300여 개에 달했습니다. 이처럼 3D 프린트를 통해 핵심 알고리즘을 개선해나가는 작업을 통해 기능을 향상시켜 완성품에 한 발씩 다가갈 수 있었습니다. 만약 3D 프린터가 없었다면 이 작업은 엄청난 시간과 노력이 필요했을 것입니다. 〈사진 10-2〉는 3D 프린터로 만든 시제품들 중에서 3개를 고른 것입니다. 왼쪽이 최초 시제품이고 가운데는 초기 모델에 사람의 눈동자 움직임을 찍는 카메라를 추가로 탑재한 모형입니다. 오른쪽은 출시용 시제품입니다.

가상현실(Virtual Reality) 기술

가상현실 기술은 현실이나 상상의 세계의 사물들을 컴퓨터가 가상으로 만든 환경 안에서 작용하도록 하는 기술을 말합니다. 비디오 게임, 가상체험 서비스, 스크린 실내골프 등이 가상현실 기술을 활용한 서비스입니다. 가상현실 기술은 사용자 인터페이스가 컴퓨터 스크린, TV 스크린, 혹은 머리에 장착한 디스플레이HMD와 연결되어 사용자와 상호작용이 가능하게 합니다. 오늘날에는 거기에 촉각이나 청각이 더해져 다중감각으로 상호작용multi modal interaction이 가능하도록 발전했습니다. 증강현실Augmented Reality 기술은 VR 기술이 발전한 것으로, 컴퓨터가 만든 가상의 사물이 현실의 공간과 동일한 공간에 작용하는 것처럼 보이게 해 실제의 세계를 보완하는 기술을 말합니다. 현실의 사물들과 가상의 사물들이 섞여 있다고 볼 수 있지요. 따라서 소비자는 실제와 같은 가상체험을 하고 피드백을 제공할 수 있어 빠른 시간에 컨셉을 최적의 제품으로 구현하는 데 활용할 수 있습니다.

월풀은 세탁기 신제품 개발에서 가상 시제품을 사용해 제품 테스트를 했습니다. 고객은 가상 환경에서 세탁기의 가상 시제품을 테스트합니다. 예를 들어 가상현실 기술로 세탁기 손잡이를 만들고 이를 작동하면 세탁기가 회전하는 소리가 들리도록 만들었습니다. 소비자는 가상 손잡이를 작동하면서 여러 세탁기 회전 반응을 살핍니다. 소비자가 특정 반응에 만족하면 실제 세탁기 손잡이 장치에 이를 반영합니다.[20] 서비스 컨셉도 가상기술을 활용해 개발할 수 있습니다. 신규 서비스를 개발할 때 가상 시범 서비스를 개발해 고객의 피드백을 받는 것입니다. 병원, 공항, 전시관 등 실내 공간에서 서비스를 제공하는 업종에서는 마치 설계한 공간을 직접 돌아다니는 듯한 가상체험을 고객에

---

20 Carulli, M., Bordegoni M. and Cugini, U.(2013), "An Approach for Capturing the Voice of the Customer based on Virtual Prototyping," Journal of Intelligent Manufacturing, 24(5): pp. 887–903.

게 제공해서 피드백을 받을 수 있습니다. 이처럼 가상현실을 활용한 시범 서비스는 제품설계를 돕는 도구로도 사용됩니다. 가구, 인테리어, 건축 마감재 등의 설계나 수주상담에 가상 시범 공간을 꾸미고 소비자가 바라는 취향을 반영하는 데 활용하는 것입니다.

컴퓨터 지원 모의실험(computer assisted simulation)

라이트 형제의 풍동 실험과 다이슨의 사이클론 흡입력 실험은 제품의 형태가 아니라 기능에 대한 고민 때문에 시제품을 만든 경우입니다. 다이슨은 5126개의 시제품을 만들었다고 했는데 대부분 흡입력을 향상시키기 위한 것이었습니다. 라이트 형제도 글라이더로 수백 번의 비행 실험을 했는데 이것 역시 목표는 하나, 비행할 때 균형을 잡기 위한 것이었습니다. 수많은 기업이 신속히 시제품 제작을 합니다. 하지만 제품의 기능을 충분히 향상시키기 전에 제품을 출시하기 때문에 실패를 겪습니다.

다이슨의 경우 1990년 후반 이후에는 컴퓨터를 이용해 실제 실험과 같은 결과를 얻어내고 있습니다. 이를 컴퓨터 지원 모의실험simulation이라고 합니다. 이 기술을 이용해 사이클론의 지름이나 각도를 입력자료로 사용해서 여러 값을 변화시키면 흡인력을 쉽게 구할 수 있어 짧은 시간 안에 기능을 향상시킬 수 있습니다. 물론 컴퓨터 모의실험에서 얻은 값이 최적 값의 범위나 방향을 알려주기 때문에 실제 실험을 병행해서 이를 좀 더 세밀하게 확정해야 합니다. 그럼에도 이 기술을 사용하면 실험 횟수를 대폭 줄일 수 있습니다.

컴퓨터 지원 모의실험은 엔지니어들이 사용하는 컴퓨터 지원 공학com-puter-aided engineering, CAE 소프트웨어의 한 부분입니다. 앞서 3D CAD를 사용해서 만든 디자인 이미지 파일은 컴퓨터 지원 공학CAE 소프트웨어와 파일로 변환이 가능합니다. 시제품 제작도 가속화 기술을 활용하지만 기능 향상을 위한 실험에도 컴퓨터를 이용해서 적은 비용과 시간에 원하는 결과를 얻을 수 있습니다. 가속화 기술이 발전하면서 시제품을 만들어 실험하는 것이 이전보다 쉬워졌지만, 이것이 초기단계에서 컨셉 도출을 대충해도 된다는 뜻은 아닙니다. 컨셉 도출이나 컨셉 정의를 꼼꼼히 하면서도 가속화 기술을 적극적으로 활용하는 것이 '천천히 서둘러라'라는 원칙에 부합하는 것입니다.

컨 / 셉 / 카 / 페 / 10

창조는 단계를
밟아가는 노동이다

『중용』에서 말하는 학문 방법의 핵심은 성誠입니다. 천재가 아닌 이상 짧은 기간에 학문을 이루기란 쉽지 않습니다. 하지만 성실하게 집념을 가지고 노력하면 학문을 이룰 수 있습니다. '남이 한 번에 능히 할 때 나는 백 번을 하겠다'는 자세로 하면 성공할 수 있습니다. 이런 깨달음에 익숙해지면 '비록 어리석어도 반드시 명석해지고 비록 유약해도 강해진다雖愚必明, 雖柔必强'고 했습니다. 창조도 학문과 마찬가지로 성誠을 향해 끊임없이 달려가는 마라톤처럼 임해야 합니다. 『끌리는 컨셉의 법칙』 법칙 6에서도 『중용』을 인용했습니다. 제품혁신은 '성실하게 준비하지 않으면 실패한다不豫則廢'는 것이었습니다. 또한 '정성誠이 사물의 시작과 끝이고 정성이 없으면 어떤 일도 이루어지지 않는다誠者物之終始, 不誠無物'라는 구절도 있습니다.

우리는 창조를 '아하!' 하는 깨달음의 순간에 찾아오는 우연한 일로 보는 경향이 있습니다. 조지아 공대의 인지과학자 낸시 너세시언Nancy Nersessian 교수는 발명에서 소위 깨달음의 순간이 과장되었다고 단언합니다. 그는 과학자들을 몇 년씩 그림자같이 따라다니며 그들이 실험실에서 무엇인가를 만들기 위해 고군분투하는 모습을 심층적인 방법으로 관찰했습니다. 수십 년간 이런 현장을 관찰한 결과, 그는 진정한 창의성은 머릿속에서 문제와 씨름하

355

고 그렇게 고안한 것을 종이, 컴퓨터, 아크릴, 금속성 장치 또는 살아 있는 세포조직에 전환해보려고 애쓰는 과정에서 발현된다는 것을 알게 됩니다. 모형은 기대한 대로 움직이지 않는 경우가 많아서 연구자들은 그때마다 전체 과정을 처음부터 되풀이해야만 하지요. 하루에도 얼마나 많은 실패를 하는지 놀라울 정도였답니다.[1]

누구나 창조할 수 있다, 이것만 있다면

『창조의 탄생』의 저자 케빈 애슈턴은 "비범한 사람이 비범한 행위를 통해 비범한 결과를 만든다는 창조성의 신화는 모두 허구이고 편견이다"라고 주장합니다.[2] 창조행위의 결과는 비범하지만 창조자나 창조행위는 결코 비범하지 않다는 것입니다. 그는 『문제해결에 관하여』의 저자인 심리학자 카를 던커 Karl Duncker의 연구를 인용하면서 창조행위는 문제해결 과정과 동일하다고 했습니다.[3] 하나씩 단계를 밟아 문제를 해결하면 누구나 창조할 수 있다는 것이지요. 이 장에서 소개한 라이트 형제와 다이슨 사례를 보더라도 집념을 갖고 단계를 밟아나가면 창조에 이를 수 있다는 것을 알 수 있습니다. 애슈턴은 라이트 형제가 만든 비행기는 비약이 아니라 단계를 밟아갔다는 것을 보여주는 가장 좋은 증거라고 했습니다. "오빌과 윌버 라이트는 하늘로 비약하지 않았다. 그들은 한 걸음씩 하늘로 걸어갔다."[4]

행동 신경학자인 리처드 카셀리Richard Caselli는 "개인 간에 상당한 질적 양

1 페이건 케네디 저, 강유리 역(2016), 『인벤톨로지』, 클레마지크, pp. 105–106.
2 케빈 애슈턴 저, 이은경 역(2015), 『창조의 탄생』, 북라이프, pp. 27–54. p. 99.
3 Duncker, Karl(1945), 『On Problem Solving』 translated by Lynne S. Lees, Psychological Monograph 58, pp. 1–113.
4 케빈 애슈턴 저, 이은경 역(2015), 『창조의 탄생』, 북라이프, pp. 98–99.

적 차이가 존재하기는 하지만, 창조 행동의 신경생물학적 원리는 가장 덜 창
조적인 사람부터 가장 창조적인 사람에 이르기까지 동일하다"라고 말합니
다.[5] 인간의 창조성은 평등하고 누구나 창조할 수 있다는 것이지요. 문제는
'집념'입니다. 일본 혁신의 아이콘 마스다 무네아키는 창조는 집념이라고 했
습니다. "컨셉이란 형태에서 생겨난 것이 아니라 이런 가게가 있으면 좋겠다,
이런 물건이나 서비스가 있으면 좋겠다, 하는 착상에서 시작된다. (…) 컨셉을
형태로 하는 것에 가장 필요한 것은 '집념.' 강한 집념이 기획을 형태로 한다.
집념이 없는 사람은 돈이 있어도, 부하 직원이 있어도, 경험이 있어도 절대 좋
은 기획이 생겨나지 않는다."[6] 창조에는 남이 한 번에 능히 할 때 나는 백 번
을 하겠다는 집념이 필요합니다.

5 Richard Caselli(2009), "Creativity: An Organizational Schema," Cognitive and Behavioral Neurology,
22(3), pp. 143–154.
6 마스다 무네아키 저, 장은주 역(2017), 『취향을 설계하는 곳, 츠타야』, 위즈덤하우스, p. 216.

'승리하는 군대는 먼저 이겨놓고 전쟁을 시작하고
패배하는 군대는 먼저 전쟁을 시작하고 승리를 구한다
(勝兵先勝以後求戰, 敗兵先戰以後求勝)'

−『손자병법』

고객
피드백

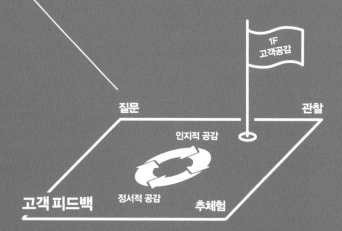

질문

인지적 공감

관찰

1F
고객공감

고객 피드백

정서적 공감

추체험

신제품 개발은 반복과 순환의 과정입니다. 그 반복과 순환의 고리 역할을 하는 것이 고객 피드백이지요. 이 장에
서는 고객에게 시안(컨셉보드나 시제품)을 제시한 후 이에 대한 질문을 해서 개선안을 얻거나(정성조사), 설문지
에 점수를 매기게 하고 점수를 취합하는 방식으로 고객 피드백(정량조사)을 받는 방법을 소개합니다.

왜 고객 피드백인가?

일본의 혁신 아이콘이라 불리는 마스다 무네아키는 직원들에게 기획서를 제출할 때 오래 생각하지 말고 바로 제출할 것을 요구한다고 합니다. 혼자 오래 시간을 끌기보다 일단 아웃풋을 만들어 고객을 포함한 관련자들에게 피드백을 받는 것이 더 좋은 방법이라는 것이지요.[1] 이 책도 수차례 독자들에게서 피드백을 받으면서 집필되었습니다. 인기 작가인 베르나르 베르베르의 첫 작품 『개미』는 6년 동안 여러 출판사에서 거절당했고 20번을 고쳐서 12년 만에 출간되었습니다. 그는 좌절하는 대신에 '책이 잘 읽히려면 어떻게 해야 할까'라며 원고 수정에만 몰두했답니다. 거절당한 출판사에 이유를 충분히 듣고 수정에 수정을 거듭했습니다. 초고를 수정한 두 번째 원고, 또 두 번째 원고를 수정한 세 번째 원고는 반드시 이전보다 더 좋아지게 되어 있습니다. 좋은 신제품을 개발하는 것도 다르지 않습니다. 심혈을 기울여 컨셉보드를 완성했더라도 원고의 초고라고 생각하고 고객 피드백을 받아 계속 수정해서 컨셉을 발전시켜야 합니다. 컨셉 완성 후 시제품을 만들 때도 고객 피드백을 받아 계속 발전시켜야 합니다.

---

1 마스다 무네야키 저, 장은주 역(2017), 『취향을 설계하는 곳, 츠타야』, 위즈덤하우스, pp. 166-167.

신제품 개발은 반복 순환하는 학습과정입니다. 컨셉빌딩에는 '핵심편익 정의(5장)와 고객 피드백, 컨셉보드 만들기(5장)와 고객 피드백, 시제품 제작(10장)과 고객 피드백'이라는 세 가지 중요한 순환 고리loop가 있습니다. 즉 시안(핵심편익 정의, 컨셉보드, 시제품)을 제시한 후 받는 고객 피드백은 보다 고객 지향적인 신제품 개발을 위한 순환 고리 역할을 할 수 있다는 뜻이지요. 그런데 컨셉빌딩은 유연하기 때문에(2장) 고객 피드백의 세 가지 순환 고리는 빠짐없이 수행될 수도 있고, 그중 둘 혹은 하나만 수행될 수도 있으며, 심지어는 빠른 진행을 위해 생략될 수도 있습니다. 물론 위험을 감수해야 하지요. 이 책에서는 '고객 피드백'이 시제품 만들기(10장) 다음에 소개되었지만, 경우에 따라 핵심편익 정의(5장)나 컨셉보드 만들기(5장) 다음으로 이어질 수 있습니다. 프로젝트 리더는 고객 피드백 순환 고리를 언제, 어떤 방법으로 쓸지, 무엇을 생략할지 등을 잘 생각하고 사용할 수 있어야 할 것입니다.

고객 피드백의 3가지 목적과 방법

고객 피드백에는 3가지 목적이 있습니다. 첫 번째 목적은 고객의 의견을 들어 창출된 시안을 수정하고 발전시키는 것입니다. 시안을 개선하는 것을 목적으로 하는 고객 피드백에서는 시안에서 부족한 점을 질문이나 관찰을 통해 파악할 수 있습니다. 이와 같이 소수의 고객을 대상으로 그들의 인식, 태도, 의견 등을 질문이나 관찰로 조사하는 것을 정성조사라고 합니다. 이 조사에 사용하는 최소 고객 수는 5명입니다. 두 번째 목적은 하나의 컨셉보드나 시제품을 갖고 진행go/중단no-go 여부를 결정하는 것입니다. 고객 피드백 결과에 따라 다음 단계로(예를 들면 컨셉에서 시제품으로) 진행하기도 하지만 컨셉보드나 시제품에 개선의 여지가 없을 경우 그 단계에서 중단하기도 합니다. 이 경우의 고객피드백에서는 다수의 고객에게 시안을 제시한 뒤 이를 점

〈표 11-1〉 고객 피드백의 목적과 방법

제시되는 시안	목적	방법		최소 인원
핵심편익 정의 컨셉보드 시제품	개선	정성조사	개인면접 (표적집단 면접)	5명
	진행 혹은 중단 결정 복수 시안에서 선별	정량조사	컨셉 테스트, 제품 테스트	20명

수로 평가하게 하고 조사결과를 수치로 나타내는 정량조사를 합니다. 정량조사에는 컨셉보드를 평가하는 컨셉 테스트와 시제품을 평가하는 제품 테스트가 있습니다. 이때 실패 위험을 줄이기 위해 점수가 기준치 보다 낮은 시안을 폐기하고 개발 프로젝트를 중단시킬 수 있습니다. 컨셉이나 시제품이 경쟁력이 없다는 것을 알면서도 브랜드를 출시해 손실을 보는 대신 그 단계에서 중단해 실패 비용을 줄일 수 있습니다. 이 장의 서두에 인용한『손자병법』의 구절처럼 고객 피드백을 통해 마케팅 전쟁에서 먼저 이겨놓고 싸움을 시작해야 합니다. 출시하기 전에 고객 피드백을 통해 신규 브랜드가 경쟁 브랜드를 이길 수 있다는 확신을 얻은 뒤에 전쟁터에 나서는 것입니다. 세 번째 목적은 복수의 시안을 만들어 그중 가장 좋은 것을 선별하는 것입니다. 컨셉보드나 시제품은 하나만 만들기도 하지만 선별을 위해 복수의 시안을 만들기도 합니다. 정량조사에 사용하는 최소 고객 수는 20명입니다. 정성조사나 정량조사의 최소 인원을 각각 5명과 20명으로 잡은 근거는 뒤에서 설명하겠습니다.

정성적 고객 피드백–시안 수정

그럼 시안을 개선할 목적으로 하는 정성적 고객 피드백에서는 어떻게 질문해야 효과적일까요? 여기에서 사용하는 문항은 구매의향, 필요성, 차별성 등과 관련이 있습니다.

먼저 컨셉보드나 시제품에 대한 구매의향을 5점 척도로 표시하게 한 뒤 긍정적 응답자(4점 이상)에게는 구매 이유를, 부정적 응답자(3점 이하)에게는 구매하지 않는 이유를 묻습니다. 구매의향 척도는 뒤에서 설명하겠습니다. 응답자에게 점수를 표시하게 하는 이유는 수량화를 목적으로 한다기보다 응답자가 어느 정도의 호감을 갖고 의견을 개진하는지 미리 파악하고 듣기 위해서입니다. 고객은 좋고 싫은 감정을 섞어 말하기 때문에 의견을 듣는 경우 점수를 미리 알지 않으면 정확한 의견을 파악하기 어려운 경우가 많습니다. 구매의향과 더불어 필요성 혹은 차별성도 5점 척도로 평가한 뒤 같은 방법으로 의견을 들어야 합니다.

필요성과 차별성 외에도 시안의 유형성有形性을 확인해야 합니다. 유형성이란 컨셉이 주장하는 내용을 오감으로 확인할 수 있는 정도를 말하는데요. 이는 컨셉의 신뢰도를 평가해 파악할 수 있습니다. 컨셉의 유형성이 낮아 구체성이 떨어지면 컨셉에 대한 신뢰도가 떨어지기 때문에 해당 시안의 신뢰도를 평가해 유형성을 확인할 수 있습니다. 또 가격 저항이 있을 것 같으면 가격 대비 가치를 물어볼 수 있고, 제품이 복잡해 이해하기 어려운 경우에는 컨셉보드가 잘 이해되는지 여부도 물을 수 있습니다. 끝으로 현재 시안에서 개선할 내용이 있는지 물어봅니다. 구매의향을 포함하여 필요성 혹은 차별성을 묻는 모든 질문은 3장에서 설명한 대로 충족수단이 '바라는 결과'를 만족시키는지에 초점을 맞추어야 합니다. 고객 의견을 묻는 목적은 컨셉력 혹은 가격 대비 가치를 평가하기 위한 것입니다.

$$가격\ 대비\ 가치(컨셉력) = \frac{차별성 \times 필요성 \times 유형성}{가격}$$

컨셉보드의 수정

고객 피드백을 통한 컨셉보드 개선 과정은 5장에서 소개한 실내 장식용 그린아트의 컨셉보드 「사례」를 통해 설명하겠습니다(〈그림 5-4〉와 〈그림 11-1〉 비교). S사는 컨셉보드를 완성한 뒤 5명의 실내 디자이너(고객)를 섭외해 간략히 제품을 설명한 다음, 5점 만점으로 컨셉의 필요성, 차별성, 신뢰도를 표시하게 했습니다. 이후 각 응답자에게 필요성이나 차별성, 신뢰도에서 높은 혹은 낮은 점수를 준 이유를 물어보았습니다. 그 결과 다음과 같은 컨셉의 문제점을 찾아냈습니다. 우선 꽃이 생화가 아닌 조화造花라는 것을 부정적으로 느끼고 그 때문에 설치 필요성도 느끼지 못한다는 의견이 있었습니다. 또한 패널로 모듈화되어 있어 설치나 변경은 편하지만 패널 간 연결 부분이 자연스럽게 보일지 우려했습니다. 더불어 공간의 크기와 사용환경에 맞춰 제품의 두께가 다르거나 다양한 디자인이 있었으면 좋겠다는 의견도 있었습니다.

S사는 이런 고객 피드백을 종합해 컨셉 개선을 위한 아이디어스토밍을 진행했습니다. 우선 핵심편익 정의를 '공간 조경을 위한 조립형 인조 관엽식물'에서 '디자인 선택이 가능한 빌딩 속 숲'으로 변경했습니다. 조화라는 부정적 이미지를 줄이기 위해 인조 관엽식물을 핵심편익 정의에서 삭제한 것입니다. 또 주변 공간 환경에 따라 선택이 가능하도록 디자인을 3종류로 다양화했습니다. 3종류는 '잎이 넓고 풍성한 관엽식물 정원', '푸른 동산에 펼쳐진 들꽃 수채화', 그리고 '올리브 잎과 허브가 어우러진 힐링 숲'이었습니다. 또 디자인의 단조로움을 피하기 위해 1개의 기본 패널과 이를 변형한 두 개의 인접 패널을 만들었습니다. 이들을 어떻게 조합하느냐에 따라 다양한 디자인이

〈그림 11-1〉 고객 피드백 이후 수정된 그린아트 컨셉보드

그린아트: 디자인 선택이 가능한 빌딩 속 숲

그린아트는 빌딩 속에 갇힌 도시인을 위해 숲 같은 안락함과 그린환경을 제공합니다.

타일형 패널 구조도 인공식물도 자석 프레임에 부착하여 설치, 세척 등 유지관리가 간편합니다.

공간환경에 따라 3종의 디자인 선택이 가능합니다.

1) 잎이 넓고 풍성한 관엽식물의 숲 정원
2) 푸른 동산이 펼쳐진 들꽃 수채화
3) 올리브 잎과 허브가 어우러진 힐링 숲

디자인별로 디자인은 공유하면서 무늬가 단조롭지 않고 자연스럽게 연결되도록 구성했습니다.

기본 패널의 무늬를 약간씩 변형한 인겹패널들도 연결되도록 하였습니다.

가격 중형 사이즈(450mm×450mm):8만 원
대형 사이즈(600mm×600mm):11만 원

나올 수 있도록 했습니다. 그리고 고객이 디자인과 연결 방식의 변경에 따라 크기와 가격도 선택할 수 있게 했습니다.

이런 아이디어스토밍을 바탕으로 〈그림 11-1〉과 같은 새로운 컨셉보드가 나왔습니다. 그리고 수정된 컨셉보드를 사용해 정성적 고객 피드백을 받아 또 다시 수정하고 시제품 제작에 착수했습니다.

시제품 수정하기

시제품을 제작한 뒤에도 위와 같은 방식으로 고객 피드백이 진행됩니다. 컨셉에 따라 만들어진 시제품들 역시 시안일 뿐이므로 고객 피드백을 받아 이를 수정, 개선해야 합니다. 컨셉빌딩에서는 시제품을 완성도에 따라 네 종류,

즉 일상소재 시제품, 가상 시제품, 기능 시제품, 출시용 시제품으로 구분했습니다(10장). 고객의 의견을 듣는 데는 4종류 시제품 중 어느 시제품도 사용할 수 있으며 정량조사와 정성조사가 모두 가능합니다. 보통 완성도가 낮은 단계의 시제품은 소수의 소비자를 대상으로 정성조사를 사용하고 완성도가 높은 출시용 시제품은 다수의 소비자를 대상으로 정량조사를 합니다. 시제품 개선을 목적으로 하는 정성조사에서는 소비자가 제품을 사용하고 나서 느끼는 불만 혹은 사용의 용이성Usability이나 개선사항을 물어봅니다. 질문 내용은 3장의 '기존 제품의 불만을 통한 바라는 결과'를 따르면 됩니다. 이 경우에도 우선 고객에게 만족 여부나 사용성 여부에 대해 5점 척도로 표시하게 한 뒤에 의견을 묻습니다.

5일 만에 완성하는 구글 스프린트

시제품 개선을 위한 고객 피드백은 구글에서 사용하는 신제품 개발 과정인 스프린트SPRINT의 핵심방법이기도 합니다. 구글의 수석디자이너 제이크 냅의 저서 『스프린트』에는 '5일에 새로운 아이디어를 테스트하는 방법'이란 부제가 달려 있습니다. 신제품 개발을 5일 만에 한다고요? 누가 들어도 구미가 당길 만한 이야기 아닌가요? 스프린트에서는 7명이 한 팀이 되어 다른 일은 전폐하고 5일간 프로젝트에 전념해 결과를 냅니다. 스프린트에서는 〈표 11-2〉에 나타난 바와 같이 매일의 과업과 결과가 명확히 규정되어 있습니다. 월요일의 방향 설정부터 마지막 날인 금요일의 고객 피드백까지 말입니다. 스프린트 5일 작업이 어쩌면 신제품 개발에서의 1회 반복iteration에 해당할 것입니다(2장). 그리고 1회 반복의 마지막 단계는 고객 피드백입니다. 그리고 『스프린트』에서는 '컨셉'이라는 용어 대신에 '아이디어'라는 용어를 사용합니다. 『스프린트』에서도 컨셉을 도출해 정형화하는 방법은 제시되지 않았습

〈표 11-2〉 스프린트 진행 일정표

월	화	수	목	금
방향 설정	아이디어 창출	아이디어 발표와 선별	시제품 제작	고객 피드백

니다.

또한 『스프린트』에서는 고객 피드백 시 필요한 소비자가 최소 5명이라고 했습니다. 제이크 냅은 83건의 사용자 연구결과를 인용해 왜 5명인지 근거를 제시했습니다. 그는 연구 과정에서 진행하는 소비자 면접의 횟수를 조금씩 바꿔가며 그때마다 얼마나 많은 문제가 발견되었는지 조사했는데요. 5명을 인터뷰했을 때 모든 문제의 85%를 알아낼 수 있었다고 합니다.[2] 따라서 최소 5명을 면접하면 사용상에 발생하는 거의 모든 문제를 알아낼 수 있다고 볼 수 있습니다.

정량적 고객 피드백-컨셉보드 평가

시안의 선별과 진행여부 결정을 위한 고객 피드백은 정량조사를 한다고 했습니다. 지금부터는 정량조사에서 누구를 대상으로 몇 명을, 몇 개의 시안으로 테스트해야 하는지 설명하겠습니다. 정량조사에 대한 절차와 방법을 설명하고 이어서 사례를 소개하겠습니다.

---

2 제이크 냅 외 2인 저, 박우정 역(2017), 『스프린트』, 김영사, pp. 244-245. Jacob Nielsen and Thomas K. L, "A Mathematical Model of the Finding of Usability Problem," Proceedings of ACM INTERCHI'93 Conference(Amsterdam, 24~29 April 1993), pp. 206-213.

평가 주체는 누구인가?

누구를 대상으로 조사해야 할까요? 평가 주체로 ① 다수의 고객 ② 소수의 전문가 ③ 신제품 개발 팀원 자체 평가 등을 생각해볼 수 있습니다. 정량적 고객 피드백에서 평가 주체는 단연 다수의 표적고객입니다. 간혹 업계에서는 고객 피드백보다 극소수 전문가의 판단이 보다 우월하다고 주장하는 사람들도 있습니다. 제가 경험한 비슷한 일을 사례로 들어보겠습니다. 『끌리는 컨셉의 법칙』을 출간할 때 출판사에서 책 표지 시안을 보내왔습니다. 그래서 제가 관여하는 SNS 모임에 시안을 올려 회원들에게 가장 호감이 가는 디자인을 물었습니다. 150명 정도의 응답자들 중 60%가 5번을 선택했습니다. 출판사는 2번 디자인을 추천했지만 필자는 다수 독자의 평가에 따라 출판사를 설득해 5번을 선택했습니다. 업계에서는 소비자 조사가 부담스러워 업계의 전문가 평가로 대신하려는 경향이 있지만 컨셉보드나 시제품에 대한 평가는 소수의 전문가 판단보다 사용자, 그것도 다수의 사용자 판단이 더 낫습니다(컨셉카페 11).

물론 신제품 개발을 하다 보면 항상 시간이 급합니다. 제품의 완성도와 더불어 출시까지 시간(이를 time to market이라 합니다)을 고려해야 할 때가 많지요. 시간상 다수 고객을 사용하지 못하고 신속한 프로젝트 진행을 위해 신제품 개발 팀원들의 자체 평가나 소수 전문가 평가를 사용할 수 있습니다. 하지만 이럴 때는 평가의 정확성이 떨어진다는 점을 유념해야 합니다.

코니시Kornish 교수가 온라인 신제품 개발 커뮤니티인 쿼키Quirky에서 개발한 신제품을 가지고 진행한 연구가 있습니다. 쿼키는 회원들을 대상으로 신제품 아이디어를 공모하고 그 중에서 높은 평가를 받는 신제품 아이디어를 제품으로 개발해 회원에게 온라인으로 판매하는 사이트입니다. 코니시 교수는 신제품 아이디어를 전문가와 소비자들이 평가한 자료를 바탕으로 어느 편이 신제품의 성공을 잘 예측할 수 있는지 비교했습니다. 그 결과 4명의 소비자

〈사진 11-1〉『끌리는 컨셉의 법칙』의 표지 디자인 시안들

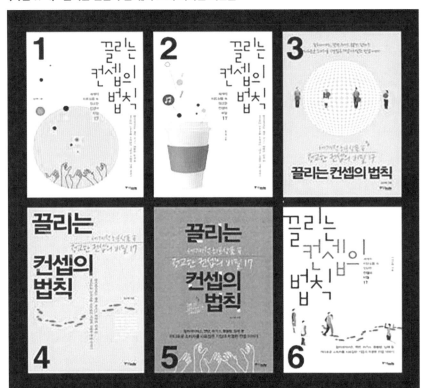

가 평가한 자료는 7명의 전문가가 평가한 자료에 버금가는 예측력을 갖는다는 것을 발견했습니다.[3] 따라서 소수 전문가들에게서 평가를 받아 진행여부를 결정하는 것은 정확성이 떨어집니다. 그래서 소수 전문가의 평가로 진행할지 여부는 프로젝트의 신속한 진행과 정확성 사이의 균형을 고려해 판단해야 합니다.

---

3 Kornish, L. J., and K. Ulrich(2014), "The Importance of the Raw Idea in Innovation: Testing the Sow's Ear Hypothesis." Journal of Marketing Research 51.1 pp. 14–26.

어떤 경우는 소비자 대신에 부득이하게 신제품 개발 팀원의 자체 평가로 판단하는 경우가 있습니다. 컨셉이나 시제품을 만든 중간 과정에 신속히 시안을 확정하기 위한 경우가 그렇습니다. 6장에서 미충족 니즈 발견표를 설명하면서 강도, 빈도 혹은 중요도, 불만족도는 니즈스토밍 단계에서 팀원들이 자체적으로 평가해 점수를 매겼습니다. 이는 중간에 고객 피드백때문에 시간을 지체하지 않고 신제품 개발을 신속히 진행하기 위해서였습니다. 그러나 시간적 여유가 있어 미충족 니즈를 보다 정확히 도출하고 싶다면 다수 소비자가 평가한 점수를 사용하기 바랍니다. 바라는 결과 혹은 불만요소들을 취합해 다수의 소비자(최소 20명)에게 강도, 빈도 혹은 중요도, 불만족도를 5점 척도로 평가하게 합니다. 이렇게 하는 이유는 브레인스토밍을 통해 여러 개의 좋은 아이디어를 얻었더라도 소비자의 평가 없이 개발 팀원들이 자체 평가하게 되면 최상의 아이디어를 선별할 확률이 낮아진다는 연구결과가 있기 때문입니다.[4]

프로젝트에 직접 참여하지는 않지만 의사결정에 관여하는 상사의 판단에 맡기는 것도 방법일 수 있습니다. 상사는 개별 팀원들보다 전문성이 떨어지지만 여러 측면을 고려한 종합적인 판단을 할 수 있기 때문입니다. 앞서 소개한 스프린트에서 수요일의 과업을 보면 '아이디어 발표와 선별'로 되어 있는데요. 프로젝트를 발주한 창업 기업의 CEO가 최종적으로 아이디어를 선별하거나 진행/중단의 의사결정을 합니다. 팀원들이 여러 아이디어를 창출한 뒤 의사결정권자(중소기업 CEO)가 최선의 안을 선택하는 것입니다. 다수의 소비자 평가로 선별하지 않고 CEO가 결정하는 것 역시 신속한 진행을 위해서입니다.

---

4 기로트라(Girotra) 교수는 브레인스토밍에서 얻은 다수의 아이디어들을 아이디어를 낸 팀원들이 매긴 선호도 순위와 다수의 소비자(88명)가 매긴 선호도 순위를 비교한 결과, 낮은 상관계수(0.2 이하)를 얻었습니다. 따라서 팀원의 평가한 자료는 선별력이 낮습니다. Girotra, K., C. Terwiesch and K. Ulrich(2010), "Idea Generation and the Quality of the Best Idea" Management Science, April, pp. 591–605.

몇 명을 조사하나?

이번에는 정량조사에서 몇 명을 조사해야 하는지 알아보겠습니다. 확률이론에는 '다수의 법칙The law of large number'이라는 것이 있습니다. 동전을 10번 던져 앞이 나오는 경우가 5번인 경우는 거의 없지만 시행 횟수를 늘려 100번 혹은 1000번 던지면 앞이 나오는 경우는 50번 혹은 500번에 가까워집니다. 이처럼 시행 횟수를 늘리면 어떤 일이 일어날 확률은 기대한 값에 수렴합니다. 이는 예측의 경우에도 마찬가지입니다. 판단하는 사람들을 늘리면 예측이 정확해지는 것이지요. 그렇기 때문에 소수의 전문가 예측보다 다수의 소비자 예측이 통계적으로 더 정확한 것입니다. 그러나 소비자 수를 늘리면 조사비용이 증가하기 때문에 무한히 늘릴 수는 없지요. 앞서 코니시 교수는 온라인 신제품 개발 커뮤니티인 쿼키에서 행한 연구에서 20명 이상의 소비자에게서 얻은 컨셉 테스트 결과를 연구해보고 20명이라는 숫자가 통계적으로 유의미한 예측력을 가진다는 결과를 얻었습니다. 〈표 11-1〉의 정량조사에서 최소 인원을 20명으로 한 것은 이 연구에서 나온 숫자입니다. 코니시 교수의 연구는 정량조사에 엄두를 못 내는 중소기업 경영자에게 많은 시사점을 줍니다. 사실 근래에는 설문조사도 SNS를 포함한 온라인 조사가 일반화되어 20명 정도의 소비자 조사는 적은 비용으로도 가능합니다.

구매의향 묻기

그럼 이제 고객 피드백 조사를 해보겠습니다. 먼저 구매의향을 묻고 추가적으로 필요성, 차별성, 신뢰성에 대해 물은 뒤 보통 5점 척도로 답하게 합니다(박스설명 참조). 구매의향 점수에서 높은 점수를 부여한 소비자와 낮은 점수를 부여한 소비자에게 그 이유를 물어봅니다. 이 질문에 대한 대답에서 컨셉보드를 개선할 아이디어를 찾아낼 수 있습니다. 주목적은 컨셉의 선별이지만 컨셉보드를 개선할 정보도 부가적으로 얻을 수 있는 것이지요.

(구매의향) 만약 이 설명서에 있는 제품이 시중에 판매된다면 귀하는
이 제품을 구입할 의향이 어느 정도 있습니까?

1. 확실히 구입하지 않을 것이다
2. 아마 구입하지 않을 것이다
3. 구입할 수도 있고 안 할 수도 있다
4. 아마 구입할 것이다
5. 확실히 구입할 것이다
1-1) 어느 점이 마음에 들지 않아서 사고 싶지 않습니까?(구매 장애요인에 대한 질문)
1-2) 어느 점이 마음에 들어서 사고 싶습니까?(구매 유인요인에 대한 질문)

(필요성) 귀하는 이 설명서를 읽으시고 이런 종류의 제품(혹은 서비스)이 얼마나 필요하다고 생각합니까?

1. 전혀 필요하지 않다 2. 별로 필요하지 않다 3. 어느 쪽도 아니다 4. 약간 필요하다 5. 매우 필요하다

(차별성) 귀하는 이 설명서를 읽고 이 제품이 현재 판매되고 있는 유사한 제품과
비교해볼 때 어느 정도 독특하다고 생각합니까?

1. 전혀 독특하지 않다 2. 별로 독특하지 않다 3. 어느 쪽도 아니다 4. 약간 독특하다 5. 매우 독특하다

(신뢰도) 귀하는 위의 설명서에서 주장하는 내용이 얼마나 믿을 만하다고 생각합니까?

1. 전혀 믿을 수 없다 2. 별로 믿을 수 없다 3. 어느 쪽도 아니다 4. 어느 정도 믿을 만하다 5. 매우 믿을 만하다

순 추천고객지수(Net Promoter Score: NPS)

앞에서는 구매의향 점수를 사용했지만 컨셉 테스트나 제품 테스트에서 구매의향 점수 대신에 순수 추천고객
지수를 사용할 수도 있습니다. 이 지수는 컨설팅 회사인 베인&컴퍼니의 회장 프레드 라이겔트가 저서인 『궁극
의 질문(Ultimate Question)』에서 제안한 고객만족 측정지수로, 최근 업계에 많이 확산되어 사용되는 지수입니
다. 이 지수는 "이 제품이나 서비스가 시장에 출시된다면 친구나 동료들에게 추천할 의향이 얼마나 됩니까?"
라는 질문에 응답자들은 0~10 척도로 평가하게 됩니다. 0점은 '전혀 가능성이 없다(Not Likely at all)'로 표시
되고, 10점은 '아주 가능성이 높다(Extremely Likely)'로 표시됩니다. 답변에 따라 0에서 6에 답한 응답자는 비
추천 고객으로 분류되고, 9와 10에 답한 응답자는 적극 추천의향 고객으로 분류됩니다.

순 추천고객지수(NPS) = (적극 추천 고객 수 − 비추천 고객 수) ÷ 전체 응답자

미국 기업들의 평균 NPS는 5~10% 정도인데 급성장 일류기업들, 예를 들어 아멕스, 델, 이베이, 사우스웨스트
등은 50~80%에 달한다고 합니다. 또 고객 충성도가 높기로 유명한 할리 데이비슨의 경우에는 무려 80%에
달한다고 하지요. 순 추천고객지수도 각 업계의 과거 평균치와 비교해 컨셉을 선별하거나 개선하는 데 사용할
수 있습니다.

컨셉보드는 몇 개를 만들 것인가?

컨셉보드는 하나의 컨셉보드 시안을 작성하는 경우도 있지만 하나의 핵심
편익 정의에 다수의 충족수단을 결합하거나 다수의 핵심편익에 다수의 충족
수단을 결합하는 경우도 있습니다.

우선 다수의 컨셉보드를 만들어 테스트하는 경우를 먼저 설명하겠습니다.
그런데 다수의 컨셉보드를 만든다면 시안을 몇 개나 만들어야 할까요? 다한
Dahan과 멘델슨Mendelson은 컨셉이 브랜드로 출시되었을 때 실현될 이익을
최대화하는 시안 수(n)를 수리 통계적 방법으로 구했습니다. 이렇게 구한 시
안 수는 $\dfrac{b}{c}$로 단순화됩니다. 여기서 b는 브랜드 이익의 불확실성, c는 컨셉 테
스트당 비용입니다.[5] 이 연구에서는 신제품 개발비용으로 컨셉 테스트 비용
만 고려했습니다. 실제로 보면 인터넷 리서치의 발달로 컨셉 테스트 비용 c는
상당히 낮습니다. 대신 컨셉보드를 추가할 때 드는 팀원들의 시간과 노력을
비용으로 고려해야 합니다. 위의 식에 의해 컨셉 테스트 비용은 사전에 알 수
있지만 예상 이익의 불확실성은 미리 알 방법이 없습니다. 단 대략적으로 추
론은 가능합니다. 새롭게 제품범주를 창출하는 컨셉이나 소비자 라이프스타
일, 시장의 패러다임을 바꿀 수 있는 신제품 프로젝트는 이익의 불확실성이
커서 상대적으로 많은 수의 컨셉보드를 만들어 테스트해야 합니다. 반면 소
규모 시장을 목표로 하거나 기존 브랜드를 개선 혹은 업그레이드하는 프로젝
트는 적은 수의 컨셉보드를 만들어 테스트해도 무방합니다.

복수의 컨셉보드 시안들을 만들 때 유의할 점은 사실성과 동등성의 원칙을
지키며 컨셉보드를 작성해야 한다는 것입니다. 사실성을 염두에 두란 이야기
는, 컨셉을 컨셉이 전달되는 마케팅 상황과 일치하도록 서술해야 한다는 것

---

5 Dahan, E., & Mendelson, H. (2001). "An Extreme-Value Model of Concept Testing." Management
Science, 47(1), pp. 102–116.

입니다. 예를 들어 포장소비재처럼 소비자의 관여도가 낮아 매장에 오기 전에 정보 탐색을 하지 않는 제품이라면 간결하게 컨셉을 서술합니다. 컨셉보드는 핵심편익 정의 위주로 서술하고 추가설명도 2~3문장에 그쳐야 합니다. 반면에 내구재나 고가품처럼 소비자 관여도가 높아 구매 전에 정보 탐색을 많이 하는 경우에는 자세히 설명해주는 게 좋습니다. 이때는 핵심편익 정의 외에도 부수적 편익들을 5~6문장으로 설명할 수 있습니다. 동등성은 컨셉보드 간에 사용한 단어 수나 그림(사진)의 질에서 차이가 있어서는 안 됩니다.

통제 컨셉보드 만드는 법

다수의 컨셉보드 시안 중 하나로 이미 시장을 선도하고 있는 브랜드leading brand의 컨셉보드를 제시할 수도 있습니다. 개발팀이 생각하는 컨셉(아이디어)들을 시장에 존재하는 선도 브랜드와 비교하기 위한 것인데요. 이처럼 비교할 목적의 컨셉보드를 통제 컨셉control concept이라고 합니다. 통제 컨셉은 기존 제품범주의 선도 브랜드를 대상으로 하고, 새로운 범주를 창출하는 제품이라면 가장 유사한 제품범주의 선도 브랜드를 대상으로 합니다. 또 기존 브랜드의 컨셉을 재정의하는 경우라면 기존 브랜드의 컨셉보드 외에 재정의하려는 복수의 컨셉(아이디어)들과 비교합니다. 이에 대해서는 다음에 설명할 S사의 다시팩 '이미지利味旨'의 컨셉 재정의「사례」를 참고하기 바랍니다.

통제 컨셉의 컨셉보드는 해당 브랜드의 광고, 제품 설명 카탈로그, 판촉물을 참조해 제조업체에서 주장하는 내용을 충실히 반영해서 만듭니다. 이때 시안 컨셉보드와 통제 컨셉은 서술의 길이, 강도 그리고 삽화의 질이 동등하도록 주의를 기울여야 합니다(동등성의 원칙). 이때 상표명이 문제가 되는데요. 선도 브랜드는 상표명이 존재하지만 다른 이름을 만들어 사용하고 진행 중인 컨셉은 가상의 상표명을 만들어야 합니다. 브랜드들을 동등한 위치에서 평가

받게 하기 위해서입니다.

　컨셉보드나 시제품을 하나만 만들어 테스트하는 경우가 있습니다. 이때는 컨셉보드 작성은 좀 더 수월할 수 있지만 조사결과를 가지고 컨셉이나 시제품에 대한 진행/중단 결정을 하기가 어렵습니다. 왜냐하면 앞의 경우처럼 실제 시장에 존재하는 브랜드와 비교하는 게 불가능하기 때문입니다. 컨셉 테스트에서 5점 만점에 3.5를 얻었는데 이 점수가 좋은 점수인지 아닌지 판단하기 어렵습니다. 그래서 이런 경우는 각 제품범주에서 과거 컨셉 테스트 점수의 평균치와 비교해서 진행이나 개선 여부를 결정할 수 있습니다. 하지만 일반기업에서 과거의 컨셉 테스트 점수의 평균치를 구하기란 쉽지 않습니다. 많은 경우는 아니지만 컨셉 테스트를 다룬 마케팅 논문에서 그 평균치를 얻을 수 있습니다. 참고할 논문을 주註에 열거했으니 참고하기 바랍니다.[6]

　컨셉빌딩에서 컨셉 테스트는 고객의 의견을 들어 컨셉보드를 개선한 뒤 수행합니다. 물론 신속한 진행을 위해 중간에 고객의 의견을 듣는 것을 생략한 채 컨셉 테스트를 수행할 수도 있습니다. 컨셉 테스트는 컨셉에 대한 소비자의 수용성을 정량적으로 알아보기 위한 것이지만 컨셉 테스트에서 제시되는 컨셉은 핵심편익 정의와 컨셉보드 외에도 가상 현실 기술을 사용해 가상 시제품을 컴퓨터 스크린에 제시할 수 있습니다(10장). 이 경우 컨셉 테스트는 제품 테스트를 포함합니다. 이 점은 이 장의 마지막 부분에서 다시 설명하겠습니다.

6　Jamieson, L.F. and F.M. Bass(1989), "Adjusting Stated Intention Measure to Predict Trial Purchase of New Products: A Comparison of Models and Methods," Journal of Marketing Research, 26, August, pp. 336–345. Kalwani, M.L. and A. J. Silk(1982), "On the Reliability and Predictive Validity of Purchase Intention Measures,". Marketing Science, 1(3), pp. 243–286.

컨셉보드 평가 사례

실제 컨셉 테스트 결과를 분석한「사례」를 살펴봅시다. 화장품 분야로 사업을 확장하려는 N사는 4개의 기능성 화장품 컨셉(A, B, C, D)을 도출한 뒤에 이들 중에 하나를 선별하기 위해 컨셉 테스트를 실시하기로 했습니다. 앞에서 설명한 대로 N사는 당시 시장에서 선도 브랜드leading brand를 통제 컨셉으로 제시했습니다. 400명의 여성 소비자를 두 그룹으로 나누어 컨셉을 제시했는데, 한 그룹은 A 컨셉, B 컨셉, 통제 컨셉을 보여주고 다른 그룹은 C 컨셉, D 컨셉, 통제 컨셉을 보여주었습니다. 순서편향을 방지하기 위해 컨셉 제시 순서는 교대로 실시했습니다. 〈표 11-3〉은 5점 척도에서 4점과 5점을 준 소비자가 A 컨셉의 경우에는 67.9%였고('확실히 구매하겠다'가 24%, '아마 구매할 것이다'가 43.9%) B 컨셉의 경우에는 64.8%였습니다. 구매의향 질문에서 4점과 5점을 체크한 점수를 합쳐서 '톱투 박스top-two box'라고 합니다.

점수를 보니 A 컨셉과 D 컨셉의 구매의향 점수가 통제 컨셉의 점수(63.3%)보다 높아 선도 브랜드와 경쟁할 수 있는 컨셉들로 선정되었습니다. 이후 A 컨셉과 D 컨셉을 비교한 결과 차별성 점수가 높은 D 컨셉을 선별했습니다. 그런데 만약 컨셉 도출 과정에서 B 컨셉과 C 컨셉만 도출되어 있었다면 어떨

〈표 11-3〉 기능성 화장품 컨셉 테스트 결과(top-two box 점수)

문항	A	B	C	D	통제 컨셉
구입의향	67.9%	64.8%	53.6%	68.3%	63.3%
필요성	50.7	55.1	47.7	60.8	53.8
차별성(독특성)	50.8	37.4	59.4	60.6	38.8
신뢰도	42.4	68.6	26.4	48.8	31.2

〈표 11-4〉 변비약 컨셉 테스트 결과(5점 만점에 평균점수)

문항	P	Q	R	통제 컨셉
구입의향	3.78	3.22	3.84	3.36
필요성	4.06	3.36	4.04	3.58
차별성(독특성)	3.20	3.26	4.12	3.30
신뢰도	3.76	3.34	3.78	3.26

까요? 이 두 가지는 통제 컨셉에 비해 컨셉력이 낮은 걸로 나왔습니다. 그럼 왜 낮은지를 고민해야 하는데 B 컨셉은 차별성 점수(37.4%)가 문제고, C 컨셉은 신뢰도 점수(26.4%)가 문제가 됩니다. 따라서 이런 점을 개선해 컨셉을 수정한 뒤 컨셉 테스트를 다시 해야 합니다. 이처럼 구매의향과 나머지 문항에 대한 점수를 살펴서 컨셉을 개선할 수 있습니다.

컨셉 테스트에서 얻은 점수는 톱투 박스top-two box가 아닌 5점 만점에 평균점수로도 비교 가능합니다. 예를 들어 〈표 11-4〉는 여성 변비약 신제품 컨셉 개발 프로젝트에서 얻은 컨셉 테스트 평균점수인데요. 물론 여기서는 구입의향, 필요성, 차별성, 신뢰성에서 높은 평균 점수를 얻은 R 컨셉을 선별하면 되겠지요.

컨셉 테스트에 의해 확정된 컨셉은 제품 출시단계에서 컨셉 서술문(혹은 포지셔닝 서술문)으로 발전됩니다. 특히 이 컨셉을 선호하는 소비자의 특성을 확인해 표적고객을 확정합니다. 다시 화장품 「사례」로 돌아와서 〈표 11-5〉는 컨셉별 구매의향을 연령별로 비교한 표입니다. 전체 점수와 연령별 점수를 비교해보면 컨셉별로 컨셉 수용도가 상대적으로 높은 집단을 알아낼 수 있습니다. 즉 A 컨셉의 경우에는 20대 후반(25~29세) 여성이 주 표적고객이 되고 D 컨셉의 경우에는 40대 초반(40~44세) 여성이 주 표적고객이 됩니다. 연령별로 살펴보았지만 다른 특성 변수(예를 들면 직업별, 소득별)로 살펴보면 표적고객의 프로필을 보다 자세하게 찾아낼 수 있습니다. 또 컨셉 도출을 시작할 때 상정했던 표적고객과 비교할 수 있습니다. 만약 처음 상정한 표적고객과 다르면 컨셉 테스트에서 얻은 표적고객 프로필로 수정해야 합니다. 컨셉보드를 만들었을 때 염두에 둔 표적고객은 의도한 고객이지만 컨셉 테스트에서 얻은 고객은 조사를 통해 확인된, 실제 표적고객에 가깝습니다. 원래의 가정이나 의도는 이후에 테스트에서 얻은 자료에 기반해서 수정해야 합니다. 인구통계 변수 외에 매체 노출에 관련된 질문을 컨셉 테스트에서 사용한 설문지에 포함하면 표적고객별로 도달 가능한 매체를 알 수 있습니다.

〈표 11-5〉 연령별 컨셉에 대한 구매의향 점수

컨셉		A	B	C	D	통제 컨셉
전 체		67.9%	64.8%	53.6%	68.3%	63.3%
연령	20-24	69.4	65.6	49.6	68.8	60.0
	25-29	75.6	64.0	45.3	65.4	59.4
	30-34	72.5	64.0	52.4	65.4	59.4
	35-39	63.7	70.4	57.6	67.2	70.6
	40-44	66.9	65.8	69.3	76.5	66.4
	45-49	67.4	58.0	50.0	68.0	65.8

핵심편익 정의 선별 후 컨셉 테스트

핵심편익 정의와 고객 피드백도 하나의 순환 고리라고 했습니다. 그래서 핵심편익을 도출하는 경우 굳이 하나의 정의만 고집할 필요는 없습니다. 여러 개의 핵심편익 정의 후보안을 도출하고 그중 소비자가 가장 선호하는 것을 선별할 수 있습니다. 즉 핵심편익 정의에 충족수단을 결합해 컨셉보드를 만들기 전에 여러 핵심편익 정의를 만들고, 그중에 하나를 선별해 컨셉보드로 발전시키는 것입니다. 컨셉은 핵심편익과 충족수단이 결합된 형태라는 것을 잊지 말아야 합니다. 자원이 허락되면 하나의 핵심편익에 둘 이상의 충족수단을 개발하고 복수의 컨셉보드로 발전시켜 그중 가장 좋은 컨셉을 선별하기도 합니다. 그럼 관련해서「사례」를 한번 살펴볼까요?

부산 소재의 S사는 미역을 비롯한 해산물을 채취해 일본에 수출하는 회사입니다. 2006년에 멸치와 다시마를 분말로 만들어 국물 맛을 내는 제품을 시중에 내면서 수출에서 내수로 전환했습니다. 2010년에는 분말이 아닌 원물 형태로 판매하려고 멸치와 다시마를 티백 형태로 넣어 팔면서 대형할인점에 납품을 시작했습니다. 마케팅을 위해 '이미지利味旨'라는 브랜드를 만들었고 포장도 새롭게 했습니다. 하지만 후발주자의 추격으로 선도적 위치가 흔들리며 브랜드와 컨셉을 대대적으로 새롭게 정립할 필요성을 느꼈습니다. 그래서 S사는 우선 브랜드개발팀을 구성해 브랜드 컨셉 재정의 작업에 나섰습니다. 브랜드개발팀에서는 10명의 주부를 대상으로 제품을 사용해보고 그들이 자사 제품을 어떻게 생각하는지, 불편한 점은 어떤 것인지 인터뷰했습니다. 이전 이미지 브랜드에 대한 컨셉을 내부적으로 명확히 규정하지 않았기 때문에 인터뷰에 기초하고 제품설명서를 참조해 컨셉 서술문 후보안들을 다음과 같이 도출했습니다.

(1) '이미지'는 집에서 요리를 자주하는 사람들을 위한 다시팩(형태)으로 천연해 산물(재료)을 사용해 깔끔한 국물 맛이 나고 손쉽게 우려낼 수 있어(기능 혹은 작용) 요리 시간을 단축해준다(목적).

(2) '이미지'는 편리함과 깔끔함을 추구하는 주부를 위한 멸치 다시팩으로 원물을 통째로 사용해 요리에 감칠맛을 더해주고 즐거운 식사시간을 만들어준다.

(3) '이미지'는 건강을 중시하는 주부들을 위한 청정 해물 조미료로 간편하게 자연의 국물 맛을 만들 수 있게 한다.

새로운 핵심편익 선정

앞의 컨셉 서술문에 기초해 〈표 11-6〉과 같이 11개의 핵심편익 정의 후보안들을 도출했습니다. 온라인 주부 모임의 협조를 얻어 11개의 핵심편익 정의를 제시하고 회원들이 가장 선호하는 구호를 고르게 했습니다. 58명의 회원들에게 마음에 드는 구호 3개를 고르게 했지요. 11개의 핵심편익 정의 중에서 7번, 10번, 11번이 많은 표를 얻었습니다. 그런데 이들의 공통점은 '바다'가 들어간다는 점입니다. 이에 기초하여 최종적으로 확정된 핵심편익 정의는 '우리 바다를 담은 천연 다시팩' 혹은 '우리 바다를 담은 간편 다시팩'입니다.

이와 같은 핵심편익에 기초해 기존의 브랜드명을 '이미지'에서 핵심편익을 줄인 '바담'으로 변경했습니다. '바담'은 핵심편익 정의를 기억하기 쉽도록 만든 이름입니다.

컨셉보드 완성과 컨셉 테스트

앞에서는 S사 다시팩의 핵심편익을 새롭게 정의하고 브랜드명을 도출한 「사례」를 예시했습니다. 브랜드명과 새로운 핵심편익의 정의를 도출한 뒤에는 기존 핵심편익과 새로운 핵심편익을 테스트해볼 수 있습니다. 주부들을

〈표 11-6〉 복수의 핵심편익 도출과 평가

번호	도출된 핵심편익 정의	선호도
1	남녘 은빛 통으로 우린 멸치 다시팩	4
2	깔끔 신선 다시팩	8
3	어머니의 맛을 담은 자연조미료	14
4	간편 건강 천연 다시팩	12
5	깔끔한 해물 천연조미료	8
6	국내산 통멸치 다시팩	10
7	바다를 넣은 천연 다시팩	26
8	천연육수 다시팩	8
9	남녘 바다 품은 다시팩	11
10	바다를 담은 간편 다시팩	31
11	청정바다를 담은 천연 다시팩	42
계		174

인터뷰하는 과정에서 나타난 것은, 다시팩의 티백(내피 포장) 재료가 '폴리플로필렌 천연펄프'라고 적혀 있어 인체에 유해한 건 아닌지 우려된다는 것이었습니다. 실제로 폴리플로필렌 성분은 인체에 무해하지만 소비자들은 설명과 상관없이 화학 성분의 뉘앙스를 풍기는 이 티백을 신뢰하지 못했습니다 (『끌리는 컨셉의 법칙』컨셉카페 14 참조). 개발팀은 관련해서 탐색을 시작했고 그 결과 옥수수 전분을 사용해 섬유재질을 만드는 기술을 발견할 수 있었습니다. 폴리플로필렌 티백을 옥수수 전분 티백으로 바꾸면 어떨까? 그리고 한 가지 더, 선택지로 망사형 나일론을 추가했습니다.

이렇게 해서 새로운 핵심편익 정의에 맞춰 3종류의 티백 포장 재료로 컨셉보드를 만들어 테스트를 실시했습니다. 기존 컨셉(통제 컨셉)인 폴리플로필렌 천연펄프 티백을 포함해 총 4개의 컨셉보드로 진행했습니다. 그리고 주부들이 모이는 SNS에 4개의 컨셉보드를 올려 컨셉당 70명의 주부에게 컨셉 테스트를 실행했지요. 그 결과는 〈표 11-7〉과 같습니다. 새로운 핵심편익 정의에 옥수수 전분과 망사 나일론을 티백 포장 재료로 사용한 것이 기존 컨셉(표의 가장 오른쪽)보다 구매의향에서 각각 25%, 30% 높은 점수를 보여주었습니다.

〈그림 11-2〉 새로운 다시팩 컨셉보드

우리 바다를 담은 천연 다시팩 바담

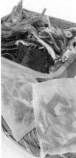

다양한 국물요리에 천연 다시팩을 사용하면 신선하고 깔끔한 국물 맛을 즐길 수 있습니다.

▶재료 : 우리 바다에서 생산되는 멸치, 다시마, 새우를 자연 그대로 티백 포장에 담았습니다. 다양한 국물 요리에 간편하게 사용할 수 있습니다.

▶포장: 소(小)가구나 1인 가구가 쉽게 사용할 수 있도록 낱개로 티백처럼 포장. 티백 포장 소재는 옥수수 전분으로 만든 PL 필터

상표와 가격정보
브랜드명: 바담
규격: 160g x 10팩(1팩당 2~3인분)

〈표 11-7〉 다시팩 컨셉 테스트 결과

컨셉보드의 핵심편익 정의	우리 바다를 담은 다시팩, 바담(새 브랜드)			해물멸치 다시팩, 이미지(기존 브랜드)
티백(내피포장) 재료	포리플로필렌의 천연펄프	옥수수 전분	망사용 나일론	포리플로필렌의 천연펄프
아마 구입할 것	23.91%	39.25%	31.94%	26.67%
확실히 구입할 것	7.61	15.88	18.06	0.0
top two box 점수	31.52	57.31	50.02	26.67%

따라서 S사는 '옥수수 전분의 티백포장 재료를 사용한 다시팩(새 브랜드명 바담)'으로 컨셉을 재정의하기로 결정했습니다.

정량적 고객 피드백-시제품 평가

고객의 의견을 들어 컨셉보드가 개선되거나 복수의 컨셉보드 중에서 하나가 선별되어 소비자의 컨셉에 대한 수용성이 충분하다고 판단이 되면 컨셉빌딩의 지하 2층으로 내려가 컨셉보드에 따라 시제품을 만들게 됩니다. 시제품이 만들어지면 사용해보고 고객의 의견을 들어 시제품을 개선합니다. 시제품이 충분히 개선되었다고 판단되면 이번에는 다수의 소비자를 대상으로 제품 테스트를 실행합니다. 제품 테스트도 앞에서 설명한 컨셉 테스트에 준하여 진행합니다.

왜 컨셉과 시제품을 결합해서 테스트해야 할까?

시제품만 갖고 테스트하기도 하지만 컨셉과 결합해서 제품 테스트를 실시하기도 합니다. 제품을 사용하기 전 소비자에게 시제품의 용도나 특성을 설명하는데, 이는 앞서 컨셉보드로 대신하면 됩니다. 따라서 컨셉보드를 보여주고 구매의향을 물은 뒤 다시 제품을 사용한 다음 구매의향을 묻는 방식으로 진행합니다. 이를 컨셉-제품 테스트라고 합니다. 컨셉과 제품을 결합하는 이유는 제품의 사용경험과 컨셉이 서로 영향을 주기 때문입니다. 컨셉(개념)과 감각이 결합해서 소비자 인식이 일어나기 때문에 컨셉과 시제품을 결합한 테스트를 진행해야 합니다(컨셉카페 6, 『끌리는 컨셉의 법칙』 법칙 3).

동일한 제품도 어떤 컨셉으로 알려주었는가에 따라 제품의 사용경험에 대한 소비자 반응은 달라질 수 있습니다. 실제 제품 테스트 사례로 설명해보겠습니다. 『끌리는 컨셉의 법칙』에서 유한킴벌리의 매직팬티 「사례」를 소개했습니다. 두 번 출시해서 실패한 제품인데 세 번째 출시에서 비로소 성공을 거뒀지요. 〈표 11-8〉은 1993년 출시 직전의 컨셉-제품 테스트 결과입니다. 당시 출시 전략안은 미국에서 성공한 컨셉대로 '배변 연습용 기저귀'로 하는 안과 한국 소비자들에게 적합할 것으로 판단되는 '걷는 아기용 기저귀'안이 있었습니다. 두 컨셉을 시제품과 결합하여 테스트했습니다. 400명의 1회용 기저귀 사용자를 무작위로 추출한 뒤 반으로 나누어 구매의향을 5점 척도로 물었습니다. 이어 시제품을 한 달간 사용한 뒤 다시 5점 척도로 구매의향을 물었습니다. 아래의 표는 5점 척도의 톱투 박스top-two box 점수입니다.

두 그룹의 소비자가 사용한 제품은 물리적으로 동일한 제품입니다. 단지 하나는 '배변 연습용'이라고 알려주었고 다른 하나는 '걷는 아기용'이라고 알려주었는데 제품 테스트 점수는 무려 20% 이상 차이가 났습니다. 물리적 제품이 같아도 그 제품을 컨셉으로 소비자에게 어떻게 설명했는지에 따라 제품 컨셉에 대한 사용경험이 이렇게 다를 수 있습니다. 소비자의 인식은 컨셉에 영향을 받아 사용경험을 구성한다는 점에 유념해야 합니다. '배변용 연습용' 개념으로 제품을 본 소비자는 배변 행동에 주목해 제품을 인식하지만 '걷는 아기용'으로 본 소비자는 아기가 걷는 긍정적 모습에 주목해 제품을 인식하

〈표 11-8〉 동일 제품에 상이한 컨셉 제시 시 평가

컨셉보드의 핵심편익 정의	배변 연습용 기저귀	걷는 아기용 기저귀
컨셉 테스트 점수	67.2%	78.2%
사용 후 제품 테스트 점수	49.3%	70.3%

게 됩니다.

　둘을 결합하는 또 다른 이유는 컨셉에 대한 기대와 제품에 대한 만족을 모두 파악하기 위해서입니다. 『끌리는 컨셉의 법칙』 컨셉카페 6에서 '소비자는 브랜드를 두 번 평가한다'고 했습니다. 한 번은 컨셉을 통해서, 또 한 번은 제품의 사용경험을 통해서입니다. 소비자는 컨셉을 통해 제품에 대한 기대로 구매를 하고 사용 후 경험이 기대 이상이면 만족해서 재구매하거나(소비재의 경우) 주위에 입소문을 내게 됩니다(내구재의 경우). 그래서 컨셉 테스트 점수와 제품 테스트 점수를 통해 어느 정도 기대하고 만족했는지를 알 수가 있습니다. 배변 연습용의 사용 후 제품 테스트 점수가 떨어진다는 것은 사용경험이 컨셉을 뒷받침하지 못했다는 것을 뜻합니다.

　컨셉 테스트와 마찬가지로 제품 테스트(혹은 컨셉-제품 테스트)도 기존 브랜드를 반성해 개선하거나 경쟁 브랜드보다 더 나은 신제품을 개발하는 데 사용됩니다. 이 경우에는 같은 제품범주의 선도 브랜드를 통제 컨셉 혹은 통제 제품으로 사용할 수 있습니다. 5장의 '컨셉보드의 수정과 발전'에서 과일 디저트「사례」를 소개했는데요. 이「사례」를 보면 여러 차례 컨셉 테스트와 제품 테스트를 거치면서 '과일 디저트'라는 제품범주가 바뀌었고 표적고객도 30대 후반의 주부로 바뀌었습니다. 〈표 11-9〉는 그 브랜드의 시제품을 만든 뒤 시장에서 경쟁하는 브랜드와 컨셉력 및 제품력을 비교하기 위해 테스트를 시행한 결과를 보여줍니다. 표를 살펴보면 시제품의 구매의향은 경쟁 브랜드 구매의향보다 떨어지지만 제품 사용 후에는 오히려 구매의향에서 경쟁 브랜드를 능가하는 것으로 나타났습니다. 이것은 실제 시제품의 품질이 컨셉에서 형성된 소비자 기대를 훨씬 뛰어넘는다는 것을 의미합니다. 경쟁 브랜드의 경우에는 제품이 기대에 못 미친다는 뜻입니다.

〈표 11-9〉 시제품과 경쟁사 브랜드를 비교하는 컨셉-제품 테스트

컨셉-제품 테스트	시제품		경쟁사 브랜드	
	컨셉점수	제품점수	컨셉점수	제품점수
구입의향	3.38	3.68	3.46	2.94
필요성	3.09	3.54	3.16	2.95
차별성(독특성)	3.16	4.20	3.46	3.61
신뢰성	3.46	3.82	3.46	3.31

여기서 유의할 점이 있습니다. 시장에 있는 경쟁 브랜드와 비교하는 경우에 경쟁 브랜드의 컨셉은 해당 브랜드의 제품 설명을 참조해 컨셉보드를 만들고, 실제 제품을 사용할 때는 다른 이름으로 대체해야 합니다. 컨셉 테스트에서 설명한 사실성과 동등성의 원칙이 제품 테스트에도 그대로 적용됩니다. 고객 피드백에서는 정확성과 신속성을 고려해 피드백 방법을 결정해야 합니다. 신제품 개발 과정은 이전에 없던 컨셉이 시장에서 출시해 성공할 수 있는지를 탐색하고 학습하는 과정이라 볼 수 있습니다. 고객의 피드백을 반복적으로 받아서 소비자에 대해 학습을 많이 할수록 컨셉이 브랜드로 성공할 가능성이 높아집니다.

마지막으로 향후 가상현실 기술이 발전하면 제품 테스트에서 가상 시제품을 활용하는 일이 보편화되리라 예상됩니다(10장). 이와 관련해 다한Dahan 교수는 가상현실 기술로 여러 개의 가상 시제품을virtual prototype 만들고 가상 시제품에 해당하는 실물 시제품들을 만들어 두 형태의 시제품으로 제품 테스트한 결과를 비교했습니다. 가상 시제품으로 테스트한 결과는 실물 시제품으

로 테스트한 결과와 시장점유율 예측에서 거의 일치했음을 보여주었습니다.[7] 따라서 가상현실 기술을 잘 활용하면 초기 컨셉 개발 단계에서 여러 개의 가상 시제품을 만든 뒤 이것으로 테스트를 해서 최적의 시제품을 선별할 수 있습니다. 이렇게 가상 시제품으로 테스트한다면 시제품 개발 기간을 크게 줄일 수 있습니다.

---

7 Ely Dahan and V. Srinivasan(2000), "The Predictive Power of Internet-Based Product Concept Using Visual Depiction and Animation," Journal of Product Innovation Management, 17, pp. 99–109.

창조는 개발자와 사용자의 생각이 합쳐지는 과정

창조를 합쳐지는 과정이라고 정의했는데, 이는 변증법적 발전을 의미합니다. 컨셉은 바라는 결과와 충족수단이 결합한 것입니다. 바라는 결과는 사용자의 생각이 많이 반영된 것이고 충족수단은 개발자의 생각이 많이 반영된 것이지요. 따라서 최초의 컨셉보드는 사용자 생각과 개발자 생각이 음陰과 양陽으로 통합되거나 정正과 반反이 합쳐진 합合이라고 할 수 있습니다. 이렇게 만들어진 컨셉보드合는 다시 정正이 되고, 이에 대한 고객 피드백은 반反이 되어 새롭게 수정된 컨셉보드로 발전합니다. 새로운 컨셉보드는 이전 컨셉보드의 부족한 점을 보완해 질적으로 향상된 컨셉으로 발전합니다.

몰입을 불러오는 피드백

이렇게 여러 번 고객 피드백을 거쳐 컨셉보드가 반복적으로 수정되면서 컨셉은 변증법적으로 발전합니다. 고객 피드백을 통해 개발자는 사용자의 생각을 학습해 양자를 통합하게 됩니다. 11장에서 소개한 베르나르의 첫 작품 『개미』의 경우 20번 다듬어서 출간된 『개미』와 처음 출판사에 들고 간 『개미』는 같을까요? 작가는 고객 피드백을 받으며 작품을 엄청나게 개선했을 것입니다. 고객 피드백은 개발자를 작업에 몰입하게 해줍니다. 몰입이론을 만든 칙센트미하이 박사는 몰입의 조건으로 목표와 지속적 피드백을 언급하는데요.

작업의 결과에 대해 주변 사람들로부터 즉각적인 피드백을 받으면 작업에 몰입하게 만들어 성과를 높여줍니다. 이런 변증법적 발전은 시제품에도 동일하게 적용됩니다. 그래서 고객 피드백을 받은 컨셉보드나 시제품은 이전 버전보다 반드시 향상됩니다.

컨셉보드와 시제품이 변증법적으로 발전하는 것을 TRIZ에서는 이상성 증가의 원칙으로 설명합니다. 이상성 증가법칙은 '기능이 향상되는 동시에 해로움은 줄어드는' 방향으로 신제품을 꾸준히 개선해야 한다는 것입니다. 아예 '이상성 = 이로운 기능(↑) / 해로운 기능(↓)'으로 도식화해서 표현하기도 합니다. 즉 좋은 제품은 기능이 뛰어나 고객들에게 더 많은 이로움을 주어야 하지만 그것을 사용하는 비용이나 노력 같은 해로움은 적어야 한다는 의미입니다. 시제품을 만들고 고객 피드백을 받는 과정이 반복되면서 이상성이 증가되고, 이상성이 최대가 되는 것이 제품혁신의 이상적 최종 결과입니다.

왜 사용자 평가가 우월한가?

개발자와 사용자 중에서 창작물을 누가 더 잘 평가할까요? 아리스토텔레스는 『정치학』에서 민주주의가 우월한 이유를 설명합니다. 민중은 정치 지도자가 아니어도 사용자 입장에서 정치 지도자를 평가할 능력을 가졌기에 민주주의가 가능하다고 합니다. '첫째, 대중이 지나치게 저질스럽지 않은 한, 그들 개개인은 전문가들보다 못한 판단을 내릴지 몰라도 집단으로서는 더 나은, 또는 못지않은 판단을 내릴 것이기 때문이다. 둘째, 몇몇 분야에서 전문지식이 없는 사람들도 제품에 대해 정확한 지식을 가질 수 있다. 제작자가 가장 유일하게 또는 가장 훌륭하게 판단을 내릴 수 있는 것은 아니다. 건물의 경우가 그렇다. 건축자도 분명 건물에 관해 나름대로 견해를 갖고 있겠지만, 건물의

의 사용자 또는 가사 관리인이 건축자보다 더 훌륭한 판단을 내릴 것이다. 마찬가지로 노櫓에 관해서는 배 목수보다 키잡이가, 요리에 관해서는 요리사보다 손님이 더 훌륭하게 판단할 것이다.'1 이 부분을 읽어보면 왜 창작물의 평가에 개발자보다 사용자가 우월하다고 하는지 납득할 수 있습니다.

아리스토텔레스는 다수자는 비록 한 명 한 명은 훌륭한 사람이 아니더라도 함께 모였을 때는 전체로서, 가장 훌륭한 소수자보다 더 훌륭할 수 있다고 했습니다. 대중은 다수이고 각자 나름대로 미덕과 지혜를 지니고 있기 때문에 마치 여러 개의 발과 여러 개의 손과 여러 가지 감각을 지닌 한 명의 사람과 같습니다. 성격과 지성도 마찬가지입니다. 그래서 다수자는 음악과 시도 더 잘 판단하게 됩니다. 이 사람은 이 부분을, 저 사람은 저 부분을 이해하기 때문에 그 모든 것을 합치면 전체를 이해할 수 있다고 했습니다. 그런 점에서 창작물의 평가 역시 여러 사용자의 평가를 종합해야 여러 측면의 평가가 가능하다는 점도 납득할 수 있습니다.

---

1 아리스토텔레스 저, 천병희 역(2013), 『정치학』, 도서출판 숲, p. 165.

'전쟁을 기획할 때는
5가지 원칙(五事)으로 기준을 삼고,
7가지 계책(七計)으로써 그 정황을 탐색한다.
5가지 원칙이란
도(道), 하늘(天), 땅(地), 장수(將), 법(法)이다.'

－『손자병법』

사업기획

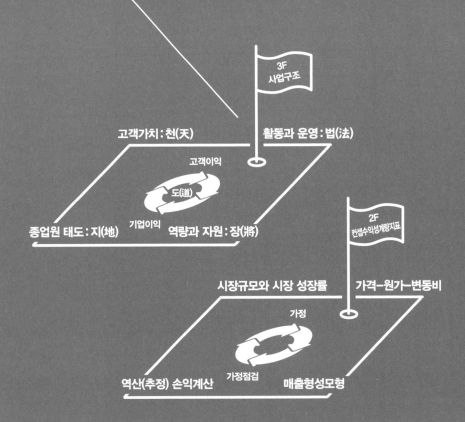

Chapter 12

컨셉과 시제품이 확정되면 컨셉빌딩에서 지상층으로 올라가 출시를 준비하게 됩니다. 출시 준비는 사업기획으로 구체화됩니다. 컨셉빌딩의 지상 2층은 사업의 단기목표로 매출목표와 영업목표를 달성하는 기획을 위한 것입니다. 또 지상 3층에서는 장기목표로 사업의 구조를 장기적으로 어떻게 가져갈 것인가를 정합니다. 이처럼 사업기획은 지상 2층과 3층을 반복적으로 오르내리며 완성됩니다.

왜 사업을 하는가?

1978년 여름, 미국 텍사스주 오스틴에서 식료품점을 운영하던 한 남자가 망연자실한 표정으로 홍수로 초토화된 매장을 바라보고 있었습니다. 가게를 이만 포기해야겠다고 생각한 순간 희한한 일이 벌어졌습니다. 단골손님들이 하나둘 모이더니 매장 복구에 자발적으로 나선 것입니다. 그가 신기해서 왜 이러는지 묻자 단골들은 "이 가게가 내 삶을 바꿔놓았는데 없어진다면 굳이 여기 오스틴에 살고 싶지 않다"라고 말했습니다. 그는 그때 기업의 목적이 이윤이 아니라 고객을 행복하게 하는 것이라는 것을 깨달았습니다. 이후 재기한 그는 고객 중심의 서비스를 펼쳐 나갔고 2006년 미국 경제지 「월스트리트 저널」에서 시행한 기업 명성도 조사의 사회적 책임 부문에서 1위에 선정되었습니다. 2008년 금융 위기를 겪으면서도 매년 100% 이상의 매출을 기록했습니다. 이것은 '오감을 자극하는 식품점'으로 유명한 홀푸드Whole Foods Markets 사의 창업주 존 매키의 이야기입니다(『끌리는 컨셉의 법칙』 법칙 12).[1]

창업 3년째 되던 해, 이나모리 가즈오稻盛和夫 교세라 회장은 3일째 집 밖으로 나가질 못했습니다. 직원들과 협상을 벌여야 했기 때문입니다. 젊은 직원

1 존 매키·라젠드라 시소디어 저, 유지영 역(2014), 『돈 착하게 벌 수는 없는가』, 흐름출판, pp. 30–31.

들은 매년 임금을 인상할 것과 성과급을 보장할 것을 거세게 요구했는데, 서로의 주장이 끝나질 않자 결국 이나모리 회장은 이들을 집으로 데려와 설득하기 시작했습니다. 자신을 믿고 따라와 달라고 한 사람, 한 사람을 설득했습니다. 그리고 마침내 한 사원만 남았습니다. 어떤 설득에도 꿈쩍 안 하던 사원에게 그는 "만약 내가 자네를 배신하면 목숨을 내놓겠다"라고 했습니다. 결국 그 사원은 회장의 손을 잡았습니다. 이 일을 겪으며 모든 사원이 회장의 진심에 감동받았고, 그를 신뢰하게 됐습니다. 그때 이나모리 회장은 '경영의 가장 기본적인 목적은 종업원과 그 가족의 미래를 위한 것이고, 궁극적으로는 모든 사람이 행복해지는 것이다'라는 경영철학을 세웠다고 합니다. 그는 교세라의 경영이념을 '전 직원의 물질적, 정신적 행복을 추구함과 동시에 인류 사회의 진보와 발전에 공헌할 것'이라고 정했습니다.[2]

출시 준비와 사업기획

출시용 시제품에 대한 고객 피드백이 완료되면 이제는 출시 준비를 해야 합니다. 이때 컨셉 서술문이 수정되고 발전되어 포지셔닝 서술문으로 바뀌게 됩니다. 포지셔닝 서술문의 형식은 5장의 컨셉 서술문과 동일하지만 컨셉과 시제품이 수정되고 발전해서 반영된 것입니다. 컨셉 서술문은 제품요소를 꿰어야 하고 포지셔닝은 출시 후 마케팅 활동을 꿰어야 합니다. 보통 마케팅 활동은 마케팅 믹스(제품, 가격, 판매 촉진 유통)를 운영하는 것으로 구체화할 수 있습니다. 즉 포지셔닝 서술문은 단기적으로는 마케팅 활동을 통해 안정적 매출과 이익을 창출해야 하고 장기적으로는 기업을 어떻게 이끌고 갈 것인지, 사업구조를 생각해야 합니다.

---

2 이나모리 가즈오 저, 홍성민 역(2015), 『어떻게 의욕을 불태우는가』, 한국경제신문, pp. 31-35.

컨셉을 브랜드로 발전시키기 위한 출시기획은 3가지 경우로 나눠 생각해 볼 수 있습니다. 첫 번째 경우는 사업구조(혹은 사업모델)가 갖추어진 기존 기업에서 경영자원을 활용해 신규 브랜드 출시 전략을 수립하는 것입니다. 이것은 매체를 통해 직접 고객과 소통하는 활동과 유통에서 간접적으로 소통하는 마케팅 활동으로 이뤄집니다. 두 번째는 사업구조(혹은 사업모델)가 갖추어졌지만 기존 사업구조를 반성하고 수정하면서 신규 브랜드를 출시하는 경우입니다. 이 경우는 사업구조를 재구축하는 작업과 브랜드 출시를 통합해 수행합니다. 세 번째는 사업구조가 전혀 구축되지 않은 상태에서 브랜드를 출시하는 경우입니다. 이때는 브랜드를 출시하면서 사업구조 정립을 병행해야 합니다.

홀푸드와 교세라 창업자의 사례처럼 사업을 처음 시작할 때는 '나는 왜 이 사업을 하려고 하는가'를 먼저 생각해야 합니다. 하버드 경영대학원의 몽고메리 교수는 경영전략 수업을 듣는 최고경영자에게 반드시 다음과 같은 질문을 던진다고 합니다. "오늘 당신 기업이 사라진다면 내일 세상이 달라지는가?"[3] 기업의 존재이유를 먼저 묻는 것입니다. 만약 창업의 동기가 단지 돈을 버는 것이라면 생존의 위기를 맞았을 때 어려움을 극복하기 어렵습니다. 이나모리 가즈오는 사업하는 이유를 대의명분이라고 했습니다. 전 사원이 공감하고 동기부여를 받을 수 있는 공명정대한 대의명분. 그러니까 미션을 갖는 것은 기업을 운영하는 데 결정적인 역할을 합니다.[4] 장기기획을 작성하기 위해서는 무엇보다 이 사업을 왜 하는가를 분명히 해야 합니다.

---

3 신시아 A. 몽고메리 저, 이현주 역(2013), 『당신은 전략가입니까』, 리더스북. p. 110.
4 이나모리 가즈오 저, 홍성민 역(2015), 『어떻게 의욕을 불태우는가』, 한국경제신문. pp. 31-35.

성찰적 이익 극대화

우리는 흔히 기업의 목적을 이익 극대화라고 합니다. 그런데 이는 경제이론에 수학을 끌어들인 주류 경제학자들이 세운 가정일 뿐이고 이익 극대화가 기업의 목적이 될 수는 없습니다. 경제행위 주체자인 인간과 인간들이 구성하는 사회는 유기체임에도 불구하고 주류 경제학은 이들을 물리적 원자로 간주해 기계론적(수학적) 원리로 설명하는 오류를 범하고 있습니다(컨셉카페 9). 특히 인간을 고립되고 이기적 존재로 보면서 애덤 스미스가 강조한 '타인과 공감하려는 인간의 본성'을 전혀 고려하지 않습니다.[5] 필자는 다른 책에서 기업의 목적을 이익 극대화라고 말하는 것은 경제학에 수학을 끌어들인 경제학자들이 세운 가정일 뿐 기업의 목적이 될 수 없다는 점을 자세히 설명했습니다. 백 보 양보해 기업의 목적이 이익 윤극대화라고 해도 우리는 다시 그 이익의 목적을 물어야 합니다. 칸트는 『판단력 비판』에서 자연의 사물들은 목적의 체계를 이루는데, 목적의 목적을 묻는 방식으로 최종 목적을 물으면 거기에는 인간이 있다고 했습니다. 기업의 이익이 인간을 불행하게 한다면 무슨 소용이 있습니까? 기업의 이익도 결국 인간을 위한 것입니다. 경영자는 근시안적 이익 극대화를 반성하고, 기업의 모든 활동은 인간의 행복을 위한 것이고 이익은 그 결과로 얻는 것이라는 성찰이 필요합니다.

인간은 자신의 행복을 추구하고 타인에게 인격적으로 인정받으려는 욕구가 있습니다. 이런 인간적 욕구는 무시하고 기업이 이익 추구에만 몰두하면 기업이 존속하기 어렵습니다. 우선 기업은 제품이나 서비스를 통해 인간의 욕구를 충족시키면서 자신의 이익을 추구해야 합니다. 기업이 고객에게 주는

---

5 김근배(2016), 『애덤 스미스의 따뜻한 손』, 중앙북스, pp. 165–175.

이익(가치-가격)이 기업의 이익(가격-원가)보다 항상 커야 기업은 존립하거나 성장할 수 있습니다. 『대학大學』에 '재물이 모이면 백성들이 흩어지고, 재물이 흩어지면 백성들이 모인다財聚則民散, 財散卽民聚'는 대목이 있습니다. 여기서 백성을 고객으로 바꾸면 '기업이 고객에게 이익을 취하면 달아나고, 고객에게 이익을 주면 모인다'는 의미로 이해할 수 있습니다. 기업 이익은 고객이익을 우선하면 저절로 따라오게 되어 있습니다. 또한 기업은 사회나 자연과 고립되어 있지 않고 상호 의존하고 있습니다. 그래서 기업이 단기적 이익을 위해 사회나 자연에 피해를 입히면 장기적으로 기업에게 돌아온다는 인식이 필요합니다. 사회와 자연의 유기적 구성원으로 책임을 인식하면서 기업의 이익 추구와 조화를 이루어야 합니다.

인간은 생계를 위해서라기보다 사회적 인정을 위해 일하는 존재입니다. 고용주가 종업원의 인격적 인정의 욕구를 무시하고, 그들을 수단으로만 보면 종업원은 '인정투쟁'을 벌입니다. 최근 언론에 보도되는 국내 항공사 소유자 가족의 '갑질'에 대한 직원들의 투쟁은 이런 인정투쟁의 예라 할 수 있습니다. 고용주와 종업원은 서로 의존하고 있지만 고용주는 처음에는 종업원을 노예(수단)로 간주합니다. 처음에는 종업원이 노예지만 종업원은 점점 주인의식을 갖게 되고 오히려 고용주는 종업원에게 의존하면서 관계가 반전됩니다. 결국 인정투쟁은 서로를 주인으로 인정하는 상호인정으로 발전합니다. 이것이 헤겔의 '주인-노예 변증법'입니다.[6] 상호인정으로 노예가 주인이 된 사회가 시민사회이고 고용주와 종업원이 서로를 주인으로 인정해야 성숙한 기업입니다. 고용주가 종업원을 노예(수단)로만 보면 종업원은 창의적일 수 없으

---

6 강순전(2016), 『정신현상학의 이념』, 세창출판사, pp. 167-179.

며, 기업은 결국 노예집단에 지나지 않습니다.

또한 종업원은 일을 통해 자신의 능력을 발전시키려는 성장욕구가 있습니다. 기업은 인정욕구와 함께 성장욕구도 충족시키면서 기업을 성장시켜야 합니다. 기업이 창업 후 급속히 성장하게 되면 성장통을 겪는데, 이는 종업원과 시스템이 역량 면에서 기업의 성장을 쫓아가지 못하기 때문에 생기는 것입니다. 기존 종업원의 성장을 무시하고 외부 인사를 영입해서 성장통을 극복하려 하지만 기존 종업원과의 갈등으로 금방 한계에 부딪히는 경우가 대부분입니다. 종업원의 성장욕구를 충족시키면 기업이 성장할 수 있다는 성찰로 경영에 임해야 합니다. 이나모리 가즈오는 미국에 교세라 현지법인을 세워 본사 직원을 파견해 경영하게 했는데 그 결과 적자가 누적되었습니다. 공장 폐쇄를 고려하고 있는데 파견 직원 5명이 찾아와 한 번만 기회를 달라고 했습니다. 이나모리 회장은 1억 엔의 적자를 현지법인에 파견한 직원의 연수비용이라 생각하고 기회를 주었습니다. 그러자 직원들은 이에 부응해 미국 법인을 1년 4개월 만에 흑자로 전환시켰습니다.[7]

창업 기업은 개발기간 동안 많은 투자를 이미 했기 때문에 출시 후 이익을 내지 못하면 생존이 어려운 경우가 많습니다. 이나모리 가즈오는 창업 첫해 상당한 이익을 거두었지만 이런 수준의 이익으론 창업자금을 갚는 데 10년이나 걸린다는 사실을 알게 되었습니다. 그래서 빨리 빚을 청산하고 안정적 경영을 이루기 위해서 고수익 경영이 필요하다고 생각했습니다.[8] 그러던 차에 앞서 언급한 종업원과 임금인상 협상으로 어려움을 겪었고 그 후 종업원과 가족의 행복을 중요시하는 인간 중심의 경영이념을 정립했습니다. 이나모

---

7 이나모리 가즈오 저, 홍성민 역(2011), 『좌절하지 않는 한 꿈은 이루어진다』, 더난출판, pp. 116-117, pp. 129-135.
8 이나모리 가즈오 저, 양준호 역(2015), 『남겨야 산다』, 한국경제신문, pp. 218-222.

리 가즈오가 고수익 경영을 추구하는 것은 경영을 안정화시키고 종업원의 행복과 성장욕구를 배려하기 위한 것입니다. 종업원의 행복과 성장을 지원하기 위해서도 단기적 이익에 충실해야 합니다. 이것이 바로 성찰적 이익 극대화라고 할 수 있습니다.

우리나라는 짧은 기간에 고도성장을 이룩해 기업의 성공은 규모를 키우는데 있다고 생각하는 경향이 있습니다. 1장에서 저는 경영의 패러다임을 자본축적에서 혁신 축적으로 전환해야 한다고 했습니다. 자본 축적에서는 기업의 생산성과 효율성이 중요하여 규모의 경제가 중요합니다. 그래서 기업이 빠르게 성장하는 것이 중요했습니다. 반면에 혁신 축적에서는 기업의 창의성이 중요해집니다. 효율성을 강조하는 대규모 조직에서는 일상적 인간관계가 비인간화되고 조직원이 목적이 아닌 수단이 되면서 거대한 기계의 부품처럼 취급되기 쉽습니다. 그래서 인간의 존엄성이 무시되는 관료조직에 부딪히게 되지요.[9] 대규모 조직에서는 질서와 규율을 중시하지만 소규모 조직에서는 자유와 창의성을 중시합니다. 모든 조직은 질서 정연함과 동시에 창조적 자유를 가져야 합니다. 인간은 서로 소통할 수 있는 소규모 집단에서만 자신의 자율성과 창의성을 발휘할 수 있습니다. 이나모리 가즈오는 '아메바 경영'을 통해서 이를 실현했는데요. 회사의 각 부문을 독립채산제로 만들어 각 부문별로 매출과 비용을 독자적으로 관리하도록 했습니다.[10]

경영의 패러다임이 혁신으로 전환되는 시기에 규모에 의한 성장에 집착하는 것은 바람직하지 않습니다. 기업의 성장보다 지속가능성을 중요시해야 합니다. 경제가 선진화되면 기업의 지속가능성과 성장은 오히려 반비례 관계가

---

9 E. F. 슈마허 저, 이상호 역, 『작은 것이 아름답다』, 문예출판사, pp. 303-330.
10 이나모리 가즈오 저, 양준호 역(2015), 『남겨야 산다』, 한국경제신문, pp. 208-217.

됩니다. 한 분야에 집중하면서도 세계적 경쟁력을 갖는 '히든 챔피언'이 이를 말해줍니다. 히든 챔피언은 각각의 제품이 세계시장에서 1~3위를 다투지만 크게 알려져 있지 않은 강소기업들입니다. 이들 강소기업은 장수를 위해 일부러 성장을 억제하기도 합니다. 히든 챔피언 제품의 40% 이상은 100년 이상의 역사를 갖고 있다는 공통점이 있습니다.[11] 전 세계에서 창업 200년 이상 장수기업의 56.3%는 일본 기업이고(독일은 15%로 일본에 이어 2위), 100년 이상의 일본 장수기업 중 96%는 중소기업입니다. 세계시장을 선도하는 강소기업과 일본 장수기업의 사례는 규모를 키워 성장해야 기업이 영속적으로 발전한다는 생각은 잘못되었다는 것을 보여줍니다.

출시 1년을 결정하는 단기기획

2004년 미국 마케팅학회는 마케팅 활동을 크게 2가지로 나누었습니다. 그것은 고객에게 가치를 창출하는 활동, 그리고 이를 고객과 소통하고 전달하는 활동입니다.[12] 가치 창출이 출시 전에 결정된다면 가치를 소통하고 전달하는 활동은 출시 후에 이루어집니다. 고객과 소통하고 고객에게 제품이나 서비스를 전달하는 활동이 출시기획의 중심이 되는데 보통 1년을 기준으로 기획합니다.

마케팅 활동은 또한 질적 활동과 양적 활동으로 구분됩니다. 어떤 가치를

---

11 헤르만 지몬 저, 이미록 역(2008), 『히든 챔피언』, 흐름출판, pp. 88–89, p. 513.
12 마케팅은 고객에게 가치를 창출하여 의사소통하고 전달하며, 한편으로 고객관계를 관리하는 조직적 기능과 일련의 과정이다. 이를 통해 조직과 이해당사자의 이익을 도모함을 목적으로 한다.(Marketing is an organizational function and a set of processes for creating, communicating, and delivering value to customers and for managing customer relationships in ways that benefit the organization and its stakeholders).

〈그림 12-1〉 사업기획 하우스

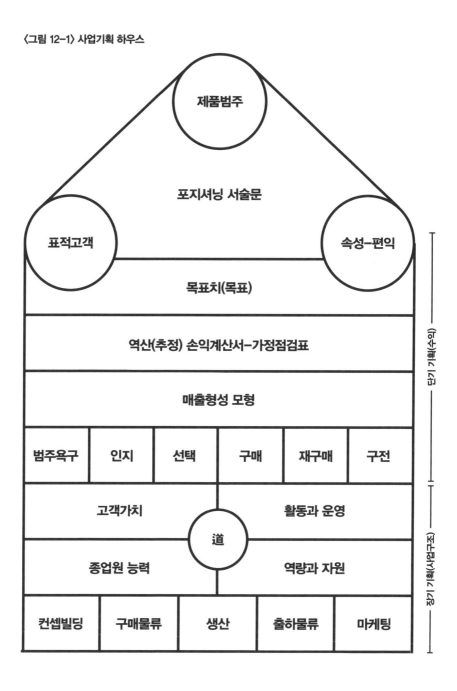

누구에게 소통하고 전달할지는 포지셔닝 서술문에 명시합니다. 여기서 속성-편익이 고객가치가 되는 것이지요. 마케팅 양적 활동은 어떤 마케팅 비용을 얼마를 사용해 매출 목표치와 영업이익 목표치를 달성하는가를 명시합니다. 이를 위해서는 다음에 설명할 목표치와 매출요소를 분해해 만든 매출형성 모형을 마케팅 비용과 결합합니다.

단기기획을 설명하기에 앞서 단기적 마케팅 활동과 장기적 사업구조를 고려한 사업기획을 나타낸 것이 〈그림 12-1〉입니다. 이 책의 서두에서 설명한 컨셉빌딩은 빌딩 모양을 하고 있고 마지막 장의 사업기획은 집 모양을 하고 있습니다. 이를 '사업기획 하우스Business Plan House'라고 부르도록 하겠습니다. 단기기획의 역산 손익계산서와 가정점검표 그리고 매출형성에 대해서는 뒤에서 설명하겠습니다.

불확실성을 줄이는 사업기획, DDP

창업교육에서는 사업기획서 작성을 중요시하고, 창업을 지원해주는 기관에서는 사업기획서를 심사해 지원여부를 결정합니다. 그런데 기대와 달리 사업기획서가 사업의 성공과 무관하다는 여러 실증 연구가 나왔습니다. 불확실한 환경에서 사업기획서는 성공과 아무 관련이 없고 시간 낭비라는 것입니다.[13] 관련 연구 중 댄커Dencker 교수 등은 창업 기업이 초기단계에 사업기획서 작성에 시간을 소요할수록 창업에 성공할 가능성이 낮고 초기에 계획한 제품을 중간에 변경할수록 성공 가능성이 높아진다는 사실을 밝혀냈습니다.

---

13 대표적인 연구로 다음 세 연구를 들 수 있습니다. 1) Dencker, J.C., M. Gruber and S.K. Shah(2009), "Pre-Entry Knowledge, Learning, and the Survival of New Firms," Organization Science, 20(3), pp. 516–537. 2) D.A. Kirch, B. Goldfarb, and A. Gera(2009), "Form or Substance? The Role of Business Plans in Venture Capital Funding," Strategic Management Journal, 30(5), pp. 487–515. 3) J. E. Lange et al. (2007), "Pre-Startup Formal Business Plan and Post-Startup Performance: A Study of 116 New Ventures," Venture Capital, 9, pp. 237–256.

그렇다면 왜 이런 결과가 나오는 것일까요? 사업기획서는 불확실한 환경에서 너무도 많은 암묵적 가정을 해서 만드는 것이기에 몇 가지 가정만 맞지 않아도 의미가 없어집니다. 그래서 계획대로 진행하면서도 처음 가졌던 가정들을 시험하고 계획을 자꾸 수정해가며 진행해야 성공할 수 있습니다. 신제품 개발은 일종의 학습과정입니다. 그래서 최종 기획서는 학습이 많이 진행된 뒤에 작성해야 합니다. 컨셉은 무기이면서 족쇄라고 했는데 기획 역시 무기이면서 족쇄입니다.

컨셉빌딩에서는 이런 점을 인식해 사업기획을 한 번에 완성하지 않고 반복적으로 오르내리며 지상 2층과 지상 3층을 오간다고 했습니다. 이는 점진적으로 상황 변화에 적응하면서 완성한다는 의미입니다. 이런 개념의 사업기획을 발견지향 기획Discovery-driven Planning이라고 합니다. 줄여서 DDP라 부르겠습니다. 맥그레드와 맥밀란 교수는 기존의 사업기획은 불확실성이 높은 신제품 개발이나 창업을 위한 기획에 맞지 않다고 주장하며 학습을 통해 기획을 유연하게 수정해나가는 발견주도형 기획을 제안했습니다. DDP에서는 불확실성을 '알고 있는 사실 대비 높은 가정 비율a high ratio of assumption to knowledge'이라고 정의합니다. 가정은 언제든지 변할 수 있는 것이지요. 우리가 기획에서 범하는 중대한 오류가 바로 이것입니다. 가정을 객관적 사실이라고 착각한다는 점입니다. 학습을 통해 원래의 가정을 사실로 바꾸는 과정을 통해 불확실성을 낮추어야 합니다.

DDP에서는 기획에서 범하는 4가지 오류를 다음과 같이 열거합니다. ① 객관적 자료도 없는 채 주요 의사결정을 내린 뒤에 가정을 사실로 착각하고 진행합니다. ② 가정을 검토하는 데 필요한 자료를 가졌어도 그 자료가 주는 시사점을 알지 못합니다. ③ 기획을 실행할 내부능력에 대해 암묵적이고 부적절한 가정을 합니다. ④ 올바른 자료가 있지만 환경이 바뀌지 않을 것이라고 가정합니다. 그래서 주요 변수가 바뀐 것을 너무 늦게 알아챕니다.[14] 따라서 불확실한 환경에서 창업 기업은 가정들을 하나씩 검증해 불확실성을 제거하면서 기획을 유연하게 수정하고 개선하는 DDP를 사용해야 한다고 말합니다.

매출과 이익 목표치 설정

사업기획 하우스의 지붕에 위치한 목표objective와 목표치goal는 기획에서 활동을 통해 달성하고자 하는 결과를 뜻합니다. 목표는 기업 활동을 통해 바라는 결과를 전반적이고 넓게 기술한 것입니다. 목표치는 목표를 계량화한 수치로 나타낸 결과입니다. 예를 들면 '먼지봉투 없는 진공청소기에서 1등 브랜드가 된다'는 사업목표라고 할 수 있습니다. 이를 수치로 구체화하면 '전체 진공청소기 시장에서 5년 이내에 30%의 시장점유율을 달성한다'는 목표치로 바꿀 수 있습니다. 목표치에는 그것이 달성되는 기간이 명시됩니다. 단기 사업기획에서는 목표가 아닌 목표치를 사용합니다. 1990년대 말 일본의 닛산자동차는 큰 적자를 내고 거의 파산 위기에 처했습니다. 이때 제휴사인 르노자동차에서 닛산으로 파견된 카를로스 곤 사장은 전략 목표치로 영업이익률 4.5% 달성, 유이자 부채 50% 삭감, 신형 차 22종 발매라는 3가지 목표치를 설정했습니다.[15] 이때 만약 구체적 목표치가 없는 목표를 내세웠다면 아마 닛산은 부활하지 못했을 것입니다. 그러나 장기 사업기획에서는 목표치 대신에 목표를 사용할 수 있습니다. 항상 계량적 목표치를 얻을 수 있는 상황은 아니기 때문입니다. 마케팅 양적 활동을 수치화하기 위해서는 목표치를 먼저 설정하고 역산해서 마케팅 활동을 구체화합니다.

---

14 R. G. McGrath and I. MacMillan(1995), "Discovery-driven Planning" Harvard Business Review, July-August, pp. 44-54.

15 최종학(2012), 『숫자로 경영하라 2』, 원앤원북스, p 476.

컨셉빌딩에서는 DDP의 방법에 따라 목표치를 먼저 설정하고 역산해서 마케팅 활동을 구체화하는 사업기획을 따릅니다. 그래서 손익 추정도 역산逆算합니다. 즉 손익계산서의 최종 결과인 영업이익을 우선 목표치로 설정하고, 이를 달성하기 위한 마케팅 비용과 개당 원가 및 가격 등을 역산하는 것입니다. 이런 목적의 손익계산서를 DDP에서는 '역산 손익계산서reverse income statement'라고 부릅니다. 역산 손익계산서는 원하는 결과(영업이익이나 매출액)를 먼저 정하고 이들을 달성하기 위해 출시 전후에 어떤 활동을 해야 하는지를 파악하기 위한 것입니다. 이를 통해 원하는 결과를 달성하기 위한 활동을 적극적이고 선제적으로 취할 수 있습니다. 만약에 시제품이 다 완성된 뒤에 영업 목표치와 매출 목표치를 설정하면 출시 전에 필요한 일들을 할 수 없을 것입니다. 왜냐하면 영업 목표치를 달성하는 데 필요한 가격이나 원가는 출시 전 컨셉 단계나 시제품 개발 단계에서 통제할 수 있기 때문입니다.

예를 들어 설명해보지요. 지금부터는 약간의 회계상식이 필요합니다. 회계학 용어에 익숙하지 않은 분은 〈보충자료: 손익계산서와 공헌이익기준 손익계산서 작성〉을 사전에 참조하기 바랍니다. 예를 들어 예상되는 판매관리비 4억 5000만 원에 영업이익 8억 3000만 원을 확보해야 한다면 이를 달성하기 위해서는 당연히 매출 총이익을 12억 8000만 원을 달성해야겠지요.

목표이익 판매량은 다음 식으로 구할 수 있습니다.

$$\text{목표이익 판매량} = \frac{\text{판매 일반관리비} + \text{목표 영업이익}}{\text{목표가격} - \text{목표 제조원가}}$$

목표가격이 10만 원이고 목표원가가 6만 원이라고 하면, 이 식을 사용해서 목표이익 판매량은 3만 2000 개가 됩니다. 전체 시장규모가 연간 100만 개로 추정된다면 출시 첫해에 목표 시장점유율을 3.2%까지 올려야 합니다(목표이익 판매량 3만 2000개, 목표 시장점유율 3.2%).

목표이익 판매량은 앞에서처럼 정식 손익계산서 항목들로 작성할 수도 있지만 비용이 고정비와 변동비로 구분된 방식으로 구할 수도 있습니다. 실제로 이 방식이 원가를 계산할 때 더 용이합니다. 비용은 생산수량에 관계없이 통으로 발생하는 비용인 '고정비'와 생산수량에 비례해 일정한 비율로 증가하는 비용인 '변동비'로 구분됩니다. 변동비는 주로 제품 한 단위당으로 계산하기에 단위당 변동비로 이해해야 합니다. 가격에서 단위당 변동비를 차감한 것을 단위당 공헌액unit contribution이라고 합니다. 단위당 공헌액은 경제학에서 말하는 한계이익입니다. 즉 단위당 공헌액은 매출을 한 단위 늘릴 때 추가로 얻는 이익에 해당합니다.

가격을 단위당 변동비 이상으로 책정하면 변동비는 잊어버려도 됩니다. 그래서 고정비를 단위당 공헌액으로 나누어 얻은 판매량을 손익분기점이라고 합니다. 손익분기점은 말 그대로 본전, 손실이나 이익이 없이 고정비만 커버할 수 있는 판매량입니다. 고정비에 목표이익을 합친 목표 공헌이익을 단위당 공헌액으로 나누면 목표한 영업이익을 가져다주는 목표이익 판매량을 얻을 수 있습니다.

$$\text{목표이익 판매량} = \frac{\text{고정비} + \text{목표 영업이익}}{\text{목표가격} - \text{단위당 변동비}} = \frac{\text{목표 공헌이익}}{\text{단위당 공헌액}}$$

앞의 예를 목표 공헌이익을 사용해 계산한 예를 살펴보겠습니다. 우선 생산과 판매에서 발생하는 고정비는 10억 9000만 원에 목표 영업이익을 합쳐 목표 공헌이익인 19억 2000만 원을 구합니다. 목표가격은 10만 원이고 단위당 목표변동비는 4만 원일 경우 단위당 공헌액은 6만 원이 됩니다. 목표 공헌액을 단위당 목표 공헌액으로 나누면 목표이익 판매량 3만 2000 개를 구할 수 있습니다.

이렇게 해서 얻은 목표 영업이익을 정하면 이를 달성할 수 있는 목표 판매 수량을 구하게 됩니다. 이렇게 되면 자연히 목표가격과 목표원가(단위당 목표변동비)도 정해져서 원가를 줄이면서 소비자가 목표가격을 수용할 수 있도록 컨셉력과 제품력을 높이려는 여러 활동을 출시 전에 하게 됩니다. 여기서 유의할 점은 목표 영업이익과 목표이익 판매량은 출시 직전에 구하는 것이 아니라 신제품 개발 중 여러 단계에서 작성한다는 것입니다. 초기에는 가정에 입각하게 되지만 컨셉 테스트나 제품 테스트처럼 고객 피드백을 얻고 소비자에 대한 정보가 들어오면 계속 가정을 수정해 다시 새롭게 계산합니다. 새로운 자료가 입수되면 새로운 추정 손익계산서를 작성하는 것을 반복하면서 기획을 점진적으로 발전시키는 것이 DDP라고 할 수 있습니다. 출시 직전 수정된 손익계산서에 나온 판매량과 영업이익이 최종 목표치가 되는 것입니다.

구매과정을 나누어 매출 추정

단기 목표이익을 잘 관리하기 위해서는 매출을 유발하는 요소와 비용을 유발하는 요소를 각각 분해해서 파악하고 이것들을 합성해 이익을 추정해야 합니다. 이것도 분해와 합성의 원칙을 사용한 것으로 볼 수 있습니다.

매출은 여러 요소로 이루어집니다. 이를 파악하기 위해 소비자가 제품의 필요성을 인식하고 구매에 이르기까지 일련의 과정Process을 순서대로 나열해 보면 '범주욕구 → 인지 → 선택 → 구매 → 재구매'로 나타낼 수 있습니다. 이런 연속사슬chain을 구매사슬 혹은 수요사슬이라고 합니다. 사업기획 하우스 컨셉 서술문의 아랫부분이 이를 나타내는 것입니다. 마케팅 활동은 바로 이런 순서가 매끄럽게 이어져 구매와 재구매를 유도하는 것이라고 할 수 있습니다. 매출 형성요소는 구매사슬을 나누어서 이해할 수 있습니다.

출시 후 매출에 영향을 주는 요소는 인지와 선택(대안비교) 단계에서 작용하는 광고량과 유통에서의 활동이 됩니다. 특히 포장소비재의 경우 유통에서 제품이 얼마나 광범위한 지역에 깔려 있는지가 매출에 영향을 주게 됩니다. 이를 구득가능성availability이라고 합니다. 구득가능성은 소비자 인지 다음 단계로 소비자가 매장에 나와 여러 브랜드를 비교해 선택하는 단계에 영향을 줍니다. 구매와 재구매는 구매사슬에서 마지막 단계로, 이는 출시 전에 신제품의 컨셉력과 제품력에 의해 결정됩니다. 따라서 매출을 형성하는 요소는 〈표 12-1〉과 같이 정리할 수 있습니다.

고객 피드백에서 정량조사로 점수를 각각 컨셉 테스트 점수(줄여서 컨셉 점수)와 제품 테스트 점수(줄여서 제품 점수)라고 했습니다(11장). 컨셉 점수나 제품 점수는 제품 출시 전 다음 단계로 넘어갈지 아니면 이전 단계로 가서 작업을 다시 할지 여부를 결정하지만 출시 전 기획 수립에도 활용됩니다. 우선 컨셉 점수와 제품 점수는 다음에 설명할 매출형성 요소와 직접 관련이 있습니

〈표 12-1〉 매출형성 요소와 관련 계량지표

매출형성 요소	구매사슬 단계	마케팅믹스 요소	계량지표
인지율 (awareness)	인지	광고 판촉	투입 광고량(GRP)
구득가능성 (availability)	선택	유통	취급률
시험구매 (trial)	구매	제품과 가격	컨셉 점수(컨셉력)
반복구매 (repeat)	재구매	제품과 가격	제품 점수(제품력)

다. 소비자의 시험구매는 광고 혹은 구전을 통해 제품 컨셉을 이해함으로써 일어납니다. 반복구매는 특정 제품을 구매하고 사용해본 뒤 결정됩니다. 따라서 컨셉 점수는 구매 단계에서 시험구매에 영향을 미치고 제품 점수는 재구매 단계에서 반복구매와 연관됩니다.

그럼 매출은 어떻게 추정할까요? 제품과 서비스의 필요성을 느끼는 표적고객(범주욕구)들 중에 몇%가 브랜드의 존재를 인지한 소비자로 전환되었는지, 인지한 소비자 중에서 몇%가 구매하는지를 알아낼 수 있습니다. 구매사슬에서 일련의 전환율을 통해 추정하는 것인데요. 이렇게 매출을 추정하는 모형을 매출형성 모형이라고 합니다.

가장 많이 사용되는 매출형성 모형에는 ATR 모형이 있습니다. 이 모형은 다음과 같이 인지율Awareness, 시험구매Trial, 반복구매Repeat의 곱으로 되어 있습니다.

매출(S) = 인지율(A)×시험구매(T)×반복구매(R)→S=ATR

ATR 모형의 변형도 있습니다. 포장소비재인 경우에 얼마나 많은 소매점들이 해당 브랜드를 팔고 있는가가 중요한 요소가 되지요. 이를 제품의 구득가능성이라 하는데 모형에 구득가능성을 포함할 수 있습니다.

매출= 인지율(A)×구득가능성(V)×시험구매(T)×반복구매(R)→S=AVTR

표적고객이 200만 명이고 현재 판매 촉진 활동 수준에서 표적고객 중 브랜드를 인지하는 비율을 5%라고 가정해봅시다. 현재의 컨셉력과 제품력을 기준으로 인지한 고객들 중 10%가 시험구매하고, 시험구매한 사람들 중 30%가 재구매하며, 재구매자는 평균 3회 반복해서 구매한다고 가정합시다. 그러면 이때 예상되는 매출은 매출형성 모형에 따라 다음과 같이 계산할 수 있습니다.

인지된 소비자 수   2,000,000 × 0.05 = 100,000명

시험구매자   100,000 × 0.1 = 10,000명   시험구매량 10,000개

반복구매자   10,000 × 0.3 = 3,000명   반복구매량 6,000개(3,000×2)

총 매출은 시험구매량(1만 개)에 반복구매량(6000개)을 더한 1만 6000개가 됩니다. 여기서 반복구매량을 구할 때 3이 아닌 2를 곱해야 합니다. 반복 구매량에서 시험 구매량은 제외하고 계산해야 하기 때문이지요.

비용도 나누어 분석

기업 활동은 '신제품 개발(컨셉빌딩) → 구매물류 → 제조 → 출하물류→ 마케팅' 과정을 거치면서 가치가 창출됩니다. 이를 흔히 가치사슬Value Chain이라고 합니다. 사업기획 하우스에서 매출형성 모형의 윗부분이 이를 나타냅니다. 가치사슬은 앞의 구매사슬 혹은 수요사슬과 대비해서 공급사슬이라고 부릅니다. 공급사슬은 비용을 발생시키기 때문에 여기서는 비용사슬로도 볼 수 있습니다.

비용은 신제품 개발, 생산, 물류, 마케팅 단계에서 발생하는데 이 비용도 다시 고정비와 변동비로 나눌 수 있습니다. 원가를 구할 때처럼 단계별로 발생하는 비용 역시 고정비와 변동비로 구분할 수 있습니다. 신제품 개발에 발생한 비용은 고정비입니다. 이 비용은 출시 후에 일정 기간(이를테면 5년)으로 균등하게 분할되어 생산 단계에서 고정비로 처리됩니다. 신제품이 실패하는 경우에는 균등하게 나누거나 다음 기에 일반관리비로 처리해 마케팅 단계의 고

정비로 처리합니다. 생산 단계에서 발생하는 고정비는 생산설비에 지출된 비용이 있는데 이것도 생산 고정비로 처리되는 신제품 개발비용처럼 일정 기간에 걸쳐 분할됩니다. 감가상각비로 처리되는 것입니다. 기계설비와 같은 수명이 있는 자산은 사용기간 경과에 따른 가치가 감소하는데 해당 기간 동안의 감소분을 감가상각비라고 합니다.

마케팅 단계에서 발생하는 판매원 급료나 광고는 고정비이고 판매원에 지불하는 수수료는 변동비가 됩니다. 고정비도 생산과 마케팅에서 발생하는 비용을 합치면 총 고정비가 됩니다. 생산과 마케팅 단계에서 발생하는 변동비를 합치고 이를 생산량으로 나누면 단위당 변동비가 됩니다.

매출 추정과 비용을 결합해 영업이익 추정

매출을 개당 이익과 결합하여 매출 총이익을 계산하고 여기에 판매관리비를 차감해 영업이익을 구하게 됩니다. 그런데 판매관리비에는 광고비, 판매원 급료, 판매수수료 등이 포함되어 있습니다. 이 중 해당 브랜드의 마케팅 활동에서 주로 사용되는 항목을 뽑아내어 사용할 수 있습니다. 신제품의 마케팅에서 광고와 유통 활동이 중요한 요소라면 이 요소들을 영업이익을 산출하는 식에 포함시킵니다. 만약 인적 판매가 중요한 마케팅 수단이면 판매원 급료를 뽑아낼 수 있습니다.

영업이익=(가격-제조원가)×매출-광고비-판매원 급료(혹은 유통 판촉비용) -(1)

(1)에서 매출 대신(S)에 나눈 요소(ATR 혹은 AVTR)로 바꾸면 다음과 같습니다.

영업이익=(가격-제조원가) ATR - 광고비- 판매원 급료 -(2)

이제는 매출형성 요소가 총이익과 판매비용에 동시에 연동되었기에 다양한 마케팅 수준을 가정한 경우들의 영업이익을 계산해서 비교해볼 수 있습니다.

앞의 예에서 가격은 10만 원이고 개당 원가는 6만 원인 경우 현재의 인지율을 5%에서 10%로 올린다고 가정하면 영업이익은 어떻게 바뀔까요? 만약 주요 쇼핑몰들에 입점하고 이 쇼핑몰에서 배너 광고비를 1억 원 정도 지출하며 연봉 3000만 원의 텔레마케팅 전담직원을 2명 고용하면 표적고객에서 인지율 5% 정도를 달성할 수 있다고 해봅시다. 인지율 5%인 경우 광고비와 판매원급료를 포함한 총 판매관리비가 2억 원이 됩니다.

5% 인지율에서 영업이익 = $40,000 \times 16,000 - 200,000,000 = 440,000,000$

그런데 인지율을 10% 증가시키는 데 잡지광고가 2억 5000만 원 추가로 든다고 가정해봅시다.

10% 인지율에서 영업이익 = $40,000 \times 32,000 - 450,000,000 = 830,000,000$

〈표 12-2〉 마케팅 활동과 비용

주요 마케팅 활동	마케팅 비용	목표인지율
홈페이지 개설	2000만 원	표적고객 2백만 명 중 10%가 인지
주요 쇼핑몰 입점과 배너광고	1억 원	
잡지광고	2억 5000만 원	
텔레마케팅 운영	9000만 원(연봉 3000만 원×3인)	

인지율을 5%에서 10%로 증가시키면 이익은 3억 9000만 원이 더 증가하게 됩니다. 이런 식으로 다양한 마케팅 수준에서 예상되는 영업이익을 계산해보고 적정한 수준의 마케팅 활동 수준을 결정하게 됩니다.

이제는 마케팅 활동과 비용을 결정할 수 있습니다. 마케팅 활동과 비용은 〈표 12-2〉처럼 결정되었습니다.

역산 손익계산서와 가정점검표

이제는 공헌이익 기준으로 만든 역산 손익계산서의 예를 들어보겠습니다. 매출형성 모형을 설명할 때 사용한 예를 그대로 사용해봅시다. 왼쪽이 공헌이익 기준 손익계산서이고 가운데가 이를 도출하는 데 사용한 역산 손익계산

〈표 12-3〉 역산 손익계산서와 가정 점검표

공헌이익 기준 손익계산서		공헌이익 기준 역산 손익계산서		〈가정점검표〉
매출액(백만원)		목표영업이익(천원)	₩830,000	〈매출형성 모형〉
	3,200	고정비	1,090,000	표적고객 수: 2,000,000명
(-)변동비	1,280	고정생산비	400,000	인지율: 10%
		고정판매비	600,000	인지-구매 전환율: 10%
공헌이익	1,920	고정일반관리비	90,000	구매-재구매 전환률: 30%
		목표공헌이익	1,920,000	평균 반복구매: 3회
				〈가격과 비용〉
(-)고정비	1,090	목표가격	100	목표가격: 100,000
		변동생산비	25	변동비: 40,000원
영업이익	830	변동판매비	15	(재료비 20,000원 노무비 10,000원,
		변동비	40	배송비 5,000원, 기타 5,000원)
				생산 고정비: 400,000,000
		단위당 공헌액	60	(설비투자 2,000,000,000원, 5년 균등 상각)
		목표이익판매량	32,000개	판매관리비: 690,000,000
				(판매원 급료 연봉 3000만 원×3명,
		목표매출액	₩3,200,000	광고비: 350,000,000)

사업기획

서입니다.

역산 혹은 추정 손익계산서를 만드는 데는 가정점검표Assumption Checklist를 사용해야 합니다. 앞서 역산 손익계산서를 만드는 데에는 많은 가정에 의존하고 있습니다. 이 같은 점을 명확히 밝히려면 어느 것이 가정이고 어느 것이 사실에 기초하는지를 명시할 필요가 있습니다. 따라서 역산 손익계산서와 더불어 가정점검표를 만들고, 역산 손익계산서에서 매출 부분과 가격-비용 부분을 구분해 가정을 명기해야 합니다. '목표'라는 형용사가 붙은 것은 모두 가정에 따라 계산한 것이라 볼 수 있습니다. 이후 신제품 개발을 진행하면서 역산 손익계산서를 계속 업데이트해야 합니다. 또 매출형성 모형에서 가정한 것이 변동되거나 가격-원가에서 가정한 것이 변동되면 영업이익 추정을 다시 해야 합니다.

한 가지 더 살펴볼까요? 앞의 역산 계산서는 컨셉보드로 컨셉 테스트 후에 컨셉 점수에 기초해 작성한 것입니다. 그런데 막상 시제품을 만들고 제품 테스트를 하니 소비자 반응이 예상을 밑돌아 반복구매율을 30%에서 20%로 낮춰 잡아야 할 필요성이 생겼습니다. 또 시제품을 만들어보니 생각보다 설계가 단순화되어 재료비와 노무비를 대폭 낮출 수 있었고, 이에 따라 단위당 변동비를 4만 원에서 3만 원으로 줄일 수 있었습니다. 그러면 새로운 가정과 사실에 의해 영업이익을 다시 추정할 수 있습니다. 반복구매율 감소에 따라 매출은 1만 6000개에서 1만 4000으로 줄어듭니다. 그래서 공헌이익은 19억 6000(2만 8000×7만)이 되며, 영업이익은 고정비를 차감한 8억 7000만 원이 됩니다.

신제품 개발의 어느 단계에서 작성한 역산 손익계산은 새로운 자료를 얻으면 가정을 수정해 다시 새롭게 추정한 손익계산서를 작성합니다. 이 과정을 반복하면서 기획을 점진적으로 발전시키는 것이 바로 DDP라고 할 수 있습니다.

서비스의 경우

서비스의 경우에도 다양한 매출형성식이 있을 수 있습니다. 소비자가 사전 가입 절차가 필요 없는 서비스를 구매하는 경우에는 앞의 (1)식에 의해 영업 이익을 계산할 수 있습니다. 그런데 금융 서비스, 통신 서비스처럼 사전에 가입한 절차를 거친 뒤에 지속적으로 거래하는 경우에는 목표치로 영업이익 대신 유치한 신규고객 수를 사용해야 합니다. 이런 서비스의 경우에는 매출액은 다음과 같이 현재 고객 수에 고객 1인당 사용액을 곱한 것으로 나타낼 수 있습니다.

매출액 = (누적고객 수+신규고객 수−이탈고객 수)×(평균사용액)

영업이익 = 매출액×매출이익률−획득비용−유지비용

여기서 평균 사용액은 한 명의 고객이 특정 기간 동안에 사용하는 양을 말합니다. 유통업에서는 고객당 구매금액이란 의미의 '객단가'란 용어를 사용합니다. 그리고 마케팅 활동비용과 매출형성 모형을 결합해 매출 총이익에서 획득비용과 유지비용을 차감한 것이 영업이익이 됩니다. 획득비용은 매출형성식에서 신규고객 수를 증가시키고 유지비용은 이탈고객 수를 감소시킵니다. 이런 서비스의 경우 신규고객을 유치하는 활동에는 많은 획득비용을 사용하지만 매출은 오랜 기간에 걸쳐 서서히 발생합니다. 획득비용을 사용하여 신규고객을 유치한 당월에는 오히려 크게 손해가 납니다. 획득비용은 발생주의 원칙에 따라 당월의 비용으로 처리되지만 매출은 오랜 기간에 걸쳐 발생합니다. 그래서 당월 매출 총이익에서 당월 획득비용을 차감하면 큰 손실이 발생하지요. 이 때문에 영업이익을 기준으로만 마케팅 활동을 평가하면 신규고객을 유치하는 마케팅 활동이 불가능합니다. 따라서 이런 서비스의 경우에는 영업이익과 더불어 현 시점에서 개별 고객의 미래가치, 즉 고객 생애가치 Life Time Value를 포함한 지표와 함께 사용해야 합니다. 고객 생애가치의 계산방법은 고객관계관리CRM를 다루는 책에서 쉽게 찾아볼 수 있습니다.

지속가능한 장기기획

『손자병법』을 보면 전쟁을 시작하기 전 살펴야 할 5가지 요소가 나옵니다. 앞에서 인용한 오사五事가 그것입니다. 그럼 지금부터 『손자병법』의 오사를 빌려 장기적 사업구조를 설정할 때 살펴야 할 요소를 설명하겠습니다. 오사五事의 첫 번째는 도道입니다. 도道란 군주와 백성이 한마음이 되어 생사를 같이하는 것입니다. 기업에서도 종업원이 경영주와 함께 죽기를 각오해야 합니다. 이것이 앞서 설명한 경영의 도道, 경영철학입니다.

도道를 세운 뒤에는 생사를 결정짓는 천지天地를 고려해야 합니다. 실로 전쟁에서 하늘과 땅이 생사를 결정짓듯 사업에서는 고객과 종업원이 기업의 생사를 좌우합니다. 천天은 사업에서 고객가치이고 지地는 사업에서 종업원의 태도 혹은 충성도로 볼 수 있습니다. 사업에서 법法은 활동과 운영 프로세스를 말하고 장將은 기업이 갖고 있는 역량과 자원을 말합니다. 사업에서 역량은 인적 역량(자원)과 물적 역량(자원)을 망라한, 기업이 갖고 있는 모든 자원을 말합니다. 사업에선 창업 단계뿐 아니라 성장 단계에서 성장을 미리 예측하고 다음 단계를 준비하는 운영 프로세스法와 운영 역량將을 미리 준비해야합니다. 기업의 성장속도가 너무 빨라 운영 프로세스가 맞지 않거나 자사의인적, 물적 역량을 추월하게 되면 내부적으로 기업이 큰 혼란을 겪게 되는데이를 성장통Growing Pain이라고 부릅니다. 성장에 따라 관리 방식을 바꿔야

하는데 이전 방식을 고집하면 성장통이 나타납니다.

사업확장

5가지 사업구조를 고려한 뒤에는 기업의 가치사슬을 어떻게 확장할지를 생각해봅니다. 창업을 하는 경우에는 특정 기술에 집중해 시작하고 앞서 언급한 것처럼 생산이나 마케팅 등은 다른 파트너와 제휴하는 방안이 있습니다. 그러다가 규모를 키우기 위해 생산이나 마케팅으로 점차 가치사슬을 확장하는 방향으로 진행합니다.

창업에 성공한 뒤에는 창업가가 지향하는 방향에 따라 특정 부문에 집중해 핵심역량을 키우거나 반대로 개발, 생산, 마케팅의 전 부문으로 활동 영역을 확장할 수 있습니다. 참고로 이나모리 가즈오 회장은 주력사업을 선택하고 주력사업이 궤도에 오른 뒤에 사업 다각화를 꾀해야 한다고 했습니다. 또 주력사업이 위기에 처하면 다각화하기보다 오히려 주력사업에 전념해야 한다고 했습니다.

사업 확장을 위해서는 〈그림 12-1〉처럼 종업원 능력과 기업의 역량을 재고하면서 가치사슬을 재구축하게 됩니다. 비즈니스 모델 확장을 연구한 모르텐 룬트에 따르면 사업규모를 확장하는 패턴에는 ① 새로운 유통채널 추가 ② 파트너들의 자산이나 자금의 효과적 활용 ③ 파트너와 협력을 통한 전통적 제약요소인 수용력capacity 문제 해결 ④ 파트너들을 네트워크화하는 것이 있습니다.[16] 즉 사업 확장의 관건은 사업 파트너의 자산과 능력을 활용해 부족한 점을 극복하면서 강점을 극대화하는 것입니다. 창업의 경우 가치사슬에서 처음에는 컨셉빌딩(즉 컨셉개발)에만 집중하고 생산이나 마케팅은 파트너

---

16 Christian Nielson and Mortend Lund(2018), "Building Scalable Business Models," Sloan Management Review, Winter, pp. 65–69.

의 자산을 활용해 위탁하는 것이 보통입니다. 예를 들면 다이슨은 사이클론 청소기를 개발한 뒤에 여러 나라에 특허권을 팔아 현금을 충분히 확보한 후 공장을 설립하고 자신의 이름을 딴 다이슨 브랜드를 개발했습니다. 그리고 가치사슬을 생산과 마케팅으로 확장했습니다. 이처럼 창업 기업은 현금이 충분하지 않기 때문에 창업 초기 고정비가 발생하는 활동은 가급적 파트너에게 위탁합니다.

영업 레버리지의 조정

이런 과정을 거치고 성장을 하면서 종업원의 능력과 기업의 인적, 물적 역량을 키워야 합니다. 이전에 파트너에게 위탁했던 업무를 가져와 자사의 가치사슬에 편입시키는 것입니다. 이는 고정비 발생을 수반하지만 궁극적으로 종업원 능력을 포함한 기업의 역량이 강화되고 이익이 증가합니다. 물론 반대로 기업의 성장이 정체되거나 감소로 접어들면 기업에 부담을 가중시키게 됩니다. 영업 레버리지라는 지표를 예로 들어보겠습니다. 영업 레버리지는 기업이 생산과 판매 활동을 하면서 발생하는 비용을 고정비와 변동비로 분류했을 때, 총비용 중 고정비의 비중을 의미합니다. 생산이나 판매 등에 소요되는 비용인 총비용 중 고정비의 비중이 클수록 영업 레버리지도 커집니다. 이는 공헌이익을 영업이익으로 나누어 얻을 수 있습니다. 영업 레버리지가 높을 때 매출이 증가하면 영업이익이 더 빨리 증가합니다. 영업 레버리지가 4라면 매출액이 10% 증가할 때 영업이익은 40% 증가하지요. 이처럼 영업 레버리지가 높으면 좋을 것 같지만 불경기가 되면 반대의 결과가 발생합니다. 따라서 불경기에는 이를 낮추어야 합니다. 사업모델 재구축은 영업 레버리지를 조정하는 것입니다. 즉 생산과 마케팅 활동에서 발생하는 변동비를 어느 시점에 고정비로 바꿀지, 혹은 고정비로 된 것을 어느 시점에 변동비로 바꿀지 결정해야 합니다. 영업 레버리지가 낮아지면 많은 비용이 고정비로 묶이지 않고 변동비로만 운영되어 현금흐름이 좋아집니다.

서비스업에서 가치사슬 구축과 확장

서비스로 창업하는 경우에는 처음부터 브랜드 컨셉과 사업구조를 분리해서 생각하지 않고 동시에 생각해야 합니다. 〈그림 12-1〉에서 보듯이 서비스의 경우 가치사슬은 소비자와 접점에서 일어나는 서비스 프로세스로 바뀝니다. 항공 서비스라면 예약→ 출발수속 → 기내 서비스 → 도착수속으로 바꿀수 있습니다. 서비스 프로세스를 파악하기 위해 때로는 고객 여정 맵customer journey map을 사용할 수 있습니다. 고객 여정 맵은 서비스를 경험하는 사용자가 서비스를 접하기 시작하는 시점에서부터 서비스가 끝나는 과정에서 겪는 경험을 단계별로 설명하고 시각화한 그림입니다. 고객 여정 맵을 통해 서비스 프로세스의 전 과정을 파악하고 프로세스에서 하나를 생략하거나 둘을 매끄럽게 연결해 서비스 프로세스에서 혁신을 이뤄 인건비를 절감하고 고정비를 줄일 수 있습니다. 그럼 서비스 기업의 가치사슬을 재구축해 새로운 사업모델을 설계한 예를 들어보겠습니다.

우선 가치사슬의 일부를 위탁하는 방식입니다. 가치사슬(서비스 프로세스)의 일부를 타사에 위탁한 사례입니다. 뉴질랜드 우체국은 1987년 4월 정부 조직에서 공사로 운영할 당시 적자 4000만 달러를 기록했습니다. 이에 흑자 전환을 위해 창구업무를 대폭 줄이고 약국이나 편의점 등에서 우편 서비스를 대행하도록 전략을 바꾸었습니다. 그 전략을 뒷받침한 것이 요금체계 단일화와 서비스 표준화입니다. 먼저 단일요금제를 채택해 뉴질랜드 내의 모든 우편물을 하나의 요금체계로 배송하고, 소포 서비스 규격별 종량제 봉투를 도입해 일일이 중량을 재는 번거로움을 없앴습니다. 이렇게 서비스 프로세스에서 창구업무를 생략하면서 대부분 서비스가 직접유통이던 것이 간접유통으로 바뀌었습니다. 즉 종래 직영우체국을 유지하는 데 필요한 높은 고정비를 변동비로 바꾼 것이지요. 뉴질랜드 우체국은 곧 흑자로 전환했고 1994년 뉴질랜드 「매니지먼트Management」지가 선정한 200개 기업 중 종합성적 1위를 차지했습니다.

　두번째는 가치사슬에 고객을 참여시키는 방식입니다. 미국 요거트랜드Yogurtland는 사업을 시작한 지 단 6년 만에 미국, 일본, 멕시코, 필리핀, 괌 등지에 200여 개의 매장을 가진 프랜차이즈 기업으로 성장했습니다. 요거트랜드의 성공비결이자 강점은 셀프 서비스에 있습니다. 점포에 주방이 따로 없고 매장 내에서 꼭지가 달린 16개의 요구르트 통이 있습니다. 용기 통 꼭지를 통해 16가지 맛의 요구르트가 나옵니다. 고객은 컵에 담는 양을 조절할 수 있을 뿐 아니라 16개의 맛을 섞어 담을 수도 있습니다. 또 입맛에 따라 33개의 토핑을 요구르트에 얹을 수 있습니다. 그런 다음 계산대로 가면 무게를 달아 가격을 지불합니다. 서비스 프로세스에서 주방에서 할 작업을 줄여서 비용을 절감하면서 차별화까지 해서 성공한 사례입니다.

　제조업에서도 제조공정의 일부를 생략하고 반제품으로 공급하는 사업모델이 있습니다. 여러분도 잘 아시는 스웨덴의 자가조립용DIY 가구업체 이케아IKEA입니다. 이케아에서 쇼핑을 하다 보면 가끔 이 가격이 맞을까 싶을 정도로 저렴한 제품들이 많습니다. 그 가격이 가능한 것은 생산공정에서 조립을 생략하고 고객이 직접 조립하도록 했기 때문입니다. 즉 이케아의 사업 컨셉은 '고객과 일을 나눠 고객과 함께 돈을 번다'입니다.

마지막으로 타사의 가치사슬에 개입하여 자사 서비스를 확장하는 방식입니다. 씨이오 스위트CEO Suite 사는 인도네시아에서 사무실 임대업을 하다가 IMF 사태로 외국 입주 기업들이 철수하게 되자 위기를 맞았습니다. 이에 김은미 사장은 입주한 회사들의 업무 일부를 자신의 회사가 떠맡아주겠다는 제안을 합니다. 거기에는 회계업무부터 법률업무, 시장조사, 직원 채용 등 다양한 업무가 포함되어 있었습니다. 당시 입주 회사들은 사무실을 철수할지 유지할지 갈등하던 중이었지요. 경기가 회복되면 인도네시아에 다시 진출해야 하기 때문이지요. 많은 입주 기업들이 씨이오스위트의 제안을 받아들여 최소 직원만 남겨두고 철수하기로 결정했습니다. 이처럼 좋은 반응을 얻게 되자 김은미 사장은 아예 사업모델을 사무실 임대업에서 경영 서비스를 제공하는 토털 서비스 오피스업으로 바꿉니다. 이후 회사는 인도네시아뿐 아니라 싱가포르, 방콕, 쿠알라룸푸르, 마닐라, 상하이, 베이징 등에서 크게 성공했습니다.[17]

이 장에서는 신제품의 출시와 사업기획에 대해 살펴보았습니다. 고객이익과 기업이익의 균형을 맞추면서 상황 변화에 따라 사업기획을 점진적으로 발전시켜야 합니다. 그리고 영업이익과 매출의 목표치를 설정하고 매출형성 모형을 활용해 마케팅 활동과 비용을 추정해야 합니다. 무엇보다 중요한 것은 '내가 왜 이 사업을 하는가?', 즉 사업의 도道를 사업 시작 전에 분명히 하는 것이고 그 초심을 잃지 않는 것입니다.

---

17 김은미(2011), 『대한민국이 답하지 않거든, 세상이 답하게 하라』, 위즈덤하우스, pp. 118-123.

컨 / 셉 / 카 / 페 / 1 2

『손자병법』에 담긴 변증법적 경영

        손정의, 빌 게이츠, 트럼프는 성공한 사업가라는 공통점이 있지만 『손자병법』을 탐독한다는 공통점도 있습니다. 특히 소프트 뱅크의 손정의 사장은 손자병법에 담긴 핵심 내용을 25자로 압축해, 사업을 이끌고 사람을 대하는 기본 원리로 '손의 제곱법칙'을 창안했습니다. 자신이 『손자병법』의 저자와 성씨가 같은 손孫이라는 점에 착안한 것인데, 27세에 이 제곱법칙을 만들어 지금까지 중요한 고비 때마다 지침으로 삼아왔다고 합니다. 25자는 손자병법 핵심내용 14자와 자신이 창작한 11자를 합친 것입니다. 그는 새 사업에 뛰어들 때, 시련을 겪을 때, 중장기 비전 및 전략을 세울 때 끊임없이 이 법칙을 참고했습니다.

  손정의 회장이 창작한 11글자는 다음과 같습니다. 첫 번째는 '정정략칠투頂情略七鬪'입니다. 해석하면 모든 사안을 가장 높은 곳에 올라頂 멀리 보고情 세부적인 것까지 꼼꼼하게 점검한 뒤略 승률이 70%를 넘을 때七 싸움에 임한다鬪는 뜻입니다. '70% 승산'은 손 사장의 신新사업 진출 원칙으로 유명합니다. 다음은 '일류공수군一流攻守群'입니다. 이것은 철저히 1등一에 집중하고 시대의 흐름流을 재빨리 읽고 행동하며, 다양한 공격력을 단련하고攻, 온갖 리스크에 대비해 수비력을 갖춘 뒤守 단독이 아닌 집단群으로 싸운다는 의미입니다. 11글자의 대미를 장식하는 것은 해海입니다. 해海는 패한 상대를 포용한다는 의미입니다. 최종적으로 자신이 공격한 나라와 시장을 치유하는 과정까지 진행돼야 모든 일이 마무리된다는 의미로 풀이할 수 있습니다. 사업기획에서 성공한 이후 성공에 도취되지 않고, 실패한 이후에 실패에 좌절하지 않고 다음엔 무엇을 할지 헤아리라는 것입니다.

그럼 『손자병법』에서 따온 글자들은 무엇일까요? 12장의 서두에 소개한 「시계始計편」의 '도천지장법道天地將法'입니다. 이 책에서는 컨셉빌딩에 맞게 변형했습니다. 또 다른 글자는 리더가 꼭 갖추어야 할 덕목인 '지신인용엄智信仁勇嚴'입니다. 이는 '지혜, 신의, 어짐, 용기, 엄격함'으로 리더는 올바른 판단을 하고, 동료들과의 신의를 지키고, 인자한 성품으로 조직을 감동시키고, 위기에 앞장서는 용기를 가져야 한다는 의미입니다. 마지막 글자는 '풍림화산風林火山'인데 이는 전략적 유연함을 뜻합니다. '군사를 움직일 때는 질풍처럼(날쌔게), 나아가지 않을 때는 숲처럼(고요하게), 적을 치고 빼앗을 때는 불이 번지듯이(맹렬히), 방어할 때는 산처럼(묵직하게)'이라는 군쟁軍爭편의 구절을 요약한 것이지요.

손자병법은 중용과 음양의 지혜

왜 성공한 사업가들은 『손자병법』을 탐독할까요? 그들이 사업을 성공시키면서 깨달은 중용의 지혜가 『손자병법』에 담겨 있기 때문이 아닐까 합니다. 공자는 중용을 구체적으로 '집기양단(執其兩端, 양쪽 끝을 붙잡다)'이라고 표현했습니다. 집기양단은 양손잡이라는 의미입니다. 한쪽 손만 사용하지 않고 양손을 모두 다 사용하는 것이 바로 경영의 지혜입니다. 한 손에는 '인간 중심의 경영', 다른 한 손에는 '고수익 경영'을 잡고서 양손으로 경영하는 것이 성공의 비결입니다. GE의 전 회장 잭 웰치Jack Welch도 '경영에서 중용을 유지하는 것이 성공의 비결'이라고 했습니다. 최고 수준의 급여를 지불하는 한편 인건비를 최저로 유지하는 것, 단기적 목표를 중시하는 한편 장기목표를 관리하는 것, 경쟁력이 부족한 공장들을 폐쇄하는 동시에 신제품 생산을 위한 시설에 과감히 투자하는 것, 유연한 조직 분위기를 유지하는 동시에 엄격한 성과지향적 문화를 만드는 것 등 중용을 취해야 한다고 강조했습니다.

그런데 중용의 지혜란 무엇인가요? 이는 음양의 지혜이고 변증법적 지혜입니다. 짐 콜린스와 제리 포라스의 책 『성공하는 기업들의 8가지 습관』에서는 전통적 우수기업의 상징으로 중국철학에서 유래하는 음양陰陽 문양을 제시했습니다. 이들 성공하는 기업들은 서로 상반되는 2개의 힘이나 생각이 동시에 존재할 수 없다고 주장하는 'A 아니면 B'라는 흑백논리를 배격하고 서로 모순되는 목표를 동시에 추구하면서 기업을 더 높은 단계로 발전시킵니다. 즉 원가 절감 아니면 고품질 추구가 아니라 원가 절감과 고품질을 동시에 추구하고 이윤을 초월한 기업이념에 집착하면서도 단기적 이윤 추구를 동시에 추구합니다. 이것이 바로 '변증법적 경영'이라고 할 수 있습니다.

동양의 여러 고전 중 음양사상을 실천 분야에서 적용한 것이 『손자병법』입니다. 『손자병법』에서 말하는 리더의 요건, '지신인용엄智信仁勇嚴'에서 신信과 인仁은 용勇과 엄嚴과 서로 모순(음양)되는 쌍을 이룹니다. 또한 '풍림화산風林火山'에서도 풍風과 림林, 화火와 산山도 각각 모순 쌍을 이룹니다. 『손자병법』 전문가인 인민대 황푸민 교수는 『손자병법』의 일이관지하는 원리를 '음양의 대립과 모순의 통일'이라고 했습니다. 황 교수에 따르면 『손자병법』의 핵심은 8쌍의 모순과 그 모순들의 통일입니다. 여기서 모순 쌍의 통일은 변증법적 문제해결을 뜻합니다.

컨셉카페 9에서 설명했듯이 모든 문제는 궁극적으로 '기계적으로'가 아닌

'유기적으로' 해결되어야 합니다. 바로 변증법적 문제해결로만 가능한 것입니다(컨셉카페 9). 이는 전쟁, 정치, 경영, 경제 모든 영역에 해당됩니다. 『손자병법』에 담긴 모순긍정의 변증법적 사고가 여러 문제들의 해결에 큰 힘을 발휘하고 있기에, 실천적 분야에서 자주 언급되는 것입니다. 『손자병법』을 전쟁에 적용하면 군사학 교과서가 되고 정치에 적용하면 정치교과서가 되기도 하는 것이지요. 물론 변증법적 문제해결은 경영에서도 유효합니다.

고전에서 찾은 창의적 사고와 문제해결 방법

자, 드디어 종착역에 도착했습니다. 이 책은 고전에서 제품혁신의 방법을 찾았습니다. 혁신의 방법과 이론을 고전에서 찾은 것은 우선 고전에 담긴 혁신정신을 돌이켜보고 체계적이고 보편적 방법을 개발하기 위해서였습니다. 또한 컨셉카페를 통해 어떤 고전에서 어떤 방법을 찾았는지를 설명했습니다. 컨셉카페를 생략하고 여기까지 읽은 분은 에필로그가 어려울 수도 있습니다. 그러므로 컨셉카페를 먼저 읽고 정리하는 의미로 에필로그를 읽기를 권합니다.

이 책은 이중의 틀로 서술하고 있습니다. 하나는 창조력을 인식능력 측면에서 설명하고 다른 한편으로는 논리학적 체계로 설명했습니다. 창의적 사고모형은 인식능력의 관점에서 설명한 것입니다. 논리학은 칸트에 의해 인식론혹은 인식논리학으로 발전합니다. 따라서 칸트의 인식능력은 논리학적 체계로 설명해도 큰 문제가 없습니다. 이제 앞에 언급한 칸트의 인식능력과 논리학적 체계를 차례대로 살펴보겠습니다.

'미'를 달성하는 '창의성'

창의성을 연구해온 로버트 스턴버그 심리학 교수에 따르면, 창의성을 가장 많이 연구하는 심리학에서조차 1975년에서 1994년까지 해당 주제와 관련된 연구가 1.5%에 불과하다고 합니다. 창의성에 대한 과학적 연구는 1990년대 후반에 시작되었다고 하지요.[1] 하지만 과학적 연구가 시작되기 전에 철학에서 이미 창의성을 논했습니다. 바로 미학 혹은 예술 창작론입니다. 예술 창작이 추구하는 가치가 '미'이고 이를 달성하는 것이 '창의성'이지요. 칸트의 3대 비판서 중 하나인 『판단력 비판』의 전반부에서 미적(혹은 미감적) 판단력을 다루었고 후반부에서는 컨셉카페 9에서 설명한 목적론적 판단력을 다루었습니다. '저 그림은 서양화다'가 인식 판단이라면 '저 그림은 아름답다'는 미적 판단입니다. 미적 판단을 통해 인간은 쾌와 불쾌의 감정을 갖게 됩니다. 칸트는 미적 판단력을 논하면서 '천재를 이루는 마음의 능력들에서'라는 절에서 창의성을 결정하는 인식능력들을 자세히 논했습니다. 칸트에게 '천재'란 예술과 기술의 천재를 말하며 '창의력이 뛰어난 창작자'란 의미입니다. 칸트는 창의적 능력으로 4가지를 꼽았는데, 그것은 '상상력, 지성, 에스프리(작품에 생기를 불어넣는 힘), 취미'입니다.[2] 여기서 말하는 취미에 대해서는 설명이 좀 더 필요합니다.

미적 판단은 주관적이어서 같은 대상을 보고도 어떤 사람은 아름답다고 판단하지만 어떤 사람은 아름답지 않다고 판단할 수 있습니다. 그래서 사람들은 같은 대상에 대해서도 유쾌함을 느끼기도 불쾌감을 느끼기도 합니다. 미적 판단이 사람들 간에 서로 일치하는 것을 '취미'라고 합니다. 그런데 칸트는 '이 꽃은 아름답다'는 판단이 주관적임에도 타인에게 동의를 요구할 수 있는 것은 인간이 갖고 있는 공통감각에 기인하는 것이라고 했습니다. 칸트는 '취미'를 '미적 공통감'이라고도 칭했습니다.[3] 공통감각을 줄여서 공감이라

1 신동연·김은미·이중식 저(2013), 『창조성의 원천』, 김영사ON, pp. 6–9.
2 칸트 저, 백종현 역(2009), 『판단력 비판』, 아카넷, p. 357.
3 앞의 책, p. 321. "취미는 미적 공통감, 건전한 지성은 논리적 공통감이라고 칭할 수도 있겠다."

고 합니다.

공감을 철학의 주제로 삼은 철학자는 『국부론』과 『도덕감정론』의 저자 애덤 스미스입니다(컨셉카페 4). 칸트는 『판단력 비판』에서 애덤 스미스의 공감 sympathy 대신 공통감각Gemeinsinn, common sense 혹은 미적 공통감각이란 용어를 사용했습니다.[4]

칸트는 『판단력 비판』에서 인간이 사회생활에서만 미에 대해 관심을 갖는 다고 했습니다. '무인도에 버려진 사람은 홀로일 때는 자신의 움막과 자신을 꾸미거나 단장하기 위한 꽃들을 재배하는 일은 없을 것이다. 오직 사회 속에 서만 스스로가 한낱 인간이 아니라 자기 나름의 세련된 인간이고자 하는 생 각이 떠오른다'고 했습니다.[5]

애덤 스미스는 『도덕감정론』에서 비슷한 취지의 말을 했습니다. '우리가 사 회를 떠나서 홀로 산다면 우리는 자연의 아름다움이나 추함에 대해 전혀 무 관심할 것이다.'[6] 또한 '통상 한쪽 다리를 잃는 것은 애인을 잃는 것보다 더욱 큰 재난이지만 대부분의 비극은 다리를 잃어버리는 재난보다 애인을 잃어버 리는 불행을 다루고 있다. 만약 다리를 잃어버리는 재난으로 대단원의 막이 내려지면 관객은 황당할 것이다'[7]라고 했습니다. 대부분의 관객은 애인을 잃 어버리는 경험을 공유하고 있지만, 다리를 잃어버리는 경험은 공유하지 못하 기 때문에 연극에 공감하지 못한다는 것입니다.

결국 미적 공통감은 넓은 의미에서 사회생활을 영위하는 데 필요한 공감과 같은 것이라고 할 수 있습니다. 공감이 없는 사람과는 대화가 불가능한 것처 럼 미적 공통감각을 갖추지 못한 사람과는 예술을 함께 감상하거나 논할 수

---

4 강유원(2016), 『철학고전강의』, 라티오, p. 355.
5 칸트 저, 백종현 역(2009), 『판단력 비판』, 아카넷, p. 323.
6 애덤 스미스 저, 박세일 민경욱 역(2009), 『도덕감정론』, 비봉출판사, p. 212.
7 앞의 책, p. 47.

없는 것입니다. 공감이나 공통감각은 라틴어 'sensus communis'에서 유래합니다. 영어에서 'common sense'는 '상식'이라는 뜻인데, 이것을 직역하면 '공통감각'입니다. 필자는 칸트가 『판단력 비판』에서 언급한 4가지 창의적 능력(상상력, 지성, 에스프리, 취미) 중 예술에 특화된 에스프리를 빼고 취미를 일반적 공감으로 대체했습니다. 칸트는 또한 공감이 상상력과 지성을 통합한다고 했습니다.[8] 이 책은 창의적 사고를 인간이 갖고 있는 인식능력에서 찾았고, 이것에 기초해 1장의 창의적 사고 모형을 만들었습니다. 그리고 이것을 신제품 개발에 적용했습니다.

상상력과 지성의 관계

창의적 사고 모형이 기존의 창의성에 대한 이론과 다른 점은 상상력과 개념이 서로 협조한다는 점입니다. 칸트는 『판단력 비판』에서 '천재를 형성하는 마음의 능력들은 상상력과 지성이다. 단, 상상력이 인식을 위해 사용될 때에는 지성의 강제에 놓이고, 지성의 개념에 맞아야 하는 제한을 받아야 하지만 미적 관점에서 상상력은 자유로워 개념과의 저런 일치를 넘어서, (…) 꾸밈이 없고 내용이 풍부한 미발전된 재료를 오히려 지성에게 제공한다'고 했습니다.[9] 특히 예술이 아닌 제작 기술에서 개념(지성)이 상상력을 이끄는 것은 두드러진 현상입니다. 칸트에 따르면 결국 창조를 위한 상상력은 지성이 산출한 개념이 인도하는 것입니다.

창조에서 상상력과 개념의 관계는 '구체적concrete'과 '추상적abstract'의 어원을 살펴보면 알 수 있습니다. 창조 과정은 여러 사례들에서 공통적인 것을 추출해 개념화(추상화)하고, 이후에 이를 구체화하는 과정으로 이루어집

---

8 칸트 저, 백종현 역(2009), 『판단력 비판』, 아카넷, p. 357 주.
9 앞의 책, pp.352-353.

니다. 보편적이고 추상적 인식으로 구체적으로 실천하기 위해서는 추상성을 보완할 수 있는 상상력이 필요합니다. '추상'을 나타내는 영어 'abstract'는 라틴어로 '칼로 베어낸다'는 단어에서 왔습니다. 그리고 구체적이라는 'concrete'는 라틴어로 '풀로 붙이다'는 단어에서 왔습니다. '붙인다'는 의미로 현재도 사용되는 단어가 바로 건축에서의 콘크리트concrete입니다.[10] 상상력과 지성(개념)의 관계는 칼과 풀의 관계로 비유할 수 있습니다. 지성이 칼로 잘라낸 것을 상상력이라는 풀로 붙이는 것이지요. 칼과 풀이 없으면 작품을 완성할 수 없습니다.

상상력은 지성(개념)이 선택적으로 떼어낸 것만을 붙일 수 있습니다. 이처럼 상상력은 지성(개념)의 인도를 받게 됩니다. 그래서 지성(개념)이 인도하지 않은 상상력은 광신, 환상 혹은 공상空想에 불과합니다. 칸트의 인식론을 계승한 쇼펜하우어도 '우리가 노력의 목표로 삼아야 하는 것은 상상력에서 나온 영상이 아니라 명료한 사유를 거친 개념이다. 하지만 대체로 반대의 일이 벌어지고 있다'고 말하면서 신뢰할 수 없는 환상 속에서 판단을 내릴 때 불행을 겪는다고 지적했습니다.[11]

고객이 만족하는 제품이란?

『판단력 비판』의 전반부에서 다루는 미적 판단은 예술 창작과 관련되고, 후반부에서 다루는 목적론적 판단은 제작 기술과 관련되어 있습니다. 이미 『판단력 비판』의 후반부 내용으로 제품혁신의 원리로 합목적성을 언급했고, 컨셉카페 9에서 합목적성을 내적 합목적성과 외적 합목적성으로 구분했습니

---

10 'abstract'는 라틴어 '떼어내다(abstrahere)'의 과거분사인 'abstractus'에서 유래하였습니다. 그냥 떼어내는 것이 아니라 중요한 것만 추출하는 것입니다. 'concrete'는 라틴어 '붙이다(concrescere)'의 과거분사인 'concretus'에서 유래하였습니다.
11 쇼펜하우어 저, 홍성광 역(2013), 『쇼펜하우어의 행복론과 인생론』, 을유문화사, p.184.

다. 여기서 내적, 외적 합목적성을 합쳐서 객관적 합목적성이라고 합니다. 객관적 합목적성은 '다양한 것(컨셉빌딩에서 충족수단)들을 하나의 일정한 목적(컨셉빌딩에서는 '바라는 결과')과 관계시킴으로써 하나의 개념에 의해서만 인식될 수 있다'고 했습니다.[12] 반면에 예술에서는 개념이 개입하지 않고 대상의 순수 형식에서 미를 구하게 되는데, 형식적 합목적성에 근거해 미적 판단이 이루어집니다. 마케팅에서 자주 언급하는 '만족'은 결국 합목적성의 충족이라 할 수 있습니다. 예술의 경우 형식적 합목적성을 충족하면 관객에게 만족을 주는 것이고, 제품이나 서비스가 사용목적인 객관적 합목적성을 충족하면 소비자에게 만족을 주는 것입니다. 결국 끌리는 컨셉이란 마케터가 소비자 바람에 맞게 합목적적 충족수단을 결합시킨 것입니다(컨셉카페 1). 이처럼 고객만족도 칸트의 목적론적 판단 원리와 관련해 이해할 수 있습니다.

칸트의 인식능력에 따른 인식원리(합법칙성과 합목적성)

인식능력	인식 결과	적용대상	원리	칸트 저서
지성	개념에 의해 인식을 구성	자연의 사물	합법칙성	『순수이성비판』
판단력	쾌·불쾌의 감정 (만족·불만족)	예술창작 제작기술	합목적성(형식적: 예술) 합목적성(객관적: 제작)	『판단력 비판』

이상의 논의를 종합하면 창의적 사고는 개념화(지성), 공감, 상상력의 팀플레이로 작동하며 고객만족을 위한 합목적성을 지향합니다. 그리고 창의적 사고는 아래 그림과 같이 컨셉빌딩 도구들과 결합합니다. 여기서 중요한 것은 창의성은 인간의 보편적 인식능력에 기초한 내면의 능력이라는 점입니다.

---

12 칸트 저, 백종현 역(2009), 『판단력 비판』, 아카넷, p. 224.

컨셉빌딩의 요약

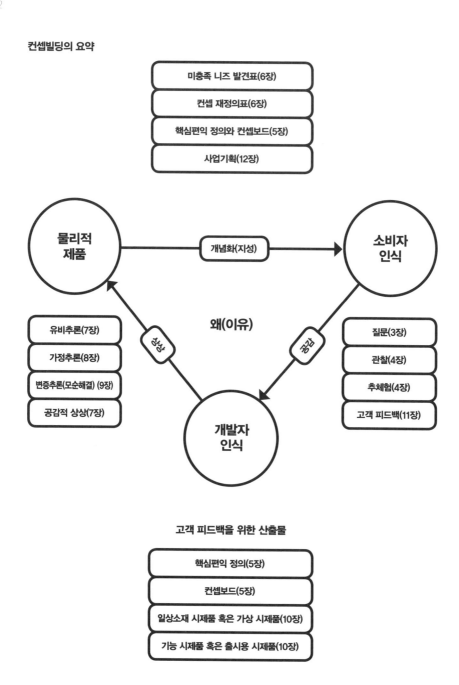

미충족 니즈 발견표(6장)

컨셉 재정의표(6장)

핵심편익 정의와 컨셉보드(5장)

사업기획(12장)

물리적
제품

개념화(지성)

소비자
인식

왜(이유)

유비추론(7장)

가정추론(8장)

변증추론(모순해결) (9장)

공감적 상상(7장)

질문(3장)

관찰(4장)

추체험(4장)

고객 피드백(11장)

개발자
인식

고객 피드백을 위한 산출물

핵심편익 정의(5장)

컨셉보드(5장)

일상소재 시제품 혹은 가상 시제품(10장)

기능 시제품 혹은 출시용 시제품(10장)

논리학 체계에 따른 문제해결 방법

논리학은 아리스토텔레스에서 출발했습니다. 아리스토텔레스 논리학은 개념-판단-추론으로 구성됩니다. 컨셉빌딩에서는 아리스토텔레스의 논리학 중에서 개념의 정의 방법과 판단을 위한 명제 서술 방법을 각각 핵심편익 정의와 컨셉 서술문 작성에 적용했습니다.

17세기 아리스토텔레스의 논리학은 데카르트와 베이컨의 비판을 받아 귀납법과 문제해결에 초점을 맞춘 새로운 논리학으로 변신했습니다. 그리고 18세기에 칸트는 다시 논리학을 비판하여 인간의 인식능력을 비판하는 인식 논리학으로 발전시킵니다. 논리학은 데카르트, 베이컨을 거치면서 연역추론 위주의 전통 논리학에서 경험세계의 문제해결에 초점을 맞춘 새로운 논리학으로 발전합니다. 새로운 논리학에서는 비연역 추론이 중심이 됩니다. 컨셉빌딩에서는 베이컨의 귀납법을 통해 미충족 니즈를 발견하고, 이를 핵심편익 정의로 도출하는 데 적용했습니다.

앞에서 상상력은 지성(개념)이 떼어낸 것을 다시 붙여주는(연결하는) 기능을 한다고 했습니다. 7장의 유비추론과 8장의 가정추론은 개념과 상상력이 결합하는 문제해결을 위한 추론(사고)이라 할 수 있습니다. 유비추론은 알려진 관계(개념)에서 상상력을 통해 아직 나오지 않은 충족수단을 찾아내고, 가정추론에서는 상상력으로 충족수단을 생각해내며, 여기에 적합한 개념을 부여합니다(컨셉카페 8).

한편 헤겔은 칸트의 이율배반 혹은 변증추론을 발전시켜 변증법적 논리학으로 발전시킵니다. 변증법적 논리학은 데카르트의 문제해결 방법인 분해와 합성을 보완해주는 역할을 합니다. 변증법적 논리학은, 자연이 기계적으로 결합되어 있지 않고 유기체로 상호작용한다는 것을 전제하고 있습니다. 변증법적 논리학은 제품혁신을 위한 TRIZ라는 모순해결 방법으로 사용되고 있으며,

이미 수많은 우수 전통기업은 변증법적 발전을 경영의 원리로 터득하고 있습니다. 동양에서는 『손자병법』이 변증법적 문제해결방법을 제시하여 현대인에게 사회를 살아가는 지혜를 제공해주고 있습니다. 덧붙여 『끌리는 컨셉의 법칙』의 에필로그에서도 '컨셉의 법칙'을 '중용의 법칙'과 '음양의 법칙'이라고 정리했음을 상기하십시오.

논리학적 체계를 따른 문제해결 방법

『중용』의 학문사변행 (컨셉카페 3)	『손자병법』의 모순 쌍의 통일(컨셉카페 12) 변증추론 혹은 변증법(9장)	『방법서설』의 분해와 합성 (컨셉카페 2)
	가정추론(8장)	
	유비추론(7장)	
	베이컨의 귀납법(6장)과 개념(문제)의 정의(5장)	

끝으로 창의 사고 모형이나 논리학적 체계에 따른 문제해결 방법은 신제품 개발에만 적용할 수 있는 것이 아니고, 일반적 경영이나 사회문제의 해결에도 대부분 적용이 가능합니다. 이 책이 고전에서 혁신의 방법을 찾은 것은 보다 보편적 방법을 탐구하여 신제품 개발을 넘어 마케팅 혹은 경영문제 해결뿐 아니라 일반적 문제해결에도 도움을 주고자 하는 의도도 있습니다.

자, 이제 여러분의 내면에 자리 잡은 창조력을 퍼 올릴 수 있는 다양한 도구들이 준비되었습니다. 자신의 창조력에 대한 믿음을 갖고 혁신으로의 여정에 힘차게 나서기 바랍니다.

끌리는 컨셉 만들기

신제품
개발을 위한
완벽한
프로세스

초판 1쇄 2018년 12월 8일
      2쇄 2018년 12월 13일

지은이 | 김근배

발행인 | 이상언
제작총괄 | 이정아
편집장 | 조한별
편집 진행 | 심보경 박준규

정리 | 조창원
디자인 | Design co•kkiri

발행처 | 중앙일보플러스(주)
주소 | (04517) 서울시 중구 통일로 86 4층
등록 | 2008년 1월 25일 제2014-000178호
판매 | 1588-0950
제작 | (02) 6416-3950
홈페이지 | www.joongangbooks.co.kr
네이버 포스트 | post.naver.com/joongangbooks

ⓒ 김근배, 2018

ISBN 978-89-278-0980-7 03320